江苏省高等学校重点教材（编号：2021-1-109）
普通高等教育国家精品课程"国际贸易学"教材
普通高等教育"十一五"国家级规划教材

国际贸易学

（第六版）

主编 马野青 巫 强 安礼伟

扫码申请更多资源

南京大学出版社

图书在版编目(CIP)数据

国际贸易学 / 马野青，巫强，安礼伟主编. —6版.
—南京：南京大学出版社，2024.1
ISBN 978-7-305-25939-5

Ⅰ.①国… Ⅱ.①马… ②巫… ③安… Ⅲ.①国际贸易－高等学校－教材　Ⅳ.①F74

中国版本图书馆CIP数据核字(2022)第131287号

出版发行	南京大学出版社		
社　　址	南京市汉口路22号	邮　编	210093

书　　名　国际贸易学
　　　　　　GUOJI MAOYIXUE
主　　编　马野青　巫　强　安礼伟
责任编辑　武　坦　　　　　　　　编辑热线　025-83592315

照　　排　南京开卷文化传媒有限公司
印　　刷　南京人文印务有限公司
开　　本　787 mm×1092 mm　1/16　印张 19.25　字数 468千
版　　次　2024年1月第6版　2024年1月第1次印刷
ISBN　978-7-305-25939-5
定　　价　56.00元

网　　址：http://www.njupco.com
官方微博：http://weibo.com/njupco
微信服务号：njuyuexue
销售咨询热线：(025)83594756

＊版权所有，侵权必究
＊凡购买南大版图书，如有印装质量问题，请与所购
　图书销售部门联系调换

第六版序言

国际贸易学是一门古老而年轻的学科。现代经济学之父亚当·斯密是在对重商主义贸易政策主张进行批判的基础上提出分工效率说和绝对成本理论的,重商主义贸易政策一定程度上可以说是现代经济学发展的起点。在亚当·斯密之后,随着经济社会进步和研究方法的多样化,国际贸易理论与政策研究不断发展。在当今经济全球化条件下,我们的生产和生活都与国际贸易息息相关,这为国际贸易学的发展提供了丰厚的土壤。我们撰写的这部《国际贸易学》较为系统地阐述了国际贸易理论与政策的基本知识,并力求做到以下几点:第一,在坚持以马克思主义经济学原理为指导的前提下,吸取西方国际经济学的合理成分,适当借鉴西方经济学的分析工具,确保研究方法的先进性和正确性;第二,在阐述国际经济贸易关系实质的基础上,注重国际经济贸易一般规律的分析;第三,坚持理论联系实际,结合国际经济贸易的最新发展,既注重最新国际贸易理论的介绍,也关注国际贸易政策实践及其影响,做到理论与政策的有机结合。

对本书的出版,我们首先必须致敬南京大学商学院张二震教授和上海交通大学陈飞翔教授。张二震教授和陈飞翔教授都是我们的老师。1990年,南京大学出版社出版了张二震、陈飞翔两位老师合作撰写的《国际贸易教程》。该书出版后受到读者的肯定,先后重印了8次,发行量达3.8万册。1998年,张二震老师和马野青在力求保持《国际贸易教程》原有特色基础上,吸取国内外国际贸易学研究的新成果,出版了《国际贸易学》。至2022年,本书经过修订共出版了5版,重印30次,发行量达20多万册。本书自出版以来获得了一系列荣誉:2006年被列为教育部普通高等教育"十一五"国家级规划教材,并获得华东地区大学出版社优秀著作(教材)一等奖;2013年被列为江苏省普通高等教育"十二五"规划教材;2022年被列为江苏省普通高等教育重点教材。本书亦是南京大学国际经济贸易系"国际贸易学"国家高等教育本科精品课程的配套教材。在此,我们对广大读者的厚爱表示衷心的感谢。在本书进行第六版修订时,我们的老师张二震教授表示,他已退休,为了提携后生,将修订任务交给我们,并坚持不再署名,对此我们向张老师表示由衷的感激和崇高的敬意!

对本书的出版与成长,南京大学出版社的领导给予了一贯的支持,南京大学出版社编辑府剑萍老师、耿飞燕老师和武坦老师付出了辛勤劳动,对此我们表示衷心感谢!

最后,我们也期盼本书能继续得到读者的关心和学术界前辈的指教。

马野青　巫强　安礼伟

2023年11月18日于南京大学

目 录

第一章　国际贸易学的研究　001

第一节　国际贸易的基本概念　001
第二节　国际贸易的历史发展　010
第三节　国际贸易学的研究对象与任务　015

第二章　传统国际贸易理论　021

第一节　马克思主义国际经济贸易理论　021
第二节　比较成本理论　023
第三节　生产要素禀赋理论及其发展　029

第三章　当代国际贸易理论的新发展　044

第一节　产业内贸易理论　044
第二节　产品内贸易理论　049
第三节　异质性企业贸易理论　056
第四节　数字贸易理论　059
第五节　国家竞争优势理论　063

第四章　世界市场　070

第一节　世界市场的形成及其作用　070
第二节　世界市场的形式　074
第三节　世界市场价格　081

第五章　贸易条件　090

第一节　贸易条件的含义　090
第二节　关于贸易条件决定的理论　093

第三节　贸易格局与贸易条件的变动 100

　　第四节　关于不平等交换问题的理论 110

第六章　国际贸易政策的理论分析　　119

　　第一节　国际贸易政策概述 119

　　第二节　保护贸易政策的理论及其发展 126

　　第三节　当代发达国家的外贸政策及其理论分析 143

第七章　国际贸易政策措施　　158

　　第一节　关　　税 158

　　第二节　非关税壁垒 174

　　第三节　出口鼓励的政策措施 186

　　第四节　其他国际贸易政策措施 197

第八章　国际贸易治理　　202

　　第一节　国际贸易治理需求及其法律基础 202

　　第二节　WTO下的国际贸易治理 208

　　第三节　区域经济一体化下的国际贸易治理 237

第九章　国际资本流动与国际贸易　　251

　　第一节　贸易发展与要素流动 251

　　第二节　国际资本流动的类型及其特征 255

　　第三节　国际资本流动与国际贸易的发展 259

第十章　国际贸易与经济发展　　275

　　第一节　国际贸易与经济发展的相互关系 275

　　第二节　贸易发展战略与发展中国家的经济发展 282

　　第三节　贸易发展战略的现实选择 290

参考文献　　297

第一章

国际贸易学的研究

我们生活在一个开放的时代。随着科学技术和生产力的发展,各国的经济生活日益国际化。不同国家或地区在经济、政治、科技、文化等方面的联系越来越密切,一种真正意义的全球经济已经形成。马克思、恩格斯在1848年写的《共产党宣言》中说,资本主义的向外扩张,使得各个国家、各个民族的"自给自足和闭关自守状态,被各民族的各方面的互相往来和各方面的互相依赖所代替了",从而使"一切国家的生产和消费都成为世界性的了"[①]。实际上,在马克思时代,所谓全球经济大约只涉及人类的10%,第二次世界大战以后,也只覆盖了25%,如今的全球经济正在把80多亿人都卷入其中。在和平与发展成为世界主题的今天,各国经济的合作与竞争广泛发展,形式日趋多样,国际贸易是各国经济联系的最重要的形式之一,国际贸易学作为一门古老而年轻的学科,也得到了空前的发展。

第一节 国际贸易的基本概念

一、国际贸易与对外贸易

国际贸易(International Trade)是指世界各国(或地区)之间在商品和服务方面的交换活动,它是各个国家(或地区)在国际分工的基础上相互联系的主要形式。

如果从单个国家(或地区)的角度出发,一个特定的国家(或地区)同其他国家(或地区)之间所进行的商品和服务的交换活动,称为对外贸易(Foreign Trade)。而一些海岛国家(或地区)以及对外贸易活动主要依靠海运的国家(或地区),如英国、日本、中国台湾等,也把这种交换称为海外贸易(Oversea Trade)。可见,国际贸易与对外贸易是一般与个别的关系。如果从国际范围考察,国际贸易是一种世界性的商品和服务的交换活动,是各国对外贸易的总和,因此,又常被称为世界贸易(World Trade)。研究国际贸易离不开对各国对外贸易的研究,但有些国际范围内的综合性问题,如国际分工、商品的国际价值等,则不能从单个国家的角度得到说明。

国际贸易主要是在产业革命完成、资本主义生产方式确立后发展起来的。1830年以前,西欧和北美的工业化还在进行,世界上大多数民族和国家的经济都处在十分落后的状态,绝大多数的生活资料和生产资料都是本地本国制造的,相互之间的经济联系十分薄

---

① 马克思、恩格斯:《马克思恩格斯选集》(第1卷),人民出版社1975年版,第254—255页。

弱,人员的往来亦十分稀少。然而,19世纪中期以后,国际贸易规模迅速扩大。进入21世纪,随着经济全球化的深化,国际贸易更是以前所未有的速度和规模迅速发展。国际贸易的发展突破了国家之间的经济界限、地理界限和种族界限,使不同国家和地区的生产生活越来越纳入国际化、全球化的轨道。

国际贸易在规模不断扩展的同时,其本身的内涵也在不断变化。在相当长的历史时期内,传统的、狭义的国际贸易,即不同国家间的商品贸易一直是国家间发生经济联系的唯一形式,并且今天仍然是国际经济关系中的主体部分。第二次世界大战以后,随着资本、技术、劳动力等生产要素国际流动规模的日益扩大,国际贸易的内涵与外延进一步丰富和扩展。在现代,国际贸易这一概念,已不再局限于商品的交换,还包括服务的交换,包括国家之间在经济和技术等方面的合作,并由此产生了国际经济合作的概念,即生产要素的跨国界流动和合理配置。现代国际贸易发展的一个显著特征就是传统的国际贸易与国际经济合作的日益融合。这种融合使人们用统一的概念来看待国际间的商业行为,常见的"国际经贸"、"国际商务"及"大国际贸易"就包括了这两种国际经济活动方式。[①] 本书主要研究国际商品贸易,但书中阐述的一般性理论也适用于国际服务贸易和国际经济技术合作。

二、出口与进口

出口与进口是一个国家对外贸易的两个组成部分。当一个国家从其他国家购进商品和服务用于国内生产或消费时,由此而产生的全部贸易活动称为进口(Import)。反之,一个国家向其他国家输出本国商品和服务的活动称为出口(Export)。

各国在进行对外贸易统计时,并不是把所有运出国境的货物都列为出口,也不是把所有运入国境的货物都列为进口,列入出口和进口范围的货物必须是因为买卖而运出、运进的货物,否则不属进出口之列。例如,外国馈赠而运进的货物、本国在国外举行展览而运出的货物就不能算作进出口货物。

一国在同类产品上通常既有出口又有进口。在一定时期内(通常一年),将某种商品的出口数量和进口数量加以比较,如果出口量大于进口量,则为净出口(Net Export);如果出口量小于进口量,则为净进口(Net Import)。净出口和净进口是以数量来反映一国某种商品在国际贸易中所处的地位。需要注意的是,国际贸易学中的净出口概念与宏观经济学中的净出口概念是不同的。

为了分析进出口贸易对一国经济的影响,可以将国民经济分为出口和进口竞争两大部门。出口部门是一国能够将产品销往国际市场的各类产业的总和,进口竞争部门是一国与进口产品在本国市场上进行竞争的各类产业的总和。如果一国出口产业国际竞争力比较强,政府就可以采取相对自由的贸易政策,例如中国的纺织、服装等劳动密集型产业就属于这类产业;如果进口竞争产业国际竞争力比较弱,政府则应适当采取符合国际惯例和WTO规则的保护政策措施,以促进其国际竞争力的提高。

---

① 孙维炎:"当代国际贸易及其理论的发展",《国际贸易问题》,1997年第10期。

三、国际贸易值与国际贸易量

国际贸易的规模是可以计量的。国际贸易值(Value of Trade),即是用货币来表示的一定时期内各国的对外贸易总值,它能反映出某一时期内的贸易总金额,也称国际贸易额。国际贸易值通常都用美元来表示,这是因为美元是当代国际贸易中的主要结算货币和主要的国际储备货币。同时,以美元为单位也有利于在世界范围内归总统计和进行国际比较。

对于一个国家而言,出口值加上进口值之和就是该国的对外贸易总值。但当我们要计算世界的国际贸易总值时,却不能简单地采用前述加总的办法。这是因为一国的出口就是另一国的进口,两者相加无疑是重复计算。为此,在统计国际贸易总值时,采用的办法是把各国的出口值汇总起来。为什么不能把各国进口值之和算作国际贸易值呢?这是因为各国的商品进口值一般都是按到岸价格计算的,它通常还包括国际运输和保险的费用等,而按离岸价格来统计的出口总值则比较合理。因此,国际贸易值是一定时期内各国出口值之和。①

由于进出口商品价格经常变动,国际贸易值往往不能准确反映国际贸易的实际规模及其变化趋势。如果以国际贸易的商品实物数量来表示,则能避免上述矛盾。但是,国际贸易商品种类繁多,计量标准各异,如棉花要按吨计算、小汽车要按辆计算、衣服要按件计算等,无法把它们直接相加。所以,只能选定某一时点上的不变价格为标准来计算各个时期的国际贸易量(Quantum of Trade),以反映国际贸易实际规模的变动。具体说来,就是以某固定年份为基期计算的出口价格指数去除国际贸易值,这样修正后的国际贸易金额就可以剔除价格因素的影响,比较准确地反映不同时期国际贸易规模的实际变动幅度。由此可见,国际贸易量就是以不变价格计算的国际贸易值。一个国家的对外贸易量就是以不变价格计算的进出口值之和。

区分国际贸易值与国际贸易量除了能够准确衡量国际贸易的规模以外,还可以通过不同时期某一国家或地区国际贸易值与国际贸易量的比较,了解该国或地区贸易利益的变化。在以产品为界限的国际分工情况下,如果在一段时期内一国出口值的增长快于出口量的增长,则出口收益上升;否则,就是出口收益下降。

四、贸易差额

一个国家通常既有进口也有出口。在一定时期内(通常为一年),一个国家的出口总值与进口总值之间的差额,称为贸易差额(balance of trade)。如果出口值大于进口值,就是存在出超(excess of export over import),或者称为贸易顺差(a favourable balance of trade);反之,若是进口值大于出口值,称为入超(excess of import over export),或者说存在贸易逆差(an unfavourable balance of trade)。简而言之,出超意味着一国在对外贸易中收入大于支出,而入超则意味着外贸的支出大于收入。

贸易差额是衡量一国对外贸易状况的重要指标。一般来说,贸易顺差表明一国在对

---

① 这里的国际贸易值指货物贸易值。世界贸易组织是将货物贸易值与服务贸易值分开统计的。

外贸易收支上处于有利地位。因此,通常各国都追求贸易顺差,以增强本国的对外支付能力,稳定本国货币对外币的比值,并将其视为经济成功的标志之一。单纯从国际收支的角度来看,当然是顺差比逆差好。但是,长期保持顺差也不一定是件好事。首先,长时间存在顺差,意味着大量的资源通过出口输出到了外国,得到的只是资金积压。其次,巨额顺差往往会使本国货币面临升值压力,不利于扩大出口,并且会造成同其他国家的贸易关系紧张。再次,巨额顺差还会影响国内货币政策对一国经济的调控能力,等等。

在一个国家的经济发展中,对外贸易是出超好还是入超好,要根据具体情况而定。一般来说,西方发达国家面临的主要矛盾是总需求不足,生产能力过剩。因为外贸出超能缓和需求不足的矛盾,有利于扩大国内的生产规模,增加就业机会,所以一些西方经济学家如凯恩斯等,非常重视对外贸易的乘数效应,主张政府干预对外贸易以保持贸易顺差来促进国内经济的发展。

但是,对于发展中国家来说,在经济高速增长时期出现一段时期的贸易收支逆差通常是难免的,甚至在某种程度上是有益的。同发达国家相比,发展中国家科技发展水平、劳动生产率水平还存在相当大的差距,且短期内难以大幅度地缩小这种差距。即使发展中国家出口部门的增长速度高于国民经济的增长速度,在一定时期内也不足以消除贸易入超的倾向。再者,发展中国家大量引进外资也会在一定时期内强化贸易入超倾向,因为外资的流入特别是外商直接投资的增加,通常会以进口的方式带进一部分投资品,使进口规模扩大,而且投资引起进口需求往往不是一次性的,而是连续性的。尽管这种进口从短期看不需要支付外汇,但从长期看要靠出口来支付,还是会成为产生贸易入超的一个因素。一些外商独资、合资企业开办初期需大量进口关键设备、原材料等,更会直接影响到短期的贸易收支平衡。

从市场经济运行的角度看,发展中国家经济中的主要矛盾是供给不足,保持一定的贸易入超实际上就是利用外部资源支持国内建设。当然,若出现严重的国际收支不平衡,则会对国民经济运行产生巨大冲击,妨碍经济的持续发展。需要指出的是,发展中国家情况各异,经济发展也不必然导致贸易逆差。因此,对于贸易平衡问题,要根据各国实际情况进行具体分析。

五、总贸易与专门贸易

对于什么是进口和出口,各国的统计标准略有不同。现在世界上通行的体制有两种:一种是以国境作为对外贸易的统计标准。凡是进入该国境界的商品一律列为进口,称为总进口(General Import);凡是离开该国境界的商品均列为出口,称为总出口(General Export)。总进口额加上总出口额就是一国的总贸易额(General Trade)。英国、加拿大、日本、澳大利亚、美国等约90多个国家和地区采用这个统计标准。

另一种是以关境作为对外贸易的统计标准。关境是一个国家海关法规全部生效的领域。当今世界上关境与国境不一致是相当普遍的现象。根据这个标准,外国商品进入关境之后才列为进口,称为专门进口(Special Import)。例如,外国商品虽已进入国境,但仍暂放于海关的保税仓库之内,或只是在免税的自由经济区流通,则不被统计为进口。另一方面,凡是离开关境的商品都要列为出口,称为专门出口(Special Export)。

从关境外、国境内输往他国的商品,则不被统计为出口。专门出口额加上专门进口额,即是一个国家的专门贸易额(Special Trade)。德国、意大利、瑞士等 80 多个国家采用这种划分办法。

总贸易与专门贸易的数额是不相同的。这是因为:第一,关境和国境往往不一致,比如各类经济特区的广泛存在。第二,对某些特殊形式的贸易,两者的处理不同,例如过境贸易会被计入总贸易额但不会被列入专门贸易额。我国采用的是总贸易体制。

总贸易和专门贸易反映的问题各不相同。前者包括所有进出入该国的商品,主要反映一国在国际商品流通中所处的地位;后者只包括那些进口是用于该国生产和消费的商品,出口是由该国生产和加工的商品,主要反映一国作为生产者和消费者在国际贸易中所起的作用。

但是,在当代国际分工日益深化、加工贸易迅速发展的情况下,总贸易和专门贸易的划分只具有相对性。例如,一国为了促进经济发展,开辟一些出口加工区,在这些区域内,原材料、机器设备的进口免交进口关税,加工制成品的出口免交出口关税,即这些地区位于关境之外。如果严格根据专门贸易统计,其进出口额就不应列入专门贸易额,这显然不能全面反映该国在国际生产和贸易中的地位。为了准确反映一国在国际生产中的地位,进入海关保税工厂的进口货物和从海关保税工厂出口的货物是列入专门贸易额的。即使两个国家都采用其中一种统计方法,也要进一步分析其贸易构成,否则就会得出错误的结论。

六、货物贸易与服务贸易

国际贸易按照商品形态的不同,可分为货物贸易(Commodity Trade)和服务贸易(Service Trade)。

货物贸易是指物质商品的进出口。因为物质商品是看得见、摸得着的,因此货物贸易又称有形贸易(Visible Trade)。世界市场上的物质商品种类很多,为了统计和其他业务的方便,联合国曾于 1950 年编制了《国际贸易商品标准分类》,并于 1960 年、1972 年、1985 年和 2006 年先后修订 4 次,它一度为世界绝大多数国家所采用。根据这个标准,国际贸易中的商品共分为 10 大类、67 章、262 组、1 023 个分组和 2 970 个基本项目。10 个大类的商品分别是:食品及主要供食用的活动物(0);饮料及烟草类(1);燃料以外的非食用粗原料(2);矿物燃料、润滑油及有关原料(3);动植物油脂及油脂(4);化学品及有关产品(5);主要按原料分类的制成品(6);机械及运输设备(7);杂项制品(8);没有分类的其他商品(9)。其中 0—4 类商品又被称为初级产品,5—8 类商品被称为工业制成品。按此标准,在国际贸易统计中,每一种商品的目录编号都采用 5 位数。从左到右,第 1 位数表示类,第 2 位数表示章,第 3 位数表示组,第 4 位数表示分组,第 5 位数表示项目。例如,活山羊在标准分类中的数位号是 001.22,其含义是:0 类,食品及主要供食用的活动物;0 章,主要供食用的活动物;1 组,主要供食用的活动物;2 分组,活绵羊及山羊;2 项目,活山羊。上述标准分类法几乎包括国际贸易的所有商品。

国际服务贸易是指国家之间出售或购买服务的交易。按照《服务贸易总协定》的定义,国际服务贸易是指服务贸易提供者从一国境内通过商业现场或自然人的商业现场向外国服务消费者提供服务,并获取外汇收入的过程。

根据 WTO 的解释,服务贸易有四种方式:① 过境交付,即服务提供者和消费者都不跨越国境。比如通过网络进行的国际金融、国际医疗、国际远程教育等方面的服务。② 境外消费,即服务消费者到服务提供者国内接受服务,如出国旅游、出国留学等。对服务提供者而言,是在国内从事服务的出口,如对外国旅游者提供服务、接受外国留学生来本国学习等。③ 商业存在,即服务企业到国外开办服务场所,提供服务。例如,律师事务所、会计师事务所到国外开办分支机构提供相应的服务等。④ 自然人移动,即一国的自然人到服务消费者所在国或第三国提供服务,如出国讲学、行医等。

国际服务贸易按照与生产过程的关系,可以分为要素服务贸易(Factor Service Trade)和非要素服务贸易(Non-factor Service Trade)。要素服务贸易是一国向他国提供劳动、资本、技术及土地等生产要素的服务,而从国外得到报酬的活动。它包括对外直接投资和间接投资的收益、侨民汇款及技术贸易的收入。非要素服务贸易是狭义的服务贸易,它指提供严格符合"服务"定义的服务而获取外汇收入的交易,如国际运输、旅游、教育、卫星发射、咨询、会计等。需要指出的是,在 GATT 第八轮乌拉圭回合达成的《与贸易有关的知识产权协定》中,原先被列为服务贸易的专利和商标许可、版权贸易,现在被列为知识产权贸易。

与有形贸易相对应,包括上述两类服务的服务贸易也被称为无形贸易(Invisible Trade)。但在实际活动中,国际货币基金组织将国际投资收入排除在服务贸易收入之外。按照国际货币基金组织的统计,服务贸易=无形贸易-投资收入。① 按照世界贸易组织(WTO)的分类,国际服务贸易分为商业、通信、建筑及工程、销售、教育、环境、金融、健康与社会、旅游、文化与体育、运输业及其他等 12 大类 155 个项目。

货物贸易和服务贸易是密切联系在一起的,正是货物贸易启动了服务贸易,而服务贸易又促进了货物贸易的发展。在现代国际贸易中,双方密不可分。按照传统的观念,国际服务贸易具有无形性、易逝性及生产与消费的同时性等特点。但随着科学技术的发展及服务业水平的提高,许多服务已日益融合到货物之中,甚至构成货物总价值的绝大部分。如此,服务被"物质化"并具备了可储存性,生产和消费也得以分开,这种服务被称为物化服务。例如,计算机软件技术被"物化"到软盘中,购买软件技术的服务可通过购买软盘来进行,并可以长期使用。

货物贸易与服务贸易之间除形态的差别外,还存在一个重要区别,即货物的进出口要通过海关手续,从而表现在海关的贸易统计上,它是国际收支的主要构成部分;而服务贸易不经过海关手续,通常不显示在海关的贸易统计上,但它也是国际收支的一部分。这一特点决定了服务贸易数据比货物贸易数据难以收集。实践中,只有少数 OECD 国家对服务在相对分类的水平上收集和通报数据,许多非 OECD 国家在报告服务贸易数据时,往往非常笼统,只将"商业服务"分为运输、旅游和其他服务。同时,由于服务贸易不能通过关税来加以限制,各国只能通过市场准入和政府规章等形式来设置贸易壁垒。

---

① 按照国际货币基金组织的统计,在 20 世纪 80 年代以前,世界贸易总额=货物贸易+无形贸易;20 世纪 80 年代以后,世界贸易总额=货物贸易+服务贸易。

发展服务贸易已成为不少国家提升产业国际竞争力、平衡外汇收支、降低能源消耗和减少污染的重要对外经济政策。世界服务贸易从行业上看,占最大比重的是旅游、金融与保险、交通运输、通信、信息和劳务等。生产性服务业和服务贸易的迅速发展是20世纪90年代以来国际贸易发展的一个重要特征。特别是随着当今数字经济的发展,服务贸易数字化给服务贸易发展提供了新的动能。

七、直接贸易、间接贸易、转口贸易、过境贸易

这是按商品的交换形式来划分的国际贸易的种类。在国际贸易中,商品的生产国一般是直接到商品的消费国去销售商品,后者也乐于从前者购买,这种贸易称为直接贸易(Direct Trade)。此时出口国即是生产国,进口国就是消费国。

由于政治、地理等方面的原因,有时商品的生产国和消费国不能直接进行交易,而只能通过第三国商人转手来间接地进行买卖,这种形式的国际贸易称为间接贸易(Indirect Trade)。

从商品的生产国进口商品,不是为了本国生产或消费,而是再向第三国出口,这种形式的贸易称为转口贸易(Entrepot Trade)。如上述间接贸易中的第三国商人所从事的就是转口贸易。转口贸易的经营方式大体上又可以分为两种:一是把商品从生产国输入进来,然后由该国商人销往商品的消费国;二是直接转口,转口商人仅参与商品的交易过程,但商品还是从生产地直接运往消费地。从事转口贸易的大多是运输便利的国家(或地区)的港口城市,如伦敦、鹿特丹、新加坡、中国香港等。由于它们地理位置优越、便于货物集散,所以转口贸易相当发达。

在转口贸易中有一种特殊的贸易形式,即所谓"三国间贸易"。它是指一国企业到国外开办分支机构,从事国际贸易活动。如A国企业到B国注册成立一个公司,然后依靠其信息、人才的优势在C国和D国间从事贸易活动。这种贸易形式有其独到的好处:除了注册公司时需要本国资金外,公司成立后可在当地或国际上融资,不再占用本国资金;利用的是国际市场、国际资源,是真正的国际化经营;有利于培育国际经营人才,为国内企业日后进入国际市场准备国际营销渠道。另外,其贸易额计算在外国的贸易收支账户上,本国可通过国外分支机构利润的汇回获得贸易的收益,而不会引起因为贸易差额而产生的本国与贸易伙伴贸易关系的紧张。

某些国家由于特殊的地理位置,或者为了节约运输费用和时间,在从商品生产国购货之后,需要通过第三国的境界才能进入本国市场。对于第三国来说,这就是过境贸易(Transit Trade)。过境贸易又可分为两种:一种是间接的过境贸易,即外国商品进入国境之后,先暂时存放在海关仓库内,然后再提出运走;另一种是直接的过境贸易,即运输外国商品的船只、火车、飞机等,在进入本国境界后并不卸货,而在海关等部门的监督之下继续输往国外。

一些国家把开展过境贸易作为吸引国外人流、物流、信息流,促进地区经济发展的重要手段。例如,中国利用陇海线分别吸引日本、韩国输往中亚、西欧的货物过境,以加快铁路沿线的经济发展。

过境贸易与转口贸易的主要区别在于:第一,过境贸易中第三国不直接参与商品的交

易过程,转口贸易则须由转口商人来完成交易手续;第二,过境贸易通常只收取少量的手续费如印花税等,而转口贸易则以营利为目的,要有一个正常的商业加价。

八、易货贸易与自由结汇贸易

这是按国际收支中清偿工具不同划分的国际贸易的种类。在国际贸易中,以货币作为清偿手段的,称为自由结汇方式贸易,或称为现汇结算(Cash Settlement)贸易。在这里作为支付手段的货币必须能在国际金融市场上自由兑换。现阶段作为清偿货币的主要是西方发达国家的货币,如美元、欧元、日元等。另一种是以货物经过计价作为清偿工具,称为易货贸易(Barter Trade),亦称换货贸易、对销贸易。它起因于贸易参与国双方的货币不能自由兑换,而且外汇短缺,于是双方把进口和出口直接联系起来,互通有无,以做到进出口大体平衡。

易货贸易的特点是:它只涉及贸易的双方,如政府对企业和个人、企业对企业或政府对政府;易货商品按照各自的需要,可采用一对一、一对多或多对多的串换;贸易合同往往是短期的;在清偿时,既可以是逐笔支付平衡,也可以是定期综合平衡。

同自由结汇贸易相比较,易货贸易可以缓解进口支付能力不足的矛盾,但也存在一些明显的局限性:第一,易货贸易取决于对对方商品的直接需求,可供交换的商品种类有限;第二,双方的进口和出口要基本保持平衡,贸易规模受到限制;第三,货物计价通过政府间谈判确定,而不是由市场竞争决定,贸易条件(即交换比例)往往不那么合理。

在当代全球范围内市场经济体制占主导地位的条件下,自由结汇贸易是最通常的贸易形式,易货贸易则在一些外汇比较短缺的发展中国家间采用。

跨境贸易人民币结算是近年来我国自由结汇贸易的新发展。从 2009 年开始,我国在上海、广州等城市开展跨境贸易人民币结算试点工作,随后试点地区逐步扩大,并在全国推广。跨境贸易人民币结算是指经国家允许指定的、有条件的企业在自愿的基础上以人民币进行跨境贸易的结算,商业银行在人民银行规定的政策范围内,可直接为企业提供跨境贸易人民币相关结算服务。目前主要针对货物贸易、服务贸易跨境人民币结算,以及资本项目人民币收入使用。跨境贸易人民币结算是人民币国际化的重要一步,有利于加强我国对外经济、贸易和投资往来,促进我国经济更好地融入世界经济,有助于提升人民币的国际地位。

九、国际贸易格局

国际贸易格局包括国际贸易商品结构和国际贸易地理方向。

国际贸易商品结构(International Trade by Commodities)系指各类商品在国际贸易中所处的地位,通常以它们在世界出口总额中的比重来表示。

随着生产力的发展和科学技术的进步,国际贸易商品结构不断发生变动,初级产品的比重大大下降,工业制成品、高科技产品的比重不断上升。随着国际分工的深化,20 世纪 90 年代以来,服务于跨国公司全球化生产的需要,零部件等中间产品在国际贸易中的比重日益提高。目前,中间产品贸易占世界货物贸易的 60% 以上。

对某一个国家来说,对外贸易的商品结构是指一定时期内进出口贸易中各类商品的构成情况,通常以各种商品在进口总额或出口总额中所占的比重来表示。一国的对外贸易商品结构可以反映该国的经济和科技发展水平以及资源禀赋状况。

国际贸易地理方向又称国际贸易地区分布(International Trade by Regions),它用来表明世界各个国家或地区在国际贸易中所处的地位,通常用它们的出口贸易额(进口贸易额)占世界出口贸易总额(进口贸易总额)的比重来表示。由于国际经济形势在不断变化,各国的经济实力对比经常变动,国际贸易的地理方向也不断发生变更。

国际贸易地理方向相对于某一个国家或地区来说,就是对外贸易地理方向,它表明一个国家或地区进口商品的来源和出口商品的去向,从而反映该国或地区与其他国家或地区之间的经济贸易联系程度。

对一国而言,如果与某一个或某几个国家的贸易额占其对外贸易总额的比重比较高,则对外贸易的地理方向比较集中;反之,则对外贸易的地理方向比较分散。对外贸易地理方向的集中和分散各有优劣。以出口为例,对外贸易地理方向比较集中,可以凭借对传统市场的熟悉而节省市场开拓的费用,降低交易成本,便于出口厂商间的信息交流,扩大出口国商品在进口国的影响。但在出口国厂商协调不力、产品差异化小的情况下,出口的集中又会造成出口商之间的恶性竞争,影响出口收益。而无论对进口还是出口而言,一国对外贸易地理方向过于集中,都会使该国容易受制于人,从而在对外贸易中处于不利的境地。对外贸易地理方向的分散则可以降低一国在对外贸易中所面临的经济和政治风险,避免进出口厂商之间的恶性竞争,但其不利之处在于市场分散可能加大交易成本。对厂商而言,对外贸易地理方向究竟是集中还是分散,从根本上取决于成本和收益的比较。

十、数字贸易与跨境电商

数字贸易(Digital Trade)是数字经济在国际贸易中的延伸和应用,是国际贸易的新形态。从形式来看,数字贸易不仅包括基于信息通信技术开展的线上宣传、交易、结算等促成的实物商品贸易,还包括通过信息通信网络(语音和数据网络等)传输的数字服务贸易,如数据、数字产品、数字化服务等贸易。数字贸易具备两大特征,分别是贸易方式数字化和贸易对象数字化。其中,贸易方式的数字化是指信息技术与传统贸易开展过程中各个环节深入融合渗透;贸易对象的数字化是指数据和以数据形式存在的产品和服务贸易。

在宽泛意义上,经济合作与发展组织(OECD)、世界贸易组织(WTO)、国际货币基金组织(IMF)在其历年更新的《数字贸易测度手册》中,将数字贸易定义为"所有通过数字化形式订购和交付的贸易",从交易形式划分,包括数字订购贸易、数字交付贸易、数字中介平台赋能贸易等三个部分。其中,数字订购贸易就是指电子商务;数字交付贸易是服务贸易的数字化转型部分,主要指通过线上形式交付的服务贸易内容;数字中介平台赋能贸易是指搜索引擎、社交媒体等互联网平台促成的贸易和平台本身提供的有偿和无偿中介服务。这三个部分贸易有互相重叠、交叉的部分。例如,跨境电商服务可能同时属于数字订购、数字交付和数字中介平台赋能服务类型。

跨境电子商务,简称跨境电商(Cross-border E-commerce),是买卖双方通过电子商务平台(如亚马逊、速卖通等)或独立网站达成交易、进行支付结算,并通过跨境物流及异地仓储送达商品、完成交易的一种国际贸易活动。跨境电商分为进口跨境电商和出口跨境电商两类,涵盖 B2B、B2C、C2C 等多种形式。进口跨境电商,通常是国内消费者访问电子商务平台或海外卖家的购物网站,选择商品下单后,由海外卖家直接发国际快递到消费者手中,如天猫国际等。出口跨境电商则相反,在电子商务平台或自有独立网站上成交后,国内卖家将商品直接国际快递到海外买家的手中,如速卖通。近年随着移动互联网的发展,这些电子商务平台或独立网站还陆续推出手机 App,方便消费者使用。

跨境电子商务基于网络发展而来,它不同于传统的国际贸易形式。与传统贸易形式相比,跨境电商利用互联网信息传输速度快、范围广、容量大的特点,不仅降低营销运营成本,还可以轻松拓展全球客户市场。跨境电商的迅速崛起降低了国际贸易的门槛,进一步带动大量中小企业参与国际贸易活动,在深度运用数字技术和互联网技术的基础上,真正实现商业模式的创新和外贸转型升级,推动国际贸易的发展。

第二节　国际贸易的历史发展

一、资本主义社会以前的国际贸易

(一)国际贸易的产生

国际贸易属于历史范畴,它是在一定历史条件下产生和发展起来的。具有可供交换的剩余产品和存在各自为政的社会实体,是国际贸易得以产生的两个前提条件。

在原始社会早期,生产力水平极为低下,人类处于自然分工的状态。氏族公社内部人们依靠共同的劳动来获取十分有限的生活资料,并且按照平均主义的方式在公社成员之间实行分配。当时没有剩余产品和私有制,也就没有阶级和国家,因而也没有对外贸易。

人类社会的三次社会大分工一步一步地改变了上述状况。第一次大分工是畜牧业和农业之间的分工。它促进了生产力的发展,使产品有了剩余。在氏族公社的部落之间开始有了剩余产品的相互交换,但这还只是偶然的物物交换。第二次社会大分工是手工业从农业中分离出来,由此出现了直接以交换为目的的生产即商品生产。它不但进一步推动了社会生产力的进步,而且使社会相互交换的范围不断扩大,最终导致了货币的产生,产品之间的相互交换渐渐演变为以货币为媒介的商品流通。这直接引致了第三次社会大分工,即出现了商业和专门从事贸易的商人。在生产力不断发展的基础上形成了财产私有制,原始社会的末期出现了阶级和国家,于是商品经济得到进一步发展,商品交易最终超出国家的界限,形成了最早的对外贸易。

(二)奴隶社会的国际贸易

奴隶社会制度最早出现在古代东方各国,如古埃及、古巴比伦、中国(殷、周时期已进入奴隶社会),但以欧洲的希腊、罗马的古代奴隶制最为典型。奴隶社会的特征是奴隶主占有生产资料和奴隶本身,具有维护奴隶主阶级专政的完整的国家机器。在奴隶社会,生产力水平前进了一大步，社会文化也有了很大的发展，国际贸易初露端倪。

早在公元前 2000 多年前，由于水上交通便利，地中海沿岸的各奴隶社会国家之间就已开展了对外贸易，出现了腓尼基、迦太基、亚历山大、希腊、罗马等贸易中心和贸易民族。例如，古代腓尼基是地中海东岸的一个国家，当时它的手工业已相当发达，能够制造出玻璃器皿、家具、染色纺织品和金属用品。腓尼基人以他们的手工产品同埃及人交换谷物、象牙、驼毛，从塞浦路斯贩运铜，从西班牙贩卖金银和铁，从希腊贩运奴隶，从东方贩运丝绸、香料和其他奢侈品。公元前 2000 年左右，它已成为一个依靠对外贸易而繁荣起来的民族。腓尼基衰落之后，希腊约在公元前 1000 年成为地中海的第二个商业国家。到公元前 4 世纪，希腊的手工业已相当发达，分工精细，其手工业品不仅销售到了北非、西欧和中欧，甚至流传到了遥远的东方。

但是从总体上来说，奴隶社会是自然经济占统治地位，生产的直接目的主要是为了消费。商品生产在整个经济生活中还是微不足道的，进入流通的商品很少。加上生产技术落后、交通工具简陋，各个国家对外贸易的范围受到很大限制。上文提到的那些商业发达的民族或国家，在当时仍只是一种局部现象。

从国际贸易的商品构成来看，奴隶是当时欧洲国家对外交换的一种主要商品。希腊的雅典就是那时贩卖奴隶的一个中心。此外，奴隶主阶级需要的奢侈消费品，如宝石、香料、各种织物和装饰品等，在对外贸易中占有重要的地位。奴隶社会的对外贸易虽然影响有限，但对手工业发展的促进作用较大，在一定程度上推动了社会生产的进步。

（三）封建社会的对外贸易

封建社会取代奴隶社会之后，国际贸易又有了较大的发展。尤其是从封建社会的中期开始，实物地租转变为货币地租，商品经济的范围逐步扩大，对外贸易也进一步增长。到封建社会的晚期，随着城市手工业的进一步发展，资本主义因素已经开始孕育和生长，商品经济和对外贸易相比奴隶社会都有明显的发展。

封建社会时期开始出现国际贸易中心。早期的国际贸易中心位于地中海东部，公元 11 世纪以后，国际贸易的范围逐步扩大到地中海、北海、波罗的海和黑海沿岸。城市手工业的发展是推动当时国际贸易扩展的一个重要因素。而国际贸易的发展又促进了社会经济的进步，并促进了资本主义因素的发展。

在封建社会，中国的对外贸易已有所发展。公元前 2 世纪的西汉时代，我国就开辟了从新疆经中亚通往中东和欧洲的"丝绸之路"。中西商人沿丝绸之路互通有无，中国的丝、茶等转销到地中海沿岸各国，西方前来的使者和商人络绎不绝，开创了中国同西方各国进行政治、经济、文化、宗教等往来的良好先例。明朝时代，郑和 7 次率领船队下西洋，足迹遍及今印度支那、马来半岛、南洋群岛以及印度、伊朗、阿拉伯等地，最远到达了非洲东部海岸。这些远航把我国的绸缎、瓷器等输往国外，换回了香料、象牙、宝石等。通过对外贸易，我国的火药、罗盘和较先进的手工业技术输往了亚欧各国，同时也引进了不少土产和优良种子，这对世界文明的进程产生了深远的影响。

从国际贸易的商品来看，在封建时代仍主要是奢侈消费品，如东方国家的丝绸、珠宝、香料，西方国家的呢绒、酒等；手工业品比重有明显的上升。另一方面，交通运输工具，主要是船只有较大进步,国际贸易的范围扩大了。不过,从总体上来说,自然经济仍占统治地位,国际贸易在经济生活中的作用还相当小。

二、资本主义生产方式下国际贸易的发展

国际贸易虽然源远流长,但真正具有世界性质是在资本主义生产方式确立起来之后。在资本主义生产方式下,国际贸易额急剧扩大,国际贸易活动遍及全球,贸易商品种类日益增多,国际贸易越来越成为影响世界经济发展的一个重要因素。而在资本主义发展的各个不同时期,国际贸易的发展又各具特征。

(一) 资本主义生产方式准备时期的国际贸易

16—18 世纪中叶是西欧各国资本主义生产方式的准备时期。这一时期工场手工业的发展使劳动生产率得到提高,商品生产和商品交换进一步发展,这为国际贸易的扩大提供了物质基础。这一时期的地理大发现更是加速了资本的原始积累,促使世界市场初步形成,从而大大扩展了世界贸易的规模。

1492 年,意大利航海家哥伦布由西班牙出发,经大西洋发现了美洲;1498 年,葡萄牙人瓦斯哥·达·伽马从欧洲绕道南非好望角通往印度,这些对欧洲的经济和贸易产生了深远的影响。马克思曾经指出:"在 16 世纪和 17 世纪,由于地理上的发现而在商业上发生的并迅速促进了商人资本发展的大革命,是促使封建生产方式向资本主义生产方式过渡的一个主要因素。世界市场的突然扩大,流通商品种类的增多,欧洲各国竭力想占有亚洲产品和美洲资源的竞争热、殖民制度——这一切对打破生产的封建束缚起了重大的作用。"[①]

地理大发现的结果使西欧国家纷纷走上了向亚洲、美洲和拉丁美洲扩张的道路,在殖民制度下进行资本的血腥原始积累。殖民主义者用武力、欺骗和贿赂等办法,实行掠夺性的贸易,把广大的殖民地国家卷入国际贸易中,国际贸易的范围和规模空前地扩大了。贸易中的商品结构开始转变,工业原料和城市居民消费品的比重上升。国际贸易比在奴隶社会和封建社会时期有很大的发展。

(二) 资本主义自由竞争时期的国际贸易

18 世纪后期至 19 世纪中叶是资本主义的自由竞争时期。这一时期,欧洲国家先后发生了产业革命和资产阶级革命,资本主义机器大工业得以建立并广泛发展,社会生产力水平大大提高,可供交换的产品空前增加,真正的国际分工开始形成。另一方面,大工业使交通运输和通信联络发生了变革,极大地便利和推动了国际贸易的发展。

在这一时期,国际贸易的各方面都发生了显著变化。

第一,国际贸易量迅速增加。在 1720—1800 年的 80 年间,世界贸易量总共只增长了 1 倍。进入 19 世纪之后,国际贸易量的增长速度明显加快(见表 1-1)。19 世纪的前 70 年中,世界贸易量增长了 10 多倍。其中前 30 年国际贸易的增长慢一些,主要是受到了英法战争的影响,增长最快的是 1860—1880 年。

---

① 马克思、恩格斯:《马克思恩格斯全集》(第 25 卷),人民出版社 1975 年版,第 371—372 页。

表1-1 19世纪的世界贸易额和贸易量

年份	贸易额 /10亿元	贸易量 （1913＝100）	贸易量年均增长率 /%
1800	1.4	2.3	0.27
1820	1.6	3.1	1.5
1830	1.9	4.3	3.3
1840	2.7	5.4	2.3
1850	4.0	10.1	6.5
1860	7.2	13.9	3.2
1870	10.6	23.8	5.5
1880	14.7	30.0	3.5

资料来源：汪尧田、褚健中：《国际贸易》，上海社会科学院出版社1989年版，第37页。

第二，国际贸易的商品结构发生很大的变化，工业品的比重显著上升。18世纪末以前的大宗商品，如香料、茶叶、丝绸、咖啡等，虽然绝对量仍然在扩大，但所占份额已经下降。在工业品的贸易中，以纺织品的增长最为迅速并占有重要地位。以前欧洲国家大多从中国和印度进口棉布，英国19世纪完成产业革命以后成为棉布的主要出口国，其出口商品中有1/2～1/3是纺织品。煤炭、钢铁、机器等商品的贸易也有了很大的增长。另一方面，粮食也开始成为国际贸易的大宗商品，由于工业发展的需求和运输费用的降低，粮食占当时国际贸易额的1/10左右。

第三，贸易的方式有了进步。国际定期集市的作用下降，现场看货交易逐渐转变为样品展览会和商品交易所，根据样品来签订合同。1848年美国芝加哥出现了第一个谷物交易所，1862年伦敦成立了有色金属交易所，19世纪后半期在纽约成立了棉花交易所。期货交易也已经出现，小麦、棉花等常常在收获之前就已经售出，交易所里的投机交易应运而生。另一方面，国际间的信贷关系也逐步发展起来，各种票据及汇票等开始广泛流行。

第四，国际贸易的组织方式有了改进。19世纪以前，为争夺殖民地贸易的独占权，英国、荷兰、法国纷纷建立了由政府特许的海外贸易垄断公司。这些公司享受种种特权，拥有自己的军队和行政机构、船队等。随着贸易规模的扩大，特权的外贸公司逐步让位于在法律上负有限责任的股份公司，对外贸易的经营组织日趋专业化，成立了许多专门经营某一种或某一类商品的贸易企业。同时，为国际贸易服务的组织也趋向专业化，出现了专门的运输公司、保险公司等。

第五，政府在对外贸易中的作用有转变。自由竞争时期的资本主义在国内主张自由放任，这反映在对外贸易上，就是政府对具体经营的干预减少。而在国际上，为了调整各国彼此间的贸易关系，协调移民和其他待遇方面的问题，国家之间开始普遍签订贸易条约。这些条约最初是为了资本主义国家能公平竞争、发展相互的贸易往来，后来逐步变成在落后国家谋求特权、推行侵略扩张的工具。在这一时期，英国大力鼓吹和实行自由贸易政策，对推动英国的出口起了很大的作用，形成了19世纪50年代以后的又一次工业增长高潮。而在德国等后起的资本主义国家,政府则极力充当民族工业发展保护人的角色,采用各种措施限制进口,抵挡英国的竞争;但当本国工业发展起来之后,就转向了自由贸易。总之,这一时期与资本主义生产方式准备阶段政府直接经营对外贸易有很大不同。

(三) 垄断资本主义时期的国际贸易

19世纪末20世纪初,各主要资本主义国家从自由竞争阶段过渡到垄断资本主义阶段,国际贸易也出现了一些新的变化。

第一,国际贸易仍在扩大,但增长速度下降,贸易格局发生了变化。截至第一次世界大战前,国际贸易仍呈现出明显的增长趋势,但与自由竞争时期相比,速度已经下降了。例如,在1870—1913年的43年间,世界贸易量只增加了3倍,而在1840—1870年的30年自由竞争期间,国际贸易量却增长了3.4倍多。

第二,垄断开始对国际贸易产生严重影响。由于生产和资本的高度集中,垄断组织在经济生活中起着决定性的作用。它们在控制国内贸易的基础上,在世界市场上占据了垄断地位,通过垄断价格使国际贸易成为垄断组织追求最大利润的手段。在这一时期,国际贸易中明显形成了大型垄断组织瓜分世界市场的局面。第一次世界大战之前,世界上大约存在114个国际卡特尔,它们通过相互缔结协定,彼此承担义务,按一定比例分割世界市场,确定各自的销售区域,规定垄断价格、生产限额和出口数量,攫取高额利润,合力排挤局外企业以维持对市场的垄断等。当然,垄断并不能排除竞争,而是使世界市场上的竞争更加激烈。

第三,一些主要资本主义国家的垄断组织开始资本输出。为了确保原料的供应和对市场的控制,少数富有的资本主义国家开始向殖民地输出资本。在第一次世界大战前,英国和法国是两个主要的资本输出国。资本输出,不仅带动了资本输出国商品的出口,还能使资本输出国以低廉的价格获得原材料,同时资本输出也是资本输出国在国外市场上排挤其他竞争者的一个有力手段。

三、当代国际贸易的新发展

第二次世界大战以后,特别是20世纪80年代以来,世界经济发生了迅猛的变化,科技进步的速度不断加快。国际分工、世界市场和国际贸易也都发生了巨大变化。概括说来,当代国际贸易发展呈现以下一些新特征:

第一,国际贸易发展迅速,世界贸易的增长速度大大超过世界产值的增长速度,服务贸易的增长速度又大大超过商品贸易的增长速度。

战后,世界贸易的增长速度超过世界生产的增长速度。国际贸易的发展不仅限于少数国家,多数国家的对外贸易也都有不同程度的增长。世界贸易在世界生产总值(GWP)中所占的比重,各种类型国家的对外贸易在它们各自的国内生产总值(GDP)中所占的比重都增加了。在2018年中美贸易摩擦和2020年新型冠状病毒感染疫情暴发后,受贸易保护主义、逆全球化的影响,政治因素对世界贸易发展的影响加大,一定程度上干扰了世界贸易的正常发展。

第二,世界贸易的商品结构发生了重要变化,新商品大量涌现。经济发展和科技进步使资本、技术密集型产品成为当今世界贸易的主要对象,同时,分工的深化使国际供应链在全球经济中的作用日益突出,中间产品、零部件贸易在世界贸易中的比重增加,世界贸易增长是贸易的集约边际(即现有产品被用于贸易的多少)和贸易的拓展边际(即新产品贸易)双重作用的结果。

第三,发达国家继续在国际贸易中占据统治地位,但发展中国家在国际贸易中的地位有所加强,国际贸易已从过去发达国家的"一统天下",变为不同类型国家相互合作和相互竞争的场所。由于经济发展水平、经济体制相近以及分工的深化,当代发达国家之间的贸易迅速发展。但20世纪80年代以来,中国、印度、巴西、南非等发展中国家在世界贸易中地位提升,美国和日本等发达国家在全球出口中的比重下降。与此同时,由于中国等发展中国家贸易地位的提升,发展中国家和地区的区域内贸易增强。

第四,从贸易政策和贸易体制来看,从战后50年代到60年代,贸易政策和体制总的特点是自由贸易,70年代以来,贸易政策有逐渐向贸易保护主义转化的倾向,国际贸易体制从自由贸易走向管理贸易,国际贸易的垄断化进一步发展。1995年1月1日,随着世界贸易组织的建立,国际贸易又进入一个相对自由的时代。2008年金融危机,特别是2018年中美贸易摩擦和2020年新型冠状病毒感染疫情暴发之后,贸易保护主义倾向有所抬头,经济逆全球化趋势增强,但这并不能从根本上扭转经济全球化条件下全球贸易自由化的总体趋势。

从以上国际贸易的历史发展中可以看到,尽管世界政治与经济的发展道路并不平坦,但总的趋势是不断前进的。在科学技术革命的推动下,国际分工不断深化,生产国际化程度日益提高,这是国际贸易不断发展的强大动力。各个国家都有必要也有可能更多地参与国际分工、国际贸易、国际竞争和合作,以促进本国经济的发展。

第三节 国际贸易学的研究对象与任务

一、国际贸易与国内贸易的区别

相对于国内贸易而言,国际贸易活动本身有很大的特殊性。作为商品交换活动,国际贸易与国内贸易存在一些共同方面,如两者都要受到价值规律的调节等。然而在两者之间还存在一些很重要的差别。

(一)两者的基础不同

国内贸易的基础是国内的生产分工,在正常条件下,市场机制能调节生产资源在各地区和各部门之间的配置,如资金、技术、劳动力等生产要素在国内可以自由流动,从而使资源得到有效利用。而国际贸易的基础是国际分工,生产要素在国家之间的转移会受到或多或少的限制(最明显的例子就是国际移民存在较严格的限制),这一点会造成各国的生产成本和商品价格出现很大的差异,从而会影响国际分工的格局。第二次世界大战之后,资本、技术、劳动力的国际流动具有明显的增长趋势。20世纪90年代以来,要素的全球流动性大大增强,然而由于民族利益和其他方面的原因,各国市场相对分隔的局面难以彻底消除。

(二) 两者所面临的环境不同

这主要是指国际贸易和国内贸易所面临的经济环境、法律环境和文化环境等有很大差异。

(1) 各国的货币制度不同。各国政府都有自己法定的货币,超出国界一般就不能自由流通,故参加国际贸易的各方一般不能单方面地用本国的货币来计价和支付,而必须采用双方都愿意接受的货币或国际通用的货币。这里绝不只是一个货币兑换的形式问题,关键在于货币的内在价值。众所周知,货币是在商品经济的长期运行中确定其实际代表的价值的,并不简单地由政府规定。国际贸易中汇率是经常变动的,这对进口和出口商品的成本和利润有着直接的影响。另一方面,一国货币汇率的高低又同该国的贸易收支有着密切的联系。因此,国际贸易在商品的流通过程、厂商经营的核算等问题上,要比国内贸易复杂得多。

(2) 各国的经济政策不同。为了维持经济的稳定和发展,每个国家的政府都会制定符合本国经济发展要求的财政政策、货币政策、产业发展政策等经济政策。各国政府制定政策时一般都是从本民族利益出发,外国的利益总是放在次要的位置上。各国政府的政策会对国际贸易产生或大或小的影响。各国的对外贸易政策是国内经济政策的一种延伸。有关关税、配额的规定,既会限制本国的进口,也会影响他国的出口。商品输出到他国之后,还可能受到进口国歧视性的国内政策限制。国际贸易受到来自政府方面的干预,要比国内贸易多得多。

(3) 各国的法律不同。各个国家的民事法典尤其是经济立法有很大的差别,使得国际贸易在缔结协定和执行合同方面要比国内贸易复杂得多。市场经济是法制经济,没有适当的法律保护,贸易的风险就会骤然增加。在国内贸易的场合,双方适用于同样的法律,而国际贸易就缺乏这个前提条件。比如,国际贸易中当事人双方在签订合同时存在以哪国法律为准则的问题,当合同执行中发生纠纷时也是如此。尤其是现代国际经济技术合作日益增多,多国合营的企业更加可能涉及企业所在地的各方面的法律问题,如法人待遇、土地使用、捐税等。由于各国的法律规定不尽相同,所以国际经济关系错综复杂。除此以外,国际贸易领域还有许多国际惯例,也要求外贸从业者熟悉和掌握,以维护自己的利益。

(4) 各国的文化背景不同。各个国家和民族在历史发展的长河中都形成了自己独特的文化传统,这对国际贸易有着深刻的影响。在国际贸易的交往中,首先会遇到语言不通的问题。文化方面的差异更直接影响到如何做广告、如何洽谈业务、如何销售商品等一系列实际问题。各种文化都包含着自身的特殊价值观念,如不深入观察和研究,轻则可能丧失市场,重则有引致国家关系紧张的危险。而国内贸易通常是在同一文化或相互相处很久、关系较密切的不同文化中进行的,不会遇到国际贸易中那么多的矛盾或冲突。

(三) 国际贸易比国内贸易复杂

由于国际贸易要跨越国界,经历的环节众多,所以它比国内贸易要复杂得多,风险也更大。国际贸易面临的风险有：

(1) 信用风险。在国内贸易中，交易双方的信用比较容易了解。而在国际贸易中，由于联系的不便，资信的调查比较困难，信息不对称的存在甚至使得到的信息是虚假的。在通过国际互联网络从事贸易日益增多的情况下，国际贸易中的信用风险更是有增无减。

(2) 商业风险。相对国内贸易，国际贸易交货期较长、市场行情变化快，这往往会使合同不能得到履行，从而会给交易的一方带来经济上的损失。

(3) 汇率风险。在浮动汇率制下，各国的汇率经常随市场供求关系及其他因素的变化而变动，这会直接影响到进口商的进口成本和出口商的出口收入。汇率风险的存在要求进出口商能利用国际金融工具来规避风险。

此外，国际贸易中还存在国际运输路途中货物灭失的运输风险及因政变、罢工等带来的政治风险等。

因为国际贸易的特殊性与复杂性，所以从事国际贸易必须具备多方面的专门知识，如熟练地掌握一门以上的外语，对市场学、国际金融、国际法等有较多的了解，还要有良好的商品知识、运输业务知识、财会和统计知识以及贸易政策方面的知识等。而国际贸易本身也需要作为一个专门的领域来加以研究，以揭示其自身规律，提高人们从事外贸业务的决策和判断能力。

二、国际贸易学是经济学的一个重要分支

经济学是社会科学中一门古老而又年轻的学科，是探讨有关人类生产、交换、分配、消费等重要问题的学问。作为交换范畴，国际贸易学是经济学的重要组成部分。

对国际贸易问题的探讨是现代经济学发展的起点。作为现代经济科学形成的前奏，重商主义理论是随着16—17世纪西欧海外贸易的发展一同兴旺起来的。重商学派最著名的主张就是政府干预对外贸易，通过扩大出口来增加本国的财富。古今中外不少伟大的经济学家都对国际贸易问题进行了认真研究。英国杰出的古典经济学家亚当·斯密在对重商学派的理论和政策进行批判的过程中，创立了自己的经济学体系。亚当·斯密提出了绝对成本理论，后经李嘉图发展为比较成本理论，有关比较利益的分析就成为西方国际贸易理论演变的主线。第二次世界大战之后，国际贸易出现了不少新现象、新问题，有关国际贸易的理论也得到了不断发展。

马克思主义经济学历来重视对国际贸易的研究。在《政治经济学批判导言》中，马克思曾写道："我照着这个次序来研究资本主义经济制度：资本、土地所有权、雇佣劳动；国家、对外贸易、世界市场"[①]并且提出了具体的分篇写作计划，把对外贸易列为第四篇。马克思指出，对外贸易这一篇的重点内容是：生产的国际关系、国际分工、国际交换、输出与输入、汇兑。虽然马克思生前未来得及完成他计划中的这些著作，但在《资本论》等著作中，马克思把对外贸易和世界市场等作为研究资本主义经济制度的一个重要组成部分，多次论述到对外贸易、国际分工等问题，到现在仍然是我们研究国际经济与贸易的指导思想。

---

① 马克思：《政治经济学批判》，人民出版社1961年版，序言第1页。

恩格斯曾对资本主义制度下的国际经济关系做了深刻的分析,在《反杜林论》一书中,他预言"资本主义的工业已经使自己相对地摆脱了本身所需要原料的产地的地方局限性。摆脱了资本主义生产框框的社会可以在这方面更大大地向前迈进"[1]。列宁则为研究垄断条件下的国际经济关系和生产国际化趋势提供了科学的理论,并对如何利用发达国家的资金、技术等问题,在有关租让制的著作中提出了重要的理论和方针。马克思主义经济学理论是我们研究国际贸易问题的指导思想。

三、国际贸易学的研究对象

国际贸易学作为一门科学有自己独立的研究对象。从广义上说,它是研究国际商品和服务交换的经济规律,然而其研究的范围领域有自己的特殊性。

现代经济学有宏观经济学与微观经济学之分。前者所阐述的是总体的经济现象,如一个国家国内生产总值的决定、生产资源的总体配置、财政和货币政策、经济发展战略、通货膨胀等问题。后者阐述的是个体的,如企业、家庭的经济现象,包括产量、工资、利润的决定等。对外贸易是整个国民经济的一个组成部分,也有宏观和微观两个层次。国际贸易学主要是从宏观角度出发,重点研究对外贸易与经济发展的关系,总体上考察国际分工和世界市场,以及政府有关贸易的政策与措施等。国际贸易学与国际贸易实务是有区别的。后者是以单个经营对外贸易的企业为对象的,主要研究有关商品交易手续、价格、行情分析、销售战略等。当然,研究国际贸易学也需要了解有关贸易活动的实务,然而其重点在于为外贸实务提供宏观经济方面的理论知识和指导。

本书将重点阐述国际贸易的理论与政策。在研究方法上,我们除坚持理论与实践相结合等基本原则以外,还力求做到以下两点:其一,我们将以资本主义生产方式下的国际贸易作为分析的起点,着重考察国际贸易的一般规律性。从历史上看,资本主义生产方式的发展使得对外贸易成为一种世界性的现象,成为各国经济运行的一个重要条件。然而,这个过程同时也是一种客观的进步过程,是不以人的意志为转移的。因此,本书对国际分工、贸易政策的分析等,都偏重于不同社会制度下那些共同的东西。我们将以对国际生产关系的分析为前提,着重探讨社会生产力发展和国际经济进步的共同规律,揭示那些适应生产国际化发展的规律及实现形式。其二,我们将以马克思主义的国际经济理论为指导,注重分析和综合国际贸易的一般理论。从英国古典的资产阶级政治经济学到当代西方经济学理论,都对国际贸易做了许多探讨。吸收西方国际贸易理论中的合理成分,对完善和发展马克思主义的国际贸易理论体系有着重要的借鉴作用。

具体来说,本书将集中探讨国际贸易中以下三个主要问题:

(1)国际贸易发生的原因。考察国际贸易的利益、国际贸易的基础,阐述国际贸易分工理论,以及国际贸易与经济发展的相互关系等问题。

(2)贸易条件。考察商品国际价值和贸易条件的决定、影响贸易条件和世界市场价格的主要因素、国际市场的商品流通渠道、世界市场的发展趋势等问题。

(3)国际贸易政策。考察国际贸易政策的基本形式及其沿革、制定对外贸易政策的

---

[1] 恩格斯:《反杜林论》,人民出版社1970年版,第292页。

理论基础、分析各种对外贸易政策的措施以及它们的经济效应等问题。

本书各章的安排大体遵循上述线索：第一章具有导论性质，概述国际贸易的发展及其研究；第二章分析传统国际贸易理论；第三章阐述当代国际贸易理论的新发展；第四和第五章阐述世界市场和贸易条件；第六和第七章阐述国际贸易政策的理论和措施；第八章介绍和分析国际贸易治理；第九章阐述国际资本流动与国际贸易；第十章论述国际贸易与经济发展。

21世纪以来，世界经济形势有了很多新发展，经济全球化趋势日益扩大，但也遭遇逆全球化的挑战；各国在经济上的相互依存和融合更为密切，但国际贸易争端和摩擦也频繁出现，中美经贸关系发生重大变化。在这种背景下，我国坚定不移实施高水平对外开放，提出加快构建以国内大循环为主体、国内国际双循环相互促进的新发展格局。对这些问题，本书也做了介绍与探讨。

总的说来，国际贸易学在我国还是一门比较年轻的学科。面对国际贸易中不断出现的新情况、新问题，如何以马克思主义经济学的基本原理和方法为指导，借鉴西方国际经济学的有关理论和工具，努力提出新的见解，寻求新的解决办法，是我们学习和研究国际贸易学的主要目的和任务。

本章小结

本章在介绍了有关国际贸易基本概念的基础上，分析了国际贸易的历史发展及国际贸易学的学科特性。在全书中本章相当于导论。

第一节介绍的有关国际贸易的基本概念是学习本课程所必须知晓的。本节在介绍基本概念的基础上，对其中涉及的一些理论问题做了进一步的阐述。这些问题主要有：区分贸易额与贸易量的意义，除了准确衡量贸易规模外，还在于可以反映贸易利益的变化情况及趋势；对于外贸顺差和逆差孰优孰劣，要从理论和实践两方面进行具体分析，不能一概而论；对外贸易地理方向的集中或分散不是政府或企业的主观意志所决定的，它取决于厂商成本和效益的比较。

第二节回顾了国际贸易的历史发展。国际贸易发生的条件是交换和国家的出现，它产生于原始社会末期，在奴隶社会和封建社会得到进一步发展。自然经济的统治地位使得国际贸易的规模和范围在这两个时期受到限制，贸易对象主要局限于消费品、奢侈品。只有在资本主义生产方式确立以后，出于生产过程的内在需要，国际贸易才成为现代化大生产正常进行的必要条件并真正得以迅速发展。在当代，随着科技迅速发展所带来的国际分工的深化，各国经济联系日益加强，加上跨国公司的迅速发展，国际贸易出现了许多不同以往的新特征。

第三节分析了国际贸易学与经济学的关系，以及国际贸易学得以成为一门独立学科的原因。国际贸易学之所以能成为一门独立的学科，是因为它有独特的研究对象——国际贸易。国际贸易相对于国内贸易而言，具有自己的特点，涉及的因素更复杂，需要不同的研究方法，拥有独特的理论体系。

复习思考题

一、名词解释
净进口和净出口　出口部门与进口竞争部门　总贸易与专门贸易　要素服务贸易与非要素服务贸易　三国间贸易　国际贸易格局

二、思考题
1. 什么是国际贸易？它与国内贸易有什么区别？
2. 什么是贸易差额？它与一国的经济发展有什么关系？
3. 什么是国际贸易地理方向？如何正确看待国际贸易地理方向的集中与分散？
4. 如何看待服务贸易在当今世界贸易中的地位？其快速发展的原因是什么？
5. 国际贸易学的研究对象是什么？

第二章

传统国际贸易理论

第一章,我们分析了有关国际贸易的基本概念、历史发展,以及国际贸易学的研究对象和任务,对开展国际贸易的必要性已经有了认识。第二章和第三章,我们阐述国际贸易理论。所谓国际贸易理论,就是有关国际贸易发生的基础,决定国际贸易总量、构成、方向即国际贸易模式等的系统说明,它是贸易政策的理论依据。对国际贸易的理论说明分为两大分支:一是马克思主义关于国际经济贸易的理论;二是西方资产阶级国际经济贸易理论。马克思主义创始人在对资本主义运动规律进行科学和系统的研究时,在国际经济领域内提出了一些带有普遍性的原理,这些原理对分析当今国际经济贸易关系依然有着重要的指导意义。西方经济学家对国际贸易的理论分析,则回避国际经济贸易关系的实质,对国际贸易多做"纯理论"分析,其理论体系虽然不尽科学,但西方经济学家凭借他们国家在数百年国际经济活动中积累起来的丰富经验教训,提出了许多比较有价值的理论分析,大都符合国际贸易的一般规律。认真研究西方国际贸易理论,对于坚持、发展马克思主义国际经济贸易理论,对于正确认识当代国际贸易,有着不可否认的积极意义。

这一章是传统国际贸易理论,主要包括马克思主义国际经济贸易理论、比较成本理论、生产要素禀赋理论及其新发展。

第一节 马克思主义国际经济贸易理论

资本主义商品经济的巨大发展,使得国际经济贸易具有举足轻重的社会经济意义。它使世界上各个国家、民族都在不同程度上加入国际性的生产和流通体系中来。马克思非常重视对国际分工和国际贸易的研究,他说:"世界贸易和世界市场在 16 世纪揭开了资本的近代生活史",而"创造世界市场的趋势已经直接包含在资本的概念本身中"。[1] 资本主义的发展,以其无限的扩张力把商品经济关系推向全世界,它打破了一切民族和国家的界限,使剩余价值规律向国际化发展。资本主义商品经济的发展,使"过去那种地方和民族的自给自足和闭关自守状态,被各民族的各方面的互相往来和各方面的互相依赖所代替了",从而"使一切国家的生产和消费都成为世界性的了"。[2] 这些论述表明:一方面,资

---

[1] 马克思、恩格斯:《马克思恩格斯全集》(第23卷),人民出版社1975年版,第167页;《马克思恩格斯全集》(第46卷)(上),人民出版社1979年版,第391页。

[2] 马克思、恩格斯:《马克思恩格斯选集》(第1卷),人民出版社1972年版,第254—255页。

本主义商品经济向国际范围的扩张,形成了国际经济贸易关系,它体现了资本家对剩余价值的无限度追求,反映了资本主义生产方式本质上是世界性的剥削关系;另一方面,国际经济贸易的发展,反映了生产社会化和商品经济发展的客观要求,这是社会大生产和现代商品经济发展的普遍规律。由于客观上存在相互联系和相互依赖的关系,任何一个国家和民族若想得到发展,都必须积极发展对外经济贸易关系,而决不能搞自给自足的闭关自守。

当代国际经济贸易发生的基础是什么?根据马克思主义政治经济学原理,分工是交换的基础,只有在分工不断专业化和深化的基础上,经常性的、大规模的交换活动才有可能进行。可见,国际分工是商品经济和国际贸易发展的基础。国际分工能促进各国按照社会化大生产分工协作的原则,发挥本国本地区在自然资源、劳动力、资金、技术等方面的优势,集中力量专门生产成本较低的产品,通过国际贸易而使本国的生产和消费规模得以扩大。

各国通过贸易分工,能得到使用价值上的好处、增进消费者的福利,还能调剂资源的余缺、满足生产的需要。但是,国际贸易分工利益主要表现在获取更多的利润上。如果从商品的价值量方面来考察,那么,经济发展水平不同的各国通过国际贸易还能不能获得利益?

马克思的国际价值理论正确地解决了这一问题。马克思认为,商品的价值作为凝结在商品中的一般的、无差别的人类抽象劳动,只有在充分地比较劳动的社会属性前提下,也就是在包括各民族经济活动在内的世界市场上,才能够完全地展现出来。换言之,制约商品生产的价值规律到了世界市场上才真正具有普遍性的意义。因此,国际经济贸易活动同样由价值规律来支配。但是,由于经济环境不同,价值规律的作用形式发生了重大变化。

首先,决定国际间商品交换的国际价值,不是由一国之内的社会必要劳动时间决定,而要由国际社会必要劳动时间决定。各国的商品价值进入国际市场都成了个别价值或国别价值,各国生产该商品的社会必要劳动时间则成了个别或国别劳动时间。决定国际价值的国际社会必要劳动时间,是生产某种商品的世界各国的平均劳动时间,它是所有进入世界市场的同类商品直接耗费的国内社会必要劳动时间的加权平均数。由于参加国际交换的是不同国家的不同经济实体,所以落后国创造的同类产品即较低的劳动生产率的劳动产品也有资格参加国际交换而不致被逐出国际市场;又由于落后国的个别价值较高,它参与了国际价值的形成,无疑抬高了国际价值水平。当然,国际价值的形成还要受国际市场供求关系、科技进步等的影响。但各国生产商品中的直接劳动消耗,是决定因素。

其次,由于国际价值决定具有上述特点,因而参加国际贸易的双方都能获得利益。在等价交换的情况下,如果一国的国别价值低于国际价值,就可以稳定地获得大大高于国内市场的超额利润。在国际贸易中,有可能贸易双方各有一种商品的国别价值低于国际价值。一般来说,发达国家的劳动生产率高,较多商品的国别价值低于国际价值,能在交换中获得较多的贸易利益。正如马克思所说:"价值规律在国际上应用,还会由于下述情况而发生更大变化,只要生产效率较高的国家没有因竞争而被迫把它们的商品出售价格降低到和商品的价值相等程度,生产效率较高的国民劳动在世界市场上也被算作强度较大的劳动。一个国家的资本主义生产越发达,就越超过国际水平。因此,不同国家在同一劳动时间内所生产的同种产品的不同量,有不同的国际价值。"①

从劳动生产率较低的国家来看,由于其国别价值即个别价值与国际价值的差距较小,也有可能等于或高于国际价值,在与发达国家进行贸易时,确实处于不利地位,但这并不意味着从贸易中不能获得利益。马克思指出,经济不发达国家在与发达国家进行贸易时,"这种国家所付出的实物形式的物化劳动多于它所得到的,但是它由此得到的商品比它自己所能生产的更便宜"②。这是因为国际贸易中商品的价值实现也不同于国内商品。每一种参与国际贸易的商品到达消费者手里,都要通过国际市场和国内市场这两个市场交换,有两次价值实现的机会。这与只在国内市场流通的商品存在重大区别。无论是经济落后还是先进国家,通过国际和国内两次市场交换,所实现的商品价值都会大于出口商品中实际消耗的劳动时间,或是节约国内生产同类产品将要耗费的劳动时间。对于落后国家而言,以国际价值为标准来同先进国家进行交换时,所付出的商品中包含的劳动时间虽然大大超过所得到的商品中实际耗费的劳动时间,然而商品输入之后,还要按国内的生产条件再在市场上实现一次,进口商品不是国内不能生产的就是成本很高,因此,落后国家输入商品在国内市场上实现的价值,还是会大于或至少能等于出口商品中实际耗费的劳动时间。因此,落后国家参与贸易分工是能得到好处的。而且,落后国家通过贸易,还能看到自己与世界先进水平的差距,努力提高劳动生产率,降低个别(国别)价值,争取在国际竞争中处于有利地位。事实上,不少后进国家或地区通过扬长避短,充分利用自己的优势,生产出成本低于国际生产成本的商品,成功地打入了国际市场,有的还把发达国家的同类产品挤出了市场,由此获得了巨大的贸易利益,促进了本国或地区的经济发展,缩小了与发达国家的差距。

第二节 比较成本理论

从亚当·斯密的国际贸易分工理论的建立到当代国际贸易分工理论的发展,资产阶级国际贸易分工理论大体上经历了三个发展阶段。第一个阶段是从亚当·斯密1776年发表的《国民财富的性质和原因的研究》一书中提出"绝对成本理论"(也称为绝对优势理论),到1817年大卫·李嘉图在他的《政治经济学及赋税原理》一书中建立以"比较成本理论"(也称为比较优势理论)为基础的国际贸易学说总体系。这是国际贸易分工理论的创立阶段。第二个阶段是从比较成本的创立到1933年瑞典经济学家伯尔蒂尔·俄林出版《地区间贸易和国际贸易》一书中提出生产要素禀赋理论。这一理论被视为现代国际贸易理论的最重要基石。第三个阶段是战后西方经济学界对传统国际贸易分工理论的检验、修补和扩展,以及为解释诸如产业内贸易、产品内贸易等国际贸易新现象而产生的种种

---

① 马克思、恩格斯:《马克思恩格斯全集》(第23卷),人民出版社1975年版,第614页。
② 马克思、恩格斯:《马克思恩格斯全集》(第25卷),人民出版社1975年版,第265页。

"新"的贸易分工理论。这些新理论总的来说还有待丰富和完善,远未形成一个一般的理论,现代国际贸易理论仍处在不断发展之中。

在所有资产阶级国际贸易分工理论中,影响最大的莫过于李嘉图的比较成本理论。自创立以来,它一直被西方国际经济学界奉为经典,并成为资产阶级国际贸易分工理论发展的主线。即使在当代,它也是研究国际贸易理论的逻辑起点。李嘉图的比较成本理论是从斯密的绝对成本理论发展而来的,所以在介绍比较成本理论之前,先简要地阐述一下斯密的绝对成本理论。

一、绝对成本理论

国际贸易分工理论的创始者、英国古典经济学家亚当·斯密,在《国民财富的性质和原因的研究》一书中,提出绝对成本理论来论证国际贸易发生的基础。

斯密的绝对成本理论,是建立在他的分工学说和国际分工学说基础之上的。他用一国内部的不同职业、不同工种之间的分工原则来说明国际贸易分工。他认为,分工能够提高劳动生产率,增进社会财富;如果每个人都用自己擅长生产的东西去交换自己不擅长生产的东西,那对交换双方都有利。他写道:"如果一件东西在购买时所费的代价比在家里生产时所费的小,就永远不会想要在家里生产,这是每一个精明的家长都知道的格言。"① 裁缝不必自己做鞋子,而向鞋匠购买;鞋匠也不必自己缝衣服,而向裁缝买衣服。每个人都应该发挥各自的优势,集中生产自己的优势产品,然后相互交换,那是有利的。"在每一个私人家庭的行为中是精明的事情,那么这种行为,对一个国家说来绝不是件愚蠢的事情。如果外国能以比我们自己制造还便宜的商品供应我们,我们最好就用我们有利地使用自己的产业生产出来的物品的一部分来向他们购买。"②

那么,用什么标准来判断一国某种商品是否便宜呢? 斯密认为应依据生产成本。一国应把本国生产某种商品的成本即生产费用与外国生产同种商品的成本即生产费用相比较,以便决定是自己生产还是从外国进口。这就是所谓"绝对成本说"。如果一国某种商品的生产成本绝对地低于他国,那该国生产这种商品的产业就是具有绝对优势的产业,相反,就是不具有绝对优势或处于"绝对劣势"的产业。各国按照绝对成本差异进行国际分工,专门生产本国具有绝对优势的产品去进行贸易,将会使各国的资源、劳动力和资本得到最有效率的利用,将会大大地提高劳动生产率和增加各国的物质福利。

斯密不仅论证了国际贸易分工的基础是各国商品之间存在绝对成本差异,还进一步指出了存在绝对成本差异的原因。斯密认为,每一个国家都有其适宜生产某些特定产品的绝对有利的生产条件,因而生产这些产品的成本会绝对地低于他国。一般来说,一国的绝对成本优势来源于两个方面:一是自然禀赋的优势,即一国在地理、环境、土壤、气候、矿产等自然条件方面的优势,这是天赋的优势;二是人民特殊的技巧和工艺上的优势,这是通过训练、教育而后天获得的优势。一国如果拥有其中的一种优势,那么这个国家某种商品的劳动生产率就会高于他国,生产成本就会绝对地低于他国。试举例说明。

---

① 亚当·斯密:《国民财富的性质和原因的研究》,商务印书馆 1979 年版,第 424 页。
② 亚当·斯密:《国民财富的性质和原因的研究》,商务印书馆 1979 年版,第 425 页。

假定英国和葡萄牙两国同时生产呢绒和酒。由于自然资源和生产技术条件不同,两国生产同量呢绒和酒的生产成本不同。生产1单位呢绒和1单位酒,英国各需100人劳动一年和120人劳动一年,葡萄牙各需110人劳动一年和80人劳动一年(见表2-1)。

表2-1 英国和葡萄牙的绝对成本差异

	呢绒	酒
英国	100	120
葡萄牙	110	80

很清楚,生产同量呢绒,英国的生产成本比葡萄牙低,处于绝对优势;而生产同量酒,葡萄牙的生产成本比英国低,处于绝对优势。按照绝对成本理论,各国应根据自己最有利的生产条件进行专业化生产,生产出生产成本比别国低的产品,然后进行国际交换,就能保证双方都能得到贸易利益。在上述例子中,英国应专门生产呢绒,葡萄牙应专门生产酒来参与国际贸易。

按照绝对成本差异进行国际分工和贸易,其直接利益表现在资源配置效率的提高、消费水平的提高和劳动时间的节约等方面。

首先,在国际分工前,英、葡两国一年共生产2单位呢绒和2单位酒。在国际分工后,英国专门生产呢绒,220人劳动一年可生产出2.2单位的呢绒。葡萄牙专门生产酒,190人劳动一年可生产出2.375单位的酒。两种产品的总产量都增加了,这显然是专业化分工带来的资源配置效率提高的结果。

其次,假定英国用一半呢绒和葡萄牙交换酒,再假定交换比例为1∶1,那么,通过国际贸易都能提高消费水平。英国呢绒和酒的消费量分别是1.1单位,都比贸易分工前增加0.1单位。而葡萄牙呢绒和酒的消费量分别是1.1单位和1.275单位,比贸易分工前增加了0.1单位的呢绒和0.275单位的酒。

再次,如果两国维持分工前的消费水平不变,英国只需用100人生产的1单位呢绒与葡萄牙交换自己需要的1单位酒,比自己生产节约了20人一年的劳动。葡萄牙只要用80人生产的1单位酒与英国换回自己需要的1单位呢绒,比自己生产节约了30人一年的劳动。

总之,斯密认为,按绝对成本差异进行国际分工和国际贸易,各国都能发挥生产中的绝对优势而获得贸易利益。生产成本绝对差别的存在是国际贸易分工产生的基础和原因。

斯密的绝对成本说并不难理解,但是在国际贸易学说史上,却具有划时代意义。这一学说从劳动分工原理出发,在人类认识史上第一次论证了贸易互利性原理,克服了重商主义者认为国际贸易只是对单方面有利的片面看法。这种贸易分工互利的"双赢"思想,至今也没有过时,将来也不会过时。从某种意义上说,这种"双赢"理念仍然是当代各国扩大对外开放,积极参与国际分工贸易的指导思想。一个国家,一个民族,闭关自守肯定落后;以邻为壑的贸易保护主义政策,只会导致"两败俱伤"的结果,这仍然是斯密的贸易分工理论留给我们的最重要启示。

二、比较成本理论

斯密的"绝对成本"理论解释了产生国际贸易的部分原因,但局限性是很明显的。它只能解释在生产上各具绝对优势的国家之间的贸易,而不能解释事实上存在的几乎所有产品都处于绝对优势的发达国家和几乎所有产品都处于绝对劣势的经济不发达国家之间的贸易现象。英国古典经济学家大卫·李嘉图在绝对成本理论的基础上提出了比较成本理论,第一次以无可比拟的逻辑力量论证了国际贸易分工的基础不限于绝对成本差异,只要各国之间产品的生产成本存在相对差异(即"比较成本"差异),就可参与国际贸易分工并取得贸易利益。

(一)什么是比较成本

我们以李嘉图自己举的例子来说明这个理论。假定英国和葡萄牙两国同时生产酒和呢绒。由于生产条件的差异,两国生产同量酒和呢绒的生产成本不同。生产1单位呢绒和1单位酒,英国各需100人劳动一年和120人劳动一年,葡萄牙各需90人劳动一年和80人劳动一年(见表2-2)。

表2-2 英国和葡萄牙的比较成本差异

	呢绒	酒
英国	100	120
葡萄牙	90	80

按照斯密的绝对成本理论,在以上的情况下,英、葡两国之间不会发生贸易分工。这是因为在英国呢绒和酒的生产成本都比葡萄牙高,处于绝对劣势;在葡萄牙,两种产品的生产成本都比英国低,处于绝对优势。英国没有什么东西可以卖给葡萄牙,葡萄牙也不必向英国购买。

但是,李嘉图认为,即使在这种情况下,两国仍然能够进行国际分工和贸易,并可以从中获得好处。他指出,各国并不一定要生产出成本绝对低的产品,而只要生产出成本比较低或相对低的产品,就可进行贸易分工,而不管一国所有商品的生产成本绝对高或绝对低。也就是说,存在比较成本差异就可进行两国间的贸易分工。

什么是比较成本呢?按我国经济学家范家骧的定义,所谓比较成本,就是英国和葡萄牙两个国家生产两种产品所耗费的劳动量的比例的比较。根据上面的例子,从英国方面看,英国生产呢绒和酒的单位劳动成本都比葡萄牙的高。英国的劳动成本和葡萄牙的相比较,呢绒为1.1(=100/90),酒为1.5(=120/80)。这表明英国生产这两种产品的效率都比葡萄牙的低,但呢绒成本是葡萄牙的1.1倍,而酒的成本则为葡萄牙的1.5倍。两相比较,英国生产呢绒的成本相对低一些,因此英国生产呢绒具有相对优势或比较优势。从葡萄牙这方面看,葡萄牙生产两种产品的成本都比英国低,劳动成本的比例,呢绒为90/100,即90%,酒为80/120,即67%。相比较,酒的生产成本更低,因此酒的生产在葡萄牙具有相对优势或比较优势。

日本经济学家小岛清认为,所谓比较成本,是一国两种产品成本的比率与他国相应产品成本比率的比较,是两国间两种产品成本比率的比率。例如,在上例中,英国呢绒(a_1)与酒(b_1)的成本比率为 $a_1/b_1=100/120=5/6$,葡萄牙呢绒(a_2)与酒(b_2)的成本比率为 $a_2/b_2=90/80=9/8$,这样比较成本就是 $a_1/b_1 : a_2/b_2$,$5/6 < 9/8$。从此比率可知,a_1 即英国呢绒的成本相对低;b_2 即葡萄牙酒的成本相对低。反过来,$b_2/a_2 : b_1/a_1$,$8/9 < 6/5$,同样地,b_2、a_1,相对低。

西方经济学家则从机会成本或相对价格的角度来定义比较成本。按此定义,所谓比较成本,是两国同一种产品机会成本的比较,机会成本比较低的国家在该产品上就具有比较成本优势。例如,在上例中,对英国而言,多生产 1 单位酒的机会成本为 1.2 单位的呢绒,多生产 1 单位呢绒的机会成本为 0.83 单位的酒,两者的相对价格为 1 单位呢绒 = 0.83 单位酒,1 单位酒 = 1.2 单位呢绒;对葡萄牙而言,多生产 1 单位酒的机会成本为 0.9 单位的呢绒,多生产 1 单位呢绒的机会成本为 1.125 单位的酒,两种产品的相对价格为 1 单位呢绒 = 1.125 单位酒,1 单位酒 = 0.9 单位呢绒。将两国两种产品的机会成本或相对价格加以比较就可以发现,英国呢绒的机会成本比葡萄牙低,葡萄牙酒的机会成本比英国低,因此,英国和葡萄牙分别在呢绒和酒两种产品上具有比较成本优势。可见,机会成本与比较成本一样,都是相对的概念。机会成本不同,就是比较成本不同。机会成本较低的产品,就是具有相对优势的产品。

尽管对比较成本的定义各不相同,但都是对各国产品的成本作相对的比较,这是比较成本思想的精髓。

(二)比较成本理论阐述的贸易互利性原理

按照李嘉图的思想,葡萄牙应"两优择其重",放弃生产成本比英国优势较少的呢绒,专门生产酒,并向英国出口,换取呢绒。英国则应"两劣取其轻",放弃生产成本比葡萄牙劣势较多的酒,专门生产呢绒,并向葡萄牙出口呢绒以换取酒的进口。这样对双方都会是有利的。具体来说,这些利益表现在以下三个方面:

首先,按比较成本原理进行生产的国际分工,可以提高资源配置效率,增加产品产量。在国际分工前,英、葡两国一年中一共生产 2 单位呢绒和 2 单位酒。在国际分工之后,世界产量随之增加。英国专门生产呢绒,220 人劳动一年共可生产出 2.2 单位的呢绒;葡萄牙专门生产酒,170 人劳动一年共可生产出 2.125 单位的酒,两种产品的总产量都增加了。这显然是专业化分工带来的资源配置效率提高的结果。

其次,随着产量的增加,通过国际贸易,各自国内的消费水平也提高了。由国际分工而产生的利益(共 0.2 单位的呢绒和 0.125 单位的酒)在两国之间如何分配,显然取决于两种商品的国际交换比例,即取决于贸易条件。假定英、葡两国两种商品的交换比例为 1:1,再假定英国用一半呢绒与葡萄牙交换酒,那么,英国呢绒和酒的消费量都是 1.1 单位,分别比贸易分工前增加 0.1 单位。葡萄牙呢绒的消费量为 1.1 单位,酒的消费量为 1.025 单位,分别比贸易前增加 0.1 单位和 0.025 单位。

再次,假定英国和葡萄牙对呢绒和酒的消费需求不变,在存在国际贸易分工的情况下,英国只需用 100 人生产的 1 单位呢绒与葡萄牙换回自己需要的 1 单位酒,比自己生产节约了 20 人一年的劳动。葡萄牙只要用 80 人生产的 1 单位酒与英国换回自己所需要的

1 单位呢绒，比自己生产节约了 10 人一年的劳动。可见，按比较成本原理进行贸易分工，能节约双方的社会劳动。

总之，李嘉图认为，国际贸易的基础并不限于绝对成本差别，只要各国之间存在生产成本上的相对差别，就会出现产品价格上的相对差别，从而使各国在不同产品的生产上具有比较优势。比较成本差异的存在，是国际贸易分工的基础。

（三）比较成本理论的科学性与局限性

李嘉图比较成本理论的问世，标志着国际贸易学说总体系的建立。美国当代著名经济学家萨缪尔森称它为"国际贸易不可动摇的基础"。比较成本理论作为反映国际贸易领域客观存在的经济运行的一般原则和规律的学说，具有很高的科学价值和现实意义。

第一，比较成本理论表明，不论一个国家处于什么发展阶段，经济力量是强是弱，都能确定各自的相对优势，即使处于劣势的国家也能找到劣势中的相对优势。各国根据比较成本原则来安排生产、进行贸易，则贸易双方都可以用较少的劳动耗费交换到比闭关自守时更多的产品，增加总的消费量。这个理论比起斯密的绝对成本说对于贸易分工基础的认识，无疑是大大前进了一步。它阐明了这样一个道理：经济发展水平不同的国家都可以从参与国际贸易和国际分工中获得利益。这为各国发展经济贸易关系提供了有力的论证，有助于整个世界贸易的扩大和社会生产力的发展。

第二，比较成本理论表明，价值规律的作用在世界市场的背景下发生了重大变化。在一个国家内部，价值规律作用的结果是优胜劣汰，通过市场竞争，技术落后、劳动生产率低的商品生产者不断被逐出市场。在这里起作用的是"绝对竞争"原理。但比较成本理论令人信服地证明了，在主权国家之间发生平等交换关系的条件下，劳动生产率落后国家的生产者不仅不会因竞争而被淘汰，反而有可能从国际贸易和国际竞争中获得利益。因此，经济后进的国家不要惧怕对外开放，不要惧怕竞争。只要采取正确的外贸发展战略，就可从国际分工和国际交换中获得利益，有助于本国的经济发展。因此，发达国家与经济落后国家的贸易，仍对双方都是有利的。

第三，比较成本理论还表明，通过国际贸易分工而使双方互利的程度实际上是在一定范围之内，因此，互利和等价交换是不同的概念。按李嘉图的例子，对英国来说，实际上只要能以少于 120 个劳动的代价从葡萄牙换得 1 单位的酒，它都会愿意交易，因为这种交换毕竟比自己花 120 个劳动去生产要便宜。但如果超过 120 个劳动，贸易就会停止。因此，120 个劳动是英国交换 1 单位葡萄牙生产的酒的可接受的上限。同理，90 个劳动是葡萄牙交换 1 单位呢绒的上限。具体来说，英国只要能以少于 1.2 单位的呢绒换得 1 单位的酒，葡萄牙只要能以少于 1.125 单位的酒换得 1 单位的呢绒，双方就可进行贸易。可见，英国 1 单位的呢绒只要换得多于 0.83 单位的酒，葡萄牙 1 单位的酒只要换到多于 0.89 单位的呢绒，贸易双方均可获益。对英国来说，贸易的可能性区间在 1 单位呢绒换 0.83～1.125 单位酒；对葡萄牙来说，贸易的可能性区间在 1 单位酒换 0.89～1.2 单位呢绒。很明显，贸易双方互利的程度实际上是在一定范围内的幅度，这与等价交换有所区别。互利是一个面的概念，而等价交换则是一个点的概念。互利并不能保证等价交换，不等价交换也并不一定对某方完全不利。两国间贸易关系的实质实际上就是一个对专业化分工利益的分割问题。这就为探讨不等价交换、贸易条件等重大理论问题提供了一个理论的出发点。①

另一方面,李嘉图的比较成本理论也存在一些缺陷。

首先,比较成本理论虽然以劳动价值论为基础,但就整体而言,李嘉图的劳动价值论是不彻底的。这是他未能正确区分价值与交换价值的结果。这个理论本身没有解释为什么葡萄牙 80 个人一年的劳动能与英国 100 个人一年的劳动相交换,为什么这种交换还能互利以及交换中的利益来自何处等问题。李嘉图大概也感觉到他难以回答这些问题,只得说:"支配一个国家中商品相对价值的法则不能支配两个或更多国家间相互交换的商品的相对价值"②。那么,支配国家间贸易商品的相对价值是什么呢?他只好说,一切外国商品的价值,是由用来和它们交换的本国土地和劳动产品的数量来衡量的。这样,李嘉图又回到他批评的斯密的"购得劳动决定价值论"上了。李嘉图认识到价值规律的国际作用发生了重大变化,但却未能正确解释这一变化,这是由于他没有国际社会必要劳动和国际价值的概念,因而找不到国际交换的价值标准的结果。马克思才正确解决了这一问题。

其次,李嘉图为了论证他的比较成本说,把多变的经济情况抽象成静态的、凝固的状态,而忽略了动态分析。他没有认识到劳动生产率不是固定不变的,而是一个可变的因素。一个国家能够通过技术引进、技术革新来提高劳动生产率,从而改变比较成本的比率,使国际贸易分工格局发生变化。在各国科学技术和劳动生产率不断变化的情况下,一个国家当前的相对优势有可能变成以后的劣势;当前的相对劣势也有可能变成以后的相对优势。因此,一国在参与国际贸易分工时,不能只着眼于眼前的静态优势,还要着眼于长远的发展利益,注意培育动态优势。否则,一国如果把生产的相对优势长期固定在少数几种产品,特别是固定在少数初级产品的生产上,将是非常不利的。

最后,比较成本理论忽视了国际分工中生产关系的作用。马克思主义认为,不能离开生产关系去考察社会分工问题。社会分工(包括国际分工)是一个历史范畴,它的产生是社会生产力发展到一定阶段的结果。但生产力总是在一定的生产关系下发展的,因而国际分工的实质和内容不能不受社会生产方式的制约。因此,不能把国际分工简单地说成生产率差异的结果。

必须指出的是,我们绝不能因为比较成本理论的上述局限性而否定其内涵的科学性。比较成本理论所揭示的贸易互利性原理,作为反映生产力发展和国际贸易发展规律的一般理论,在促进国际经济贸易往来、增进各国福利方面,仍起着重要的指导作用。

第三节 生产要素禀赋理论及其发展

一、生产要素禀赋理论

李嘉图的比较成本理论是以劳动价值论为基础的。它以耗费在商品中的劳动时间亦

---

① 陈琦伟:《国际竞争论》,学林出版社 1986 年版,第 42—43 页。
② 李嘉图:《政治经济学及赋税原理》,商务印书馆 1962 年版,第 114 页。

即劳动生产率的差异来论证比较成本。由于该理论是单一生产要素的理论,因而推断,产生比较成本差异的原因是各国生产要素生产率(即劳动生产率)的差异。但是,如果假定各国之间生产要素的生产率相同,即一单位生产要素的效率到处都一样,那么,产生比较成本差异的原因是什么呢？生产要素禀赋理论(又称"资源禀赋理论")对这个问题给出了解释。

(一)生产要素禀赋理论的基本内容

20世纪30年代,瑞典经济学家伯尔蒂尔·俄林出版了《地区间贸易和国际贸易》一书,提出了生产要素禀赋理论,用在相互依赖的生产结构中的多种生产要素理论代替了李嘉图的单一生产要素理论。由于俄林在其著作中采用了他的老师赫克歇尔的主要论点,因此生产要素禀赋理论也被称为赫克歇尔-俄林模型。

赫克歇尔-俄林模型假定各国的劳动生产率是一样的(即各国生产函数相同)。在这种情况下,产生比较成本差异的原因有两个：一是各个国家生产要素禀赋比率不同；另一个是生产各种商品所使用的各种生产要素的组合不同,亦即使用的生产要素的比例不同。所谓生产要素禀赋,指的是各国生产要素(即经济资源)的相对拥有状况,如有的国家劳动力相对丰富,有的国家资本相对丰富,有的国家技术相对丰富,有的国家土地相对丰富等。一般来说,一个国家的某种生产要素丰裕,其价格就便宜。比如,劳动力丰富的国家,工资(劳动力价格)就低一些；资本丰裕的国家,利息率(资本的价格)就低一些。反之,比较稀缺的生产要素,其价格当然就高些。每一个国家各种生产要素的丰裕程度不可能一样,有的相对丰裕,有的相对稀缺；其要素价格也会有的高些,有的低些。各国生产要素禀赋比率不同,是产生比较成本差异的重要决定因素。各国都生产密集使用本国禀赋较多、价格相对便宜的生产要素的商品以供出口,这样,双方都可获得利益。

另一个产生比较成本差异的决定因素是生产各种商品所需投入的生产要素的组合或比例,即商品生产的要素密集度。如有的商品在其生产过程中使用劳动的比重大,称为"劳动密集型产品"。根据商品所含有的密集程度大的生产要素种类的不同,可以把商品大致分为劳动密集型、资本密集型、土地密集型、资源密集型或技术密集型等不同类型。即使生产同一种商品,在不同国家,生产要素的组合也不完全相同。例如,同样生产大米,泰国主要靠劳动,而美国则主要靠资本和技术。不论是生产不同的商品,还是生产相同的商品,只要各国生产商品所投入的生产要素的组合或比例不同,就会产生比较成本差异,从而产生贸易分工的基础。很明显,一国如果对生产要素进行最佳组合,在某种商品的生产中多用价格低廉的生产要素,就能在该种商品上具有较低的比较成本优势。另外,需要特别指出的是,我们说一国某种要素丰富以及一种商品是某种要素密集型的,都是指相对量的比较,而不是绝对量的比较。

俄林论证生产要素禀赋理论的逻辑思路是：在假定两国生产技术水平和需求相同的前提下,商品价格差异是国际贸易的基础,而商品价格的差异是由于商品生产的成本比率不同；商品生产成本比率不同是因为各种生产要素的价格比率不同,而生产要素价格比率不同,则是由于各国的生产要素禀赋比率的不同。因此,生产要素禀赋比率的不同,是产生国际贸易的最重要基础。一个国家出口的是它在生产上大量使用该国比较充裕的生产要素的商品,而进口的是它在生产上大量使用该国比较稀缺的生产要素的商品。各国比较利益的地位是由各国所拥有的生产要素的相对充裕程度来决定的。用俄林的话来说,就是:"贸易的首要条件是某些商品在某一地区生产要比在另一地区便宜。在每一个地区,出口品中包含着该地区拥有的比其他地区较便宜的、相对大量的生产要素,而进口别的地区能较便宜地生产的商品。简言之,进口那些含有较大比例生产要素昂贵的商品,而出口那些含有较大比例生产要素便宜的商品"[①]。

下面,我们举一个例子来说明要素禀赋理论。[②]

假设日本和澳大利亚使用劳动和土地两种要素生产小麦和纺织品两种商品。两国生产小麦和纺织品的生产技术即两种产品的要素投入比例相同。日本劳动力相对丰富,因而劳动力价格相对便宜;澳大利亚土地相对丰富,因而土地价格相对便宜。要素禀赋的差异决定了两国在小麦和纺织品生产上的比较成本差异(见表2-3)。

表2-3　要素比例、要素价格与比较成本

		要素比例		要素价格		成本
		劳动	土地	劳动	土地	
日本	小麦 a_1	1	5	1日元	4日元	21日元
	纺织品 b_1	10	1	1日元	4日元	14日元
澳国	小麦 a_2	1	5	2澳元	1澳元	7澳元
	纺织品 b_2	10	1	2澳元	1澳元	21澳元

在表2-3中,$(a_1/b_1):(a_2/b_2)=(21/14):(7/21)=(3/2):(1/3)$,根据小岛清比较成本的定义,$b_1$即日本纺织品成本比较低,$a_2$即澳大利亚小麦成本比较低。因此,根据要素禀赋比率造成的比较成本差异,日本和澳大利亚分工的格局应该是:日本生产纺织品并向澳大利亚出口,澳大利亚生产小麦并向日本出口。

(二)国际贸易对生产要素收益的影响

生产要素禀赋理论不仅能说明比较成本的决定因素,还能说明国际贸易引起的要素价格的变动以及收入再分配。

假定有两个国家:澳大利亚和日本;生产两种商品:小麦和布匹;使用两种生产要素:土地和劳动。土地丰裕的澳大利亚出口小麦,进口布匹;劳动丰裕的日本出口布匹,进口小麦。两国开展贸易以后,澳大利亚由于小麦出口相对价格比国内高(即1单位小麦能换到更多的布匹)而继续扩大出口,生产小麦的土地和劳动的报酬也因此得到提高,布匹则因进口竞争,相对价格呈下降趋势,生产布匹的土地和劳动的报酬也因此而降低;日本由于进出口商品价格的变动而导致生产布匹的土地和劳动的报酬提高,生产小麦的土地和劳动的报酬降低。不难看出,在开展贸易后的短时期内,由于只发生商品价格的变动而没有发生生产要素在进出口部门之间的流动,两国价格上升行业(出口行业)的所有生产要

[①] 伯尔蒂尔·俄林:《地区间贸易和国际贸易》,商务印书馆1986年版,第23页。
[②] 范家骧:《国际贸易理论》,人民出版社1985年版,第25页。

素的报酬都会上升,两国价格下跌行业(进口竞争行业)的所有生产要素的报酬都会降低。

再假定贸易前在澳大利亚每生产 100 吨小麦使用 30 单位的劳动和 2 单位的土地,每生产 100 匹布则使用 50 单位的劳动和 1 单位的土地。开展贸易后,由于小麦的相对价格上涨和布匹的相对价格下跌,生产者就会缩减布匹的生产,将资源转移到生产小麦上。在澳大利亚,生产小麦和布匹所使用的生产要素比例即劳动和土地的比例是不同的,小麦为 30∶2,布匹为 50∶1,因此新增小麦生产所需的生产要素和停止生产布匹所提供的生产要素,其比例是不相等的。多生产 100 吨小麦来代替 100 匹布,就要少使用 20 单位的劳动和多用 1 单位的土地。如果该国土地和劳动力的供给是一定的,那就会造成生产要素市场供求关系的明显不平衡。土地会因需求增加而提高价格(地租),从而增加土地所有者的收入,劳动会因需求减少而降低价格(工资)。在日本则出现相反的情况。可见,开展贸易后的长时期内,由于商品相对价格的变动引致了生产要素在进出口部门之间的流动,引起了生产要素市场供求关系的变化,从而导致生产要素价格的变化,影响到要素所有者的报酬收入。

美国经济学家沃尔夫冈·斯托尔珀和保罗·萨缪尔森在 1941 年提供了上述情况的论证,建立了所谓"斯托尔珀—萨缪尔森定理"。他们的假设和结论如下:

假设:一国生产两种商品(如小麦和布匹),使用两种生产要素(如土地和劳动),每一种商品都不是生产另一种商品的投入物;有竞争;生产要素的供应量是给定的;两种生产要素都得到充分使用;一种商品(小麦)是土地密集型的,另一种(布匹)是劳动密集型的,不论有无贸易时都是如此;两种生产要素在各部门(但不是在各国间)是流动的;开展贸易提高了小麦的相对价格。

定理:根据以上假设,从没有贸易转到自由贸易,毫无疑问会使在价格上升的行业(即出口行业)中密集使用的生产要素(土地)的报酬提高,而使在价格下跌的行业(即进口竞争行业)中密集使用的生产要素(劳动)的报酬降低。[1]

(三) 生产要素价格均等化定理

根据"斯托尔珀-萨缪尔森定理",如果各国都以各自的生产要素禀赋比率差距为基础进行贸易,其结果是贸易前相对丰富的要素价格上涨,相对稀少的要素价格下降。这样的过程其发展结果是:将会逐渐达到要素价格比率的国际均等化。这就是所谓"要素价格均等化定理"。其假设和定理如下:

假设:两个国家、两种生产要素(土地和劳动)、两种商品(小麦和布匹);在所有市场上都有竞争;每一种生产要素的供应量都是固定的,在各国之间没有生产要素的流动;两种商品生产的技术水平完全一样,但要素密集型不一样,小麦是土地密集型的,布匹是劳动密集型的,并且不发生生产要素密集度变换,即两国小麦都是土地密集型、布匹都是劳动密集型,不会发生变化;两个国家不论有无贸易都生产两种商品;没有关税和运输成本,商品在国际间能完全自由流动。

定理:根据以上列举的一系列假设,自由贸易不仅会使商品价格均等,而且会使生产

---

[1] 彼得·林德特、查尔斯·金德尔伯格:《国际经济学》,上海译文出版社 1985 年版,第 63 页。

要素价格均等,以致两国的所有工人都能获得同样的工资率,所有的土地单位都能获得同样的地租报酬。①

这个定理若真能实现,将具有非常重要的意义。因为按照这一定理,各国之间不必进行生产要素的国际流动,只要通过自由贸易,各国的劳动、资本和土地都可以获得完全相等的报酬或收入,这样国际间的贫富差距,比如美国、日本、印度、阿根廷等国工人收入水平的差距,将归于消失。

但是,在现实中,自近代国际贸易历史开始以至今日,国际间的贫富差距不但没有缩小,反而继续扩大。这是为什么呢？可以认为,存在一些阻碍生产要素价格均等化的因素。这些因素主要使这个定理存在的前提条件不能得到充分的满足。

比如出现两国生产完全专业化,就不可能有要素价格均等化,而在现实经济生活中,生产完全专业化的可能性是存在的。例如,假设两国生产 X、Y 两种商品,其中 X 为劳动密集型产品,Y 为资本密集型产品,使用劳动 L 和资本 C 两种生产要素,C/L 为一国要素的拥有比率,C_x/L_x、C_y/L_y 分别为 X、Y 两种产品的要素密集度。如果一国 $C/L < C_x/L_x$,则其资本将被全部用于 X 的生产,该国将专业化生产 X；反之,如果一国 $C/L > C_y/L_y$,则其劳动将全被使用于 Y 的生产,该国将专业化生产 Y。在一国实行完全专业化生产的情况下,显然谈不上要素在不同部门之间的流动和要素供求、价格的调整,这样就谈不上要素价格的均等化了。因此,一国在参与国际分工贸易的情况下实行非完全专业化生产的制约条件为 $C_x/L_x < C/L < C_y/L_y$。

其他阻碍生产要素价格均等化的因素,如国际贸易商品结构的变化、国际贸易价格(贸易条件)的变化、国际交换中垄断因素的存在、各国外贸政策的影响等,都会影响要素价格均等化的实现。

由于现实中生产要素价格在国际间存在很大差距,刺激了生产要素的国际流动。当然,这并不是说要素价格均等化定理完全无效,在一定条件下,通过贸易确实有使要素价格均等化的倾向。但是,正因为存在阻碍要素价格均等化的条件,所以,要想缩小国际间要素报酬即各国收入水平的差距、最佳地利用世界资源,仅靠自由贸易是不够的,还需要有生产要素的国际流动。

(四)生产要素禀赋理论简评

赫克歇尔、俄林的生产要素禀赋理论被认为是现代国际贸易的理论基础。他们继承了传统的古典比较成本理论,但又有新的发展。

第一,李嘉图用比较成本差异阐述了贸易互利性的普遍原理,而俄林等则进一步用生产要素禀赋差异解释了为什么比较成本有差异,在理论上有所发展和创新。

第二,俄林把李嘉图的个量分析扩大为总量分析,不是单单比较两国两种产品的单位劳动耗费的差异,而是直接比较两国生产要素总供给的差异,从一国经济结构中的资本、土地、劳动力等这些最基本的因素来解释贸易分工基础和贸易格局。这种"靠山吃山、靠水吃水"的资源优势理论,用来解释 19 世纪到第二次世界大战前的国际贸易格局具有实

---

① 彼得·林德特、查尔斯·金德尔伯格:《国际经济学》,上海译文出版社 1985 年版,第 64—65 页。

际意义。必须承认,土地、劳动力、资本、技术等状况在决定各国的对外贸易上起着重要作用。

生产要素禀赋理论从一个国家的经济结构来解释贸易格局,而要素价格均等化定理则反过来分析国际贸易对经济结构的影响。国际贸易的发生增加了对相对丰富资源的需求,从而提高了它的价格,也就是增加了它的报酬,另一方面减少了对相对稀缺要素的需求,从而降低了它的报酬。通过国际贸易,可以改变一国的经济结构,使生产要素得到最有效率的利用,从而使产量增加、收入提高。例如,劳动相对丰裕的国家通过出口劳动密集型产品能提高劳动者的收入。这些分析对于一国如何利用本国的资源优势参与国际贸易分工以获得贸易利益,无疑具有积极意义。

第三,生产要素禀赋理论仍然属于比较成本理论的范畴,使用的是比较成本理论的分析方法。但是,生产要素禀赋的分析更加接近经济运行的现实,从而增强了理论的实用性。

但是,生产要素禀赋理论也有一定的不足。

首先,与比较成本说一样,这一理论是建立在一系列假定基础之上的,如自由贸易、完全竞争、两国的生产技术水平一致、生产要素在国内能自由流动而在国际间不能流动、同种生产要素具有同样的劳动生产率等,而这些假定与现实有一定距离。例如,现实中生产要素在国内各部门间并不能完全自由流动,使一些国家在参与国际贸易过程中并不能完全按要素禀赋优势调整生产格局;各国同种产品生产技术水平及技术进步速度存在较大差异等。这些都影响到这个理论对现实的国际贸易的解释力。事实上,此后不少经济学家对这个理论进行验证时,就发现它存在很多无法解释的矛盾。这一点,我们稍后再做论述。

其次,该理论没有考虑政府在国际贸易中的作用。实践中,发达国家的政府往往凭借其经济、政治力量来影响国际经济活动,使国际贸易发生不利于落后国家的变动。例如,即使在自由竞争的资本主义时代,德国、美国等后起的资本主义国家在一定阶段也采取了保护措施。在当代,发达国家为保护本国的"夕阳工业""敏感产业",更是对发展中国家劳动密集型产品的出口施加种种限制,在世贸组织中以保护劳工权利为名,要求发展中国家制定劳工标准,提高工人工资,以降低发展中国家劳动密集型产品的价格竞争力,这都在一定程度上扭曲了国际贸易格局,对发展中国家无疑是不公平的。

再次,该理论完全从要素禀赋、比较成本的角度来分析国际贸易分工格局,没有考虑国际生产关系、国际政治环境的影响。但现实中,国际分工在某些方面很大程度上受后者的影响,这使得一些国家对国际分工的参与往往偏离其要素禀赋格局。比如,根据要素禀赋理论,中国这样的发展中国家也许应该专门生产资源、劳动密集型产品,而从美国等发达国家进口资本、技术密集型产品,但为了国家的经济安全,乃至国防安全,中国必须有独立的完整的工业体系,必须自己生产一部分关键产品。

二、里昂惕夫之谜及其解释

赫克歇尔-俄林模型创立以后,逐渐为西方经济学界普遍接受,因为这个理论模型所揭示的道理同人们的常识是一致的。只要知道一个国家的要素禀赋情况,就可推断出它的贸易走向。比如资本相对丰裕的国家出口资本密集型产品,劳动相对丰裕的国家则出口劳动密集型产品。战后,一些西方学者利用经验数字对该模型进行验证,企图进一步从实证角度证明这一理论的正确性。其中,美国当代经济学家里昂惕夫运用他所创造的投入产出分析法,以美国的情况为案例,计算了在 1947 年和 1951 年生产每百万美元美国出口商品和每百万美元进口竞争商品所需资本和劳动数量,发现美国出口的竟然是劳动密集型产品,而进口的却是资本密集型产品(见表 2-4)。

表 2-4 里昂惕夫的计算

	1947 年		1951 年	
	出口	进口竞争	出口	进口竞争
资本(1947 年的美元价格)	2 550 780	3 091 339	2 256 800	2 303 400
劳动(人/年)	181	170	174	168
平均每一人一年的资本量	14 015	18 184	12 977	13 726

根据表 2-4 可以清楚地看出,用平均每人一年的资本表示的进口竞争商品的资本/劳动比率和出口商品的资本/劳动比率之比,1947 年为 1.30(=18 184/14 015),1951 年为 1.06(=13 726/12 977)。也就是说,1947 年,美国的进口竞争商品生产部门每个工人所用资本要比出口部门每个工人所用资本多出 30%。即美国进口的是资本密集型商品,而出口的则是劳动密集型商品。由此,里昂惕夫指出:"美国参加国际分工是建立在劳动密集生产专业化基础之上的。换言之,这个国家是利用对外贸易来节约资本和安排剩余劳动力,而不是相反。"①这个验证结果,与一般的感觉是不符合的。一般认为,美国资本充足、科技发达、劳动力相对不足(劳动力成本较高),因此美国在生产资本密集型产品方面应有相对优势。按赫克歇尔-俄林模型推断,美国应出口资本密集型产品,进口劳动密集型产品,而实际验证结果却与此相反。赫克歇尔-俄林模型的推论与实际验证结果之间的矛盾,被称为"里昂惕夫之谜。"

里昂惕夫之谜引起了西方经济学界的极大兴趣。围绕这个问题,西方学者进行了大量研究,从不同角度提出了各种各样的解释,深化了对生产要素禀赋理论的认识。

(一)生产要素密集度变换论

生产要素密集度变换论又称生产要素密集度反向论。按照生产要素禀赋理论,无论生产要素的价格比例实际如何,某种商品总是以某种要素密集型的方法生产的,如小麦总是用劳动密集型方法生产的。而这种论断不一定正确。某种商品在某个国家既定的生产要素价格条件下是劳动密集型的,但在另一个国家既定的生产要素价格条件下却可能是资本密集型的。比如,小麦在不少发展中国家都是劳动密集型产品,而在美国却可能是资本密集型的。因此,同一种商品的生产可以存在要素密集度的变换。根据这种解释,美国进口的产品在国内可能用资本密集型生产,但在国外却是用劳动密集型生产,从美国的角度看,就会造成进口以资本密集型产品为主的错觉;同时,美国的出口商品在国内可能是劳动密集型产品,在别国却是资本密集型产品,用美国标准衡量也会造成出口是劳动密集

---

① 外国经济学说研究会:《国外经济学讲座》(第 2 册),中国社会科学出版社 1980 年版,第 89 页。

型产品的假象。只要贸易双方有一方存在要素密集型变换这种情况,其中一国就必然存在里昂惕夫之谜。

(二) 要素非同质论

这种观点认为,生产要素禀赋理论假定各国的每一种生产要素本身都是同一的,没有任何差异。然而每种生产要素实际上都不是同一的,它包含着许多小类或亚种,它们的组合也是千差万别的,因此,各国的生产要素禀赋不仅有数量上的差异,还有质量上的差异。忽略生产要素禀赋质的差异,就难以对贸易格局做出合理的解释。里昂惕夫自己在分析"谜"产生的原因时,就实际上提出了生产要素(劳动力)非同质的问题。他认为美国对外贸易结构出现进口资本密集型产品、出口劳动密集型产品的原因,在于美国工人具有比其他国家工人更熟练的技术和更高的劳动生产率。里昂惕夫指出,美国工人劳动的效率和技能大约要比其他国家高3倍。运用同样数量的资本,美国工人的产量要比其他国家工人的产量多出3倍。如果劳动以效率单位来衡量(即按美国的劳动量乘以3计算),那么美国将是劳动相对丰裕、资本相对稀缺的国家,它将以劳动密集型产品交换其他国家的资本密集型产品。这样,里昂惕夫之谜就不存在了。里昂惕夫认为,美国之所以有较高的劳动生产率,主要是因为美国企业管理水平高,工人受到良好的教育和培训,以及工人具有较强的进取精神。

(三) 贸易壁垒说

不少经济学家认为里昂惕夫之谜其实是美国及外国的贸易壁垒造成的。因为美国出于某些政治和集团利益的需要,对雇用大量不熟练工人的劳动密集型产业采取贸易保护政策,这就势必造成外国的劳动密集型产品难以进口,而资本密集型产品却相对容易输入。外国如果采取相反措施,为了保护本国工业的发展,对资本密集型产品进口进行贸易保护,那么美国资本密集型产品就会难以进入外国市场,劳动密集型产品相对容易出口。事实上,美国确实很注重保护需雇用大量工人的产业。

(四) 需求偏向论

这是试图以国内的需求结构来解释里昂惕夫之谜。这种解释认为,各国由于国内需求不同,可能出口在成本上并不完全占优势的产品,而进口在成本上处于优势的产品。一个资本相对丰裕的国家,如果国内需求强烈偏向资本密集型产品,其贸易结构就有可能是出口劳动密集型产品而进口资本密集型产品。比如美国,它对资本密集型产品的需求远远大于对劳动密集型产品的需求,这就造成了美国违背其在生产成本上的比较优势而进口资本密集型产品的状况。

(五) 自然资源论

一些经济学家认为,里昂惕夫的计算局限于资本和劳动两种生产要素,没有考虑自然资源这一生产要素的作用。各国的天赋资源的种类和数量有很大不同:阿拉伯半岛富有石油,但几乎没有什么其他资源;日本只有很少的耕地并且实际上没有矿产或森林;美国拥有充裕的耕地和煤;加拿大拥有除热带特有资源以外的所有自然资源。很明显,各国自然资源禀赋的不同,直接影响到产品中的资本—劳动力比率。美国进口竞争工业之所以是资本密集型的一个原因,就是美国是大量矿产和木材的进口国。这些产品不仅使用大量自然资源,还使用大量资本。在出口方面,美国出口的农产品碰巧相对说来是使用大量劳动力和土地的。从这个意义上说,里昂惕夫之谜看来是一种幻景:美国进口的自然产品碰巧其资本—劳动力比率是高的,而出口的其他产品碰巧其资本—劳动力比率是低的。可见,要计量美国的出口工业和进口竞争工业中的生产要素含量,不能忽视自然资源的作用。再如,加拿大看来是向美国出口资本密集型产品,这主要是由于它出口的也是资本—劳动力比率高的矿产品。在分析1951年美国的贸易结构时,里昂惕夫自己也指出,如果在计算中排除自然资源行业,"谜"则会消失。

里昂惕夫之谜是西方国际贸易理论发展史上的一个重大转折点,它引发了人们对二战后国际贸易新现象、新问题的深入探索,使当代国际贸易理论的研究更接近现实。上述关于里昂惕夫之谜的种种解释就补充了生产要素禀赋理论,增强了生产要素禀赋理论的现实性和对战后国际贸易实践的解释能力。

三、国际贸易新要素理论

上文关于"里昂惕夫之谜"的几种解释,实际上都是从不同侧面对生产要素禀赋理论一系列假定前提的修正,它们在特定的条件和环境下的确能部分解开里昂惕夫之谜。但从总体上看,适用于各种特殊场合的种种说法,终不能解释里昂惕夫之谜所产生的对生产要素禀赋理论的一般疑问。为此,一些经济学家仍然从修正这一理论的前提条件出发,提出国际贸易新要素理论,试图从更宽的角度说明里昂惕夫之谜,并解释当代国际贸易格局发生的新变化。

国际贸易新要素理论认为,应赋予生产要素以新的含义,扩展生产要素的范围。生产要素不仅仅是比较成本说所说的劳动,也不仅仅是生产要素禀赋理论所说的劳动、资本和土地,技术、人力资本、研究与开发、信息以及管理等都是生产要素,这些"新"要素对于说明贸易分工基础和贸易格局,都有重要作用。

(一)技术要素说

该学说认为,作为生产过程中的知识、技巧和熟练程度的积累的技术,有双重作用。第一,它不但能够提高土地、劳动和资本要素的生产率,而且可以提高三者作为一个整体的全部要素生产率,从而改变土地、劳动和资本等生产要素在生产中的相对比例关系。从这个意义上说,技术也是一种独立的生产要素。技术进步或技术创新意味着一定的要素投入量可以生产出更多的产品,或者说一定的产量只需要较少的投入量就可以生产出来。通过技术改进,提高了现存的劳动量和资本量的生产率,就像是在技术不变的情况下增加了劳动的供给和资本的供给一样。可见,技术进步会对各国生产要素禀赋的比率产生影响,从而影响各国产品的相对优势,对贸易格局的变动产生作用。比如节约劳动型的技术进步,会使该国劳动密集型产品更具相对优势;节约资本型的技术进步,则会使该国资本密集型产品更具相对优势。

第二,技术作为生产要素可以生产创新产品并改造已有产品。美国经济学家波斯纳在1959年提出了技术差距论,用以解释这种创新技术对国际贸易的影响。他认为,在要素禀赋理论中技术被认为是不变的,而实际上科技水平时刻都在提高。技术创新和新技术的运用在各国间的不平衡导致国家间技术差距的存在。技术差距使技术领先的国家享有出口技术密集型产品的优势。新产品总是在工业发达国家最新问世,并在国内销售后进入国际市场,创新国借此获得初期的比较利益。其他国家虽然想生产,但技术差距的存在使产品创新到其他国家模仿生产之间存在时滞。时滞的存在使创新国的技术优势得以在一段时期内保持,其他国家对该产品的需求只能通过进口予以满足。因此,技术差距引起的国际贸易得以持续一段时期。

波斯纳将时滞分为需求时滞和模仿时滞(见图2-1)。

在图2-1中,横轴代表时间,纵轴代表技术领先国 A 国的出口和技术相对落后国 B 国的进口。A 国在时间位于原点 O 时生产出创新产品,依靠技术差距向其他国家出口,其出口曲线如图所示。在 A 国生产出创新产品一段时间后,技术相对落后的 B 国才产生需求,并且因国内不能生产,只能从 A 国进口。从 A 国新产品问世,到进口国 B 国开始需求该产品的时间差距 Ot_1 即为需求时滞。随着 B 国等其他国家的需求不断增

图 2-1 技术差距图解

加,A 国出口也不断增加。但与此同时,B 国等国的国内厂商逐步认识到该产品带来的利润,在条件具备时(即图中的 t_2)开始仿制。随着国内生产能力的增强,其进口会逐渐减少,直到最后即 t_3 时其进口变为零。图中,从技术创新国 A 新产品问世到 B 国仿制生产,最终进口变为 0 的时间差距即 Ot_3 就是模仿时滞。模仿时滞又可进一步分为反应时滞和掌握时滞。前者是从 A 新产品问世到 B 国开始仿制的时间差距,即图中的 Ot_2;后者是从 B 国开始仿制到进口变为 0,仿制生产充分满足国内需求并转向出口为止的时间差距,即图中的 t_2t_3。随着 B 国等国的模仿、进口减少,A 国的出口将下降,但由于技术差距的存在,在 B 国进口变为 0 后,A 国仍可继续向其他国家出口一段时间,直到 t_4 时出口才停止。

图2-1表明,其他国家需求时滞越短,反应时滞、掌握时滞越长,则创新国依靠技术差距获得的比较利益越大。

(二) 人力资本说

人力资本是指资本与劳动力结合而形成的一种新的生产要素。一国通过对劳动力进行投资,如正规的学校教育、卫生保健、在职培训等,可以使劳动者的素质得到极大改善,大大提高劳动生产率,从而对该国的对外贸易格局产生重要影响。一般来说,资本充裕的国家往往同时也是人力资本充裕的国家,而人力资本充裕是这类国家参与国际分工和国际贸易的基础。在贸易结构和流向上,这些国家往往是出口人力资本要素密集型的产品。

那么,这类产品如电子计算机、飞机等,是劳动密集型产品还是资本密集型产品呢?这要看从哪个角度分析。如果把人力资本的投资算作一国的资本存量,即算作产品生产

中的资本投入,那人力资本密集型产品也就是资本密集型产品。美国经济学家鲍德温(R. E.Baldwin)和凯能(P.B.Kenen)持这一看法。他们认为美国参与国际分工的基础依然是资本密集型产业,美国出口部门是资本密集型的。如果把人力资本视为熟练的、有较高技术技能的劳动力,那人力资本密集型产品也可视为劳动密集型产品,那美国参与国际分工的基础就是劳动密集型产业了。这里的关键在于区分技能和技术型的劳动密集型产品和简单劳动密集型产品。里昂惕夫之谜的产生,就是因为将美国出口产品中含有的大量人力资本投资都记在劳动力的账上了,而实际上应算作资本的投入。如果要把美国出口产品算作劳动密集型产品,那也只能理解为"技能劳动密集型产品",以区别于一般意义上的简单劳动密集型产品。

(三) 研究与开发要素说

就具体行业而言,研究是指与新产品、新技术、新工艺紧密相关的基础与应用研究;开发则是指新产品的设计开发与试制。它可以以投入到新产品中的与研究和开发活动有关的指标来度量,如研究开发费用占销售额的比重,从事科研开发的科学家和工程技术人员占就业人员的比例等。在进行国际比较时,可用研究和开发费用占国民生产总值或出口总值的比重等指标来进行。

该学说认为,研究与开发也是一种生产要素。一个国家越重视研究与开发要素的作用,产品的知识与技术密集度就越高,在国际市场竞争中就越有利。在一定的条件下,投入研究与开发的资金的多寡可以改变一个国家在国际分工中的比较优势,产生出新的贸易比较利益。美国经济学家格鲁贝尔(Gruber)等根据1962年美国19个产业的有关资料,就研究和开发费用占整个销售额的百分比以及科学家、工程师占整个产业全部就业人员的比重进行排列,结果发现,运输、电器、仪器、化学和非电器机械这五大产业中,研究与开发费用占19个产业的78.2%,科学家和工程师占85.3%,销售量占39.1%,而出口量占72%。[①] 在当代国际贸易中,西方国家在技术密集型产品方面有比较优势,与它们重视对研发的投入是密不可分的。

(四) 信息要素说

作为生产要素的信息是指一切来源于生产过程之外并作用于生产过程的、能带来利益的讯号的总称。西方经济学家认为,现代经济生活不仅需要土地、资本和劳动这样的传统生产要素,更需要信息这样的无形生产要素。信息作为一种能创造价值的资源,与有形资源结合在一起构成现代生产要素。在现代国际贸易中,竞争越来越表现为商情战、信息战,每个企业获取信息的快慢、拥有信息的多寡,往往会左右其生产经营和决策,甚至决定着企业的命运。而一个国家利用信息的状况则将影响到它的比较优势,改变它在国际贸易分工中的地位。

信息对国际贸易的影响在日本综合商社中表现得特别明显。日本的综合商社是以贸易为主的跨国企业,它们在日本的国际贸易中占据重要地位,日本的三菱商事、三井物产、

---

① W.Gruber,D.Mehta,and R.Vernon:The R&D Factor in International Trade and Investment Of United States Industries,Journal of Politicdl Economy,February,1967.

伊藤忠、丸红等九大综合商社占据了日本对外贸易的一半以上。其之所以具有如此强的竞争力,重视信息的搜集和处理就是一个重要原因。九大商社都把信息情报业摆在重要位置,各商社除了在总部设有情报中心外,还在世界各地设立众多的办事处或信息中心,形成遍布全球的国际通讯信息网。庞大的信息网使其能对世界经济形势和国际市场供求状况做出及时而准确的判断,从而确保国际竞争力。

随着新科学技术革命的深入发展和人们对事物认识的深化,人们对于决定贸易分工基础和格局的生产要素的认识也在不断加深,新要素的范围在不断扩大。例如,随着信息技术的发展,电子商务的运用能力正逐步影响到一国在国际贸易中的竞争力。一些贸易专家经过测算,运用电子商务相对于传统贸易方式可使交易的成本降低 70%～80%。

全球范围内数字技术的广泛应用赋予信息要素全新的内涵,强化信息要素说的解释力。数字技术包括区块链、大数据、云计算、人工智能等多种数字化技术,借助计算机等各种信息设备,将生产生活各方面的信息,包括图、文、声、像等,全部转化为计算机能识别的二进制数字,然后进行运算、加工、存储、传送、传播、还原,在运算、存储等环节中要借助计算机对信息进行编码、压缩、解码。当前对信息要素的阐述,更多聚焦于数据要素,通常将数据要素视为一种单独的生产要素,独立于劳动、资本与土地等生产要素。

在数字经济时代,数据要素具有基础性战略资源和关键性生产要素的双重属性。一方面,有价值的数据要素是催生和推动数字经济新产业、新业态、新模式发展的基础。在数据挖掘、脱敏、分析的基础之上对数据要素实现高效利用,将极大地推动创新、加速产业升级、促进数字经济发展。另一方面,数据对其他生产要素也具有乘数作用,可以利用数据实现供给与需求的精准对接、创新价值链流转方式,放大劳动力、资本等要素在社会各行业中的价值。

数据要素在国际贸易中的重要性日益凸显,数字贸易不仅包括通过数字形式交付的产品和服务,还包括用数字技术做支撑的贸易。数字贸易在全球范围内迅速兴起,改变了国际贸易原有的发展模式,虚拟化、数字化、智能化、便捷化成为当前国际贸易发展的新趋势。有观点认为,国际贸易将由"数字的贸易"走向"基于数字的泛贸易"。展望未来,数字贸易的快速发展可能将数据要素开放合作推向新高地,数字贸易规则也将成为国际贸易治理体系的重要组成部分。

另外,适合市场经济发展的先进制度对国际贸易分工的影响也正日益重要。在当今的国际竞争中,通过制度竞争形成制度优势,减少本国在国际竞争中的不确定性因素,加强对全球可流动资源特别是先进要素的吸引和利用,促进内部比较优势与外部资源的有效结合,正成为各国的重要举措。

总的来看,赫克歇尔-俄林模型中的生产要素可视为有形要素,技术、人力资本、研究与开发、信息和管理等可视为无形要素。无形的"软件"要素越来越成为贸易的基础,它决定着一国比较优势的格局。因此,上述国际贸易的新要素理论可以视为对俄林生产要素禀赋理论的发展。但就分析方法而言,新要素理论与传统要素贸易理论并无本质的不同。

四、产品生命周期理论

如果说俄林的生产要素禀赋理论和新要素理论都是从静态的角度来分析贸易分工的

基础的话,那么产品生命周期理论则从动态的角度来说明贸易格局的变化。美国哈佛大学教授雷蒙德·弗农(R.Vernon)提出的产品生命周期理论,从产品生产的技术变化出发,分析了产品生命周期阶段的循环以及对贸易格局的影响。

按照这个理论,许多新产品都有一个划分为四个阶段的生命周期:第一阶段是创新国(比如说美国)对某一种新产品的出口垄断时期;第二阶段是其他发达国家生产者开始生产这种新产品时期;第三阶段是外国产品在出口市场上进行竞争的时期;第四阶段是在创新国开始进口竞争时期。

在产品生命周期的第一阶段,创新国(美国)企业发明并制造出新产品。这时的新产品实际上是一种技术—知识密集型产品,由于它垄断了制造技术,因而美国厂商就垄断了这种产品的世界市场。这一阶段生产成本对于厂商来说不是最重要的,因为没有其他竞争者。新产品一开始只能在美国和其他创新国生产,因为新产品需要大量的研究和开发投入以及大量技术熟练的工人。新产品一般比较昂贵,其消费者也只能是美国等高收入国家。产品也是首先出口到创新国以外的其他工业发达的高收入国家。

在产品生命周期的第二阶段,其他发达国家的厂商开始生产原来只从创新国进口的新产品。美国等创新国的新产品在发达国家打开销路以后,吸引了大量消费者。潜在的市场为这些发达国家的厂商生产这种产品提供了前提条件。无须花费创新国必需的大量科技开发费用以及无须支付国际运费及关税,使这些发达国家生产该产品的生产成本降低。这一阶段,产品由技术—知识密集型变成技能—资本密集型。许多生产技术由于标准化而变得容易学会。因此,这些国家开始大量生产新产品。开始生产这种产品的厂商也许就是创新国公司的子公司。它们知道如果它们不生产这种产品,东道国的公司也会进行生产。这样,原进口国生产了这种产品并占领了国内市场,创新国的新产品对这些国家的出口减少甚至停止。

在第三阶段,创新国以外的国家成为该产品的净出口国,参加与创新国的出口竞争。因为这些产品在这些国家依靠大规模生产,使成本大大降低,在国际市场上有竞争力。另外,这时生产技术已经标准化了,产品对劳动的熟练程度也有所降低,一些发展中国家也开始从事生产。产品已经变为资本密集型或资本—劳动密集型的了。随着这些国家出口的扩大,创新国逐渐丧失了国外市场。

最后,由于国内外市场的扩大,新产品仿制国的厂商有条件进行大批量生产,以取得规模经济效益,大幅度地降低了产品成本,以致可以把产品打进创新国市场。这就是产品生命周期的第四阶段,创新国成了该产品的净进口国。新产品在创新国的生命周期宣告结束。

虽然这个周期在创新国结束了,但在开始生产这种新产品的其他发达国家,产品生命周期还在继续着,它可能处于第二或第三阶段上。这时产品的技术已完成了其生命周期,生产技术已经被设计到机器或生产装配线中了,生产过程已经标准化了,操作也变得简单了,甚至生产该产品的机器本身也成为标准化的产品而变得比较便宜。因此到了这一阶段,技术和资本已逐渐失去了重要性,而劳动力成本则成为决定产品是否具有比较优势的重要因素。发展中国家劳动费用低廉、地价便宜,生产标准化产品极具竞争力。当生产过程标准化和创新国的技术专利失效后,生产便转移到发展中国家进行了。这些国家最终会成为该产品的净出口国,把产品出口到创新国和其他发达国家。

在国际贸易中,许多产品都经历了或正经历着这样的生命周期。例如,汽车在20世纪90年代已开始标准化而进入第三阶段,这一时期韩国大量向美国、日本等发达国家出口汽车就说明了这一事实。图2-2显示了新产品的"产品周期"期间的国际贸易模式。

图2-2 新产品的国际贸易

新产品的国际贸易模式之所以发生上述有规则的变化,是因为不同类型的国家,在产品生命周期的各个阶段上的比较优势不一样,而比较优势不一样,又是与新产品生命周期的各个阶段产品的要素密集度联系在一起的。像美国那样工业比较先进、技术力量相当雄厚、国内市场广阔、资源相对丰富的国家,生产技术知识密集型产品具有比较优势。发达国家资本丰裕,且拥有相对丰富的科学和工程实践经验,生产产品生命周期第二、三阶段的资金密集型成熟产品具有相对优势。发展中国家有相对丰富的不熟练劳动,弥补了相对缺乏的资本存量的不足,因此生产成熟标准化产品具有优势。

不难看出,产品生命周期理论是把动态比较成本理论和生产要素禀赋理论、新要素理论结合起来的一种理论。这一理论运用了动态分析法,从技术创新、技术传播的角度分析国际分工的基础和贸易格局的演变。因此,产品生命周期理论也可视为对比较成本理论和要素禀赋理论的一种发展。还应指出的是,产品生命周期理论发展至今,与国际投资、技术转让等生产要素的国际移动结合在一起,不仅对国际贸易,而且对国际投资、跨国公司的生产经营战略等有着很大的影响。这一理论是战后最有影响的国际贸易理论之一。

但在当代,许多产品已不具备这样的生命周期。一是随着跨国公司全球化经营的发展,跨国公司的研发、生产和服务都全球化了。对于某些产品,跨国公司往往在东道国就地研发、就地生产,直接面向全球销售,已没有这样一个梯度转移的过程。二是科学技术的迅速发展,使产品的生命周期大大缩短,许多产品(如一些电子类消费品)创新出来以后,迅速进入成熟期,甚至是衰退期。因此,产品生命周期理论对当代的国际贸易、国际投资只能起一定的借鉴作用。对发展中国家而言,一方面要抓住发达国家产业转移的机遇,引进相对于国内较为先进的产业;另一方面,又不能满足于吸引发达国家转移过来的成熟技术,而要加强创新,并吸引跨国公司前来设立研发中心。

本章小结

本章主要阐述传统国际贸易理论,即分析国际贸易分工发生的基础是什么,国际贸易总量、格局是如何决定的。传统国际贸易分工理论可分为马克思主义国际贸易分工理论和西方国际贸易分工理论。

马克思主义国际贸易分工理论在当代对国际贸易实践仍然具有指导意义。根据国际价值理论,不同经济发展水平的国家都可从国际贸易中获益,说明马克思主义国际贸易分工理论从根本上是赞同扩大贸易分工的。

西方国际贸易分工理论侧重于对贸易现象的分析,其理论有较高的实践价值。西方国际贸易理论可分为自由贸易理论与保护贸易理论。本章主要分析自由贸易理论。从1776年斯密提出绝对成本理论到1817年李嘉图提出比较成本理论,为古典国际贸易理论阶段。古典理论主要从绝对成本与比较成本的角度论证了国际贸易分工基础及国际贸易利益的广泛性。比较成本理论成为西方自由贸易理论发展的主线。

1933年,赫克歇尔-俄林要素禀赋理论的提出标志着国际贸易理论进入新古典阶段。要素禀赋理论运用一般均衡的分析方法,用多要素分析法代替比较成本理论的单一要素分析法,对比较成本理论做了进一步发展。在一系列假定前提下,该理论指出产生比较成本差异的原因在于各国要素禀赋比率的差异。要素禀赋理论不仅分析了要素禀赋状况对国际贸易的影响,反过来也分析了国际贸易对要素供求及要素价格的影响,得出了要素价格均等化定理。要素禀赋理论成为现代国际贸易理论的基石。但里昂惕夫在对其加以验证的过程中,发现了"里昂惕夫之谜"。针对里昂惕夫之谜,西方国际经济学家提出了要素密集度逆转论、要素非同质论、贸易壁垒说、需求偏向论、自然资源论等一系列解释,并进一步产生了国际贸易新要素理论、产品生命周期理论。

需要强调的是,生产要素禀赋理论和后续国际贸易理论的发展,实际上都没有离开比较成本的分析方法。

复习思考题

一、名词解释

国际价值　绝对成本与绝对利益　比较成本　要素禀赋比率　要素密集度　斯托尔珀-萨缪尔森定理　要素价格均等化定理　技术差距论

二、思考题

1. 马克思的国际价值理论是如何从价值量方面对经济发展水平不同的国家都能从国际贸易中获益做出解释的?
2. 绝对成本理论的主要内容是什么?它对国际贸易理论的发展有什么贡献?
3. 试评述李嘉图的比较成本理论。
4. 生产要素禀赋理论的主要内容是什么?它对比较成本理论做了哪些发展?
5. 什么是里昂惕夫之谜?西方经济学家对此做了哪些解释?
6. 国际贸易新要素理论对生产要素的内容做了哪些扩展?其意义何在?

第三章

当代国际贸易理论的新发展

20世纪中期出现的第三次科技革命,大大推动了战后世界经济的发展,同时也对国际贸易格局产生了巨大影响。这次科技革命使国际贸易量、贸易的商品结构和地理方向发生了根本性的变化。这主要表现在以下四个方面。一是发达国家之间相互贸易的比重迅速上升,并逐渐成为占主体的国际贸易类型,而且,在发达国家之间的相互贸易中,"产业内贸易"越来越成为贸易的主要形式。二是20世纪90年代以来,随着要素流动性的加强和经济全球化程度的日益加深,跨国公司得以在全球范围内开展垂直专业化分工,全球化配置产业链条的各个环节和工序,导致零部件、中间产品的贸易迅速发展,纵向的垂直专业化分工与贸易不断深化,产品内贸易的比重不断提高。三是大量微观企业层面的数据库为研究企业出口行为提供了必要的前提,越来越多的实证研究结论发现出口企业与非出口企业存在系统差别,前者往往规模更大,员工更多,生产率更高,这就打破了传统国际贸易理论中的同质企业假设。四是数字经济与数字贸易的蓬勃兴起。2008—2018年,全球数字服务出口规模从18 379.9亿美元增长到29 314.0亿美元,年平均增长率约为5.8%。据联合国贸易和发展会议(UNCTAD)测算,2020年我国可数字化交付的服务贸易规模达到了2 947亿美元,新型冠状病毒感染疫情期间逆势增长8.4%,占服务贸易总额的44.5%,比"十三五"初期提升了13.9个百分点。《数字贸易发展与合作报告2023》指出,2022年全球数字服务贸易额达3.82万亿美元,较上年增长3.9%。

当代西方国际经济学家认为,对于这些国际贸易的新现象,传统的生产要素禀赋理论难以做出令人信服的解释,因为这个理论只是以各国生产要素禀赋的差异来说明贸易格局,无法说明生产要素禀赋相似的发达国家之间贸易量最大,产业内贸易迅速发展的原因。传统贸易理论中也没有深入到产品内分工层面的分析,因而也无从说明产品内贸易发生的基础。当代经济学家对出口企业与非出口企业的异质性、数字贸易等新现象进行了深入研究,使国际贸易分工理论发展到了一个崭新的阶段。还有些经济学家从全面的角度,强调国际贸易分工中的国家竞争优势,使国际贸易分工理论更具说服力和全面性。

第一节 产业内贸易理论

产业内贸易理论是20世纪60年代以来在西方国际贸易理论中产生和发展起来的一种解释国际贸易分工格局的理论分支。

一、产业内贸易的概念

国际贸易从产品内容上来看大致可以分为两种基本类型:一种是一国进口和出口属于不同产业部门生产的商品,即产业间贸易(Inter-industry Trade),也称为部门间贸易。如出口初级产品,进口制成品;出口钟表,进口电视机等。另一种是产业内贸易(Intra-industry Trade),也称为部门内贸易,即一国既出口同时又进口某种同类型制成品。在这里,相同类型的商品是指按国际商品标准分类法统计时,至少前3位数都相同的商品。也就是至少属于同类、同章、同组的商品,既出现在一国的进口项目中,又出现在该国的出口项目中。还要指出的是,产业内贸易并不是泛指广义的工业部门内贸易,或工业制成品的相互贸易。产业内贸易是指两国以上在某些相当具体的工业部门内进行相互贸易,即两国互相进口和出口属于同一部门或类别的制成品。比如,美国和一些西欧国家都既是机动车辆的出口国,同时也是机动车辆的进口国;既出口酒类饮料和食品,也进口酒类饮料和食品。

由于产业内贸易发生在上述相当具体的产业部门内部,所以这使它相对于产业间贸易而言,具体有以下三个方面的特点。第一,产品流动具有双向性。产业间贸易对象的流动是单向的,一国出口一种产品,进口另一种产品。产业内贸易的对象则是既进口又出口。第二,产业内贸易的产品具有相似性,消费具有可替代性。例如,一国出口某种型号的汽车,进口另一种型号的汽车,不管其型号、档次有何差别,它们都是代步工具,可以相互替代。第三,产业内贸易的产品在生产过程中使用相似的要素投入。这是由它们属于某一具体的产业部门的属性所决定的。这一特点预示着一国进出口同类产品往往不是因为缺乏生产能力或成本上的劣势,更主要的是出于产品差别、规模经济的原因。通过产业内分工和贸易,相互开放市场,有助于双方厂商实现规模经济效益。

产业内贸易的发展程度可用产业内贸易指数来衡量。从某一产业的角度分析,产业内贸易指数的计算公式为:

$$A_i = 1 - \frac{|X_i - M_i|}{X_i + M_i} \tag{3.1}$$

式中,X_i 指一国 i 产品的出口额,M_i 指该国 i 产品的进口额。A_i 代表 i 产品的产业内贸易指数,A_i 在 0 与 1 之间变动:A_i 愈接近 1,说明产业内贸易的程度愈高;A_i 愈接近 0,则意味着产业内贸易程度愈低。

从一个国家的角度来看,产业内贸易指数由各种产品的产业内贸易指数加权平均数求得,它表示一国产业内贸易在对外贸易总额中的比重。其计算公式为:

$$A = 1 - \frac{\sum_{i=1}^{n} |X_i - M_i|}{\sum_{i=1}^{n} X_i + \sum_{i=1}^{n} M_i} \tag{3.2}$$

式中,A 表示某国所有产品综合产业内贸易指数,n 表示该国产品的种类。其他字符的含义与式(3.1)相同。

二、产业内贸易的理论解释

有很多极为简单的因素,如气候、地理、政府政策等,都可能产生产业内贸易。比如,使用大量的建筑材料,如沙子、砖头、水泥等产品,运输成本对需求者来说是总成本中的很大一部分,因此有时本国有同样的资源,但厂商却可能到邻近或运输条件方便的他国去购买。供求的季节性和其他突变因素有时会使一些国家进口那些在其他时间出口的产品。政府国内价格政策的不当造成的价格扭曲(比如某种商品国内售价大大高于国际市场),也会刺激贸易商为获利而设法进口国外同类商品。但是,总的来说,这些因素常常带有一定的特殊性和偶然性,不足以从经济学上说明大量存在的同类制品之间的贸易原因。

(一) 偏好相似论

最早试图对当代工业化国家之间的贸易和产业内贸易现象做出理论解释的是瑞典经济学家林德(Linder)。他在1961年出版的《论贸易和转变》一书中提出了偏好相似理论,第一次从需求角度对国际贸易的原因做出分析。林德认为,一国经济增长从而人均收入提高会使该国的代表性需求向某种比较昂贵的商品或奢侈品移动。为了满足市场需求,生产者不断地扩大生产与改进技术,结果产量增长速度超过需求增长速度,从而使该国有能力向别国出口。可见,林德的基本论点是:一种工业品要成为潜在的出口产品,首先是一种在本国消费或投资生产的产品,即产品出口的可能性决定于它的国内需求。一国厂商不可能生产并出口一种在国内没有需求的产品。[①]

林德论证了有可能出口的工业品必须是本国消费或投资的产品以后,接着探讨了在哪些国家之间工业品贸易的量最大的问题。这时,林德提出了他的另一个基本论点:两个国家的需求结构越相似(即两国消费者的消费偏好越相似),一国代表性需求的商品也越容易在另一国找到市场,因而这两个国家之间的贸易量越大。如果两个国家需求结构完全一样,一个国家所有可能进出口的商品也是另一个国家可能进出口的商品,因而产生产业内贸易。

那么,什么因素影响一个国家的需求结构呢?林德认为,人均收入水平是影响需求结构的最主要因素。人均收入水平的相似可以用来作为需求结构相似的指标。由于工业化国家的人均收入水平比较接近,消费者的偏好相似程度比较高,这为工业制成品贸易和产业内贸易提供了广阔的市场基础。这就是第二次世界大战后,工业化国家之间的制成品贸易在国际贸易中所占比例越来越高的原因。

(二) 市场结构论

我们知道,以比较成本理论和生产要素禀赋理论为核心的传统国际贸易理论有两个重要假设前提:一是假设产品的规模报酬不变;二是假设各国生产的产品都是同质同样的,国际市场是完全竞争的。这些假设前提已与当今社会经济生活相去甚远。现实世界

[①] 对国内需求的作用,克鲁格曼还在1980年的一篇文章《规模经济、产品差异与贸易模式》中用本地市场模型提供了严谨的证明。他指出,如果两个国家对产品的偏好有相当的不同,每个国家都会专业化生产在本国具有较大市场份额的那种产品,并且每个国家都会成为这种产品的净出口国;如果两国具有相同需求模式,那么较大的国家将会成为其生产具有规模经济特征的产品的净出口国。于是,国际分工与贸易模式是由本国市场决定的:每个国家都倾向于出口其具较大本国市场的产品。

中的许多商品是以递增规模报酬生产的,大规模的生产会降低单位产品的成本。同时,大多数工业品类似但不同样,国际市场是垄断竞争市场。以克鲁格曼为代表的一批经济学家吸取了以往国际贸易理论的合理因素,创建了一个新的分析框架,提出了所谓"新贸易理论"。这些经济学家利用产业组织理论和市场结构理论来解释国际贸易新现象,用市场结构中的不完全竞争、规模报酬递增、产品差异化等概念和思想来构造新的贸易理论模型,分析产业内贸易的基础,因此也称市场结构论。①

我们知道,大多数工业品的市场是垄断竞争性市场。一方面,各种产品类似并有一定的替代性,因此互相竞争;另一方面,产品又不完全一样,各有一定特征,所以各自又有一定的垄断性。这样,产品差别,即企业产品所具有的区别于其他同类产品的主观上或客观上的或大或小的特点,成为普遍的现象。产品的客观差别又可以分为两种类型:垂直差别和水平差别。同一类别中的产品具有一样的根本特征。产品根本特性在其程度上的差别,就是垂直差别,即同一种产品在档次上的差别。这种差别主要体现在产品的质量等级上。比如,所有小汽车都属于具有一样的根本特征的同类产品,但有豪华型、普及型之分。同时,具有完全相同的根本特性并属于同一档次的同类产品,又会有一系列不同的规格、款式,各规格、款式之间的差别就称为水平差别。比如同为高档豪华小汽车或普及型小汽车,又各可以有多种颜色或外型,这种颜色或外型的差别就是水平差别。工业制成品所具有的差异化或多样化程度要远远超过初级产品。每一类制成品不但在质量等级上而且在规格上都可以变换出无数的差别,任何一个微小的改动甚至仅仅是一个商标的变动,都可使一种商品具有与众不同的特点。总之,由于质量等级不同,规格、款式不同,同一种商品存在根本特性一致下的不同层次。这是造成垄断竞争市场格局的重要原因。

内部规模经济是导致产业内贸易的必要基础。这是因为:一方面,规模经济促进了各国在各产业内部发展专业化生产,使建立在产业内专业化分工基础上的产业内贸易得以迅速发展。一国一旦以谋取规模经济为目标开始在一个行业进行大规模生产,哪怕启动之初规模优势十分微弱,但这种优势将随着生产扩展而滚雪球般的增大,最终至少有一国达到专业化生产。这种基于规模经济的国际分工没有固定的模式,既可以是自然(竞争)产生,也可以协议分工。另一方面,规模经济和产品差异化之间存在密切的联系。正是规模经济的作用,使得众多的生产同类产品的企业在竞争中优胜劣汰,形成一国内某种产品由一家或少数几家厂商来生产的局面,大型企业进而能发展成为出口商。由于规模经济的制约作用,所以每一国的大型企业只能生产出系列有限的产品来,同时,各国生产的产品又各具特色。产品差异的存在既是促进企业走向专业化、大型化的因素,从而能获得经营上的规模效益,也为生产者的相互竞争提供了市场,为消费者的多样化选择提供了物质保证。可以说,规模经济和产品差异化之间的相互作用,是导致产业内贸易的基础性原因。关于规模经济对产业内贸易的作用,克鲁格曼指出:"不断下降的成本是贸易和从贸易中获利的独立源泉。同时也使我们对国际分工和贸易模式由报酬递增和要素禀赋共同决定的贸易世界有了一个更清楚的认识。"②"在具有规模经济的行业中,一国能生产的产

---

① 埃尔赫南·赫尔普曼、保罗·R.克鲁格曼:《市场结构和对外贸易》,上海三联书店1993年版。
② 保罗·R.克鲁格曼:《克鲁格曼国际贸易新理论》,中国社会科学出版社2001年版,第80页。

品种类和其生产规模都受到该国市场规模的限制。但通过国与国之间的贸易，就能形成一个一体化的世界市场，该世界市场当然比任何单个国家的国内市场都要大。各国也因此从限制中解脱出来，在一个比贸易前要窄的范围内从事某些产品的大规模的专业化生产；同时，通过从别国购买自己不生产的产品来扩大消费者可获取的商品种类。因此，即使国与国之间没有技术上的差别，贸易仍为互利性的生产提供了机会。"①

消费者的偏好也是极其多样化而互有差别的。这种差别同样可以分为垂直差别和水平差别两类。消费者偏好的垂直差别主要体现在消费者对同类产品中不同质量等级的选择上，而水平差别则主要体现在消费者对同类、同一质量等级产品的不同规格或款式的选择上。消费者偏好的垂直差别受到其收入水平的制约，而水平差别则不受其收入水平的制约，完全取决于主观上的偏好。消费者偏好不同层次的多样性，需要有相应的产品多样化来予以满足。

当我们同时考察两个或两个以上国家的供给和需求状况时，就会发现不同国家的产品层次结构和消费层次结构存在重叠现象。对发达国家来说，由于不同发达国家的经济发展水平相近，其产品层次结构和消费层次结构大体相同。这就是说，甲国厂商提供的各种档次的同一种类产品基本上能够为乙国的各种层次的消费者所接受；反过来说，甲国的各种层次的消费者也能接受乙国厂商提供的各种档次的同类产品。这种重合是发达国家之间产业内贸易的前提和必要基础。发达国家与发展中国家之间，两者的产品层次结构与消费层次结构也有部分重叠。发展中国家能够提供适合发达国家消费者的产品，发展中国家消费者也能够接受发达国家的部分产品。例如，一个发展中国家高收入阶层中的消费者和一个发达国家低收入阶层的消费者都要购买某种牌号的经济车。不同国家的消费者对同一规格的产品有相同的需求则是更为普遍的现象。发展中国家的产品层次结构与发达国家的消费层次结构以及发达国家的产品层次结构与发展中国家消费层次结构的这种双向重叠，使得发达国家与发展中国家的产业内贸易成为可能。

在产业内贸易中，各国的竞争优势主要表现为公司的特定竞争优势，而不像产业间贸易那样，首先表现为国家的竞争优势。产业内贸易的发展意味着国际贸易中国家优势向公司特定优势的转移。公司的特定优势是一个公司相对于其他竞争对手所具有的垄断优势，主要有两类：一类是知识资产优势，另一类是规模节约优势。所谓知识资产，包括技术、管理与组织技能、销售技能等一切无形技能在内。公司拥有并控制了这些知识资产，就能生产出差别产品到国际市场上进行竞争。同时，这类公司通常也容易迅速扩大生产、获得规模节约的效益、增强国际竞争能力。无论是发达国家还是发展中国家，只要拥有具有垄断优势的公司，就可生产出差别产品在产业内贸易的国际市场上进行竞争。可见，要理解产业内贸易现象，离不开对公司作用的分析。

产业内贸易中，国家优势向公司优势的转移对发展中国家具有重要的启发性意义。这是因为，当我们考察一个国家的产业和产业内的公司时会发现，某个国家在某一产业水平上可能总体在国际上处于相对优势，但其中的一些生产具体差别化产品的公司却可能处于产业国际平均水平以下；而某个国家在某一产业水平上可能总体在国际上处于相对

---

① 保罗·R.克鲁格曼、茅瑞斯·奥伯斯法尔德：《国际经济学》，中国人民大学出版社1998年版，第123页。

劣势,但其中一些生产具体差别化产品的公司却可能处于产业国际平均水平之上。这就造成了一个国家在某一产业内的产业内贸易。对发展中国家而言,它们在绝大多数具体的制成品领域与发达国家相比,虽然总体上处于劣势,但某些竞争力在国际平均水平以上的公司却拥有公司特定优势,并且能够在国际市场上与发达国家同产业内的公司进行竞争。尤其在一些技术已成熟和标准化的产业内部,发展中国家已经具备自己特定的产业和公司优势。因此,发展中国家同样能够在国际贸易中与发达国家进行竞争,发展劣势产业内的产业内贸易,提高自己的国际分工地位,获得更多的贸易利益。发展中国家的政府也可以通过产业组织政策,重点扶植有国际竞争力的公司。

总之,造成产业内贸易现象的主要原因是产品差别、规模经济、消费者偏好差别以及国家之间产品层次结构和消费层次结构的重合。各个国家的公司或产业的国际竞争力对产业内贸易的格局起决定性作用,而不是依赖于各国由于生产要素禀赋不同而造成的相对优势。当两国要素禀赋结构相似而无多少产业间贸易发生,且规模经济占重要地位和产品高度差异化时,从生产规模化和产品多样化中获得的利益就会超过常规的比较利益,产业内贸易便成为贸易利益的主要来源。这些利益明显地表现在两个方面:一是生产效益将依赖于规模优势而不断提高;二是消费者可以从产品多样化或更便宜的价格水平中得到更大满足,从而提高社会福利程度。

第二节 产品内贸易理论

20世纪70年代后,随着经济全球化进程的不断深入与科学技术革命的不断发展,国际分工从产品层面延伸到产品内工序层面,以跨国公司全球生产网络主导的产品内分工不断地将国际市场内部化,全球各地不断地卷入国际产品内分工。产品内分工以及建立在此基础上的产品内贸易成为新国际贸易的主要形式。

一、产品内贸易产生的历史背景

全球性的产品生产协作是以垂直专业化为基础的。随着这种协作的不断发展,原先仅仅集中于某国或某个地区的产品生产开始逐渐分散到全球范围内的不同国家或地区,并且由每个国家或区域仅负责专业化生产产品的某个特殊阶段。这一国际化大生产的发展趋势使得国际分工进一步升级,由产业间分工、产业内分工深化到了产品的内部。

产品内分工与贸易的兴起和繁荣是多种因素共同作用的结果。首先,当今工业产品的生产趋于复杂化,产品的生产链条延长,科技革命带来的生产力的巨大飞跃使技术取得了前所未有的突破,使得产品生产过程中的不同工序在时间和空间上具有可分离性,某些生产工序得以独立于整个产品的生产之外,为产品内分工与贸易的发展创造了有利的前提条件。其次,各国经济发展的不平衡性与资源禀赋的差异,为产品内分工与贸易提供了极为有利的现实条件。由于缺乏资金和技术实力,发展中国家不得不承接发达国家的产业转移,嵌入跨国公司全球产品内分工体系,在产业转移中分享已经被发达国家瓜分过的极为有限的利润空间。同时,产品内分工与贸易的蓬勃发展还得益于世界市场上各个区域资源禀赋的差异性,由要素禀赋差异形成的比较优势为参与各国取得分工与贸易利益提供了现实的可能性。再次,跨国交易中商流、信息流、资金流与物流等交易成本的下降,有力地促进了跨国公司产品内分工与贸易的发展,如远洋、航空运输成本的大幅降低以及新旧通信手段之间的相互渗透与融合,使产品内分工与贸易进一步深化。最后,全球贸易一体化进程使得各国开放程度加大,关税普遍降低,从而减少了贸易壁垒,降低了贸易成本,对产品内分工与贸易发挥了积极的促进作用。

二、产品内贸易的内涵

(一) 产品内分工

卢锋(2004)将产品内分工定义为特定产品生产过程中工序、区段的跨国分布。一般来说,产品内分工是指特定产品生产过程的不同工序、不同区段、不同零部件在空间上分布到不同国家,每个国家专业化于产品生产价值链的特定环节进行生产的现象;而产品内贸易是指由这种产品内分工所引起的中间投入品贸易。或者可以简单地认为,产品内贸易是由产品的生产过程分布到不同国家而引起的中间投入品贸易。①

(二) 产品内贸易

Hummels 等(1998)认为,产品内贸易是指为出口最终产品而进口中间产品的贸易。因此产品内贸易需同时具备3个条件:① 一种产品在多阶段不间断生产;② 两个及以上跨国企业为产品生产创造价值增值;③ 至少一国企业的出口产品中含有进口中间产品。② 图3-1展示了产品内贸易的常见流程。

图3-1 产品内贸易流程图

另外,Feenstra(1998)将满足前两个条件的贸易均视作产品内贸易,而不考虑进口的中间产品是否用于再出口,这是一种比较宽泛的定义。③ 广义上讲,产品内分工包括相应

---

① 卢锋:"产品内分工",《经济学(季刊)》,2004年第4期。
② Hummels, D., Rapoport, D. and Yi, KM.: Vertical Specialization and the Changing Nature of World Trade, Economic Policy Review, 1998, June.
③ Feenstra, R.: Integration of Trade and Disintegration of Production in the Global Economy, Journal of Economic Perspectives, 1998, 4.

的两种产品内贸易形式:一种是基于不同要素投入比例的不同发展阶段经济体间的中间产品贸易,即垂直中间产品贸易;另一种是基于类似要素投入比例的发达经济体间的中间产品贸易,即水平中间产品贸易。

(三) 公司内贸易与产品内贸易

公司内贸易是指跨国公司的母公司与其海外子公司或子公司与子公司之间跨越国界的交易行为。其与产品内贸易的区别主要体现在贸易对象范围和贸易方式的区别上。产品内贸易对象可能是公司内贸易,也可能在跨国公司与其他企业之间进行。如果跨国公司建立自己的一体化生产企业,由此形成的产品内贸易就是公司内贸易。如果跨国公司以离岸外包方式与其他公司开展贸易,这属于产品内贸易却不属于公司内贸易。如果跨国公司的生产活动采用在岸外包形式,在自己国家内完成某产品的全部生产过程,那也不是产品内贸易。因此,公司内贸易与产品内贸易也是一个交集关系。

(四) 产品内贸易、中间品贸易和加工贸易

产品内贸易、中间品贸易、加工贸易三个概念的内涵具有一致性,但外延却不完全一致,见图3-2。其中,中间产品贸易是指用于生产产品、服务的零部件及中间品的贸易。它比产品内贸易的外延更为宽泛,不仅包含产品内贸易,还包含部分用于生产最终产品的传统贸易。加工贸易包括来料加工、进料加工,是产品内贸易的典型表现形式之一。

图3-2 加工贸易、产品内贸易与中间品贸易三者之间的关系

三、产品内贸易的测度

产品内贸易的测度往往选取一个国家进出口的中间投入品作为测度指标,在对中间投入品进行选取时,可以根据联合国广义分类法(BEC)的产品分类。然而,进出口产品本身并不具有中间产品或者最终产品的属性,真正将产品区分为中间产品或是最终产品的是其使用过程;依靠联合国广义分类法(BEC)实现精确的产品种类划分,从而精确收集中间投入品数据也有难度,所以目前国际上主流的测算方法是根据各国公布的投入产出表进行计算。研究中度量产品内贸易规模主要采用以下三种方法。

(一) 根据海关国际标准贸易分类法(SITC)项下零部件贸易统计度量产品内贸易

这种方法是按照国际贸易分类标准,将零部件贸易和成品贸易进行分类,利用海关国际标准贸易分类法SITC项下零部件贸易的数据,通过计算得出相关数据来度量产品内贸易。这种方法是目前国际上比较通用的方法,具体的计算方法是将海关国际标准贸易分类法(SITC)项下名为零件的产品贸易额与名为部件的产品贸易额相加,计算出零部件的贸易总额,并以此来衡量各个国家的产品内贸易参与程度。

(二) 通过加工贸易数据间接度量产品内贸易

这种方法通过使用包含来料加工、进料加工的加工贸易数据来间接度量各国参与产

品内贸易的程度,具体计算方法是将来料加工贸易额及进料加工贸易额加总之后,除以总的贸易额。这种方法的具体步骤分为两步,第一步是将一国各个产业购买的各种中间投入品的进口单价乘以这种中间投入品的进口数量,便可计算各个产业为了进口各种投入品所花费的总价;第二步是将各个产业中各种类的进口投入品价值进行加总,以此便计算出该国各个产业进口中间投入品的总体规模。由于发展中国家主要通过加工贸易来参与产品内贸易,各年度数据也比较完善,所以大多数学者在研究发展中国家产品内贸易水平时大多采用这种方法。

(三) 通过垂直专业化指数来度量产品内贸易

Hummels等(1998)提出可以采用垂直专业化指数(Vertical Specialization,VS)来度量各国的产品内贸易参与程度。只要一国进口的中间产品是用来生产出口产品的,那么所进行的生产就可以视为垂直专业化生产,由此产生的贸易便可以视为产品内贸易。VS指数可分为绝对值指标与相对值指标,绝对值指标是用于衡量一国进口的所有中间品中,用来生产出口品的那部分中间投入品的绝对价值;相对值指标则是将前者除以该国总出口,得出前者在总出口中的比重。同时,由于在将进口产品区分为中间产品与最终产品时难度较大,为了方便计算,可将进口中间投入品中用于生产出口产品的部分作为衡量一国产品内贸易参与程度的指标。具体的计算公式为:

$$V_t = V_i/V_p \times V_e \times 2$$

式中,V_t代表该国的产品内贸易额,V_i代表进口中间投入品的价值,V_p代表产品总价值,V_e代表出口总价值。比如,中国进口200万美元的汽车零件用于组装汽车,组装完成后的汽车总价值为800万美元,其中出口的汽车价值为200万美元,则该项生产贸易活动的产品内贸易为100万美元[=(200/800)×200×2]。从经济学角度解释,在这出口的200万美元汽车中,进口的中间投入品价值占50万美元,剩下的150万美元则来源于在中国生产过程中的价值增值。因为这50万美元在进口与出口中都需要计算,所以要将该数值乘以2。

四、产品内分工与全球价值链

随着科学技术的发展和贸易壁垒的逐渐降低,要素流动特别是资本和技术要素流动性大大增强,使得原先以产品间的分工为主向产品内分工为主转化,由此形成全球价值链。在全球价值链视角下,一种产品的跨国生产过程意味着国际分工和贸易利益的分配过程,这是更加直接研究产品内分工下国际贸易利益的分配问题,同时揭示这一国际生产分工网络的治理与运行机理。在全球化的今天,全球价值链作为一种"新的生产组织方式",在全球范围内已经充分展示了其对产品内贸易的影响。

(一) 全球价值链理论的形成与发展

1. 价值链

20世纪80年代,众多学者相继提出价值链(Value Chain)理论。1985年,哈佛商学院教授迈克尔·波特(Michael Porter)在分析公司行为和竞争优势的时候,把公司的整体经营活动分解为一个个单独的、具体的活动,而处于不同生产环节的活动都创造价值。这些价值创造活动被分为基本活动(含生产、营销、运输和售后服务等)和支持性活动(含原材料供应、技术、人力资源和财务等),这些活动在公司价值创造过程中相互联系,构成公司内的价值链。同期学者科洛特(Kogut)在分析国家比较优势和企业竞争能力的时候,提出价值增值链(Value Added Chain)的概念,认为价值链基本上就是技术与原料和劳动融合在一起形成各种投入环节的过程,然后通过组装把这些环节结合起来形成最终商品,最后通过市场交易、消费等最终完成价值循环过程。科洛特认为,整个价值链条的各个环节在不同国家和地区之间如何在空间上进行配置,取决于不同国家和地区的比较优势。这一观点比波特的更能反映价值链的垂直分离和全球空间再配置之间的关系,因而对全球价值链理论的形成至关重要。

2. 全球商品链

20世纪90年代,格里菲(Gereffi)率先提出全球商品链(Global Commodity Chain, GCC)的分析框架,将价值链的概念与产业的全球组织直接联系起来。在经济全球化的背景下,商品的生产过程被分解为不同阶段。围绕某种商品的生产形成一种跨国生产组织体系,把分布在世界各地不同规模的企业、机构组织在一个一体化的生产网络中,从而形成了全球商品链。格里菲进一步提出了由生产者驱动(Producer-Driven)和购买者驱动(Buyer-Driven)的全球商品链的二元驱动模式,分别由生产者和购买者来治理全球商品链。生产者驱动是指由生产者投资来推动市场需求,形成本地生产供应链的垂直分工体系。在生产者驱动的全球商品链中,跨国公司通过全球市场网络来组织商品或服务的销售、外包和海外投资等产业前后向联系,最终形成生产者主导的全球生产网络体系。购买者驱动是指拥有强大品牌优势和国内销售渠道的发达国家企业通过全球采购和原始设备制造商(Original Equipment Manufacture,OEM,也称为贴牌生产、代工生产)生产等组织起来的跨国商品流通网络,形成强大的市场需求,拉动那些奉行出口导向战略的发展中国家的工业化。在购买者驱动的全球商品链中,那些成熟的大型零售商和品牌商是链条的核心和动力之源。

3. 全球价值链

在整个20世纪90年代,格里菲等人的理论没有摆脱商品这一概念的局限,并没有突出强调在价值链上运营的企业在价值创造和价值获取方面的重要性。直到2001年,格里菲和该领域研究者从价值链的角度分析了全球化过程,同意使用全球价值链(Global Value Chain,GVC)代替全球商品链这一术语,认为应把商品和服务贸易看成治理体系,而理解价值链的运作对于发展中国家的企业和政策制定者具有非常重要的意义,因为价值链的形成过程也是企业不断参与到价值链并获得必要技术能力和服务支持的过程。许多学者从全球价值链的治理、演变和升级等多个角度对全球价值链进行了系统的探讨和分析,并由此建立起了全球价值链基本概念及其基本理论框架。

联合国工业发展组织(UNIDO)指出,全球价值链是指在全球范围内为实现商品或服务价值而连接生产、销售、回收处理等过程的全球性跨企业网络组织,涉及从原料采集和运输、半成品和成品的生产和分销至最终消费和回收处理的过程。它包括所有参与者和生产销售等活动的组织及其价值利润分配,并且通过自动化的业务流程和供应商、合作伙伴以及客户链接,以支持机构的能力和效率。该定义强调了全球价值链不仅由大量互补的企业组成,而且是通过各种经济活动联结在一起的企业网络的组织集,关注的焦点不只是企业,也关注契约关系和不断变化的联结方式。

(二) 全球价值链中经济租的产生和分配

在经济学上,经济租(Economic Rent)是生产要素所有者凭借垄断地位所获收入中超过要素机会成本的剩余。经济租是要素收入(或价格)的一部分,它代表着要素收入中超过其在其他场所可能得到的收入部分。作为研究的起点,全球价值链理论分析了全球价值链各环节价值的产生过程和各环节收益的分配过程。全球价值链可分为三大环节:一是技术环节,包括研发、创意设计、提高生产加工技术、技术培训等环节;二是生产环节,包括采购、系统生产、终端加工、测试、质量控制、包装和库存管理等分工环节;三是营销环节,包括销售后勤、批发及零售、品牌推广及售后服务等分工环节。当国际分工深化为增值过程在各国间分工后,传统产业结构的国际梯度转移也因此演变为增值环节的梯度转移。就增值能力而言,以上三个环节呈现由高向低再转向高的 U 形,或是"微笑曲线"状。全球价值链不同环节所创造的附加值是不同的,获得的经济租多少也不一样(见图3-3)。靠近 U 形曲线中间的环节,如零部件、加工制造、装配等环节在价值链中创造出较低的附加值,因而获得较低的经济租,靠近 U 形曲线两端的环节,如研发、设计、市场营销、品牌等在价值链中创造出较高的附加值,因而获得更多的经济租。[①]

图 3-3 全球价值链增值微笑曲线

随着技术水平的不断提高,生产环节的进入壁垒不断降低,导致越来越多的国家参与经济全球化进程中的生产组装环节,这一环节的"租"日益耗散,导致生产环节增加值不断降低。因此,能产生较高的"租"的领域越来越脱离具体生产过程而转向无形的过程,如研发和营销等领域。这些活动通常是技术或知识密集型的,会形成较高的进入壁垒、较长时间的知识产权保护,如长达 70 年的专利技术保护和接近永久性的品牌效应,是价值链中收益的重要来源。在知识经济时代,全球价值链上经济租的产生源泉正由有形活动转变为无形活动。这是因为无形活动越来越建立在知识和技能基础上,并且根植于组织体系

[①] 王凯、阚宏:《新编国际贸易理论与实务》,对外经济贸易大学出版社 2020 年版。

中。一些无形活动,如物流控制、广告、产品设计、品牌推广等,在全球价值链上发挥了越来越重要的作用。因此,这就不难理解为什么大多数处于 GVC 生产环节上的发展中国家,其地位和获取的价值比例远不如发达国家的原因了。

(三)全球价值链的治理模式

随着国际分工的进一步细化,全球价值链也变得更加复杂,内部环节不断增加。这时要想通过提高全球价值链中的单个环节效率从而提升整个全球价值链收益的难度加大,因此需要系统性地协调价值链中各个环节的活动,提升全球价值链的竞争力。这种系统性协调就是全球价值链治理(Global Value Chain Governance)。这一术语由格里菲提出,将全球价值链治理定义为,全球价值链中权利拥有者或某些机制协调和组织各环节的价值创造活动。当全球价值链上一些企业根据其他主体(即全球价值链中权利拥有者)设定的参数(标准、规则)进行生产工作时,治理体系就形成了。这些参数包括生产什么(产品定义)、如何生产(生产过程定义,含技术、质量、劳动和环境标准等要素)、何时生产、生产多少以及价格等五类基本参数。根据全球价值链中行为主体之间的协调能力的高低,全球价值链治理模式主要分为五种,即市场型(Market)、模块型(Modular)、关系型(Relational)、领导型(Captive)和等级制(Hierarchy)。

市场型是组织经济活动最为简单和有效的一种模式。市场上各个经济行为主体通过货币买卖各种商品和服务,其运行的核心机制就是价格机制。等级制则以企业制为典型,其运行的核心就是管理控制。市场和等级制较为简单,而模块型、关系型和领导型同属于网络治理模式,界于两者之间。这三大类模式如表 3-1 所示。

表 3-1 三类全球价值链治理模式的对比

关键因素	经济组织方式		
	市场型	等级制	网络
一般基础	合约—产权	雇佣关系	互补性分工、势力
交易方式	价格	公司规则	网络关系
冲突解决方式	杀价—法律强制执行	管理命令—监督	互惠互利—声誉
弹性程度	高	低	中
经济体中委托数量	低	中到高	中到高
组织氛围	不信任,斤斤计较	官僚体系,照章办事	回旋余地大,互利性
行为体行为选择	独立,转换成本低	从属、依赖上级	相互依赖
相似之处	如同等级制中文件的合约	与市场相似的特性:利润至上,转让价格	正式的规则,关联股东

在网络治理模式中,模块型治理模式中厂商会根据客户的要求来提供产品和服务,不过厂商可以依托自身的加工技术和限制投资等手段来为客户提供关键性产品和服务。该模式中,交易过程中所需的监督和控制程度都很低。关系型治理模式中厂商一般都是通过声誉而相互集聚在一起,形成关系型契约,比一般的市场契约关系更为复杂,其一般会

表现出很强的社会同构性、空间临近性、家族和种族性等特性。领导型治理模式中,众多中小厂商依附于几个主要的大型厂商。由于改变这种依附关系要付出很高的变更成本,因而中小厂商在这种模式中被大型厂商所领导。该种模式中大型厂商一般会对中小型厂商具有很强的监督和控制力。

从理论上看,五种治理模式中市场型和等级制分别处于价值链中行为体之间协调能力的最低和最高端;但在现实世界全球价值链的治理中,五种模式是全球价值链主导企业权衡外部采购和纵向一体化之间的利益和风险后,在动态均衡过程中不断调整并选择的,因而现实中该五种治理模式不但总是相互交错存在,而且有动态的转换机制。

第三节 异质性企业贸易理论

一、异质性企业贸易理论兴起

传统贸易理论从各国之间比较优势的角度解释产业间贸易产生的原因,新贸易理论从产品差异、规模经济、多样化偏好等入手,解释了"二战"之后发达国家间贸易、产业内贸易大大增加的现象。20 世纪 80 年代欧美国家的经济差距逐渐拉大,研究发现原因是欧洲主要国家的生产率低于美国。由于生产率在经济发展中的作用巨大,很小的生产率差异也可能引起经济发展的巨大差异,生产率成为理论研究的重点。同时,1990 年以来世界各国企业层面的微观数据库逐渐完善,这为深入分析企业层面生产率提供了必要的前提条件。诸多实证研究发现,从企业层面看,一个国家具有比较优势的出口产业中,出口企业只占很小的一部分,大部分企业只是供应国内市场;而且出口企业大多是规模较大、生产率较高的企业。因此,异质企业在出口中的不同表现引起关注,从企业层面理解国际贸易现象逐步成为研究热点。

虽然之前的研究也关注到国际贸易中企业异质性的影响,但均未能构建一个简明统一的理论模型,将企业异质性与国际贸易联系起来,而是以行业内有代表性的企业来衡量行业平均水平,并且假定企业是同质的。实际上,企业在规模、资本密集度、所有权结构、人力资本、组织方式、技术选择等方面显然存在差异,这些假设偏离现实较远。Melitz(2003)构建异质性企业贸易理论模型,将企业异质性生产率引入国际贸易模型中,开创性地从企业的角度考虑国内市场和国际市场的选择问题,以此来解释国际贸易中企业决策行为的差异,分析企业异质性对其贸易决策和社会福利的影响,奠定异质性企业贸易理论的基石。[①]

二、异质性企业贸易理论基本思想

异质性企业贸易理论要解决和回答的问题主要包括两方面:什么样的企业会选择进

---

① Melitz, M. J.: The Impact of Trade on Intra-industry Reallocations and Aggregate Industry Productivity, Econometrica, 2003, 71(6).

入国际市场?以何种方式进入国际市场(通过出口还是对外投资)?

Melitz(2003)模型是异质性企业贸易理论的研究起点,回答了第一个问题,即企业的国际化路径选择。Melitz(2003)扩展了克鲁格曼的垄断竞争贸易模型,将企业生产率差异考虑进来,提出异质性企业贸易模型,即后来通称的Melitz模型。该模型认为,由于出口存在固定成本,要求企业必须达到的临界生产率或门槛生产率后才能出口;而企业生产率不同,生产率介于国内市场经营临界生产率和出口门槛生产率水平之间的企业,其产品只能在国内销售,只有生产率高于出口门槛生产率水平的企业才能出口,因此企业间生产率水平的差异是企业是否出口的决定因素。同期,Antras(2003)提出了企业内生边界模型,即Antras模型,该理论模型主要回答了第二个问题,即企业的内部化抉择。[①] 企业内生边界模型分析了跨国公司的定位和控制决策,解释了企业选择以一体化形式还是外包形式进行资源配置的背后原因。基于这两个理论模型的研究分支共同构成了异质性企业贸易理论研究的基本内容。

企业异质性有两种形式,由于产业内部不同企业生产率的差异而产生的异质性以及由于企业组织形式差异而产生的异质性,这两种异质性紧密相连。

异质性企业贸易模型阐明了现实中只有部分企业选择出口和对外直接投资的原因:出口会影响企业的收入和利润结构,加剧企业对于投入要素的需求竞争,导致低效率企业萎缩或者退出,低效率企业萎缩或退出,释放出的生产资源向高效率留存企业和新加入的高效率企业转移,并且高效率生产企业会抓住出口带来的销售扩大机遇,迅速扩张并进一步增加对投入要素的需求,提高投入要素的实际价格,导致生产率最低的企业加速退出市场。在这一逻辑下,国际贸易就造成了经济资源在行业内的重新配置,从效率低的企业流向效率高的企业,提高行业整体生产率。

企业内生边界模型将产业组织理论和契约理论融入贸易模型,认为企业的选择包括一体化和外包两种情况,再加入国内、国外两个维度,企业的选择就包括以下几种情况:① 国内一体化,也称为国内内包(Insource at Home),是指企业只在国内生产;② 国际一体化,又称国际内包(Offshore Insource)和垂直对外直接投资(Vertical FDI),是企业通过在国外设立分公司生产部分中间产品和零部件,再通过公司内贸易出口国内母公司的生产形式,其涉及公司内贸易(Intra-firm Trade);③ 国内外包(Outsource at Home),是指企业通过在国内外包的形式组织生产;④ 国际外包(Offshore Outsource),是指企业将部分中间产品和零部件通过在国外市场外包,再通过贸易进口到国内来组织生产,这一过程会涉及贸易,所以又称为"长臂贸易"(Arm's-length Trade)。

Antras(2003)发现在美国1/3的出口和40%以上的进口由公司内贸易组成。在不同的行业,资本密集度越高的出口行业其公司内贸易进口份额占全美总进口份额的比例也越高。在不同的国家,公司内贸易进口份额占全美总进口份额的比例越高,出口国家的资本劳动比例也越高。根据这些观察到的现象,他提出:为什么资本密集型商品交易多发生在产业边界内而劳动密集型商品交易大部分是正常交易?为什么资本丰裕的国家公司内贸易进口的比例更高?这两者之间是否有联系?Antras(2003)证实,劳动密集型行业的

---

① Antras, P.: Firms, Contracts, and Trade Structure, Quarterly Journal of Economics, 2003(4).

企业更多选择外包的生产组织形式,而资本密集型行业的企业更多是选择一体化的生产组织形式。同时模型预测公司内贸易会发生在资本密集型行业;而公平贸易,即有关联的双方进行的贸易,这种交易是各方按照自身利益最大化前提进行的,因此有别于公司内贸易,发生在劳动密集型行业。简单来讲,就是在公司内贸易中,从资本丰裕国家进口的份额要大于从资本相对不丰裕国家进口的份额,在产业层面就是资本密集型行业中一个国家公司内贸易进口占总贸易进口的份额更大。

三、异质性企业贸易理论与其他贸易理论的比较

异质性企业贸易理论无论是从理论角度,还是实证角度都已经得到了长足发展;异质性企业贸易理论作为国际贸易理论的最新进展,使得其对国际贸易现象的解释更加科学。但是,异质性企业贸易理论关于贸易模式的解释并没有偏离传统贸易理论和新贸易理论,而是以传统贸易理论和新贸易理论为基础,进一步回答了每一个出口部门中到底哪些企业出口,哪些企业仅服务于国内市场;企业若出口,如何确定出口产品的范围、出口产品的组合及出口的目的地市场。因此,深入分析异质性企业贸易理论与其他国际贸易理论之间的区别与联系,则有助于把握异质性企业贸易理论的内涵,厘清贸易理论的发展规律,对于不同的贸易理论有更深入的认识。

第一,理论基础不同。传统国际贸易理论分析不同产业间贸易形成的原因、贸易利得及其分配,主要是建立在李嘉图比较优势理论以及H-O定理基础上;新贸易理论在规模经济、产品产业组织理论、交易费用理论、不完全契约理论进行整合的基础上,通过构建规模经济和产品差异化理论探讨产业内贸易问题。而异质性企业贸易理论则通过构建差异性企业模型和企业内生边界模型,来研究企业是否进入国际市场及国际化路径选择的决策问题。

第二,假设前提不同。不管是传统的贸易理论还是新贸易理论都假设企业是同质的,企业的生产经营是一个"暗箱",其生产技术、经营管理、运营成本等是相同的,影响企业国际化决策和国际化路径选择的因素主要是企业外部因素。而异质性企业贸易理论突破了企业同质性的基本假定,认为正是由于企业内在因素,如生产率、技术、工人技能、成本的不同,决定了不同企业的经营决策、行为模式和生产组织形式。把国际贸易的实施主体最终落实到具体的企业,这使异质性企业贸易理论研究具有了坚实的微观基础。

第三,研究视角不同。传统贸易理论研究不同国家(地区)在劳动生产率、资源禀赋方面的差异,从宏观层面分析不同国家(地区)在不同产业之间的比较优势,国际贸易行为与贸易利益分配;新贸易理论在不完全竞争条件下,在中观层面从规模经济、产品差异性角度分析不同国家(地区)同一产业内发生的贸易。而异质性企业贸易理论则是从异质性企业这一微观层面来研究国际贸易产生、贸易利得与分配、资源配置等问题。

第四,研究内容更广泛深入。同传统贸易理论、新贸易理论一样,异质性企业贸易理论也是研究国际贸易成因、利得与分配等基本问题。但异质性企业贸易理论重点探讨单个企业的经营决策和行为模式,即企业是仅服务国内市场还是出口或是国外直接投资;企业是选择一体化还是外包。

总之,异质性企业贸易理论与之前的国际贸易理论是一种互相补充的关系,是用来解释新的国际贸易现象和趋势的研究范式。异质性企业贸易理论不是对以前理论的否定和抹杀,而

是开创了一个研究国际贸易的新视角,其与先前贸易理论的关系可以用表3-2来表示。

表3-2 不同国际贸易理论下的贸易结果

比较项目	古典贸易理论	新古典贸易理论	新兴古典贸易理论	新贸易理论	新新贸易理论
生产力提升的途径	高劳动生产率替代低劳动生产率	廉价生产要素替代昂贵生产要素	1. 改进交易效率,降低交易费用; 2. 专业化提升生产效率	规模经济效应导致边际成本递减	1. 企业优胜劣汰,导致行业生产率提高; 2. 资源的优化配置
贸易利得的分配机制	劳动力的价值是贸易利益分配的基础	富裕且廉价的生产要素价格提升,稀缺且昂贵的生产要素价格下降	厂商受益于专业化效率提升和交易费用下降	不完全竞争厂商获得市场与规模经济利益的总和	高生产率企业获利,低生产率企业受损;生产要素总报酬提升
贸易政策	利用劳动生产率的差异	利用生产要素禀赋	开展专业化分工,促进交易费用的改进	开展国际贸易,扩大企业规模	构建企业的异质性,鼓励大型企业出口

第四节 数字贸易理论

随着数字技术的进步与广泛运用,数字产业加速国际化发展,跨境数据流动在国际经贸活动中扮演着愈发关键的角色,数字贸易在这一进程中应运而生。2020年年初新型冠状病毒感染疫情的暴发更是加速了数字贸易各业态发展,软件和信息服务、大数据营销推广、在线教育、在线办公、网上问诊、网络游戏、社交媒体、搜索引擎和电子商务等逆势增长,数字贸易是新一轮全球竞争的焦点。

在数字经济蓬勃发展的背景之下,多样化的数字产品在市场上涌现,各国之间的跨境贸易模式也随着数字经济的发展逐渐向数字贸易过渡。目前,世界范围内尚无统一标准界定数字贸易,部分研究从界定数字经济的内涵出发,对数字贸易的内涵与特点展开探究。

一、数字贸易的基础:数字经济

"数字经济"一词最早出现于20世纪90年代。1998年,美国商务部发布了《新兴的数字经济》报告,数字经济的提法正式成型;2016年,G20杭州峰会通过的《二十国集团数字经济发展与合作倡议》指出,数字经济是以使用数字化的知识和信息作为关键生产要素、以现代信息网络作为重要载体、以信息通信技术的有效使用作为效率提升和经济结构优化的重要推动力的一系列经济活动。之后,《中国数字经济白皮书(2020)》也认为,数字经济是以数字化的知识和信息作为关键生产要素,以数字技术为核心驱动力,以现代信息网络为主要载体,通过数字技术与实体经济深度融合,不断提高数字化、网络化、智能化水平,加速重构经济发展与治理模式的新型经济形态。虽然当前各国对于数字经济的概念界定存在差异,但一般都认可数字经济是自农业经济、工业经济之后的全新经济发展阶段,是数字技术或数字化创新驱动下,以数据作为重要生产要素的新型经济形态,其影响范围不仅限于经济领域,已经对社会运行、城市建设、政府管理等多个领域都产生重大影响。《数字中国发展报告(2022年)》显示,2022年我国数字经济规模达50.2万亿元,总量稳居世界第二,同比增长10.3%,占国内生产总值的比重提升至41.5%。据中国信通院预测,到2025年,我国数字经济规模将超过60万亿元,年均增速有望保持在9%。

二、数字贸易的概念内涵

数字贸易是数字经济在国际贸易领域的延伸和应用,目前国际和国内社会对数字贸易的内涵和定义仍未达成共识,主要争议在交易形式、交易性质和交易标的方面。国际上,对数字贸易概念的界定存在两种说法:一是"宽口径"定义。经济合作与发展组织(OECD)、世界贸易组织(WTO)、国际货币基金组织(IMF)在其历年更新的《数字贸易测度手册》中指出,数字贸易的定义是"所有通过数字化形式订购和交付的贸易",从交易形式划分,包括数字订购贸易、数字交付贸易、数字中介平台赋能贸易等三个部分。其中,数字订购贸易与电子商务概念可互相替代;数字交付贸易指的是服务贸易的数字化转型部分,主要指通过线上形式交付的贸易内容;数字中介平台赋能贸易指的是搜索引擎、社交媒体等互联网平台促成的贸易和平台本身提供的有偿和无偿中介服务。这三个部分的贸易有互相重叠、交叉的部分。例如,跨境电商服务同时属于数字订购、数字交付和数字中介平台赋能服务类型。美国国际贸易委员会(USITC)在2014年的报告中也对此概念有所提及。二是"窄口径"定义。美国国际贸易委员会在2013年的报告中将数字贸易界定为"通过数字化交付的服务贸易",其交易标的以无形的服务和信息为主,不包括在线订购的货物商品和有数字对应物的实体货物,如以实体光盘或其他硬件介质出售的书籍和软件、音乐和电影。最终美国国际贸易委员会和美国国会研究服务中心(CRS)都采用了"窄口径"定义,为其制定数字贸易政策和参与全球规则谈判提供了理论依据。"宽口径"和"窄口径"定义的区别在于前者涵盖了跨境电子商务,后者则认为数字贸易是服务贸易中的分支,不涵盖跨境电商类的货物贸易。[①]

综合来看,数字贸易是以数字技术为内在驱动力,以信息通信网络为主要交付形式,以服务和数据为主要标的的跨境交易活动,如图3-4所示。从交易性质来看,数字贸易包括通过数字化形式交付的服务贸易和数字中介平台赋能的贸易。从交易标的来看,数字贸易的主要标的是服务、信息和数据。部分信息和数据可通过非货币形式来呈现。从交易范畴来看,数字贸易是服务贸易的分支。只有通过数字化交付形式进行的服务贸易才属于数字贸易,通过光盘等磁盘介质交互客户的贸易行为不在数字贸易范畴内。随着大语言模型等新型数字技术的迅猛发展,数字贸易的概念还在不断演化过程中,其内涵可能继续深化,其外延也可能继续向外拓展。

---

① 方元欣、高晓雨:"数字贸易理论与发展框架研究",《中国信息化》,2021年第1期。

图 3-4　数字贸易概念模型

三、数字贸易的发展特点

作为一种新型贸易形态,数字贸易是新一代信息通信技术与全球产业链、价值链深度融合的产物。其发展特点可归纳为三个方面:

首先,数字贸易依托互联网技术,显著提高贸易效率。数字贸易以互联网为基础、以数字交换技术为手段、以互联网传输为媒介,不仅改变了许多商品和服务的生产和交付方式,而且直接缩短时空距离、降低交易成本、提高效率和效益,其结果是优化了贸易体制,简化了贸易流程,增加了贸易机会。

其次,数字贸易对象多为知识产权密集型的产品和服务,具有高知识、高技术、高互动、高创新的特征。数字贸易向客户提供的服务是知识密集型的,非其他一般服务,强调与客户之间通过高度互动来实现。更重要的是它具有高度的创新功能,在为客户提供产品服务的同时,数字贸易主体必须不断创新、吸收新知识,学习新技术,创造出适合技术和生产发展新要求的知识应用模式,而且作为客户的创新合作者,在创新过程中扮演着推动者、传播者和发起者的多重角色。

最后,随着云计算、大数据、移动互联网、社交媒体等新技术的不断涌现,数字贸易形式不断增加。云计算、大数据、移动互联网、社交媒体等新技术的发展不仅拓展和扩充了数字贸易产品服务的种类范围,为客户提供了更为广阔的商品服务选择空间和余地,而且适应和激发了客户的特殊化个性需求,能够满足客户高效、方便、快捷的产品和服务需要,满足实时性、交互性、低成本、个性化的需求。

四、数字贸易对现有国际贸易理论的新发展

数字贸易发展带来全新的国际贸易现象,也给现有国际贸易理论带来了新挑战,推动国际贸易理论的新发展。①

第一,扩大比较优势的内涵并使得比较优势内生化。古典和新古典贸易理论都将比

---

① 张宇、蒋殿春:"数字经济下的国际贸易:理论反思与展望",《天津社会科学》,2021年第3期。

较优势作为外生的特定因素,数字贸易弱化了原先传统意义上的比较优势,例如普通资源禀赋和低技能劳动力作为比较优势的重要性在下降,而完备的数字基础设施、数字化专业人才、数字监管制度在比较优势中的重要性在上升。另外,数据要素禀赋并不是固定不变的,随着生产和贸易规模扩大,数据要素禀赋优势会累积强化,使得比较优势呈现出内生性和动态变化特点。这就可能进一步导致在国家层面上,不具备数据要素禀赋优势的后发国家难以追赶领先国家,甚至要缩小与领先国家之间的距离都较为困难。在这种可能发生的情景下,各国为了抢占数字贸易中要素禀赋优势的先发位置,更有强烈的动机去实施战略性贸易政策。

第二,产生国家间数字鸿沟但为跨国技术扩散提供新可能。数字贸易中技术贸易壁垒对国家和企业参与跨国生产和国际贸易的阻碍作用将主要体现为国家间的数字鸿沟。一方面,数字贸易可能面临更大的规模壁垒,面临高度垄断的市场结构,企业的市场进入壁垒更高。另一方面,数字贸易中的技术壁垒和专利壁垒可能更高,这源于复杂的数字技术研发和应用中的前期高投入,也源于先发国家积极申请专利设置知识产权壁垒。这类壁垒也与数字基础设施、数字人才方面的人力资本差异有紧密联系。但是,数字贸易下学习成本可能更低,带来强技术溢出和扩散效应,这为后发国家也创造了数字技术追赶的新机遇。数字技术本身更新换代的频率更高,颠覆性创新产生的可能性更大,从而会消除领先国家的优势。数字技术可复制和易传播使得领先国家对后发国家的技术封锁也更加困难,尤其是对商业模式创新为主的应用数字技术而言,后发国家可能更有优势。

第三,对引力模型形成了新挑战。引力模型是国际贸易理论分析的一个重要框架,主要分析影响国家间贸易规模的因素,尤其是强调国家经济规模增大和地理距离缩小有助于国家间贸易规模扩大。数字贸易下,由于运输成本大幅下降,可能导致地理距离从引力模型中消失;同时文化和制度等方面的隐形距离、国家层面的制度性壁垒可能更加重要。尽管经济规模还会束缚数字贸易规模,但考虑到数字产品要素投入,尤其是数据要素边际成本接近于零,所以经济规模的直接束缚作用在弱化,数字基础设施和互联网普及程度等因素对国家间贸易规模的重要性在提升。

第四,改变国际分工生产区位和贸易格局。随着全球经济开放程度提高,资本要素跨国界的流动性加强,国际贸易和国际投资已经紧密联系在一起,共同决定全球范围内企业生产分工和贸易格局,新贸易理论以外部规模经济和运输成本为核心来解释发达国家和发展中国家在国际分工的差异。数字贸易下数字产品跨境运输成本接近为零,可变要素投入在成本中占比很低,对中间品投入的依赖降低,对生产区位和贸易格局产生两方面的影响。一是地理距离不再成为数字贸易活动的主要障碍,一些依靠地理优势成为贸易枢纽的国家或地区可能逐渐丧失其优势地位,与之相反,一些由于地理劣势而在传统贸易格局中不处于枢纽地位的国家或地区可能在数字贸易条件下,通过其他优势的培育而成为数字贸易的新枢纽。二是脱离运输成本约束的数字型企业可能将生产活动安排在母国与东道国之外的第三地,利用当地特殊的比较优势向全球提供数字化产品和服务。在全球范围内,数字型企业的生产和贸易活动会更加集中。当然,在面临国家或地区的政策壁垒时,数字型企业也可能重新布局生产和贸易活动的区位,规避这些数字监管壁垒。

第五,产生数字贸易领域的新里昂惕夫之谜。现有国际贸易理论通过引入要素密集度逆转假说来解释里昂惕夫之谜,这也存在一定争议。但在数字贸易中,产品生产方式经历巨大变革,可能产生更显著的要素密集度逆转,这体现在数字技术普及和应用带来生产自动化和人工智能技术深度应用,促使传统劳动密集型产业或生产环节发生对劳动的替代,这些产品更有可能从劳动密集型产品逆转为资本密集型产品。在国家层面上,这意味着原先在低端劳动密集型产品上不具备比较优势的发达国家,可能通过普遍采用人工智能和自动化技术,重新获得在这类产品上的比较优势,形成对发展中国家在技术和成本上的双重挤压。

第六,推动数字贸易壁垒的新研究进展。① 数字贸易领域中产生全新的贸易壁垒,集中体现在数据隐私和保护要求、本地化要求和知识产权侵权三个方面。数字贸易过程中数据搜集更加容易,传输速度更快,如果不能对跨境数据进行有效监管,可能导致严重的后果。目前普遍的现象是各国的保护数据隐私措施存在较大差别,体现在对消费者信息的收集、披露、分享、保护等方面的监管体制有明显分歧,这就构成事实上的数字贸易壁垒。本地化要求集中体现在各国政府考虑到保护本土数字行业或企业,防止国外企业的冲击,保障国家安全等因素,要求企业按照政策要求将数据服务器本土化,一定程度上限制数据的跨境传输。知识产权保护是数字贸易发展中企业普遍提出的强烈诉求,要求完善知识产权侵权的相关法律规则,如要求更多采用平衡合理的版权规则。这三个方面的数字贸易壁垒进一步要求世界各国在贸易协定中制定合理的数字贸易规则,目前已经在WTO的多边框架和区域、双边贸易协定框架下取得一定的进展。

第五节　国家竞争优势理论

上面介绍的当代国际贸易理论新发展,从不同侧面说明了二战以后国际贸易的新格局,与传统的国际贸易理论相比更具现实性。但是,由于有各自的特殊假设,它们只能解释现实的某一个方面,相互之间缺乏有机的联系,因而不能像比较成本理论那样成为一般性的国际贸易理论。1991年,美国哈佛大学教授波特经过一系列研究,提出了国家竞争优势理论,使得对国际贸易的解释更具"统一性和说服力",形成了一个新的理论框架雏形。②

一、国家竞争优势理论的主要内容

波特以《竞争战略》《竞争优势》和《国家竞争优势》三本书名扬西方学术界和企业界。前两本著作主要研究了产业竞争优势的创造,而《国家竞争优势》则主要从宏观角度论述了一国如何确立和提高本国产业和产品的国家竞争优势。波特说的国家竞争优势是指一国产业和企业持续地以较低价格向国际市场提供高质量产品、占有较高市场份额并获取

---

① 陈维涛、朱柿颖:"数字贸易理论与规则研究进展",《经济学动态》,2019年第9期。
② 陶然、周巨泰:"从比较优势到竞争优势",《国际贸易问题》,1996年第3期。

利润的能力。

波特提出国家竞争优势理论有深刻的时代背景。20世纪70年代,美国汽车、钢铁等传统的工业部门被日本、西欧赶超,生物、电子等高科技产业也面临两者激烈的竞争,美国的国际竞争地位下降。在此情况下,提高美国国家竞争力问题举国关注。1983年,时任美国总统的里根成立了国家竞争力委员会,波特是其中一员,领导一个11人小组,负责产业竞争力研究。1991年,委员会提交了《国家竞争优势》报告。

在报告中,他指出:一国兴衰的根本在于能否在国际竞争中赢得优势,而取得国家竞争优势的关键在于国家是否有合适的创新机制和充分的创新能力。而这又主要决定于四组基本因素,即要素条件,国内需求条件,相关产业与支撑产业,公司的战略、结构和竞争。这四组因素中的每一个都可单独发生作用,并同时作用于其他因素。四者组成一个系统,共同决定国家竞争优势。另外,国家竞争优势还受到机遇和政府作用的影响,但由于两者要通过四组基本因素影响国家竞争优势,所以属于辅助因素。因此,国家竞争优势理论实际上是研究这四组因素的性质及其相互作用的理论。[①] 由于根据这四组因素画图构成一个菱形,因此也称菱形机制(见图3-5)。

图3-5 决定国家竞争优势的四组基本因素

下面,具体分析四组基本因素以及两组辅助因素对国家竞争优势的影响。

(一)要素条件与国家竞争优势

波特认为,一个国家如果拥有对某一产业十分重要的某类低成本要素禀赋或独特的高质量要素禀赋,该国的公司就可能在该产业获得竞争优势。比如,新加坡处于地理要冲,这使它成为轮船修理中心;瑞士人在语言和文化方面的优势(该国有德语区、法语区和意大利语区),是他们取得国际金融和贸易方面成功的重要因素。

要素包括人力资源、物质资源、知识资源、资本资源和基础设施等。它们不仅包括要素的数量,还包括要素的质量,以及获得这些要素的成本。

根据产生机制和所起作用,要素可分为基本要素和推进要素。基本要素是指一国先天拥有或不需太多投资便能得到的要素(如自然资源、地理位置、非熟练劳动力等)。推进要素是指必须通过长期投资和培育才能创造出的要素(如高质量人力资本等)。对于国家竞争优势的形成而言,后者更为重要。这是因为随着科学技术的发展,对基本要素的需求减少,靠基本要素获得的竞争优势难以持久。而只有推进要素才是稀缺的,这不仅因为它需要较复杂的私人和社会投资,而且要创造推进要素,创造机构本身就需要高级的人力资

---

① Micheal E.Porter:Competitive Advantage of Nations,New York,1991.

源和技术资源。因此,推进要素才是竞争优势的长远来源。在特定条件下,一国某些基本要素上的劣势反而可能刺激创新,使企业在可见的瓶颈、明显的威胁面前为提高自己的竞争地位而奋发努力,最终使国家在推进要素上更具竞争力,从而创造出动态竞争优势。但这种劣势向优势的转化是有条件的:第一,要素劣势刺激创新要有一定界限,如果企业处处处于劣势,则会使企业在过大竞争压力下被淘汰;其二,企业必须从环境中接受到正确的信息,从而知道挑战的严重性;其三,企业要面对一个相对有利的市场需求、国家政策及相关产业条件。

要素根据其作用和专门性又可分为一般要素和专门要素。一般要素是指适用范围广泛的要素,如一般的港口、受过普通高等教育的雇员等;专门要素则是指专门领域的专业人才、特殊的基础设施、特定领域的专门知识等专业性很强的要素,比如专门供集装箱装卸的港口、研究所毕业的专业人才等。越是高级的要素,越可能是专门要素。专门要素比一般要素更能为一国创造持久的竞争优势,因为一般要素提供的仅是基本类型的竞争优势,它们的供给在许多国家都能得到,容易被取代或失去作用。而专门要素的获得不仅需要更专一、更具风险性的投资,而且通常需要以丰富的一般要素为基础,在更复杂或更具专业性的生产中不可或缺,特别是在高新技术产业领域。

(二) 国内需求与国家竞争优势

传统的国际贸易理论主要从供给角度分析一国产业和产品比较优势产生的原因,不考虑国内需求对产品国际竞争力的影响。但波特认为,国内需求直接影响一国公司和产品的竞争优势。其作用表现在以下三个方面:

(1) 老练、挑剔的买主有助于产品高标准的建立。买方的高质量要求会使国内公司在买方压力下努力改进产品质量、性能和服务。

(2) 前瞻性的买方需求有助于国内公司在国际竞争中取得领先地位。这是因为在一国的买方需求领先于其他国家的情况下,国内公司将率先意识到新的国际需求的来临,并积极从事新产品的研发,使公司自身不断升级换代。另一方面,领先的国内需求还会使公司的新产品更容易在国内找到市场,使公司的新产品和公司得到发展的机会。

我们可以举一个非常典型的例子。众所周知,芬兰、瑞典的科学技术在国际上处于中游水平,但其属于高科技的移动通信产品的生产能力却一度位居世界前茅,诺基亚、爱立信在全球移动通信产品生产厂商中曾名列三甲。取得如此成绩,两国领先的国内需求功不可没。这是因为两国均地处高纬度地带,冬季天气寒冷、积雪覆盖,加之森林密布,人们在傍晚和晚上需要随时与家人保持通信联系,但因为气候的原因,两国铺设固定通信设施的费用非常昂贵,所以两国对移动通信产品的需求便领先于其他国家。20世纪80年代中期,美国消费者对移动通信产品的需求率为6%,而这两国达到14%。领先的需求在当时帮助诺基亚和爱立信在移动通信产品领域迅速发展,并确立了国际竞争优势。

(3) 国内需求的增长速度及独立的买主数量会对一国竞争优势产生影响。国内需求增长迅速可以鼓励公司尽快采用新技术,扩大生产规模,实现规模效益;相反,若国内需求增长缓慢,国内市场较快达到饱和,从积极的角度看,则会迫使公司提前向海外扩张,占领国际市场。而众多独立的买主可以为公司提供更多、更全面的需求信息,促进公司实行多元化生产,减少经营风险。另外,产品研发人员基本在国内,公司对国内需求的敏感比对国外需求更强烈;公司国内经营业绩的比较常常影响甚至左右经营者的自尊心和荣誉感,迫使其重视满足国内需求。

基于以上原因,波特认为,国内需求的重要性是国外需求所取代不了的。来自国内需求的信息常常在公司决策中占支配地位,一件产品的设计几乎总是首先反映国内需求的。

(三) 相关产业、支撑产业与国家竞争优势

所谓相关产业,是指共用某些技术、共享同样的营销渠道和服务而联系在一起的产业或具有互补性的产业,如计算机设备和计算机软件,汽车和轮胎等;所谓支撑产业,是指某一产业的上游产业,它主要向其下游产业提供原材料、中间产品。

相关产业对某一产业的促进作用表现在,它可以促进有关产业的创新。这是因为,具备国际竞争力的相关产业一旦进入某一产业,往往使后者位于较高的发展起点,促进其创新和升级。例如,日本复印机业、照相器材业和通信业对传真机产业的促进作用。另外,由于营销渠道和服务的共享,相关产业的国际成功还可带动有关产业的国际成功,使有关产业在生产初期便能迅速打开国际市场。例如,美国计算机在国外大量销售的同时帮助其计算机软件与辅助设备等产业获得了广阔的国际市场。

支撑产业对下游产业的促进作用在于它能够有效地降低后者的生产成本,并不断与下游产业合作,促进其创新。例如,有竞争力的供应商可以充当信息传递的媒介,帮助下游厂商尽快得到新信息、新技术,加快整个行业的创新速度。

因此,波特认为,一国若有一系列国际竞争力较强的关联产业,则容易产生有国际竞争力的新产业,有竞争力的相关产业往往在一国相生相伴;一国要使某一产业具有国际竞争优势,必须注重相关和支撑产业的发展,通过产业分布的集中、信息的交流,取得地方经济和集团经济效果,建立起强大的产业簇群。

(四) 公司结构、战略和竞争与国家竞争优势

波特认为,现实经济生活中,公司皆有各自的规模、组织形式、产权结构和竞争目标。公司要在竞争中赢得优势,必须根据内部条件和外部环境做出合适的选择。比如一些消费资料生产部门,为适应客户千变万化的需求,必须选择灵活的经营体制;而一些大型生产资料生产部门,则必须保持组织管理上的严格有序。

波特强调,强大的本国竞争对手是企业竞争优势得以产生并长久保持的最强有力的刺激。在激烈的国内竞争下,国内公司间产品、市场的细分可以阻碍外国竞争者的渗透;正常竞争状态下的模仿效应和人员交流效应可提高整个产业的创新速度、促进产业升级;国内的激烈竞争还迫使企业尽早向外扩张,力求达到国际水准,占领国际市场。有鉴于此,波特反对"国内竞争是一种浪费"的传统观念,认为国内企业之间的竞争在短期内可能损失一些资源,但长远看则利大于弊。国内竞争对手的存在会直接削弱国内企业相对于外国企业所可能享有的一些优势,从而迫使它们苦练内功、努力提高竞争能力。

(五) 机遇、政府作用与国家竞争优势

机遇是指重要的新发明、重大技术变化、投资成本的剧变、外汇汇率的重要变化、突然出现的世界或地区性需求、战争等偶然性事件。机遇的作用在于它可能打断事物发展的

正常进程,使原来处于领先地位的公司丧失竞争优势,落后国家的公司则可借此获得竞争优势,并后来居上。但一国能否抓住并有效利用机遇则取决于四组基本要素,因而它属于辅助因素。

政府的作用表现在,它可以通过对四种因素施加影响,从而影响国家竞争优势。例如,政府可以通过教育政策影响劳动力要素;通过产业组织政策为产业、公司竞争力的提高创造良好的环境;通过对消费者权益的保护培育国内需求。由于政府作用通过影响四种因素而表现出来,所以它也属于辅助因素。

以上就是国家竞争优势理论的主要内容。通过对以上四组基本因素和两组辅助因素作用的分析,国家竞争优势理论超越了传统国际贸易理论对国家优势地位形成的片面认识,首次多角度、多层次阐明了国家竞争优势的确切内涵,指出国家优势形成的根本点就在于竞争;而优势产业的确定,是四组基本因素和两组辅助因素协同作用的结果。这样,国家竞争优势理论通过这一因素系统摆脱了传统理论的孤立性、片面性,为分析各国竞争优势的基础、预测其发展方向以及长远发展潜力提供了一个非常有用的分析工具。只要分析一国四组基本因素和两组辅助因素的数量、质量和相互作用的方式,并将它们与其他国家相比较,就能发现一国的竞争优势在什么领域、有多大、能否持久,从而就易于回答传统理论长期不能回答的问题:为什么各国产业和产品的竞争优势不同?哪些国家在哪些产业和产品上能获得哪些竞争优势?将向什么方向演进?这样,国家竞争优势理论就建立了一个能够对当代国际贸易现象做出一般解释的基本通用的概念体系和理论框架。[①]

二、国家竞争优势理论与国际贸易理论的关系及其意义

(一) 国家竞争优势理论与国际贸易理论的关系

关于国家竞争优势理论与国际贸易理论的关系,有学者分析指出:竞争优势理论所要解释的是企业或行业国际竞争力的来源,因此,直接构成一种国际贸易理论。这样,就可以将比较优势与竞争优势两种理论的对比放在整个国际贸易理论的总体框架之下。

按照波特的阐述,竞争优势理论虽然也讨论"低成本竞争优势",但是,该理论的重心在于解释企业、行业和国家如何形成"产品差异型竞争优势"。进一步讲,竞争优势理论认为,产品差异型竞争优势主要来源于企业持续的"创新"活动。从这个角度看,作为一种贸易理论,竞争优势理论主要用来解释要素禀赋结构相似条件下的国际贸易和产业内贸易现象,因而属于"新贸易理论"的范畴。理论分析和实证分析都证明,由于国际贸易产生的多因性,在比较优势理论(或传统贸易理论)与新贸易理论之间并不存在一种对立的或者相互替代的关系,而是更接近于相互补充的关系。比较优势理论通常用来解释两个要素禀赋结构差别很大的国家之间的贸易,新贸易理论则被用来解释要素禀赋结构相似国家之间的贸易以及产业内贸易现象。因此,不能因为比较优势理论难以用来解释要素禀赋结构相似国家之间的贸易和产业内贸易现象就简单地拒绝该理论,并将其与竞争优势理论对立起来。充分发挥比较优势是波特"钻石机制"中的四个主要因素存在和发挥作用的

---

① 曾忠禄:"国家竞争优势理论及其意义",《当代财经》,1997年第5期。

必要条件,是国家创造和维持产业竞争优势的基础。总之,比较优势理论和国家竞争优势理论是互为补充的,前者是后者的基础。①

(二) 国家竞争优势与比较优势的关系

正如前面所分析的,国家竞争优势与比较优势并不矛盾,两者分析的是国际贸易的不同方面。

有学者认为,比较优势可以分为传统比较优势与广义比较优势,广义比较优势包含竞争优势。传统比较优势与竞争优势的区别在于,前者以完全竞争为基础,后者以不完全竞争为基础。在完全竞争、不存在规模经济与公司活动、产品同质的前提下,比较优势决定的成本优势直接体现为价格竞争优势——比较优势与竞争优势是完全一致的;在不完全竞争的现实经济中,国际贸易按包括竞争优势在内的广义比较优势进行,传统比较优势仅表明了价格竞争的潜在可能性。价格竞争优势、产品价值的实现不但来源于比较优势,还来自规模经济、产品差异等因素。② 也有学者认为,比较优势与竞争优势同时对一国的产业起作用,一国不可能所有产业都具有比较优势和竞争优势。比较优势与竞争优势可以互相转化。有比较优势的产业有利于创造竞争优势,在国际竞争中比较优势也需要转化为竞争优势,比较优势是竞争优势的基础。比较优势侧重产业发展的潜在竞争力,竞争优势强调现实的竞争力。③ 在完全分工的情形下,比较优势就是竞争优势。

可以认为,广义与狭义比较优势的划分将竞争优势纳入了比较优势的分析框架;反过来,如果换一个角度,也可以将比较优势纳入竞争优势的分析框架。这是因为,在国家竞争优势理论中,决定创新的要素条件中,先天继承的、不需要通过努力就能获得的基本要素条件即指要素禀赋所决定的比较优势状况,它是产业间贸易的基础,同时也意味着一国潜在的竞争优势,而推进要素、相关产业等则主要分析的是产业内贸易和公司内贸易,反映的是现实的竞争优势。因此,国家竞争优势理论并非如有的学者所指出的只是分析产业内贸易的理论,而是可以同时对产业间贸易与产业内贸易做出解释。由于国家竞争优势理论强调创新,强调产业簇群所带来的外部经济以及国内需求对企业、产业发展规模的影响,显然,国家竞争优势理论也涵盖了动态比较优势的内容。与比较优势理论相比,国家竞争优势理论更符合当代国际贸易分工的实践,并能够对国际贸易现象做出一般的解释。

(三) 国家竞争优势理论的意义

国家竞争优势理论在当代国际贸易分工中具有重要的现实意义。这是因为,20 世纪 80 年代以来,世界经济的一个重要现象是经济的一体化和全球化。在这一浪潮中,国际生产要素的流动日益频繁,每个国家都逐渐被纳入以国际分工为基础的全球网络中,这使得国际竞争日益激烈。在这种竞争中,任何一个国家不再可能依靠基于禀赋条件的比较优势,不再可能通过保护来赢得有利的国际贸易分工地位,而只有通过竞争优势的创造,才能提高自己的竞争力,增进本国人民的福利。因此,国家竞争优势已成为不同经济发展

---

① 林毅夫、李永军:"比较优势、竞争优势与发展中国家的经济发展",《管理世界》,2003 年第 7 期。
② 张小蒂、李晓钟:"经济全球化与我国比较优势理论的拓展",《学术月刊》,2001 年第 6 期。
③ 金碚:"经济全球化背景下的中国工业",《中国工业经济》,2001 年第 5 期。

水平的国家共同关注的问题。国家竞争优势理论关于国家竞争优势来源的论述、关于取得和保持国家竞争优势途径的探讨,对于所有国家特别是落后国家具有重要的启发性意义。一个国家要想促进生产力的发展、提高国际竞争力,必须重视科技发展和人力资本投资,重视国内需求,创造公平竞争的环境,大力提倡企业的创新。

本章小结

本章主要阐述当代国际贸易理论的新发展。二战以后,国际贸易理论进入新的发展阶段。在这一阶段,产业内贸易理论、产品内贸易理论、异质性企业贸易理论、数字贸易理论和国家竞争优势理论陆续出现。产业内贸易理论主要从市场结构的角度,用规模经济、产品差别、需求差别分析了产业内贸易现象;产品内贸易理论揭示全球分工体系逐步深入。

国家竞争优势理论从要素条件、国内需求、相关产业和支撑产业、公司的战略结构和竞争四组基本因素,以及机遇和政府的作用两组辅助因素等六个方面分析了一国国家竞争优势的形成及其变化,从而为解释当代的国际贸易一般现象提供了一个理论框架的雏形。

复习思考题

一、名词解释
全球价值链　国家竞争优势　数字贸易　产业内贸易　产品内贸易

二、思考题
1. 产业内贸易的测度有哪些方法?
2. 全球价值链的经济租是如何产生和分配的?
3. 异质性企业贸易理论的基本观点是什么?
4. 异质性企业贸易与其他贸易理论的区别在哪里?
5. 新发展格局下如何更好地推动数字贸易发展?

第四章

世界市场

国际贸易是各国或各地区之间商品和服务的交换,而世界市场则是世界各国交换的场所。世界市场是世界范围内通过国际分工和贸易联系起来的各国间市场和各国国内市场的总和。由于全球社会经济联系的日益加强,各种类型的国家经济生活日益国际化,它们对世界市场的依赖性不断增加,统一的世界市场对所有国家的社会经济进步,起着越来越大的作用。因此,对世界市场在国际经济中的作用、世界市场的内容及其形式进行分析,无疑是非常必要的。

需要说明的是,广义的世界市场包括世界商品市场、世界服务市场和世界金融市场。世界商品市场是各国厂商进行商品交换的场所。世界服务市场是各国进行服务贸易(即许可证、技术诀窍、劳动力和技术人员的输出和输入,以及国际运输、广告、咨询、保险等业务)的场所。世界金融市场指的是国际上进行资金借贷、贸易结算以及金银、政府公债、外汇和有价证券买卖的场所。世界商品市场是世界市场的主体,其他两种市场是为商品市场的发展服务的。本章着重从商品市场的角度论述世界市场的有关问题。

第一节 世界市场的形成及其作用

一、世界市场的形成

市场是在生产发展的基础上,随着商品交换的发展而逐渐形成和扩大的。最早的市场是农村集市,范围小,规模不大。后来,随着分工和交换的扩大,逐渐形成一个国家的全国性市场。随着商品交换和商品流通越出一国国界,在一些国家的接壤地区形成了一些区域性的国际市场,如欧洲在中世纪时期就有伦敦、汉堡、巴黎等区域性的国际市场。世界市场是在19世纪地理大发现后,随着国际贸易的发展,一些区域性的国际市场联合起来而形成的。马克思说:"世界贸易和世界市场在19世纪揭开了资本的近代生活史",而"创造世界市场的趋势已经直接包括在资本的概念本身中"。[①]

世界市场萌芽于资本主义生产方式准备时期。在这个时期,资本原始积累和资本主义工场手工业获得了巨大的发展。通过暴力和超经济的强制手段,西欧国家与殖民地、落后国开始形成国际分工,于是形成了世界市场。在这个时期的世界市场上,作为中介人的

[①] 马克思、恩格斯:《马克思恩格斯全集》(第2卷),人民出版社1975年版,第167页;《马克思恩格斯全集》(第46卷)(上),人民出版社1979年版,第391页。

商人资本占主要地位。

世界市场在资本主义生产方式确立时期得到了空前的发展。从18世纪60年代到19世纪中叶,随着英、法等国先后完成了产业革命,建立起机器大工业生产,各国日益被卷入世界市场网,从而使资本主义制度日益具有国际的性质。这时,世界市场主要表现在:世界各国都被纳入资本主义国际分工体系;世界各国的产品都被纳入世界商品流转范围;有了为世界市场服务的现代交通运输和通信工具(如海洋轮船、铁路、电报、电话等)。可见,正是在机器大工业建立、社会生产力发展、资本主义生产方式占统治地位的情况下,才形成了真正意义上的世界市场。

世界市场最终形成于19世纪末20世纪初。正是这个时期,自由竞争的资本主义过渡到垄断的资本主义,世界市场的范围继续扩大。在世界市场的形成过程中,第二次科技革命、资本输出起了重要作用。在这个时期,国际分工大大深化了。在国际分工深化的基础上,通过商品交换、资本输出,借助于更为完善和发达的国际交通、通信网络,资本主义把越来越密的经济关系网铺到整个地球的每个角落,把世界各国在经济上互相联系起来,构成了世界各国市场及其在商品流通形式中产生的经济联系的总体,世界市场最终形成了。

在当代,随着国际分工的日益深化和经济全球化进程的不断推进,世界市场中的国际市场与国内市场也正日益融合。一国产品可在国际市场上参与国际竞争;在国内市场上,本国产品也日益面临外国产品的竞争,国内市场竞争已经国际化。严格来说,现在已没有什么国际市场与国内市场之分,而只有世界市场的国际部分或国外部分与国内部分之分。同时,电子商务的发展催生了基于互联网的虚拟的全球大市场。该市场跨越国界,突破了地域对传统有形市场的限制,将世界各国的供求双方汇集于此,消除了距离障碍,促进了供求信息的自由流动,降低了交易成本,提高了交易效率,加深了各国的经济与贸易联系,并促进分工的不断深化。

由此可见,世界市场是在国际分工和国际贸易不断发展和深化的过程中逐渐形成和发展起来的,其发达程度取决于参与国际交换的国家数量、商品总额、各国经济技术发展水平以及国际分工的广度和深度。

二、世界市场的作用

从上面的简略叙述可以看出,世界市场的形成和发展是资本主义生产方式产生的前提,又是它的结果。世界市场一旦形成,便使得"过去那种地方的和民族的自给自足和闭关自守状态,被各民族的各方面的互相往来和各方面的互相依赖所代替了",从而"使一切国家的生产和消费都成世界性的了"。[①] 因而,世界市场在国际经济中起着巨大的作用。在当代世界,没有哪个国家能够不与世界市场相联系而孤立地存在。当代世界经济的一个重要特点就是各国之间通过世界市场建立的相互依赖大大加深了。

第一,世界市场是资本主义生产不可缺少的商品销售场所和原料来源。与前资本主义社会不同,商品生产是资本主义生产的基础,它的特点是交换价值的生产。资本主义生

---

① 马克思、恩格斯:《马克思恩格斯选集》(第1卷),人民出版社1979年版,第254—255页。

产是商品生产高度发展的形式,它是立足于市场和世界市场的基础之上的。商品生产和国内贸易特别是对外贸易的显著发展,乃是资本主义生产的必要前提。商品经济的发展,促进了市场的扩大,进而发展到依靠世界市场。许多资本主义生产部门就是在世界市场的基础上产生和发展起来的。因为大机器工业生产出来的大量商品,不是国内市场所容纳得了的,需要输送到世界市场去销售。第二次世界大战以后,垄断组织更是通过大规模建立跨国公司的办法去占领国际市场,并把整个世界看作是自己的市场。在美国"国际商务"组织出版的一本书中有这样一段话:"公司行动遵循的基本原则包括在组织安排生产和推销产品的时候,要把整个世界看作自己的市场,只要时间和地点允许的话,国家的界限没有值得注意的必要。"①

大机器工业不但需要把数量越来越多的产品销售到世界市场上去,而且这些大工业所需要的各种原料以及大城市人口所需要的食品也依赖于世界市场的供应。"大工业造成的新的世界市场关系也引起产品的精致和多样化。不仅有更多的外国消费品同本国的产品相交换,而且还有更多的外国原料、材料、半成品等作为生产资料进入本国工业。"②到了垄断资本主义时代,随着垄断竞争的加剧和新技术革命突飞猛进的发展,垄断资本家为了确保他的垄断地位,首要的条件就是对国内外市场和原料产地取得尽可能的控制权。美国已故总统艾森豪威尔在其首次就职演说(1953年1月20日)中,就直言不讳地说:"尽管我国有雄厚的物质力量,我们仍需要国际市场以销售我国农场和工厂的过剩商品。同样,我们还需要为这些农场和工厂从遥远的国度取得重要的原料和产品。互相依存这个基础规律,在和平时期的贸易中是非常明显的,而在战争时期则还要加强一万倍"③。

第二,世界市场对资本主义国家之所以重要,还在于它有助于缓和资本主义各个社会生产部门发展的不平衡性。

资本主义各个社会生产部门发展的不平衡性是资本主义经济发展的一个规律性现象。竞争引起一些生产部门比较迅速地发展和另外一些生产部门的落后。"彼此互为市场的各种工业部门,不是平衡地发展着,而是相互地超越着,较为发展的工业寻求着国外市场。"④各生产部门的发展不平衡也影响到生产和消费的不平衡。列宁指出:"在资本主义生产条件下,生产和消费的平衡只有经过一系列的波动才能达到:生产规模越大,它所依靠的消费者范围越广,这些波动也就越厉害。因此很明显,当资产阶级的生产达到很高的发展程度时,它就不可能局限于本国的范围:竞争迫使资本家不断扩大生产并为自己寻找大量推销产品的国外市场。"⑤可见,随着资本主义的发展,资本主义所固有的国民经济各部门发展的不平衡是不可避免的,使得寻找国外市场成为必要。

第三,世界市场是资本扩张的结果和条件。"资本主义生产的规律,是生产方式的经常改造和生产规模的无限扩大。……资本主义企业必然超出村社、地方市场、地区和国家的界限。因为国家的孤立和闭关自守的状态已被商品流通所破坏。所以每个资本主义工

---

① 姚曾荫:《国际贸易概论》,人民出版社1987年版,第24—25页。
② 马克思、恩格斯:《马克思恩格斯全集》(第23卷),人民出版社1975年版,第487页。
③ 哈里·马格多夫:《帝国主义时代》,纽约,1969年版,第5章。
④ 列宁:《俄国资本主义的发展》,人民出版社1952年版,第36页。
⑤ 列宁:《论所谓市场问题》,人民出版社1956年版,第23页。

业部门的自然趋向使它需要'寻求国外市场'。"①

资本的本性就是扩张。资本主义的生产方式不只是引起资本对剩余价值的追求,促使它不断扩大生产规模,使资本生产更多的资本,而且扩张已成为一个强制性的规律,成为资本家生存的经济条件。在竞争规律的作用下,资本家竭力采用先进技术提高劳动生产率,以求降低成本,以价廉物美的商品去争夺市场。而降低成本,提高劳动生产率的必要条件之一,就是生产规模的不断扩大。扩大再生产成为资本家生存的一个条件。马克思指出:"资本主义生产的发展,使投入工业企业的资本有不断增长的必要,而竞争使资本主义生产方式的内在规律作为外在的强制规律支配每一个资本家。竞争迫使资本家不断扩大自己的资本来维持自己的资本。"②任何停顿不前的资本家都有被消灭的危险。资本家总是在扩大生产规模,创建新的生产部门,创立新的劳动形式,提高生产率,全面改进微观经济效果,并把科学技术直接运用于生产。所有这一切都给资本主义生产提供了巨大的扩张力和对一切过时的生产方式的破坏力。资本摧毁过去自给自足的自然经济,克服了民族壁垒和民族偏见。它起初是使商品生产普遍化,然后又逐步把一切商品生产转化为资本主义的商品生产。在这个过程中,任何国界都成为必须排除的障碍。资本的无限扩张力驱使资产阶级奔走于全球各地,到处落户、到处创业、到处建立联系,以不断扩大市场。

世界市场对于资本主义国家的重要性是显而易见的。那么,对于广大发展中国家来说,是不是也需要国外市场呢?回答显然也是肯定的。由于资产阶级开拓了世界市场,使一切国家的生产和消费(包括生产资料的消费)都成为世界性的,这就在客观上形成了广大发展中国家与世界市场的联系。如果说,这种联系在第二次世界大战之前意味着资本剥削的触角对广大亚、非、拉殖民地半殖民国家的掠夺和控制,那么,随着战后这些国家走上民族独立的道路,世界市场日益成为这些主权国家发展民族经济、实现由落后的农业国向先进的工业国转变的一个必不可少的外在条件。20世纪60年代以来出现的一批新兴工业化国家和地区,固然有种种原因,但无一不是利用世界市场提供的机会发展起来的。

第四,在经济全球化条件下,跨国公司面向世界市场从事生产和销售,消费者也是面向全球从事消费的。经济全球化使得历史上很清晰的、分散的各国市场与巨大的全球市场日益融合,各国市场都成为全球市场的一部分。跨境贸易壁垒的降低、产品全球标准的建立、主要国家消费者消费习惯的趋同、数字经济与贸易的发展,使得跨国公司面向全球从事设计、生产、销售和服务成为可能,在苹果电脑与联想电脑、可口可乐公司与百事公司、德国大众公司与美国特斯拉公司、美国波音公司与欧洲空中客车公司等跨国公司眼中,现在只有世界市场,没有国别市场。

---

① 列宁:《列宁选集》(第1卷),人民出版社1972年版,第186—187页。
② 马克思、恩格斯:《马克思恩格斯全集》(第23卷),人民出版社1975年版,第649—650页。

第二节 世界市场的形式

一、世界市场的分类

世界市场是由十分复杂的相互关联而又相互区别的部分构成的,其中不仅有各种类型的国家和地区、身份各异的买方和卖方,还有难以数计的商品和纷繁多样的购销方式。相应地,世界市场可以按不同标准进行分类。按地区划分,世界市场可分为欧洲市场、北美市场、南美市场、中东市场、东亚市场、南亚市场、东南亚市场、西非市场等。按重要程度,可分为世界主要商品市场和次要商品市场。主要商品市场是国际贸易大量、集中进行的场所,次要商品市场是相对主要市场而言的,是规模稍小一些的交易场所。例如,世界天然橡胶的主要市场是东南亚市场,尤其是新加坡橡胶交易所。非洲的尼日利亚和利比亚虽然也生产并出口天然橡胶,但数量都很少,这些国家不能认为是主要市场。按商品种类,世界市场可分为生产资料市场和消费品市场。而生产资料市场又可进一步分为制成品市场(如机器设备、机床、工业装置、工具、成套设备等)、原料半成品市场(如石油、煤炭、天然气、黑色和有色金属、矿砂、铁钒土和其他矿产品、化学原料、化肥等)以及零部件等中间产品市场。随着跨国公司全球化生产所带动的垂直专业化贸易分工的发展,中间产品市场规模迅速扩大是世界市场发展的一个重要特征。世界消费品市场也可细分为生活必需消费品市场(衣服、鞋、食品等)和耐用消费品市场(电视机、录像机、电冰箱、家具、小汽车等)。按照组织形式,世界市场可分为有固定场所的实体市场和通过电子商务进行交易的虚拟市场。

二、世界市场上的商品流通渠道

世界市场上的商品流通渠道,是指商品由各国生产领域进入他国消费领域所采取的购销形式。按照这种购销业务形式的不同,世界市场可分为有固定组织形式的市场和无固定组织形式的市场。

(一) 有固定组织形式的世界市场

有固定组织形式的世界市场是指在特定地点按照一定组织规章进行交易的市场。这种市场主要有商品交易所、国际拍卖、博览会和展览会等。

1. 商品交易所(Exchange)

商品交易所是根据货样进行大宗批发交易的场所。交易所中通常没有商品,买卖时无须出示和验看商品,而是根据规定的标准和货样进行交易。成交是在交易所制定的标准合同的基础上进行的。

早在17世纪,阿姆斯特丹就出现了第一个商品(粮食)交易所。商品交易所发展的原因主要有:大宗商品生产的增长、世界市场的扩大、农产品(投放在市场上的一定牌号的标准化农产品)生产和初级加工技术的进步。海上运输的发展和电报电话的普及,提高了交易所在国际贸易中的作用。同时,交易所中进行的期货交易,有利于生产者转移风险、套期保值,使生产者免受市场价格风险的干扰而安心生产,保证再生产过程的正常运行。

因为交易所同时集中大量的商品,所以可根据商品的供求情况确定交易价格。这使得交易所在国际贸易中具有调节价格的作用。世界性的商品交易所,每天开市后第一笔交易的成交价格(即开盘价)、最后一笔交易的成交价(即收盘价),以及全天交易中的最高、最低价格,均作为市场价格动态的重要资料,是交易所以外进行交易的依据。

在交易所买卖的商品,往往具有同质性,即特征一样、质量相同。在交易所进行的商品买卖,基本上可分为实物和期货交易两种。实物交易是进行实际商品的买卖活动,合同的执行以卖方交货、买方收货付款来进行。实物交易可以是现货交易,也可以是未来交货,后者是指对正在运输途中或需经过一定时间后才能装运的货物进行的交易。期货交易是一种按交易所制定的标准期货合同达成交易后,远期进行交割(执行)的交易;期货交易合同的执行可以交付实物来进行,但更多的却是买空卖空的投机性业务,或套期保值业务,是期货合同的买卖。目前,商品交易所中的交易有 4/5 是期货交易。

芝加哥商品交易所的一位期货专家曾以一个农民卖牛为例,比较全面地说明了期货交易中的投机行为与套期保值行为。他举例道:有一个养牛的农民,买进 1 岁小牛 100 头,需育肥 5 个月才能出售。农民计算,小牛价格加上育肥费用,平均每磅牛肉的成本为 0.68 美元,牛肉产量为 5 万磅,总成本共计为 3.4 万美元($=5$ 万磅$\times 0.68$ USD/磅)。但 5 个月后的价格行情难以预测,风险很大,于是他便关注期货市场。当他看到期货市场 5 个月后的牛肉合同价格为每磅 0.75 美元时,就通知其经纪人帮他卖出一笔 5 万磅牛肉的期货合同。经纪人出售此合同成功后(如卖给投机商甲),此合同从此便在期货市场上在投机商之间倒来倒去(投机活动),价格每日的涨跌使投机商有赚有赔。例如,如果某天合同以 0.75 美元/磅卖出,而当天收盘价为 0.745 美元/磅,则买入的投机商当天亏损 250 美元。5 个月后,合同到期,农民的牛也育肥,可出售了,这时农民便通过经纪人将合同买回来。如果价格是每磅 0.65 美元,则农民每磅赚 0.10 美元,其在期货市场赚取 5 000 美元。这时如果他将牛肉卖到加工厂,价格也降为每磅 0.65 美元,则农民每磅亏损 0.03 美元,共亏 1 500 美元。两者合计,农民净赚 3 500 美元,实现了套期保值。至于投机商们,则有赚有赔。芝加哥商品交易所的专家认为,在期货市场上每天 85% 的人亏损,只有 15% 的人会盈利。期货合同的转手不会抬高价格,因为盈亏总额总体上相等。

2. 国际商品拍卖

国际商品拍卖是指经过专门组织的、在一定地点定期举行的现货市场。在这种市场上,通过公开竞购的方式,在事先规定的时间和专门指定的地点销售商品。这些商品预先经过买主验看,并且卖给出价最高的买主。在拍卖交易中出售的商品具有单批的性质,它不能代替成批的、名称相同的商品。这是因为这些商品质量、外形、味道有所不同。因此,在拍卖前,买主须进行验看。事先验看是拍卖贸易的必要条件,因为在商品拍卖以后,无论是拍卖的举办人还是卖主,对商品的服务都不接受任何索赔(隐蔽缺点除外)。拍卖的重要作用在于它能将商品的价值与即期供求结合起来,从而发现真实的价格。

3. 工商业博览会和展览会

博览会是定期地聚集在同一地点,在一年中的一定时候和规定期限内举行的有众多国家、厂商参加的展销结合的市场。其目的是使博览会的参加者能够展出自己产品的样品，显示出新的成就和技术革新，以便签订贸易合同，发展业务联系。博览会又称国际集市。

工商业展览会不同于博览会，是不定期举行的，其目的是展示一个国家或不同的国家在生产、科学和技术领域中所取得的成就，促成会后交易。按展览会举办的方法，可分为以下几种：短期展览会、流动展览会、长期样品展览会、贸易中心和贸易周。

在当代国际贸易中，博览会和展览会是两种重要的贸易形式，其作用在于能够为买卖双方提供了解市场、增加接触、建立联系、签订合同的机会，为参展企业的产品提供市场。而对于会展所在地而言，则不仅可以获得直接的展览收入，更重要的在于可以通过会展所带来的人流、物流、信息流促进交通、运输、旅游、通信等相关行业的发展。另外，借助会展，还可以让区外客商亲身感受所在地的风土人情，了解当地的投资环境，并带来先进的观念，这些是异地对外招商所无法比拟的。正因为会展具有多方面直接、间接的经济与社会效益，所以它们与国际会议一起被冠以"会展经济"的美名。根据测算，一项会展所带来的相关收益即它的外溢效应仅可计算的就达到会展收入的10倍以上。因此，一位美国市长形象地说"如果在我这个城市开一个国际会议，就好比有一架飞机在我们头顶上撒美元"。

国际博览会和展览会发展的特点是：数量继续增加，展览面积扩大，专业化程度加强，机器和设备在展览会展品中的比重显著增加。

发达国家在举办国际博览会和展览会方面占有重要地位。仅德国、英国、美国、法国和意大利所举办的博览会和展览会就约占全部国际博览会和展览会的2/3。中国从1957年起在广州定期举办进出口商品交易会，每年春季和秋季分别举办两次。为了彰显中国对自由贸易的支持、提高中国的对外开放水平，2018年中国还在世界上创造性地举办了首届中国国际进口博览会，每年一届，到2023年已经连续举办8届。

（二）没有固定组织形式的世界商品市场

除了有固定组织形式的世界市场以外，通过其他方式进行的国际商品贸易都可以纳入没有固定组织形式的世界商品市场。这种市场大致可以分为两类：一类是单纯的商品购销形式，另一类则是与其他因素结合的商品购销形式。

1. 单纯的商品购销形式

单纯的商品购销形式是指买卖双方不通过固定的市场进行的单纯买卖。其原则是买卖双方自由选择交易对象，对商品的规格、数量、价格以及付款条件进行谈判，谈判可通过面谈、电话、互联网等进行。在相互同意的基础上签订合同，据以执行。这是世界市场最通行的购销形式，可随时随地进行。

在当代国际贸易中，随着电子网络技术的发展，在外贸业务中电子商务发展迅速。其发展主要缘于三个方面的需求：第一，运用电子网络可方便快捷地获取商品和服务的供求信息；第二，大大提高办公和经营效率，比如外贸公司与其国内外的分公司、办事处、紧密合作型的生产企业、运输公司等，可以通过互联网构建一个虚拟办公环境，以最优化的协同工作来提升运作效率；第三，通过在线交易提高交易速度、减少库存、加速资金周转。在电子商务下,可以真正做到零库存。但由于在线交易涉及网上支付、信用和物流配送等环节,它需要信息、物流等基础配套设施的完善。

2. 与其他因素结合的商品购销形式

(1) 补偿贸易。

补偿贸易是与信贷相结合的一种商品购销形式。这就是买方在信贷基础上从卖方进口机器、设备、产品、技术或劳务,然后用商品与劳务支付货款。

补偿贸易的方式大致有:一是买方以进口的设备开发和生产出来的产品去偿还进口设备的货款,称为回购(或返销);二是买方不用上述商品,而是用双方商定的其他产品或劳务偿付货款,称为互购。除上述两种补偿办法以外,买方对进口设备的货款,还可以部分用商品补偿,部分用现汇支付,这称为部分补偿;也有第三方参与,负责接受、销售补偿产品或提供补偿产品的,这称为多边补偿。

补偿贸易具有三个方面的特点:第一,它不是用货币,而是用产品作为主要的支付手段,实际上是买方向卖方提供的中长期贷款,属于商业信贷;第二,由于货款偿付是分次进行的,所以它不是一次性的买卖行为,而是多次才能完成的买卖行为,因而经历的过程较长、业务复杂;第三,贸易与生产相联系。由于此项业务中,买方的生产是货款偿还的基础,因此卖方为确保货款得到偿还,往往对买方提供技术指导,双方存在生产上的合作。

补偿贸易在二次大战前经济大危机以后的一些欧洲国家开始采用。二次大战后开始盛行。其之所以得到发展,在于贸易双方都可以从中得到好处。对于进口方来说,首先可以在外汇资金不足的情况下,引进国外比较先进的技术设备、管理经验,提高自己的生产技术水平,扩大生产规模;其次还可以利用对方的销售渠道,开辟本国产品的国际市场,扩大产品的出口。而对于出口方来说,采用补偿贸易方式可以推销自己多余的机械设备,缓和商品和资金的过剩,还可以借此取得比较廉价的"回头"产品或原材料。目前,补偿贸易在经济发展相对落后、外汇短缺的发展中国家还有很大的发展余地。

(2) 加工贸易。

这是把加工与扩大出口或收取劳务报酬相结合的一种购销方式。其方式主要有三种:

第一,来料加工。来料加工就是甲方国家按照乙方国家的要求,将乙方国家商人提供的原料、辅料加工后把成品交给乙方,收取加工费用。

第二,进料加工。进料加工就是进口原料进行加工,把成品销往国外,又被称为以进养出。

进料加工与来料加工的区别:① 进料加工是自进原料、自行安排加工和出口,自负盈亏;来料加工是按提供原料商人的要求进行加工。② 进料加工中原料与出口没有必然联系,两国商人是买卖关系;来料加工中两国商人密切相关,双方是委托加工关系。③ 进料加工加工方自主经营,通过进出口获得经营利润,要承担经营风险;来料加工加工方通过接受委托加工,获得的是工缴费,不要承担经营风险。

第三,来件装配。甲国商人向乙国厂商提供零件与元件,乙国厂商装配后再交给甲国商人,收取装配加工费。

在具体的加工贸易实践中,随着国际竞争的加剧,发达国家跨国公司为了提高核心竞争力,往往专注于核心环节,致力于核心资产的创造,而将劳动密集型、传统资本密集型甚至某些技术密集型的环节和产品,委托给发展中国家企业从事加工和生产,从而产生了制造业领域和服务业领域的"国际外包"(International Outsourcing)或者"国际代工"(International Subcontracting)模式。

制造业外包或制造业代工的具体模式主要有三种:① OEM(Original Equipment Manufacturer)。即原始设备制造商,也称定牌或贴牌,指的是发达国家的品牌商按照一定的设计要求将产品的生产制造外包给其他国家的厂商,承接外包的厂商生产出产品后加贴发包商的品牌,将产品出售给发包商。② ODM(Original Design Manufacture)。即原始设计制造商,指承接外包的企业除了承担产品制造外,还接受发包商的委托,进行产品设计、深加工,直至售后服务,但品牌仍属发包商所有。相对于 OEM 而言,从事 ODM 的厂商承担了更多的责任,对分工的参与程度加深,但其作为加工方的性质并没有改变。③ OBM(Own Brand Manufacture)。即自主品牌商,指承接外包的厂商经过前两个阶段后,整体的学习、组织与运营能力大大增强,并得以建立自己的渠道,经营自己的品牌,从获取加工费转向赚取品牌收益,产业升级得以完成。

服务业外包指服务业经营商将服务环节以商业形式发包给境外服务提供者的经济活动。服务外包的主要形式有 ITO 和 BPO。ITO(Information Technology Outsourcing)即信息技术外包,指服务外包发包商委托服务外包承接商向其提供部分或全部信息技术服务功能,主要包括信息技术的系统、应用管理及技术支持服务,它主要关注承接服务外包企业的 IT 基础建设状况,如服务器、网络、操作系统和技术支持等;BPO(Business Process Outsourcing)即业务流程外包,指服务外包发包商将一些重复性的非核心,甚至核心业务流程外包给供应商,以降低成本,提高服务质量。BPO 关注企业内部运作或客户的后端活动,对承接外包企业的管理和服务水平要求高,利润也更大。

(3) 租赁贸易。

它是把商品购销与一定时间内出让使用权相联系的购销方式。这是指出租人把商品租给承租人在一定时期内专用,承租人要付与出租人一定数量的租金。租赁贸易依租期分为:长期租赁(3~5年或15~20年);中期租赁(1~2年);短期租赁(几小时到1年)。长期租赁比较盛行。

租赁贸易在 20 世纪 50 年代起源于美国,其后不断发展。现代租赁主要以企业为主,租赁的商品通常是标准的工业设备和产品,诸如工厂、成套设备、筑路机械、起重运输设备、航空发动机、船只、飞机、汽车、集装箱、电子计算机等。

与直接购买商品相比,租赁贸易具有如下优点:由于承租人实际上只是购买使用权,可以节约直接购买商品本身的资金,又可使用比较先进的机器和运输等设备;可以缩短供货期限,解决季节性或急需性的生产设备;由于出租人始终对商品拥有所有权,故承担人往往不负责租用商品的维修与保养,还可避免因设备快速更新而遭受的无形磨损。

需要特别强调的是,随着国际分工的深化和跨国公司的发展,加工贸易的迅速发展是当代国际贸易分工中的重要现象,是发达国家与发展中国家间的重要贸易方式。其迅速发展的原因在于,一方面它满足了发展中国家经济发展的需要;另一方面,对发达国家而言,它有利于节约劳动成本、降低劳动密集型产品的价格。具体地说,加工贸易对发展中国家的经济发展具有以下三个方面的促进作用:

第一,开展加工贸易有利于充分发挥发展中国家劳动力丰富的优势。这不但可以为发展中国家创造更多的就业机会,而且可以获得更多的外汇收入,满足经济发展的需要。

第二,开展加工贸易有利于积极利用外资。发展中国家的实践表明,加工贸易从原材料、设备采购到生产和销售往往都有外商的参与。在来料加工中,原材料和加工产品都属外商所有。在外商与加工企业的合作中,外商将逐渐了解当地的投资环境和加工企业的状况,从而使加工贸易成为外商前来投资的前奏。发展中国家的许多外资企业都是由加工企业发展演变而来的。

第三,开展加工贸易有利于发展中国家产业结构的优化。在生产全球化背景下,发展中国家利用自己劳动力丰富的优势开展加工贸易,为跨国公司加工零部件、装配最终产品,可以使自己融入发达国家跨国公司的国际分工体系中去,在与发达国家的合作中逐步提升自己的产业结构,促进相关产业和整体经济的发展。加工贸易带动发展中国家产业升级主要通过以下机制来达到:

加工贸易带来大量新产品,形成了新的制造产业。相对于发达国家而言,发展中国家的产业结构往往比较落后。加工贸易兼顾国际、国内两个市场,加工贸易企业带来的新产品在主要面向国际市场的同时,也部分投入国内市场。这一方面培育了国内需求,另一方面也为国内企业开发与生产同类产品提供了示范。因此,加工贸易直接促进了发展中国家新兴制造业的发展,如中国IT产业的崛起主要是加工贸易的结果。

加工贸易通过产业链的延长带动了制造业前后向联系产业的发展。后向联系是指跨国公司通过国际直接投资在发展中东道国进行加工贸易时,有时需向当地供应商采购零部件,为了确保供应和产品质量,它们往往愿意帮助供应商建立生产能力,提供技术援助、培训和管理及组织上的经验,从而促进当地后向产业的建立与发展。当跨国公司推出新产品时,当地供应商为维持原有协作关系,必须生产出适合新产品的零部件,从而拉动配套产业的升级。跨国公司有时也通过直接投资,自己从事生产后向联系产品,这更直接引进了新兴产业。前向联系是指跨国公司向发展中东道国企业转让技术以进行二次加工、制造出口产品,也包括向当地企业转让操作技术和维修技术。加工贸易带动的东道国前后向产业的发展不仅带动了当地产业的发展,同时在满足技术要求前提下的成本降低也有助于加强加工贸易产品在国际市场的竞争力,国内外双方都从中受益。加工贸易与当地产业的配套将加大其日后迁徙的成本,促进加工贸易企业在东道国当地落户扎根,有助于化解人们对加工贸易产业是"浮萍经济"的疑虑。

另外,加工贸易中技术与管理的外溢效应也有助于促进发展中东道国制造业的技术进步与产业升级。加工贸易能够对产业结构升级发生外溢效应,这主要体现在加工贸易总存在或多或少的技术扩散,促进当地企业的技术进步;外资加工贸易企业对当地人才的聘用,帮助发展中国家培养和发展了大批国际型的管理与技术人才。

一些新兴工业化国家和地区的经验表明,加工贸易往往首先从下游装配业做起,然后通过中间产品的本地采购或投资生产原材料、零部件,可逐渐向中上游产业延伸,从而带动相关工业的发展。这是发展中国家产业结构迅速升级的捷径。例如,中国台湾在20世纪70—80年代主要是美国电脑厂商的零部件生产与装配基地,在为美国厂商从事加工贸易的过程中,其自身的电脑研发与生产技术不断提高,90年代以后,它已成为世界IT产业的重要研发与生产基地。

另一方面发展中国家在从事加工贸易的过程中,也可能面临诸多不利影响。这主要体现在以下几个方面:

第一,加工贸易受外商制约较大,加工方往往处于被动地位。这使得在加工贸易特别是来料加工中,出口商品销售主动权掌握在外商手中。受国际市场波动及季节性因素等的影响,加工方往往不能保持均衡正常的生产。

第二,在加工贸易中,外商的主要目的是为了利用东道国廉价的劳动力,谋求自身利益,他们往往不愿向加工方提供先进的技术、设备和管理经验。例如,在当代跨国公司的对外投资中,广泛存在技术封锁的现象。外商的这种投资倾向往往使得加工装配的产品一般也是东道国生产经营的产品,从而可能对东道国原有进出口市场产生冲击。

第三,加工贸易中的利益分配有时对东道国不利。一般来说,在来料加工贸易中,加工企业或合资企业中的东道国一方只是单纯的加工者,不介入经营环节,外商与加工方的利益分配主要体现在通过谈判确定的工缴费(加工费)上,利益分配应该说是比较透明的。但在进料加工贸易中,若加工方是外资企业,则外商往往通过转移价格降低加工贸易的利润,外商与东道国企业在利益分配上有时很不合理。即使外商在加工贸易中正常经营,他们也能依靠资本的"权力"获得主要的贸易利益。

第四,加工贸易对一国产业结构升级、整体经济发展的带动作用,受到东道国基础产业、中间产品市场发育程度的制约。如果东道国基础产业、中间产品市场欠发达,则加工贸易只能集中于下游装配业,成为经济发展的"孤岛""飞地",不仅对上游产业带动作用小,而且随着劳动力成本的上升,会逐渐失去发展后劲。

基于以上问题,发展中国家在从事加工贸易的过程中,需要积极发展基础产业和中间零部件产业,创造加工贸易带动产业结构升级和整体经济发展的条件,并大力发展本土的加工贸易企业。另外,要不断健全对加工贸易的管理制度,以维护自己的利益。

三、世界市场的商品销售渠道

商品销售渠道是指商品从生产者到消费者手中所要经过的环节。一国的出口商品要想顺利地到达外国消费者手中,就必须选择适宜的商品销售渠道,以节约企业推销所需的人力、物力,缩短商品销售的时间,并分担销售过程中所可能遇到的各种风险。

一般地,世界市场上的商品销售渠道通常由三部分构成:第一部分是出口国国内的销售渠道,包括生产企业或贸易企业本身;第二部分是出口国与进口国之间的销售渠道,包括双方的中间商;第三部分是进口国国内的销售渠道,包括经销商、批发商和零售商。

常见的世界市场商品销售渠道的类型如表4-1所示。

表 4-1 常见的世界市场商品销售渠道

出口国	进口国
1. 出口企业———————→	———————→顾客
2. 出口企业→出口商———→	→进口商———→顾客
3. 出口企业→中间商→出口商	→进口商→零售商→顾客
4. 出口企业→中间商→出口商	→批发商→零售商→顾客
5. 出口企业→中间商→出口商	→进口商→批发商→零售商→顾客
6. 出口企业→中间商→出口商	→零售商→顾客
7. 出口企业———————→	→零售商→顾客

资料来源:薛荣久:《国际贸易》,四川人民出版社 1995 年版,第 85 页。

第 1 种是国内企业自行出口,直接卖给国外用户,如企业接到国外顾客的直接订货,向其直接发货。第 2 种出口企业避开中间商直接交给出口商出口到进口国,进口国进口商也避开中间商直接卖给用户。这种方式多用于大宗商品交易,因为其买主与卖主都较集中,交易难度不太大,而且此类商品一般有统一的世界市场价格,不宜太多的中间商插手分享利润。第 3、4、5 种类型大半适用于消费品的销售。为便于销售,一般多用中间商,但使用的多寡视商品而定。第 6、7 种类型,一般适用于出口国与进口国的大型百货公司、超级市场、连锁店等的贸易。虽然网络经济的发展使交易手段日益多样化,但世界商品销售渠道的分类并没有太大变化。

随着跨境电商和数字贸易的发展,世界市场信息搜集难度降低,进出口中间商地位有所下降,一国出口企业可以凭借信息网络直接与外国进口商(B2B)、外国消费者(B2C)开展贸易,商品国际销售的模式不断创新。

第三节 世界市场价格

一、世界市场价格的概念

世界市场价格是指在一定条件下在世界市场上形成的市场价格,也就是某种商品在世界市场上实际买卖时所依据的价格。世界市场价格是衡量国际社会必要劳动消耗大小的标准,是国际价值的货币表现,即以货币表现的商品的国际价值。这里所说的货币是指世界货币。正是由于世界货币,才使各国的国内市场价格均衡为世界市场价格。在世界市场产生、形成和发展的大部分时期里,世界货币就是黄金。在当代,世界货币就是国际货币(纸币),其中包括美元、日元、欧元等。国际货币是世界市场上商品交易正常进行和世界市场价格统一的基础。

二、世界市场价格的变动及其影响因素

同国内市场一样,世界市场价格也是经常变动的,其变动不仅受价值规律的支配,而

且受各国币值、不同国家政府经济政策、国际垄断等一系列国际因素的影响,因而显得更为复杂。

(一) 国际价值是世界市场价格变动的基础

世界市场价格的变动归根到底是受价值规律支配的。国际价值始终是世界市场价格上下波动的中心。与在一个国家内部不同,由于世界市场上进行的是包括不同的经济制度、价格体系的国家之间或不同的贸易制度国家之间的交换关系,生产要素流动受到阻碍,资本转移形成的竞争也不能充分展开,因而在世界市场上不能形成生产价格范畴。因此,由国际社会必要劳动时间决定的国际价值,是国际市场价格时而向上时而向下摆动的中心。当世界市场上某种商品供求平衡时,其世界市场价格与国际价值一致;当某种商品供不应求时,其世界市场价格会超过国际价值;而当某种商品供过于求时,世界市场价格则跌至国际价值之下。但世界市场价格的变动又会反过来影响商品的国际供求,并使之逐渐趋于平衡。从长期来说,世界市场价格和国际价值仍趋于一致。

(二) 货币价值是影响世界市场价格的基本因素

世界市场价格是商品国际价值的货币表现。因此,国际市场价格的变动,不仅决定于国际价值,还依赖于货币价值,主要是世界通用货币的价值。国际通用货币的升值或贬值,会直接影响世界市场价格。

在当代,通货膨胀是普遍的世界经济现象,国际货币的贬值推动了世界市场价格的总体上涨。而浮动汇率制下,世界主要货币间汇率的波动使得世界市场价格随之变动。

(三) 世界市场供求对世界市场价格的直接影响

世界市场供求关系是影响世界市场价格波动的直接因素。国际政治、经济、军事、自然条件等因素对世界市场价格的影响,都是通过供求机制实现的。

微观经济学告诉我们:商品的供给和需求是经常变动的,且变动的方向和幅度又各不相同,从而使得供求的变动对价格波动的影响显现出不同状况。这一原理同样适用于世界市场。供求变动对世界市场价格的影响可概括为以下几种情况:

(1) 当需求不变,而供给增加(或减少)时,世界市场价格将下跌(或上涨)。

(2) 当供给不变,而需求增加(或减少)时,世界市场价格将上涨(或下跌)。

(3) 当供给增加、需求减少(或供给减少、需求增加)时,世界市场价格将急剧下跌(或上涨)。

(4) 当供给与需求同时增加(或减少)时,如果供给增加(或减少)的幅度大于需求,则世界市场价格下跌(或上涨);反之,世界市场价格将上涨(或下跌)。

上述几种情况是以世界市场供求的自发作用为前提的,如果存在垄断或政府干预则另当别论。

(四) 世界市场上的竞争与垄断对世界市场价格的影响

在世界市场上,同一种商品往往包括三个方面的竞争:① 各国卖主之间的竞争,即竞售。在世界市场上,同一种商品常常由许多国家的不同厂商提供,众多卖主为争夺市场,必须在商品质量、价格、售后服务等方面展开竞争,从而促使商品价格下降。② 各国买主之间的竞争,即竞购。在世界市场上,如果众多国家的买主都对同一种商品求购心切而彼此竞争,其结果将是商品价格的上涨。③ 买主与卖主之间的竞争。这种竞争表现为买卖双方的讨价还价,其结果取决于商品的市场状况和买卖双方的力量对比。当某种商品供不应求、卖方力量强大时,市场属"卖方市场",价格将趋于上涨。反之,则为"买方市场",价格将趋于下跌。以上三种竞争综合作用的结果,将形成一种公认的最后成交价格,也就是这种商品的世界市场价格。

在世界市场上存在以上三种竞争的同时,垄断也对世界市场价格具有一定影响,有时这种影响甚至对世界市场价格的形成起主导作用。对此将在后面详细地阐述。

除以上因素以外,国际经济周期、有关国家的经济贸易政策等也是世界市场价格的重要影响因素。

三、一种商品一个价格的规律

一种商品一个价格的规律是指,在统一的市场上,在完全竞争的条件下,同一种商品不能有两个或两个以上的价格。

在世界市场上,同种商品的价格之所以具有这样的规律,是因为在统一市场的几个不同市场区域内,如果一种商品存在两个或两个以上的价格,那么在竞争规律的作用下,或在贱买贵卖的原则下,更多的卖者将被吸引到价格高的市场区域中去,而更多的买者将会把订单转移到价格低廉的市场区域中去。这个过程一直进行下去,直到各个市场区域的价格,不计运费或关税在内,到处保持一致为止。

一个价格的规律不仅适用于有形商品,它也适用于劳动力和资本。在这一规律的作用下,劳动力和资本将分别从工资低廉或利率较低的国家或地区,转移到工资较高或利率较高的国家或地区。同时,它也适用于其他服务项目。

一个价格规律的作用充分发挥,表明世界经济、世界市场的一体化和全世界范围内相互依赖关系的形成。

四、世界市场价格的多元化

如果说在资本主义自由竞争时期,由于价格的形成取决于市场,世界市场有可能形成统一的市场价格的话,那么在当代,由于垄断、国家垄断和超国家经济组织的存在和发展,世界市场价格是多元化的。现在至少存在三种不同的价格:垄断价格和调拨价格、国家垄断价格或管理价格、世界"自由"市场价格。世界市场价格多元化不仅表现在上述划分上,还表现为同一种产品的价格,因销售地区不同或销售合同不同而不同。垄断组织和国家垄断的发展,使市场进一步分隔化,价格也差别化,因而许多同一种类的商品统一的世界市场价格不复存在了。

(一)调拨价格与垄断价格

在当代国际贸易中,有很大一部分是受垄断组织控制的,与跨国公司有关的贸易中又有很大一部分是在其内部的子公司间进行的,从而绕过了正常的市场机制。在跨国公司内部的交易中采取的是调拨价格,在跨国公司的对外交易中采取的是垄断价格。

1. 调拨价格

调拨价格也称记账价格、转移价格,指跨国公司内部母公司与子公司、子公司与子公司之间交易所采用的价格。调拨价格排除了市场机制,排除了市场上供求关系的作用。

(1) 调拨价格的特点。相对于正常的交易价格,调拨价格具有以下主要特点:

① 与成本和市场价格的偏离性。一般地,市场价格主要由成本决定,同时由于市场的分散性及价格信息的不对称性,市场价格也具有一定幅度的正常波动。但调拨价格往往人为地与成本相脱节,因而与成本因素的联系较弱。它与市场价格的偏离也较大,往往超过同种商品市场价格的波动范围。

② 价格实现与资源配置的二重性。在正常情况下,按公平竞争价格销售的商品一般直接取决于结算价格,商品价值及利润的实现由价格决定。调拨价格由于与正常交易价格不一致,实施调拨价格的商品的价值将会部分或超额地实现。调拨价格对跨国公司来说是一种资源配置手段,是局部利益变动对总体利益最优化的策略。

③ 广泛、长远的战略性目标。调拨价格是跨国公司经营战略的重要组成部分,其运用的直接目的不一定是促使一时一地产品销售量或利润的增长,而是从跨国公司的长期战略目标出发,增进公司的长远利益。

(2) 调拨价格的目的。具体说来,跨国公司利用调拨价格的目的可归纳为以下几个方面:

第一,利用调拨价格达到避税目的。跨国公司的子公司遍布世界各地,它们都要向东道国缴纳所得税。各国和各地区的税法和税率是不同的,同样的利税总额在不同的所得税率条件下所缴纳的税额不等。因此,跨国公司可以操纵公司内部交易价格,把公司的全球性纳税负担减至最低限度,以便在低税国家增加利润。当东道国政府决定对跨国公司子公司的利润增加税收时,这家子公司可以通过把输往母公司或其他子公司的产品大大压低价格的办法来减轻捐税负担。

通过调拨价格,还可以减轻其他税收负担。例如,一些国家对所谓消极所得,即股息、利息、租金等往往征收预提税,其税率在 20% 左右,而且不做任何扣除。跨国公司可以把这些所得利用调拨价格加以转化,以回避预提税。其一般做法是低价收购子公司的产品,把股息收入转为业务收入。

另外,通过调拨价格,还可以逃避进口关税、多得出口退税。这里的做法则是压低子公司进口产品价格,提高出口价格。但这往往受到不同东道国关税政策的影响。

在国际上,百慕大、巴哈马等地往往是跨国公司转移利润的目的地,因为这些国家所得税收特别优惠。我们看到许多国际船舶多是巴哈马、百慕大籍的,这就是跨国公司的避税港政策的体现。

第二,利用调拨价格来加强公司的竞争地位,或控制市场竞争。例如,通过压低原料价格,受惠公司能够按照较低的费用生产产品,从而增加它的市场份额或阻止新竞争者进入市场。这种做法虽然一时会使总公司的利润受损,但取得市场以后,可以凭借扩大的市场占有率而得以弥补。

第三,利用较高的调拨价格把款项从一国调到其他国家。

例如,当一国即将实行货币贬值时,公司可能尽力提高进口原材料、中间产品的调拨价格以利于利润和其他现款从那个国家转移到国外。或当一国实行外汇管制时,公司采取提高进口货价格的办法,就可以增加向国外的汇款。

另外,跨国公司还通过货款的提前或延期支付来变相地改变价格。当预期东道国货币即将升值时,就采取货款的提前支付;当预期东道国货币即将贬值时,就采取延期支付。这样也可达到规避汇率风险的目的。

第四,当一国实行物价管制时,跨国公司通过操纵调拨价格,就可以达到逃避管制、增加利润的目的。例如,当东道国政府要对跨国公司的暴利实行限制时,跨国公司可利用调拨价格,人为提高产品的生产成本,以逃避东道国的管制。而当东道国要限制跨国公司的低价销售甚至倾销以防止其垄断市场时,跨国公司可利用调拨价格人为降低产品生产成本,故意压低价格,又不会给东道国政府以反倾销的把柄。

第五,在海外与当地资本合资经营企业的情况下,跨国公司可以操纵调拨价格来压低这家企业的利润水平和增加母公司的利润,也可以利用调拨价格把利润从这家海外企业转移到母国或其他国家,以减少工会要求提高工资的压力。

此外,利用调拨价格,跨国公司还可以达到资源保全、回避政治风险等目的。例如,跨国公司为了保持自己在技术上的垄断,可以将核心技术保留在公司总部并通过调拨价格向子公司收取保管费,从而达到技术保全。

(3) 调拨价格的限制条件。当然,跨国公司在运用调拨价格时也不是可以随心所欲的,调拨价格的运用往往受诸多条件的限制。这些限制因素主要有:

第一,子公司数目的限制。实施调拨价格的跨国公司必须拥有一定数目的分支机构,方可自如运作。若子公司数目很少,则很容易为东道国相关机构发现。

第二,子公司相对独立利益的限制。不管跨国公司在管理体制上实行分权还是集权,每个子公司都有自己相对独立的经济利益。跨国公司调拨价格的利用可能扭曲子公司的经营业绩,损伤绩优子公司的经营积极性。因此运用调拨价格时,总公司要能正确评价各相关子公司的业绩,争取子公司的支持;并通过有关措施对利益受损的子公司予以补偿。

第三,费用的限制。要运用调拨价格,就需要调查有关国家产品的供求状况、税收和关税税率及其变化情况,建立收集、分析和传达有关资料的"集中控制系统",这往往既复杂又费时。

第四,东道国的限制。由于跨国公司调拨价格的运用会对有关子公司所在东道国的利益产生影响,因此东道国不可避免地要采取措施,加以限制。目前,东道国限制调拨价格的方法主要有:① 统一税制。即东道国对一个跨国公司在本国子公司的课税,以该公司在本国的资产规模占其全球资产规模的比例乘以其全球范围利润总额作为税基,而非仅凭该公司在本国公布的账面利润。② 正常交易价格法。即把该国子公司进出口产品的价格与国际正常交易价格相比较,若发现某一跨国公司子公司进口的价格过高或出口的价格过低,东道国政府即要求其按正常交易价格计算盈利并补税。但这两种方法中,跨国公司的全球利润和可比的国际正常交易价格往往难以得到,从而影响其有效执行。另外,东道国与跨国公司母国之间的利益之争有时也影响到有关国家在限制跨国公司调拨价格方面的合作,助长了跨国公司调拨价格的运用。

调拨价格对东道国利益的影响是不言而喻的,但它对发达国家和发展中国家的影响程度是不同的。对发达国家而言,它们都拥有自己的跨国公司,因调拨价格遭受的损益基本能够得到平衡;而对发展中国家而言,由于自身的跨国公司较弱,它们往往因外国跨国公司运用调拨价格而净受损。加强对跨国公司运用调拨价格避税行为的管理是发展中国家长期面临的艰巨任务。

2. 垄断价格

垄断价格是垄断组织利用垄断地位规定的高于或低于正常价格的一种市场价格。在世界市场上,国际垄断价格有两种,一种是垄断高价,另一种是垄断低价。垄断以卖方身份出现时索取垄断高价,而以买方身份出现时实行垄断低价。垄断组织可以利用垄断价格取得垄断超额利润。

垄断组织操纵世界市场价格的手段主要有:组织卡特尔(即经营同种商品的若干企业签订避免相互竞争、瓜分销售市场、确定统一售价的协定),实行价格领导制度等。价格领导制(即带头价制)是指由一特定公司担任价格领导,它首先变更商品价格,其他公司跟随它行动。

垄断价格与非垄断价格的区别是:① 垄断价格是在垄断资本对市场控制的条件下人为确定的,垄断企业是价格的决定者。而非垄断价格是由市场的自发力量即主要由供求的自发波动决定的。在非垄断性市场上,厂商只是价格的接受者,而不能控制市场价格。② 垄断价格比较稳定,非垄断价格经常变化。垄断价格弹性很低,常常不能及时反映行情的变化,因为垄断企业作价着眼于长期盈利,对行情的短期变化通常不做出相应的反应。而在非垄断性市场上形成的价格,由于竞争激烈,经常随着供求的波动而波动,很不稳定。

当然,垄断价格并不能主观随意决定,而有它的客观界限。其上限取决于世界市场对于国际垄断组织所销售的商品的需求价格弹性。如果某种商品需求价格弹性比较大,价格过高会显著减少需求量,反而导致利润下降。这就迫使国际垄断组织不能规定过高的销售价格,而是采用这样的销售价格——在这种价格下,销售数量能取得最多的垄断超额利润。此外,过高的垄断价格还会刺激代用品的生产和消费,这也是限制垄断高价的一个重要因素。

垄断价格的下限取决于生产费用加国际垄断组织所在国的平均利润。如果垄断价格结构中所包括的利润长期地低于平均利润,国际垄断组织就会停止生产,退出市场。

随着科学技术发展带来产品供给能力的增强,以及全球统一市场的形成与完善,国际竞争日趋激烈,垄断价格在世界市场上的作用有所削弱,非价格竞争(Non-price Competition)的作用增强。非价格竞争是指通过改善商品的品质性能和包装、更新花色品种、保证及时交货和售后服务等办法来扩大商品销路。

(二) 国家垄断价格或管理价格

在世界市场上,不仅国际垄断组织对商品价格进行操纵控制,各个国家的政府机构也对价格进行干预调节。事实上,几乎全部国际贸易和世界市场价格都处在国家垄断的控制管理或影响之下。各个国家除了采取财政、货币、信贷等手段来干预国内市场价格外,还采取各种国内政策和对外贸易政策手段影响世界市场价格。

国家对商品市场价格的干预可以是单方面的,也可以是双边的,还可能是国际性的。

1. 国家机构对商品市场的单方面干预

国家机构对商品价格进行垄断干预,主要是在农产品方面。国家机构对农产品价格的干预一般有以下几种方式:① 通过收购或对农场主贷款来支持价格;② 限制产量;③ 按照保证价格与市场价格之间的差额的大小,给予补贴;④ 管理进出口;⑤ 国家经营收购业务和进出口贸易。

1995 年以前,在农产品贸易不受关税与贸易总协定管辖的情况下,发达国家普遍实行农产品价格支持和农场主收入支持政策,这种价格支持和收入支持计划又受到农业保护主义和鼓励农产品出口政策的保护。它们在国内农产品价格高于世界市场价格的条件下,采取高关税、差额税、数量限制、制定最低进口价格、政府经营农产品对外贸易等措施来排除外来的竞争,以保持国内市场上农产品的高价。而在国内农产品生产过剩的情况下,则提供出口补贴、差额补贴和其他形式的直接补贴,以鼓励向世界市场出口。这些国家广泛采取价格支持政策和农业保护主义政策的结果是导致世界市场上农产品的价格与其实际生产费用脱节。这样,世界市场价格成了各国农业政策互相竞争的产物。这种支持价格经常屈从于集团政治压力,而不是取决于市场供求关系。世贸组织成立后,发达国家的农业政策受到世贸组织《农产品协议》的规范,但美国、法国等国仍采取各种变相措施,对农产品价格施加影响。

国家政府部门除了实行农业保护主义政策和价格支持政策以外,还对商品的销售和价格采取国家垄断的其他一些干预措施。在一种商品世界市场供应量的大部分或全部来自一个国家时,这个国家就特别容易控制它的生产、出口和价格。这种自然垄断经常给生产者带来超额利润。

国家垄断价格的最典型的代表是欧盟实行的共同农业政策。

2. 政府间贸易协定

在各种各样的政府间协定中,最重要的是管理特定商品的国际商品协定。它是某些食品或原料生产国(出口国)与消费国(进口国)之间,为稳定价格和保证贸易发展而缔结的政府间的多边贸易协定。

食品和原料的世界价格(主要有小麦、糖、咖啡和橄榄油等)经常发生剧烈波动,对不少国家尤其对发展中国家影响极大。因为这些国家的经济结构往往比较单一,经济发展和人民生活常常主要依靠生产和出口一两种原料商品。稳定和提高这些商品的价格,成为许多发展中国家关注的问题。国际商品协定是一些国家试图用共同力量调节供求、稳定价格和增加收入的举动,国际商品协定通常利用三种方法——缓冲库存、限额和多边长期合同来调节供求、影响价格。

利用缓冲库存控制价格,需要占用巨额资金。当市场发生过剩,需要收购过剩商品以维持价格时,常常因为资金太少,不能收购足够数量的商品,只好任其价格自由摆动。

利用出口限额稳定价格,即由生产国商定限额限制出口,以调节供求,在需求不变时可以通过减少供给以促使商品价格上涨。但在价格上涨情况下,由于出售商品能获得更多的利润,所以参加协定的成员国常常违反规定、突破限额。

利用签订长期合同稳定价格,即消费国根据合同承诺在相当长的时期内以不低于规定的最低价格购买一定数量的商品,生产国则保证以不高于规定的最高价格提供一定数量的商品。利用这种方法来稳定价格的主要困难,在于选择何种价格能够使双方同意。因为当平均价格低于市场的实际价格水平时,生产国就会吃亏;高于市场价格水平时,消费国又会受损。

国际商品协定对某些商品的世界市场价格是有影响的,影响程度依赖于市场变化、协定是否被执行、参加国协调一致的情况等。但有一点是肯定的,国际商品协定无法完全控制价格。

(三) 世界"自由市场"价格

所谓"自由价格",是指国际间在不受垄断或国家垄断力量干扰的条件下,独立经营的买者和卖者间进行交易的价格。"自由价格"在供求规律的作用下得以形成。在当代世界市场上,由于垄断的存在,严格地说,已不存在一种商品价格完全由市场供求竞争决定的情况了。

在大多数情况下,世界"自由市场"成为边缘性或剩余物的市场(Residual Market)。所谓剩余物,指的是一种商品在垄断性市场进行买卖后,或在国家垄断调节下的市场上买卖后的剩余物。这个剩余物的世界"自由市场"实际上只是平衡那个十分薄弱的善于变化的市场上剩余的供给和需求的手段。例如,在铜的世界出口中,在伦敦金属交易所进行买卖的数额只占5%。农产品、矿产品的"自由市场"也只具有边缘性或剩余物的性质。即使在这些剩余物的世界"自由市场"上,也不能完全免除垄断组织力量的影响。

在封闭的市场上,价格变动幅度很小,而在"自由市场",价格变动则很大。由于世界"自由市场"的边缘性质,一切暂时性短缺和供应过剩都集中到这个市场上,投机性的买卖也经常在这个市场上进行,因而世界"自由市场"价格是不稳定的。价格剧烈波动常使一些依赖初级产品出口的发展中国家蒙受巨大的损失。

本章小结

本章分析世界市场在国际经济中的作用、世界市场的内容及其形式。世界市场是世界各国进行商品交换的场所。它是资本主义生产方式产生的前提,同时也是它的结果。世界市场按照地区、重要性、交换的对象等标准可以划分成不同的组成部分。

世界市场的商品流通渠道按照购销业务形式的不同可分为有固定组织形式的市场和没有固定组织形式的市场。

有固定组织形式的市场是指在特定的地点、按固定的组织规章进行的交易。主要包括商品交易所、国际商品拍卖、展览会与博览会。商品交易所和国际商品拍卖除了有助于国际商品交换外,还有助于发现真实的价格。展览会和博览会不仅可以促进买卖双方的交易,还可以带来人流、物流、信息流,促进举办地的经济和社会发展,因而成为现代国际贸易的重要形式。

没有固定组织形式的市场是指有固定组织形式市场之外的一切交易活动。它包括最常见的单纯的商品购销形式以及与其他因素相结合的商品购销形式。后者主要包括补偿贸易、加工贸易和租赁贸易。补偿贸易和租赁贸易对于缓和买方外汇资金的不足、促进卖方过剩产品的销售有积极作用,对买卖双方都是有利的。加工贸易是将加工与扩大出口或收取劳务费相结合的购销方式,其迅速发展是20世纪70年代以来国际贸易的重要现象,而且随着跨国公司全球化的发展,它有可能成为未来的主要贸易形式。

世界市场价格关系到贸易双方利益的实现,它受商品价值、国际市场供求、币值等因素的影响。在完全自由贸易的条件下,如果不计运费等各种费用,一种商品在世界各地应该价格相同,即"一物一价"。但现实中,由于垄断等因素的存在,世界市场存在多元价格,包括跨国公司内部的调拨价格、跨国公司的垄断价格、政府垄断及政府间组织垄断的价格以及剩余物市场上的自由市场价格。其中,调拨价格是跨国公司全球化经营中广泛采用的一种价格形式,对东道国利益有较大影响,是一种值得关注的世界价格形式。

复习思考题

一、名词解释
商品交易所　加工贸易　补偿贸易　来料加工　进料加工　调拨价格

二、思考题
1. 世界市场在资本主义发展过程中起了哪些积极作用?
2. 世界市场上的商品流通渠道主要有哪些?各自的功能和特点是什么?
3. 什么是世界市场价格?世界市场价格的决定受哪些因素的影响?
4. 什么是"一种商品一种价格的规律"?发生作用的条件是什么?
5. 试述跨国公司运用调拨价格的目的及其限制条件。
6. 国际贸易中的垄断价格有什么特点?
7. 试述来料加工与进料加工的区别与联系。
8. 试述加工贸易对发展中国家经济发展的促进作用及不利影响。发展中国家应如何创造条件发挥加工贸易对整体经济的带动作用?
9. 试运用国际贸易分工的有关理论,谈谈如何看待发展中国家承接制造业外包从OEM到ODM,进而到OBM的升级?

第五章 贸易条件

国际经济关系,特别是贸易关系,是各个国家或地区为获取国际分工和国际交换的利益的竞争关系。虽说在这场竞争中,一方之所得不会恰好是另一方之所失,而是双方都可能获得利益,但是谁在这场竞争中获益更多,则是人们所关注的。在现实的国际贸易关系中,贸易利益的分割与贸易条件息息相关。本章将在上一章介绍世界市场的基础上,从理论和实践两方面对贸易条件的决定、变动及其对贸易利益的影响做进一步探讨。

第一节 贸易条件的含义

一、贸易条件的概念

所谓贸易条件,是一个国家以出口交换进口的条件,即两国进行贸易时的交换比例。它有两种表示法:一种是用物物交换表示,即用实物形态来表示的贸易条件,它不牵涉货币因素和物价水平的变动。当出口产品能交换到更多的进口产品时,贸易条件改善了,反之则贸易条件恶化了。另一种是用价格来表示的贸易条件,这种贸易条件就是一国所有的出口商品价格与所有的进口商品价格的比率。由于现实生活中参与国际交换的商品种类很多,而且价格水平也在不断变化,所以这种贸易条件通常用出口商品价格指数与进口商品价格指数之比即贸易条件指数来表示。

二、贸易条件指数的种类及其意义

贸易条件指数主要有三种,它们分别表示不同意义的贸易条件。

(一) 商品贸易条件指数

商品贸易条件指数是一定时期内一国出口商品价格指数与进口商品价格指数之比。它表示一国每出口一单位商品可以获得多少单位的进口商品。

以 P_x 代表出口商品价格指数,P_m 代表进口商品价格指数,则商品贸易条件指数 T(一般用百分数表示)为:

$$T = (P_x/P_m) \times 100 \tag{5.1}$$

如果商品贸易条件指数大于100,表明同等数量的出口商品换回了比基期更多的进口商品,贸易条件得到改善;如果商品贸易条件指数小于100,则表明贸易条件恶化。可见,贸易条件的实质是国际贸易利益的分割问题。

例如,假定 1980 年为基准年,某国进出口价格指数均为 100,商品贸易条件指数也是 100。1990 年年底该国的出口价格指数为 95,下降 5%,进口价格指数为 110,上升 10%,那该国商品贸易条件指数则为:

$$T = (95/110) \times 100 = 86.36$$

这意味着 1980 年与 1990 年间该国的贸易条件指数下降了近 15 个百分点,贸易条件恶化了。

应该指出的是,商品贸易条件指数的有效性通常只局限于不发生进出口商品结构变动的一定时期之内,它是用来表示在过去一段时期内单位商品的贸易利益是增加了还是减少了,即表示贸易利益的变动,并不能表示一国获得的贸易利益总量(这是无法计算的)。而现实经济生活中,一国的进出口商品结构有时会发生较大的变动,比如以前进口的商品现在转变为出口,就可能对商品贸易条件产生很大影响。依据包含有这种变化的长期的商品贸易条件指数做出某种判断是不可靠的。所以说,这种指数的有效性只限于不发生结构变动的一定时期内。还需注意的一点是,商品贸易条件指数的变动反映贸易条件是改善了还是恶化了,它并不能表示贸易条件是否合理。贸易条件合理不合理,需联系国际价值—国际交换的基础来考察才能说清楚。另外,商品贸易条件指数的下降并不一定意味着一国贸易利益的减少,这还要结合其他因素(比如贸易双方的要素生产率状况等)进行具体分析,才能做出合理的判断。下面结合其他贸易条件指数来分析。

(二) 要素贸易条件指数

将商品贸易条件与要素生产率结合起来考察,可以得到要素贸易条件指数。如果只是考察贸易条件与一国出口商品生产部门的要素生产率的关系,那就是分析单项要素贸易条件状况;如果同时考察进出口商品生产部门要素生产率对贸易条件的影响,那就是分析双项要素贸易条件状况。

1. 单项要素贸易条件指数

单项要素贸易条件指数,是一定时期内一国出口商品生产部门要素生产率指数与同期商品贸易条件指数的乘积。

单项要素贸易条件指数的计算公式为:

$$S = (P_x/P_m) \times Z_x \tag{5.2}$$

式中,S 代表单项要素贸易条件指数,Z_x 代表一国出口商品生产部门要素生产率指数。

假定该国商品贸易条件指数变化状况与前例相同,而该国出品部门的生产率从 1980 年的 100 上升到 1990 年的 130,则该国单项要素贸易条件指数为:

$$S = (95/110) \times 130 = 112.27$$

这意味着尽管该国的商品贸易条件恶化了,但由于这期间出口商品要素生产率提高的幅度大于商品贸易条件指数下降的幅度,从要素贸易条件看还是改善了。当然,其他贸易伙伴国与该国共同分享了它的出口部门生产率增加的部分。

由此可见,商品贸易条件下降不一定导致一国贸易利益的减少。在劳动(要素)生产率提高的基础上,一国主动地降低商品贸易条件,还可扩大市场占有率,反而有可能获得更大利益。当然,如果一国商品贸易条件下降的幅度超过了劳动生产率上升的幅度时,该国的贸易利益就会减少,随着贸易量的扩张,实际收入水平将会下降,出现后面要论述的所谓"贫困化增长"。这时该国就需要对国内经济结构进行调整,以改变进出口商品结构。

2. 双项要素贸易条件指数

双项要素贸易条件下不仅考虑出口商品要素生产率的变化,还考虑进口商品要素生产率的变化。其计算公式为:

$$D = (P_x/P_m)(Z_x/Z_m) \times 100 \tag{5.3}$$

式中,D 代表双项要素贸易条件指数,Z_m 代表进口商品要素生产率指数。

假定该国商品贸易条件指数和出口商品要素生产率指数仍按前例,进口商品要素生产率指数自 1980 到 1990 年从 100 上升到 105,则该国的双项要素贸易条件指数为:

$$D = (95/110)(130/105) \times 100 = 106.92$$

这说明,如果一国出口商品要素生产率指数提高的幅度大于进口商品要素生产率指数提高的幅度,就可能抵消商品贸易条件恶化而获得双项要素贸易条件的改善。这反映了进出口国的贸易竞争,实质上是劳动生产率的竞争这一现实。劳动生产率水平的高低是决定一国商品国际竞争力的关键,也是影响一国分享贸易利益多少的主要因素。实际上,当生产某种商品的世界平均劳动时间不变时,一国的劳动生产率相对他国提高更快,就意味着贸易条件得到了改善。

(三) 收入贸易条件指数

收入贸易条件指数是一定时期内出口量指数与商品贸易条件指数的乘积,它表示一国用出口支付进口的能力。其计算公式为:

$$I = (P_x/P_m) \times Q_x \tag{5.4}$$

式中,I 代表收入贸易条件指数,Q_x 代表出口量指数。式中,P_x 与 Q_x 的乘积表示一国的出口总收入指数,再除以进口价格指数,则表示一国进口支付能力。

回到上述例子,如果商品贸易条件指数变化相同,而该国的出口量指数从 1980 年的 100 上升到 1990 年的 120,则该国的收入贸易条件指数为:

$$I = (95/110) \times 120 = 103.63$$

这说明,尽管该国商品贸易条件恶化了,但由于出口能力的提高和出口收入的增加,该国 1990 年的进口能力还是比 1980 年提高了 3.63%,也就是说收入贸易条件改善了。

在现实的经济生活中往往会遇到这样的两难选择:要扩大出口、增加外汇收入,需要降低出口商品价格以扩大市场,但这显然会使商品贸易条件恶化。而要维持比较有利的贸易条件,出口量又不容易增加,不能满足支付日益扩大的进口对外汇的需求。这个矛盾在发展中国家的经济发展较快时期尤其尖锐。解决这个矛盾的根本途径在于提高劳动生产率,不断改善出口商品结构。如果短期内难以做到,那就要保证因出口数量扩大而增加的收入超过因商品贸易条件恶化而减少的收入。但这毕竟是权宜之计,长此以往,会发生国民收入的净流出,伤害本国经济的长期发展。在这里我们进一步看到了提高劳动生产率在改善贸易条件方面的基础性作用。

上面我们探讨了贸易条件的含义,分析了衡量贸易条件状况的几种贸易条件指数的经济意义。无论何种贸易条件,总是要把出口价格指数与进口价格指数加以比较,而不是仅注意商品国际价格的变动。这是因为,国际贸易是以国家为基本经济单位的,各个国家通常既是出口者,又是进口者,进口和出口的商品往往不同(即使是相同产品也是有差别的产品)。即使知道了商品国际价格及其变动,也必须考察各个国家实际的进出口商品数量及其结构,才能确定一国贸易利益的变动情况,这就要研究贸易条件。贸易条件问题不是一般的商品国际价格问题(虽然它离不开对国际价格的观察和研究),而是各国间贸易利益的分割问题。贸易条件的好坏还关系到一国国际收支的平衡和经济的长期发展,因而是国际经济学界关注的重要问题。

贸易条件指数除了可以从一国的角度来研究之外,还可以从一定的地区或整个世界范围内来进行考察。比如,可以计算出一定时期内世界上初级产品出口的贸易条件,即世界市场上初级产品与工业制造品的比价关系等。在当代国际贸易中,发展中国家初级产品的贸易条件一直趋于恶化。其中重要的原因在于工业制成品的生产率相对于初级产品提高得更快,另一方面,初级产品的需求又相对下降。这是由各种替代品的出现、对原材料的消耗降低,以及需求的结构转变等原因造成的。

第二节　关于贸易条件决定的理论

西方经济学家关于贸易条件问题的研究,可分为三个阶段:第一阶段是英国经济学家约翰·穆勒(JohnStuartMill,1806—1873)提出相互需求原理来解释贸易条件的决定问题;第二阶段是英国经济学家马歇尔在相互需求原理的基础上,进一步论证有关均衡贸易条件的理论和方法;第三阶段是当代(主要是战后)西方国际经济学对贸易条件理论多方面的发展。在这一阶段,引人注目的还有以阿根廷经济学家普雷维什等人为代表的发展经济学家与西方国际经济学家关于贸易条件的理论之争。本节主要讨论关于贸易条件决定的相互需求原理及均衡贸易条件的理论和方法。

一、相互需求原理

最早从理论上探讨贸易条件问题的,是英国经济学家穆勒。他主要提出了相互需求原理来说明贸易条件的决定问题。

李嘉图的比较成本理论从供给方面说明,各国专业化生产具有相对优势的产品,然后相互进行贸易,都能得到贸易利益。李嘉图还提出了两国互利的交换幅度。但是,对于在这一幅度范围内的实际交换比例应该是多少,是何种机制决定了这一交换比例等问题,比较成本理论并没有论及。因此,比较成本理论只是论证了互利性贸易的基础以及贸易利益之所在,而没有说明总的贸易利益如何在贸易双方之间进行分配。因为比较成本理论没有考虑需求方面的因素,所以它只能说明交换比例即贸易条件必须处于某个范围之内,无法说明具体的贸易条件怎样决定。要考虑实际交换比例的决定,就不能只看供给,而要把供给和需求结合起来分析。穆勒在比较成本理论的基础上,着重从需求方面的分析入手,探讨国际交换比例的现实决定问题。

首先必须说明的是,穆勒把自己对国际交换比例即贸易条件的研究称为对"国际价值"决定问题的探讨,这是不正确的。穆勒研究的不是价值实体,而是交换价值。用他自己的话来说就是:"价值是一个相对的术语,一个商品的价值不是物品本身一个内在实物的本质,而只意味着在交换中所能获得的别种东西的数量。"①显然,他用交换价值概念代替了价值概念,探讨的是交换比例即贸易条件问题。

相互需求原理的主要内容可概括为以下三点。

(一) 比较成本确定贸易条件的上下限

穆勒用下面的例子说明自己的论点。

假定英国和德国投入一定量的劳动生产毛呢和麻布的数量如表5-1所示。

表5-1 英、德两种产品的国内交换比例

	毛呢	麻布	国内交换比例
英国	10 码	15 码	10∶15
德国	10 码	20 码	10∶20

没有国际贸易时,英国国内15码麻布换10码毛呢,而德国国内要20码麻布才能换到10码毛呢,显然英国的毛呢便宜;德国国内10码毛呢能换到20码麻布,而英国只能换到15码麻布,显然德国的麻布便宜。因此,英国和德国的贸易格局必然是英国出口毛呢,进口麻布;德国出口麻布,进口毛呢。那么,两国以什么样的比例交换呢?显然,对英国来说,出口10码毛呢至少要换回15码以上的麻布;对德国来说,出口20码麻布至少要换回10码以上的毛呢。因此,以毛呢计算,国际交换比例的范围如图5-1所示。

图 5-1 以毛呢计算国际交换比例范围

在这一范围内,国际交换比例愈接近英国国内的交换比例,则德国获得更多的贸易利益;这个比例愈接近德国国内的交换比例,则英国获利更多。达到或超过任何一国国内交换比例上下限的国际交换比例都意味着一方获得全部贸易利益而另一方损失了利益,因而不是现实的交换比例。因此,实际的交换比例只能介于由两国国内交换比例所确定的界限之内,即比较成本确定了贸易条件的上下限。

(二) 相互需求状况决定具体的贸易条件

在上述比较成本所确定的交换比例范围内,实际的交换比率是由什么决定的呢?穆勒认为,这取决于两国对对方产品的需求状况,当英德两国的相互需求能使贸易双方的总

---

① 约翰·穆勒:《政治经济学原理》,世界书局1936年版,第459页。

出口恰好支付其总进口,即双方的国际收支趋于平衡时,交换比例就被现实地确定了。这就是所谓的"国际需求方程式"。

假定英国对麻布的进口需求是 17 码麻布的 1 000 倍,愿意提供 10 码毛呢的 1 000 倍作为偿付,而德国对毛呢的进口需求是 10 码毛呢的 1 000 倍,愿意提供 17 码麻布的 1 000 倍作为偿付时,双方对对方产品的需求正好等于对方的供给,国际交换比例遂可在 10∶17 的国际需求方程式中确定下来。可见,贸易双方对对方产品的需求状况决定两国现实的贸易条件。

如果相互需求不均衡,那双方就要调整进口需求量,或者调整交换比例以达到均衡。假定英国对麻布的进口需求降低到 17 码麻布的 800 倍时,按 10∶17 的国际交换比例,它只需提供 10 码毛呢的 800 倍作为偿付。再假定德国对毛呢的进口需求仍为 10 码毛呢的 1 000 倍,并愿意提供 17 码麻布的 1 000 倍作为偿付。那在国际市场上就会发生麻布供过于求和毛呢供不应求,从而导致麻布的价格下跌,英国的进口需求增加,比如说增加到 18 码麻布的 900 倍。毛呢的价格上涨,德国的进口需求下降,比如说下降到 10 码毛呢的 900 倍,这样,就会形成新的国际交换比例 10∶18。在这个交换比例下,双方的相互需求又达均衡,于是形成新的国际需求方程式。如果发生英国的进口需求不变而德国进口需求下降的情况,那交换比例就可能变为比如说 10∶16。一方对对方产品需求增加了,当然也会影响国际交换比例。

这里的分析证明,在两国国内交换比例所限定的范围内进行贸易的两种商品实际的贸易条件是根据双方消费者的需求偏好和强度进行调整的,调整到双方对进口产品的需求量恰好相互抵补时确定。这就是说,按照两国相互需求所决定的实际贸易条件是使总进口和总出口达到均衡状态时的贸易条件。

(三) 相互需求强度影响贸易利益的分割

相互需求原理认为,相互需求强度影响到贸易利益的分割。均衡贸易条件对哪一方更有利,要看两国相互需求的强度。穆勒指出:"一个国家以它的产品和外国相交换的交换力决定于……它对这些国家的产品的需求和它们对它的产品需求的数量和需求的增加程度的比较……外国对它的商品需求愈是超过它对外国商品的需求……贸易条件对它愈是有利:这就是说,它的一定数量的商品将会换回更多的外国商品。"[①]由此可见,外国对本国商品的需求程度愈是大于本国对外国商品的需求程度,贸易条件就愈是对本国有利。

综上所述,穆勒的相互需求原理旨在说明这样一个论点:在比较成本确定的交换幅度范围内,实际的贸易条件是能使贸易双方的总出口恰好支付其总进口的那种贸易条件。它是由双方消费者对对方产品的需求所确定的。一个国家应该用多少出口商品换入一定数量的进口商品,取决于两国相互进口的需求量正好等于它们各自出口供给量时的交换比例,也即供求一致时的交换比例。这就是说,按照两国相互需求所决定的实际贸易条件,是使总进口和总出口达到均衡状态时的贸易条件。实际的贸易条件也就是均衡的贸易条件。

---

① 范家骧:《国际贸易理论》,人民出版社 1985 年版,第 119 页。

穆勒的相互需求原理强调需求因素在决定商品的国际交换比例即贸易条件上的重要作用，以比较利益为基础阐述了商品国际交换比率的确定过程，一定程度上发展了李嘉图的交换价值理论。然而，它也存在一些明显的局限性。

首先，这个理论以贸易收支平衡为前提来论证贸易条件即国际交换比例，而国际交换比例又是由相互需求所决定的。另外，相互需求的数量又是由国际交换比例决定的。这显然陷入了某种循环论证。相互需求原理还未指出贸易收支平衡是从短期还是长期来看的贸易均衡。如果是前者，那显然不符合实际情况。如果是后者，则应当看到，贸易条件本身就是决定一国国际收支状况的一个重要因素，至少两者是相互影响的。相互需求原理以贸易收支平衡为前提来论证贸易条件，而前者又恰恰是受后者影响和制约的，显然，这里也有循环推论之嫌。

其次，相互需求原理只能运用于经济规模相当、双方的需求都能对市场价格产生显著影响的国家。如果两个国家经济规模相当悬殊，小国的相对需求强度远远小于大国的相对需求强度，那么，小国就只能是价格的接受者，大国就可利用其在进出口需求方面的强大影响力，使贸易条件朝着有利于本国的方向变动。

再次，相互需求原理以物物交换为例来论证国际需求方程式，在一次交换活动中容易求得国际收支的平衡，但一国进行的所有交易活动要想同时达到国际收支的平衡显然是不可能的。

二、提供曲线与贸易条件的均衡

英国经济学家马歇尔（Alfred Marshall）在穆勒理论的基础上，通过几何图解方法，提出提供曲线来说明供给和需求如何决定均衡的贸易条件，从而较为精确地描述了两国就两种商品进行贸易时交换比例的确定及其变化趋势。

（一）提供曲线及其性质

提供曲线的基本含义是：在各种贸易条件下，一国为了达到最高的福利水平所愿意进行的各种进出口组合。提供曲线既可以看成一国的出口供给曲线，也可视为一国的进口需求曲线。作为出口供给曲线，它表示在不同贸易条件下，一国愿意提供的出口产品的数量。随着出口产品相对价格的上升即贸易条件的改善，一国愿意出口的商品数量会增加；作为进口需求曲线，它表示在不同的贸易条件下，一国对进口产品的需求量。随着进口产品相对价格的降低，一国愿意进口的商品数量会增加。从此意义上说，提供曲线又常常被称为相互需求曲线（Reciprocal Demand Curve）。

假设有 A、B 两国，A 国专业化生产 X 商品，B 国专业化生产 Y 商品，两国相互开放，进行贸易。A 国出口 X，进口 Y；B 国出口 Y，进口 X。A 国的提供曲线表明在不同的贸易条件下，A 国愿意出口多少 X 商品来交换 Y 商品；B 国的提供曲线表明在不同的贸易条件下 B 国愿意出口多少 Y 商品来交换 X 商品。

从图 5-2 中可以发现，提供曲线经过某一临界点后，便会向回弯曲，形成弓形。这是边际成本递增与商品边际效用递减共同作用的结果。随着生产规模的扩大，A 国提供 X 商品的边际成本会愈来愈高，而随着 Y 进口的增加，其对 A 国消费者的边际效用递减，Y

对 X 的边际替代率越来越低。因此,即使外国愿意提供更高的价格,该国愿意出口的商品产量也会越来越少。

图 5-3 是 B 国的提供曲线。同样道理,B 国的提供曲线的弯曲方向刚好与 A 国相反。

图 5-2　A 国的提供曲线　　　　图 5-3　B 国的提供曲线

(二) 以提供曲线表示的贸易条件的均衡与均衡的恢复

如果把图 5-2 和图 5-3 中 A、B 两国的提供曲线合并列到一张图上,它们就会相交于一点,如图 5-4 中的 E 点。在 E 点,A 国愿意提供的 X 商品的出口量恰好等于 B 国愿意进口的数量,B 国愿意提供的 Y 商品的出口量刚好等于 A 国愿意进口的数量。因此,E 点代表 A、B 两国贸易中的一种均衡状态。经过均衡点 E 的贸易条件线 t_E 就是实际的或均衡的贸易条件,它代表国际市场上的均衡价格。

倘若国际市场上的贸易条件线偏离了 t_E,两国的供求力量会自动使市场恢复均衡。举例来说,假定市场上现在的贸易条件线是 t_F (见图 5-4)。同 t_E 相比较,这时 A 国的处境比较不利,而 B 国的处境改善了。由于 t_F 与 B 国的提供曲线相交于 S 点,这里它只要增加提供 W_0W_2 量的 Y 商品,就能多交换到 C_0C_2 量的 X 商品。在 S 点上,B 国愿意出口的 Y 商品总量为 OW_2,希望得到的 X 商品进口总量为 OC_2。然而 t_F 与 A 国的提供曲线却是相交于 R 点,即 A 国愿意出口的 X 商品总量为 OC_1,少于 B 国的需求;而 A 国希望进口的 Y 商品总量为 OW_1,也少于 B 国的供给。于是,国际市场上 X 商品供小于求,Y 商品供大于求。这样,市场的供求力量将促使 X 商品的相对价格上升,而 Y 商品的相对价格下降,t_F 逐渐向 t_E 移动,直到达到均衡点 E,t_F 与 t_E 重合,X 与 Y 两种商品的国际供求重新恢复平衡。

反过来,如果国际市场的贸易条件线是 t_G (见图 5-5),它最终也必将回归到 t_E。因为这时的贸易条件对 A 国比较有利,而对 B 国不利,会造成新的市场不均衡。在图中,t_G 与 A 国的提供曲线相交于 U 点,这时 A 国愿意提供的 X 商品的出口量为 OC_4,而希望得到的 Y 商品进口量为 OW_4。然而,t_G 与 B 国的提供曲线相交于 T 点,这就意味着 B 国愿意提供的 Y 商品出口量为 OW_3,少于 A 国的需求;而 B 国对 X 商品的进口需求量为 OC_3,也少于 A 国愿意出口的数量。其结果必然是 Y 商品的相对价格上升,X 商品的相对价格下降,贸易条件线从 t_G 转移到 t_E,而重新恢复均衡。

概括起来说,只有 E 点才达到了国际市场的均衡状态。从这里可以引申出贸易条件的均衡必须满足的两个基本条件:一是各国的贸易收支平衡;二是各国商品的进口和出口需求平衡。这与相互需求原理的分析是一致的。

图 5-4 均衡贸易条件的决定

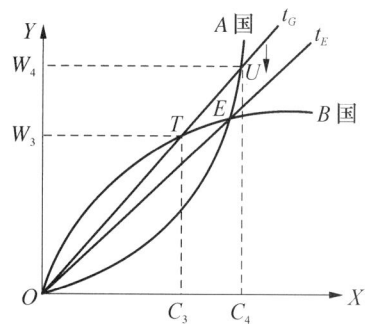

图 5-5 均衡贸易条件的恢复

（三）提供曲线的移动及其原因

前面提到，提供曲线既可看作一国的出口供给曲线，又可视为一国的进口需求曲线。因此，当供给或需求发生变化时，一国的提供曲线的位置就会移动。提供曲线的移动不同于同一提供曲线上贸易数量的变动，它往往会改变一国的贸易条件，进而对一国的总福利水平和贸易利益发生显著影响。

从需求方面看，引起提供曲线转移的主要原因有社会偏好和需求构成的改变等。例如，人口年龄结构的变化，社会价值观念的更改，以及传统产品出现某种新的用途等。如果其他条件不变，需求的变化会改变一国提供曲线的形状。从供给方面看，造成提供曲线转移的主要因素有资源总量、技术水平和要素生产率的变化等。

由供求情况的变化引起的提供曲线的移动，将会产生两种经济效应：一是对贸易条件的影响，二是对贸易数量的影响。现在，我们在假设供给情况保持不变的条件下来分析需求变动所导致的提供曲线的移动及其效应。需求变动又可分为两种情况：其一是国内对出口商品的需求增加，其二是国内对进口商品的需求增加。

首先分析国内对出口商品需求增加时的情况。如图 5-6 所示，假设开始时 A、B 两国的贸易处于 E 点的均衡状态，贸易条件线为 t_0。现在，B 国的消费偏好从购买进口的 X 商品转为购买本国出口的 Y 商品。B 国对 X 商品的需求变得不如原先那么强烈，于是它只愿意用比以前更少的 Y 来交换一定量的 X。因此，B 国的提供曲线将由 OB 移动至 OB'。根据原先的贸易条件 t_0，国际贸易将失去平衡。因为这时 A 国的供求情况没有变化，仍以 E 点表示，而 B 国的供求情况将改为 F 点表示。在 F 点，B 国只愿意进口 OC_2 的 X 商品，出口 OW_2 的 Y 商品。这就使得 X 商品供大于求，Y 商品供小于求。Y 商品的相对价格将会上升，即贸易条件线将从 t_0 向右下方移动，一直移动至 t_1，两国提供曲线相交于 G，两国贸易重新恢复均衡。

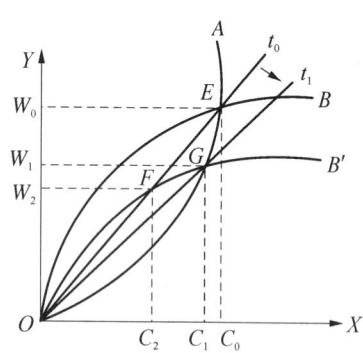

图 5-6 B 国对出口商品国内需求增加引起的提供曲线的转移

B 国国内对出口商品需求的增加，提供曲线由 OB 移动到 OB' 后，将产生两种效应：

一是两国间贸易数量的减少，其贸易组合由 E 点减少至 G 点，这降低了 B 国的福利水平。另一方面，B 国的贸易条件却改善了，由 t_0 变为 t_1，从而又增加了 B 国的福利。提供曲线移动对 B 国净福利的影响则取决于两者的比较。如果贸易条件改善的有利程度大于贸易数量缩减的不利程度，B 国总的贸易情况改善，净福利增加。反之，则 B 国总的贸易情况恶化，净福利减少。

下面再分析需求变动的另一种情况，即国内对进口商品需求增加时的情况。如图 5-7 所示，假定 A、B 两国开始时的贸易均衡点为 E，贸易条件线为 t_0。现在由于消费选择的改变，A 国对进口商品 Y 的需求相对于商品 X 而言大幅度增加。这样，A 国愿意提供更多的 X 商品来交换 Y 商品。A 国的提供曲线由 OA 移动至 OA'。如果按原有的贸易条件，两国间贸易将失去平衡。因为按此条件，B 国对 X、Y 商品的供求不变，仍以 E 点表示，它只愿意用 OW_0 的 Y 去交换 OC_0 的 X。而 A 国的供求情况则变为 F 点，它愿意用 OC_2 的 X 去交换 OW_2 的 Y。如此，国际市场上的 X 商品供大于求，Y

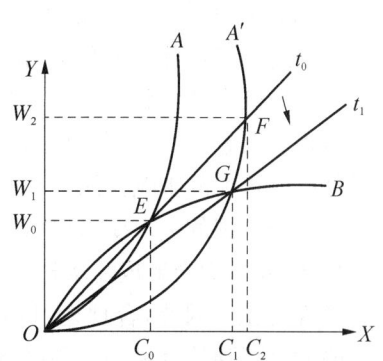

图 5-7 A 国对进口商品需求增加引起的提供曲线的转移

商品供小于求，Y 商品的相对价格将会上涨，贸易条件线相应地由 t_0 往右下方移动直至 t_1，两国贸易在 G 点恢复均衡。

A 国对进口商品 Y 需求的增加所导致的提供曲线的移动也产生两种经济效应，即在使贸易量由 E 点扩大至 G 点的同时，贸易条件线却由 t_0 降至 t_1。前者增加了 A 国的福利，后者则相反。如果贸易量扩大的有利程度大于贸易条件恶化的不利程度，则 A 国总的贸易情况改善，净福利增加。反之，则总的贸易情况恶化，净福利减少。

（四）对提供曲线理论的评价

通过以上分析可以看到，提供曲线就均衡贸易条件所得出的结论与穆勒的相互需求原理是一致的，即均衡贸易条件决定于进行贸易的两个国家各自对对方商品的相对需求强度。但提供曲线的分析比穆勒的文字叙述要精确一些。

然而，提供曲线决定均衡贸易条件的理论是以边际效用价值论为基础的。在这一点上，它与穆勒的相互需求原理相比，是向后倒退了一大步。因为后者毕竟还借助于劳动价值论来决定国际交换的上限和下限，而提供曲线却是纯粹以边际效用分析为根据的，这至少在方法上存在两个悬而未决的问题。

第一，正像均衡价格论把国内的供给曲线和需求曲线看作价格的函数一样，提供曲线也是随贸易条件的变化而变化的。一方面是贸易条件决定各国愿意提供的出口数量和进口数量，另一方面各国的相互出口和进口数量决定均衡的贸易条件。这中间显然已出现了某种程度的循环推理。

第二，提供曲线形状的决定是以国内生产资源的充分利用为前提的，这一点离实际的差距较远，因而其结论的准确性尚存疑义。例如，在一国某种生产资源并没有充分利用的条件下（闲置资源的存在本身就是走向出口的一个重要动力），贸易条件变化不仅会影响一国的进口和出口需求,也会影响一国的总福利水平,但不一定要改变国内市场上的相对价格比率。现实生活中出口扩大常常没有引起出口商品的国内价格改变。此外,出口和进口数量及其改变也可能导致国内生产可能性曲线的变化。

但是,提供曲线决定均衡贸易条件的理论具有方法论上的意义。它可以启发我们思考如何研究贸易条件及其变化的规律。

总的来说,穆勒和马歇尔探讨的是贸易条件决定问题,它们主要是从需求方面说明,在两国进行专业化分工和贸易时,现实的交换比例是如何决定的,从而从需求角度对比较成本理论做了补充和发展。他们的研究为贸易条件理论奠定了基础,其理论阐述也不无政策性启发意义。一国公众的消费选择是倾向于本国产品还是进口产品,对该国的贸易条件起着重大的影响作用。在正常的情况下,适当进口有利于满足合理的消费、提高福利水平。但一国的进口要由出口去支付,如果出口能力一定,而人们的消费选择严重偏向于进口产品时,就会形成需求扭曲现象,造成进口商品的数量猛增,国际收支失衡,使本国贸易条件恶化。因此,合理地引导人们的消费偏好,不仅是一个生活价值观念问题,而且与一国能分享到的贸易利益和经济发展都有很大关系。一国政府应当采取合适的消费政策加以引导。

需要指出的是,经典的贸易条件理论是建立在国际间生产要素不流动的假设之下的,在这种假设下,各国的分工以产品为界限,因此,贸易条件理论能够揭示各国间的贸易利益分配。但是,随着跨国公司的发展,国际贸易和国际投资日渐融合,外国直接投资参与了贸易国出口产品的生产,贸易条件的变动就很难准确说明一国贸易利益的变化了。[1]

第三节 贸易格局与贸易条件的变动

二次大战后,随着经济生活的日益国际化,国际贸易在各国经济发展中起着越来越重要的作用,对贸易条件的研究也更加深入了。当代国际经济学从以下几个方面对贸易条件理论做了有意义的发展。

一、经济增长对贸易条件的影响

如果说穆勒和马歇尔主要是从需求方面说明贸易条件的现实决定,那么研究经济增长对贸易条件的影响,就是从供给方面来考察贸易格局的变动对贸易条件变化的影响。

我们在第二章分析生产要素禀赋理论时,假定各国的资源禀赋是一定的、不变的。但事实上,各国的要素禀赋是处于变动之中的。生产要素的供应量随着时间的推移在不断增长,资本和技能积累得很快,劳动力也一直在增长,甚至可利用的土地面积和自然资源贮藏量也会增长。生产要素的增长必然导致经济增长,从而影响贸易格局和贸易条件。

生产要素的增长可分为两种情况:一种情况是所有国家所有生产要素的增长率都完

---

[1] 张二震、马野青、方勇,等:《贸易投资一体化与中国的战略》,人民出版社2004年版。

全相同。假设所有国家所有的生产要素都呈中性增长,即各种生产要素增长率的比率完全相同。在这种情况下,国际贸易就会按同样的比例和同样的贸易条件,继续向相同的方向流动,只是规模和数量扩大了。这种情况当然是不可能发生的。考察这种极端的例子只是为了证明,考察经济增长对国际贸易和贸易条件的影响,需要注意的不是中性的增长,而是各种生产要素增长率的差别。下面,我们来考察生产要素不平衡增长的情况。

(一) 生产要素不平衡增长对生产格局的影响

假定某个国家在一定的贸易条件下,只使用劳动和资本两种生产要素,生产劳动密集型和资本密集型的两种产品。如果这个国家的劳动力增加了或者资本存量增加了,那么它和其他国家的贸易关系将会发生什么样的变化呢?罗勃津斯基(T.M.Rybczynski)首先分析了这个问题。他的结论被称为罗勃津斯基定理。这个定理指出,在两种生产要素、两种商品模型的情况下,在商品和生产要素的价格保持不变的条件下,如果其中一种生产要素的数量增加了,而另一种生产要素的数量保持不变,那么密集使用了前一种生产要素的产品的绝对产量将会增加,而密集使用了后一种生产要素的产品的绝对产量将会减少。

这个定理假定商品价格和生产要素的价格不变,这意味着生产这两种产品的要素密集度不变。在这个前提下,如果劳动力增加了,资本未增加,而且增加的劳动力全部进入劳动密集型行业,那增加的劳动力需要配备一定数量的资本,就势必造成资本密集型行业的一部分资本向劳动密集型行业转移的情况。不仅如此,而且还要把与转移过来的资本原来配备的劳动力也一并转移过来。这就是说,劳动力的增长引起了劳动和资本存量在两个行业之间的再调整。只要劳动力继续增加,就要不断地把生产要素从资本密集型行业转移到劳动密集型行业中来。这种调整的结果,必然是扩大了劳动密集型行业的生产,缩小了资本密集型行业的生产。

(二) 生产要素不平衡增长对贸易条件的影响

根据上述分析,如果劳动力增加了,劳动密集型产品的绝对量就会增加,资本密集型产品的绝对量就会减少。如果劳动密集型产品是这个国家的相对优势产品即出口产品,资本密集型产品是这个国家的相对劣势产品即进口竞争产品,那么,随着劳动力的增加,该国的出口量和进口量都会增加。如果劳动密集型产品因该国增加出口而引起价格下跌,资本密集型产品因该国增加进口而引起价格上涨,那就会导致贸易条件的恶化。

如果劳动密集型产品是这个国家的进口竞争产品,而资本密集型产品是出口产品,那么随着劳动力的增加,进口竞争产品即进口替代产品的绝对产量就会增加,从而减少进口;出口产品资本密集型产品的产量就会减少,从而缩减了出口量。如果劳动密集型产品因该国减少进口而引起价格下跌,资本密集型产品因该国减少出口而引起价格上涨,那就会导致该国贸易条件的改善。

可见,经济增长对贸易条件的影响,主要取决于这种增长是出现在进口竞争行业还是出口行业。通过上面的分析可以得出这样的结论:假定生产要素增长能影响商品的世界价格,那么,替代进口的经济增长会改善这个国家的贸易条件,而扩大出口的增长会使这个国家的贸易条件恶化。

(三) 贫困化增长

如果生产要素的增长使得出口产品的供给迅速增加，则有可能产生贫困化的增长。这种增长不但会严重恶化贸易条件，甚至会导致该国国民福利水平的绝对下降。印度著名经济学家巴格瓦蒂提出了这一理论。

贫困化增长的含义是：当一个国家（通常是发展中国家）传统出口产品（通常是初级产品）的供应量急剧增加时，它的国际市场价格趋于下跌，甚至跌到使这个国家受到损害的地步。一般来说，这种贫困化增长的情况大多发生在生产、出口初级产品的发展中大国，其出口量已占有世界该种初级产品出口量的相当大的比重，而且世界其他国家对于该国这种初级产品的需求弹性很低，不会大量增加进口，因而该国继续大量生产并扩大出口，就将导致世界市场大大供过于求，价格大幅度下跌。面对持续下跌的国际价格，该国又缺乏结构调整的能力，强烈依赖于这种初级产品的出口来支持经济发展，即使贸易条件极为不利也不敢紧缩出口，甚至为保持一定的进口支付能力而不得不增加出口，最终导致出口量增加、贸易条件持续恶化、国民福利下降的后果。

图 5-8 贫困化增长

咖啡生产和出口大国巴西的例子很清楚地说明了这个问题。如图 5-8 所示，增长前，巴西生产可能性曲线为 AB，TT 为国际价格线，表示制成品和咖啡的交换比例。该国在 b 点生产，出口 gb 数量的咖啡，进口 cg 数量的制成品，在 c 点消费。现在假定该国的生产要素大量增加，特别是生产咖啡的生产要素大量增加，使得该国生产咖啡的能力迅速提高，生产可能性曲线 AB 向外扩张成 $A'B'$，新的生产可能性曲线表明该国生产咖啡的能力增强了。这种情况促使它大量增加咖啡的出口，导致咖啡的国际价格大幅度下降。以 $T'T'$ 表示咖啡相对价格的降低。假设巴西在 b' 进行生产，该点表明，咖啡和制成品的产量都增加了，但咖啡增长更快。咖啡的大量增产导致出口增加，但由于咖啡相对价格的下降，换回的制成品的数量反而比增长前少。如图所示，增长后巴西出口 $g'b'$ 数量的咖啡，进口 $c'g'$ 数量的制成品，在 c' 点消费，消费水平反而低于增长前的 c 点。增长后贸易利益反而减少，这就是贫困化增长。

一些西方经济学家认为，贫困化增长要发生需同时满足一系列条件：增长只发生在出口部门；一国极端缺乏产业结构调整的能力，以致新增资源只能进入出口部门；出口扩张减少进口竞争产品的生产；外国对本国所增长的出口产品的需求几乎无弹性。他们认为，这些条件很难同时满足，故贫困化增长发生的概率很小。但在某些特定行业，贫困化增长仍有可能发生。

关于贫困化增长，国际经济学中有一个著名的现象"荷兰病"。它是指开发一种新的可以出口的自然资源会导致传统制造业产品产量的下降（去工业化）。

在荷兰，这种现象源于 20 世纪 60 年代在北海开发了新的天然气田。荷兰开发生产的天然气越多，其传统制造业中的贸易商品生产受到的抑制就越大。甚至于两次石油冲击（所有的燃料价格，包括天然气飙升）带来石油价格的上涨，更加重了荷兰工业的衰退。

人们认为这种"荷兰病"也曾蔓延到了英国、挪威、澳大利亚,以及其他一些近期有新资源被开发的国家。

这种担忧的主要前提是正确的:很多的现实情况中,意外发现与开发新自然资源,以及自然资源国际价格的飙升,投资于新自然资源开发的要素收入上升,会挤压和侵占制造业产业的生产要素和利润。去工业化的过程恰好证明了 SS 定理和雷布津斯基定理:新兴产业的发展和新产品价格的上升从传统工业产业转移走了部分要素资源。具体来说,为了新自然资源的生产,必须雇用来自制造业产业的劳动力,并且还需要得到本可以投资于制造业生产的资本,于是导致制造业生产水平下降。

新闻媒体对新自然资源开发与去工业化联系的报道,是用一种不同的方式诠释。新闻界倾向于强调:本国可出口的自然资源的开发,使本币在外汇市场上升值。这是由于外国对本国资源支付的需要,对本币的需求上升所致。本币升值使得国内产业更难以与国外产品竞争,因为国外产品相对价格更低。对制造业部门来说,这就类似于需求下降,产业萎缩。而逐渐恢复到初始平衡的外汇市场,就会产生从实物交易模型中得到的一样的结果:如果出口更多的某种商品,最终必将使得另一种商品的出口减少或进口增加。贸易要恢复到原来的平衡,必须有所放弃。

尽管荷兰病确实导致了一些去工业化,但这对国家而言是不是一个问题,现在还很难说清楚。尽管人们普遍觉得工业的扩张是决定经济繁荣的关键,仅将资源从制造业部门转移到自然资源产业,不一定就是坏事。只要增长不是贫困化增长,一国一般会从发展自然资源的生产中获益。

(四)开放经济条件下一国经济增长对他国贸易条件的影响[①]

以上主要分析了一国国内的经济增长对其自身贸易条件的影响。美国经济学家克鲁格曼还从开放经济的角度分析了一国经济增长对他国贸易条件的影响。

克鲁格曼将经济增长分为出口偏向型增长和进口偏向型增长,它们主要指经济增长对某个部门的偏向而非国家。出口偏向型增长是指使生产可能性边界的扩张偏向出口产品的经济增长;进口偏向型增长是指使生产可能性边界的扩张偏向进口竞争产品的经济增长。他国经济增长对本国有利还是有害、本国参与国际贸易会增加还是减少国内经济增长带来的收益,这些取决于经济增长的偏向性。

其他国家的出口偏向型增长对本国贸易条件有利。因为其增加的产品出口如果恰是本国的进口产品,并且能影响进出口价格的话,一定导致本国进口价格下降。如果本国其他条件不变,则贸易条件改善。

其他国家进口偏向型增长对本国贸易条件不利。因为其国内进口竞争产品生产能力的增强将导致进口减少,如果该种产品恰是本国对其出口的产品,将使本国对其出口相应减少。如果其进口的减少能够影响进出口价格的话,一定导致其进口价格,即本国出口价格下降。在本国其他条件不变的情况下,本国贸易条件恶化。

可见,并非外国所有的经济增长对本国贸易条件都会产生影响,而是取决于其扩张方

[①] 保罗·克鲁格曼等:《国际经济学》,海闻等译,中国人民大学出版社 1998 年版,第 96—97 页。

向。只有当其扩张方向恰好针对本国的进出口时,这种增长才会影响本国的贸易条件。1970—1995年发展中国家的工业化并没有影响发达的国家贸易条件,就是因为两者的工业结构存在差异。

一些经济学家认为,一般发达国家的经济增长主要是进口偏向型的,有利于改善贸易条件(主要是人工合成品代替了原材料进口);而发展中国家的经济增长多是出口偏向型的,容易恶化贸易条件,因而发展中国家的经济增长在国际贸易中往往是一种自伤行为。这种情况令人深思。

二、技术进步对贸易条件的影响

(一) 技术进步的类型

技术是在商品和劳务生产中积累的知识、技巧和熟练程度。技术进步和技术创新意味着一定的投入量可以生产出更多的产品,或者说一定的产量只要用较少的投入量就可以生产出来。通过技术改进,提高了现存的劳动量和资本量的生产率,就像是在技术不变的情况下增加了劳动的供给和资本的供给一样。

按英国经济学家约翰·希克斯的定义,假定只有资本和劳动两种生产要素,生产劳动密集型、资本密集型两种商品,技术进步可分为三种类型。

(1) 中性技术进步。在这种类型的技术进步下,劳动和资本这两种生产要素的边际生产率以同比例增长,即在要素相对比率不变的情况下,生产相同数量的商品和劳务所需的资本、劳动以等比例下降,但产品中的要素密集度不变,即资本/劳动的比率不变。如果用生产可能性曲线来表示,则整个国家的生产可能性曲线均衡地向右移动。图5-9说明了这种过程。

图5-9 技术进步与生产可能性曲线

当生产要素总量为一定时,原有技术条件下的生产可能性曲线为AB。中性技术进步发生之后,单位产品的耗费降低,因而生产可能性曲线向外扩展为Ⅰ。

(2) 节约劳动型技术进步。在这种技术进步下,资本的边际生产率比劳动的边际生产率提高得快。在要素相对价格比率不变的情况下,将相对多用资本要素而少用劳动要素,即生产中一部分劳动将被资本所替代,每单位劳动使用的资本增加,结果是所给定的产量能够用更少单位的劳动和资本生产出来,但资本/劳动的比率提高了,即节约了劳动。节约劳动型技术进步能提高劳动密集型产品的产量。其生产可能性曲线如图中Ⅱ所示。

(3) 节约资本型技术进步。在这种技术进步下,劳动的边际生产率比资本的边际生产率提高得快,在要素相对价格比率不变的情况下,将相对多用劳动要素而少用资本要素,即生产中一部分资本将被劳动所替代,每单位资本使用了更多的劳动,结果是所给定的产量能够用更少单位的劳动和资本生产出来,但资本/劳动比率降低了,即节约了资本。节约资本型技术进步能提高资本密集型产品的产量。其生产可能性曲线变为Ⅲ。

(二) 技术进步对贸易条件的影响

从上面的分析可以看出,技术进步产生了新的生产函数,也就是改变了原有的投入量和产出量的关系,提高了现有生产要素的生产率。这样,技术进步对国际贸易和贸易条件的影响就如同生产要素禀赋量的增加对国际贸易的影响一样。大体来说,节约了出口产品中密集使用的生产要素的技术进步,有助于该国贸易量的增加,但在其他情况不变时,会使该国的贸易条件恶化。反之,节约了进口竞争产品中密集使用的生产要素的技术进步,则会增加国内进口竞争产品的产量,从而减少了贸易量。如果其他情况不变,就会使该国的贸易条件得到改善。具体分析,技术进步对于贸易条件的影响可大致归纳为以下几种情况:

(1) 节约劳动型技术进步会导致劳动密集型产品产量的增加。如果劳动密集型产品为出口产品,那就会因出口增加而可能导致国际市场供过于求,价格下跌,贸易条件趋向恶化;如果劳动密集型产品为进口竞争产品,则节约劳动型技术进步会导致该国进口减少,进口产品价格可能因此下跌,贸易条件趋向改善。

(2) 节约资本型技术进步会导致资本密集型产品产量的增加。如果资本密集型产品为出口产品,那就会导致出口增加,有可能引起出口价格下跌而使贸易条件趋向恶化;如果资本密集型产品是进口竞争产品,那就会导致进口减少,有可能使贸易条件得到改善。

(3) 中性技术进步会使得劳动密集型、资本密集型产品都会增加,对一国贸易条件的影响主要看何种要素密集型产品为出口产品,其对贸易条件的影响可根据上述两种情况加以具体推定。

当然,技术进步对于贸易条件的影响,除了上面分析的因素外,还要受到该国对不同产品的需求弹性、供给弹性,以及外国对不同产品的需求弹性、供给弹性的影响,要综合考虑各方面因素才能做出判断。

三、商品结构与贸易条件

一个国家对外贸易的商品结构状况,是影响贸易条件的重要因素。一般来说,一国出口结构以工业制成品为主,贸易条件趋向改善,而一国出口结构过分依赖于初级产品,则贸易条件趋向恶化。这可从以下两个方面加以分析:

(1) 从需求方面看,随着经济发展和人均收入的增加,各种商品的需求量就会增加。但是不同商品需求增加的百分率是不同的。这可用需求的收入弹性来说明。需求的收入弹性是指对某种商品需求数量增加的百分率与引起这种需求变动的收入增加的百分率的比率。

我们用 e_{dy} 表示某种商品的需求收入弹性,用 $\Delta Q/Q$ 表示该种商品需求量增加的百分率,用 $\Delta Y/Y$ 表示引起这种需求变动的收入增加的百分率,则:

$$e_{dy} = \frac{\Delta Q/Q}{\Delta Y/Y} \tag{5.5}$$

如果人们继续按相同的比例购买所有的商品和劳务,而不管其收入水平的变化,则所有商品的需求的收入弹性就等于 1。但事实并非如此。当收入增加时,某些商品占总需求的比重不断下降,如食品等生活必需品(其 $e_{dy}<1$);而另一些商品占总需求的比重不断

上升,如奢侈品(其 $e_{dy}>1$)。这种情况由德国 19 世纪经济学家、统计学家恩格尔首先归纳和论证,被称为恩格尔定律或恩格尔法则。这个法则指出,如果物价和人口统计上的变量(家庭大小和组成)保持不变,收入增加会使花费在食品上的消费支出的比重减少。同理,在国际贸易中,工业制成品的需求的收入弹性较高而初级产品的需求的收入弹性较低,随着经济增长和人均收入水平的提高,需求会移向资本、技术密集型产品,并使这类产品出口国享有提高产品相对价格、改善贸易条件的好处,而使那些初级产品和劳动密集型产品出口国的贸易条件恶化。

(2)从当代国际贸易商品结构的演变趋势看,工业制成品贸易的增长率大于初级产品贸易的增长率,制成品贸易在世界贸易中所占的比重迅速上升到75%以上,而初级产品所占的比重则下降到25%以下。造成这种情况的主要原因是:第一,发达国家的科技进步导致原料得到更经济、更有效地使用。技术进步也使得机器设备小型化,因而节约了原料的使用。第二,发展中国家的经济发展使得较多的原料首先在国内进行不同程度的加工。同时随着这些国家工业的发展,资本货物的进口也会相应增加。第三,战后合成原料工业有了迅速的发展,像合成纤维、合成橡胶、合成洗涤剂、塑料等的大量增产,减少了天然原料的使用。第四,发达国家的农业生产率获得了显著的增长,其增长速度已经超过了工业,农业进入了"工业化"阶段。这些国家本身生产的农产品已供过于求而寻求扩大出口,农产品的"贸易战"使得谷物等的国际市场价格下跌。第五,发达国家国内需求类型的变化导致制造业结构的变化。高技术密集型的产品在世界贸易中的比重上升,一般劳动密集型产品的比重下降,而初级产品的比重则持续下降。

从上述分析不难得出结论:世界市场需求结构和国际贸易商品结构的变化决定了发达国家在国际竞争中处于有利地位,贸易条件趋于改善;发展中国家,特别是那些十分依赖初级产品出口的发展中国家,在国际贸易中处于不利的地位,贸易条件趋于恶化。事实上,发展中国家的初级产品,包括一般劳动密集型制成品与发达国家的工业制成品,尤其是高技术密集型产品的交换,在大多数情况下都是不等价交换,发展中国家的出口价格趋于下降,发达国家的出口价格趋于上升,从而发展中国家总的贸易条件是趋于恶化的。

四、贸易政策与贸易条件

20 世纪 70 年代以来,各国贸易政策有逐渐向贸易保护主义转化的倾向,国际贸易体制已从自由贸易趋向管理贸易。各国普遍运用一定的经济政策特别是外贸政策对进出口进行干预,以达到改善贸易条件的目的。

从理论上说,一国政府的经济政策在某种程度上能影响进出口价格的比率,从而有利于改善本国的贸易条件。从出口方面看,一个贸易大国能够利用其在世界市场上的垄断地位,影响本国出口产品的世界价格。当今不少国家都采取优惠政策措施,扶植本国的出口集团,比如说出口卡特尔、大型跨国公司等,以增强本国企业在国际市场上的影响力。从进口方面看,一国的进口需求会直接或间接地受到政府有关政策的影响,从而对进口商品的价格发生作用。一方面,不管经济制度的性质如何,政府总是最有支付能力的购买者之一,因此,一些国家政府总是通过各种技术措施,变相规定优先采购本国产品而又不违反世贸组织的规定,限制一些商品的过量进口,以防贸易条件恶化。另一方面,政府政策又能影响企业和个人的进口需求,比如利用关税、非关税等措施有意识地限制某些商品的进口数量,引导进口商品的结构等。此外,政府还可以有目标地实施某些经济发展规划,以改变对外贸易格局等。这些都对一国的国际收支状况有很大影响。从长远看,这些因素是决定一国贸易条件的基本力量。

在某些特定的场合,一国政府的关税政策甚至能直接改善本国的贸易条件。当代国际经济学研究了这种情形。征收进口关税会引起进口商品的国际价格和国内价格的变动,从而产生多方面的经济影响。但这种经济影响对一个小国和一个大国是不同的。

假定征收关税的是一个贸易小国,该国某种商品的进口量只占世界进口量的很小一部分。因此,该国的进口量变动不能影响世界市场价格,就好像是完全竞争的企业一样,只是价格的接受者。该国征收关税以后,进口商品国内价格上涨幅度等于关税税率,关税全部由进口国消费者负担。关税虽然会影响到该国的生产、贸易、消费、收入分配方面的变动,但不会对该国的贸易条件造成影响。

如果进口国是一个贸易大国,即该国某种商品的进口量占了世界出口量的较大份额,那该国进口量的调整就会影响到世界价格。该国增加进口,将引起世界价格上涨;如果减少进口,世界价格就会下降。因此,大国征收关税会对该国的贸易条件发生影响。和小国一样,大国征收关税会引起进口商品国内价格上涨,那么,这里进口商品国内价格上涨的幅度是否也与小国一样总是等于关税税率呢?由于该进口国是个大国,它征收关税而引起价格上涨所必然导致的进口量的缩减相当地大(假定该进口商品的需求价格弹性足够大),就可能迫使该商品的国际市场价格下降。这就是说,大国进口商品国内价格上涨的幅度不会等于关税税率,而是低于关税税率。大国征收关税,进口商品的国内价格上涨,同时,国际市场价格下跌,价格上涨部分和下跌部分加在一起才等于进口关税税额;大国进口商在进口商品时支付的进口关税,不是全部由进口国的消费者负担的,而是由进口国的消费者和出口国的生产者(通过出口商)共同负担的。大国向出口国转嫁了部分关税。

当然,大国能否将一部分关税转嫁给出口国,还要看具体商品的进口需求和出口供给状况。如果大国对一种进口商品的需求有较大的弹性,进口商品价格上涨,消费者立即大量减少消费或选择替代品,从而导致进口需求锐减,那就会迫使该种商品的国际价格下跌。进口需求弹性愈大,就愈能压低进口商品的国际价格,将关税更多地转嫁给出口国。再从出口供给看,如果出口国的供给缺乏弹性,即使国际市场价格下跌,也无法削减生产或找不到替代市场,那出口国就要更多地承受来自进口国转嫁过来的关税。

由于征收关税使得大国的进口商品价格下降,如果该国出口价格不变,那就意味着该国的贸易条件得到了改善。

一般来说,小国从征收关税中遭受的福利净损失,永远等于保护成本。因为小国不能影响进口价格或世界价格,而大国征收关税对该国净福利的影响,则要把关税的保护成本与贸易条件改善而获得的利益相比较。如果该国从贸易条件改善中获得的利益超过关税保护的代价,则意味着从征收关税中获得了净利益;如果从贸易条件改善中获得的利益与保护成本相等,那该国从关税中既未获得利益,也未遭受损失;如果从贸易条件改善中获得的利益比保护成本小,那该国就会从征收关税中遭受净损失。究竟是何种情况,要具体分析商品的进口需求弹性和出口供给弹性。

西方国际经济学认为,理论上存在一种最适当关税。所谓最适当关税,是指通过改善贸易条件、克服由于减少贸易量而产生的负效应而使净福利达到最大化的关税。前面的分析表明,当一个大国对某种商品的进口需求量占到出口该商品国家的出口量相当大的比重时,那么它就成为一个垄断或者接近于垄断的购买者,从而具有影响进口价格的能力。该进口大国就可通过征收关税,迫使国际商品市场价格下跌,从而改善本国的贸易条件。虽然该大国征收关税会导致贸易量的下降,从而减少该国自身的福利,但贸易条件的改善又会增加该国的福利。如果该进口大国征收关税后,因贸易条件改善而增加的福利超过了因贸易量下降而损失的福利,那么,该国还是从征收关税中获得了净福利。

当然,所谓最适当关税是从一个国家的角度来看的,没有考虑关税给其他国家(贸易伙伴)造成的福利影响,而且假定该进口大国征收关税不会招致其贸易伙伴的报复。事实上,若该进口大国征收关税而改善了贸易条件,但其贸易伙伴的贸易条件却因此而恶化了,贸易量也因此减少了,那么该贸易伙伴可能要采取报复措施并征收最适当关税,从而使双方受损。应该指出的是,当一国征收最适当关税时,即使其贸易伙伴不进行报复,征收关税的国家因此而获得的利益也比其贸易伙伴损失要小。尽管如此,对一个进口大国来说,最适当关税率还是存在的。

五、技术贸易与贸易条件

在当代,技术贸易发展迅速。特别是发展中国家,都把引进技术作为实现本国经济发展的一项重要政策。引进先进技术,可以提高现有生产要素的生产率,开发潜在的、闲置的生产要素,提高产量,生产更多的产品。那么,如果引进的技术用于出口部门,它将对该国的贸易条件产生什么影响呢?

如果引进的是偏向劳动密集型产品的技术,那么,为支付进口技术设备的费用,势必要增加劳动密集型产品的出口。但如果世界市场上该类产品已经饱和,甚至供大于求,而有关国家又对劳动密集型产品进口实行保护壁垒措施(事实上如此),那就会使本来就缺乏需求弹性的劳动密集型产品的出口变得更加困难。在这种情况下,试图通过引进偏向劳动密集型产品的技术,生产更多的劳动密集型产品以增加出口,势必导致世界市场价格的下降和贸易条件的恶化。

如果引进的是偏向资本密集型产品的技术,为支付进口技术及设备的费用,就要相应地增加出口。一般来说,与进口技术相联系的是资本、技术密集型产品的出口,或者相应地减少了资本、技术密集型产品的进口。很明显,随着进口替代的发展和对引进技术的消化、吸收以及创新,不仅可以改变进口结构,而且有可能改变产业结构,从而改变出口商品的构成。可见,这是一种有利可图的技术引进。

六、国际收入转移与贸易条件

以上主要从供给角度研究了贸易格局的变动对贸易条件的影响。克鲁格曼则从需求的角度,研究了国际收入转移对贸易格局及贸易条件的影响。[①]

---

① 保罗·克鲁格曼等:《国际经济学》,海闻等充填,中国人民大学出版社1998年版,第98—99页。

国际收入转移对贸易条件的影响,最早是由俄林和凯恩斯在有关第一次世界大战后德国巨额的战争赔款对德国经济究竟有多大影响的论战中提出来的。凯恩斯认为,为了对外赔款,德国必然要多出口少进口,这将压低其出口产品对进口产品的相对价格,恶化德国的贸易条件,从而使德国在战争赔款负担之上又增加了额外的负担。而俄林则表示质疑。俄林认为,当德国为经济重建而提高税收时,对进口产品的需求将下降;当赔款分付到各战胜国时,各国会因收入增加而减免税收或增加政府支出,其中的一部分将用来增加德国产品的进口。这样,德国可在贸易条件不恶化的情况下减少进口、增加出口。

克鲁格曼认为,如果本国将收入的一部分转移到国外,本国的收入将减少,并因此减少支出,相应地外国将增加支出。如果各国支出占世界支出总额的比例发生变动,则世界的相对需求会发生变动,从而影响各国的贸易条件。

克鲁格曼运用边际支出倾向来说明收入变动导致的对不同产品需求及贸易格局的变化情况,及其对贸易条件的影响。

如果收入转出国对出口产品的边际支出倾向高于收入转入国,那么收入转移将使收入转出国贸易条件恶化。因为收入转出国收入减少导致对出口产品国内需求减少,由此增加的出口却大于外国对其需求的增加。这种贸易格局的变动如果能影响出口价格,一定是收入转出国出口价格的下降。若其他条件不变,则收入转出国贸易条件恶化。

相反,如果收入转出国对出口产品的边际支出倾向低于收入转入国,那么收入转移将使收入转出国贸易条件改善。因为收入转出国收入减少导致对出口产品国内需求减少,由此增加的出口却小于外国对其需求的增加。这种贸易格局的变动如果能影响出口价格,一定是收入转出国出口价格的上升。若其他条件不变,则收入转出国贸易条件改善。

但是,如果收入转出国与收入转入国这种边际支出倾向的不同,仅仅是因为消费偏好的不同,则上述推论不能成立。克鲁格曼认为,各国消费者都有偏好本国产品的习惯,因此,当一国收入转移出去时,其消费者对本国产品需求下降,从而将减少本国产品的生产。多出来的资源将用于出口产品的生产,这使得收入转出国出口供给增加;与此同时,收入转入国在收入增加后对其自身非贸易品(即仅在国内销售的产品)需求增加,导致资源从出口生产中转向非贸易品生产部门,出口因此下降。如果这能够影响贸易价格,将使得收入转出国出口产品相对于收入转入国出口产品价格下降,收入转出国贸易条件恶化。

收入转移与贸易格局及贸易条件的关系得到有关贸易实践的验证。20世纪80年代,许多低收入国家陷入债务危机,外债偿债期的到来使其由原先的高额收入转入国(因获得大量国际贷款而成为资金净流入国),变为被迫向国外支付高额转移收入的收入转出国(偿债本息的支付使其资金净流出),并使贸易条件相应恶化。如果以1980年的贸易条件为100,非石油出口发展中国家的贸易条件指数1981—1985年分别为95、94.4、94.4、95.1和92.8。

综上所述,当代国际经济学从多侧面、多因素着手探讨了贸易条件的变动与贸易格局演变的关系,把注意力更多地放在贸易条件的变动对贸易利益分割的影响上,进而研究贸易条件的变动对一国经济发展和国民福利的影响,丰富和发展了贸易条件理论。

西方国际经济学关于贸易条件的理论,本质上是为发达国家的贸易实践服务的,其理论基础和体系也不完全是科学的。但是,它基本反映了国际贸易发展中的一些带有普遍性、规律性的东西,是内含科学成分较多的一种理论。在各国经济相互依赖、相互联系日益加深,国际关系相对平等化的今天,各种类型、不同经济发展阶段的国家若要加快经济发展,就不能不参与国际分工与贸易。但在国际竞争、国际交换中能否得到更多的利益,甚至避免受损,与一国的贸易条件关系甚大。关于贸易条件的理论具有重要的参考价值。

第四节 关于不平等交换问题的理论

发展中国家在当代国际贸易中的作用不断加强。南北贸易即发展中国家与发达国家之间的贸易,是国际贸易的重要组成部分。据统计,经济合作与发展组织(OECD)成员国对发展中国家的出口占其出口总值的40%。世界贸易组织在其年度报告中也一再指出,在推动全球贸易增长的诸多因素中,非经合组织国家和地区具有重要作用。

然而另一方面,南北贸易在迅速发展的同时,双方经济发展水平的差距却越拉越大,南方国家的贸易条件不断恶化。这引起了人们对南北国家之间是否存在不平等交换及为什么会存在不平等交换问题的关注。

一、马克思主义经典学派的不平等交换理论

有关马克思主义经典学派不平等交换问题的看法也不尽相同,概括起来,大致有以下几种观点。

(一) 以国际价值作为衡量交换是否等价的标准

这种观点认为,根据马克思的国际价值理论,在国内,商品按照社会必要劳动量进行的交换是等价交换(其中存在较多的个别劳动只能交换到较少的社会劳动的现象);那么,在国际上,每个国家的劳动只能当作一个国别劳动,商品按照国际社会必要劳动量即国际价值进行的交换,也就应当认作等价交换,即只要双方交换商品的国际价值量相等就是等价交换。

因此,一些劳动生产率比较高的发达国家,往往能够以低于国际社会必要劳动量生产某些产品出口,并由此获得较高利润;而另一些不发达国家则只能以高于国际社会必要劳动量生产某些商品供出口,在国际市场上获利较少或根本不获利。这样,交换双方所得到的物化劳动量是不等的,但只要它们的交换是按国际价值进行的,就应被看作等价交换。

这一学派也不否认国际贸易中长期存在不平等交换,但他们认为这不能归因于各国劳动生产率的差异,而是超经济因素和垄断作用的结果。

(二) 不平等交换是指不等量劳动的交换

这种观点认为,从使用价值的角度来看,国际贸易对于双方都是有利的,然而交换商品中包括的劳动量是不相等的。马克思认为不平等交换就是指不等量劳动相交换。例如,马克思写道"处在有利条件下的国家,在交换中以较少的劳动换回较多的劳动"[1],也就是说,

---

[1] 马克思、恩格斯:《马克思恩格斯全集》(第25卷),人民出版社1975年版,第265页。

经济发达国家在国际贸易中付出的商品所包含的国民劳动较少,而在交换到的商品中却包含有不发达国家数量较多的国民劳动。

在世界市场上,一个国家的劳动生产率较高时,就被看作能创造出更大价值的劳动。所以,劳动生产率的差异是国际贸易中形成不平等交换的主要因素。由于这一点,劳动生产率较低的不发达国家,被迫以低于国民价值的价格出售自己的产品,而发达国家则按照高于国民价值的价格来出售产品。这也就是一个单位生产率较高、劳动强度较大的国民劳动可以与多个单位生产率较低、劳动强度较小的国民劳动相交换。尽管国际交换中是以等量的国际价值为标准的,符合等价交换的规律,然而其却掩盖着少量劳动交换多量劳动的事实,形式上的平等包含着实质上的不平等。

形成这种不平等现象的客观原因是:价值规律在国际市场上的作用不同于国内市场。在各国国内市场上,由于生产要素可以自由流动,等量劳动相交换就成为一种普遍的规律,不等价交换只是作为一种偶然存在。例如,当国内市场上某种商品供过于求时,其实现的价格就会低于本身的价值,这时价值规律就会调节劳动时间的分配比例,重新恢复到等量劳动相交换的基础上来。然而世界市场上并不存在一个按照各国国民经济需要,在地球上重新分配社会劳动的机制。因为劳动力、资本等在国家之间不能自由流动,于是出现了商品的国际价值与国民价值并存的现象。前者是以世界平均的抽象劳动为单位来衡量商品价值,后者则以一个国家平均的抽象劳动为标准来计量商品的价值。所以,国际贸易中的交换总是既有平等的一面,也有不平等的一面。在研究商品的国际价值时,既要肯定商品生产和价值决定的国际性,也要看到商品生产存在的国家性、民族性。

(三) 不平等交换是指贸易利益的分配不平等

苏联经济学者粤洛谢维奇和匈牙利经济学家泽尔科等人认为,国际贸易中的不平等交换是指贸易的利益没有在参与国之间平等地进行分配。持这种观点的人承认古典学派比较利益理论的合理性,即各国内部的商品交换比例决定了比较利益的上下限,在国际贸易中,如果贸易条件超过了一方的极限,便不可能长期维持下去。然而在比较利益的范围内,并不是双方能自动平等地分配这种利益。国际市场上确定的价格往往使一些国家得到的利益较多,另一些国家得到的利益较少。但是,即使对于获得利益较少的国家来说,还是比国内自己生产各种商品要好。

产生贸易利益分配不平等的原因是什么呢?应该说是因为发展中国家和发达国家在国际权力结构中的地位不平等,是因为资本主义性质的国际生产关系。资产阶级古典经济学把贸易利益的分配完全归于市场供求关系作用的结果,显然带有辩护的性质。在现实的国际交换中,发达国家总是利用自己在政治上和经济上的有利条件,最大限度地把贸易的利益占为己有。例如,在政治上,发达国家利用政府的"军援""经援"等形式,诱导甚至逼迫发展中国家以较低的价格向他们出售商品,而以较高的价格向发展中国家售出本国的商品。在经济方面,发达国家往往利用自己的垄断地位谋求较好的贸易条件,新的技术、设备、知识等,更是奇货可居,发达国家常常迫使发展中国家对此支付很高的价格。此外,跨国公司还通过投资来控制原材料生产、垄断销售市场等。在公司的调拨价格中有意压低初级产品和中间产品的价格,抬高最终产品的价格,以价格差的形式来提高母国公司的利润等。

二、西方经济学家的不平等交换理论

战后,国际经济学界曾发生了以普雷维什为代表的发展经济学家和"正统"国际经济学家关于贸易条件的理论之争。普雷维什等人认为,由于贸易条件长期对发展中国家不利,所以国际贸易的利益实际上大部分为发达国家占有,也就是说,国际贸易利益在发达国家和发展中国家之间的分配是极其不平等的。在普雷维什看来,"中心—外围"式的世界政治和经济结构是造成发展中国家贸易条件恶化的根本原因。他的观点引起了国际经济学界的大争论。一些西方经济学家从经济结构、生产方式等经济内在因素系统地研究了发展中国家贸易条件恶化的原因,形成了一些有代表性的理论观点。

(一) 以普雷维什为代表的"中心—外围"论

早在 20 世纪 50 年代,一些拉丁美洲经济学家就提出依附理论,认为当今的国际经济体制是以发达国家为中心,发达国家控制着由发展中国家组成的外围地带。唯有中心国家能够独立自主地发展,而外围地带只能顺应中心国家的发展而发展。这种依附关系在国际贸易方面则表现为贸易条件的长期恶化,经常性的国际收支逆差。阿根廷著名经济学家普雷维什和联合国经济专家辛格赞同这个依附理论,并着重分析了发展中国家贸易条件长期恶化的原因和后果。

在他们之前,人们一般认为发展中国家出口的初级产品的价格相对于发达国家出口的制成品价格应不断上升,这是因为初级产品的生产依赖于土地、自然资源等,这些资源的供给有限且具有报酬递减的趋势。因此,从长期看,这些产品的价格应不断上升。而制成品生产则因规模经济作用,其成本不断下降,故价格应不断降低。但普雷维什考察了1870—1930 年英国对外贸易的比价,发现发展中国家出口的初级产品的比价实际在下降。另外,在发达国家中,制造业劳动生产率的提高改善了他们的工资收入,增加了资本利润;而发展中国家初级产品劳动生产率的提高则只是降低了初级产品的国际价格。因此,新技术的运用和劳动生产率的提高,对发展中国家来说不是"福音",反而使其经济状况恶化。

对此,普雷维什从三个方面做了解释:① 发达国家有着强大的工会组织,在经济繁荣时劳动者的工资会上涨,经济衰退时,由于工会的力量,劳动者的工资也不至于下降。而发展中国家的工会组织一般都较弱。② 发达国家有强大的垄断组织,他们可以操纵价格,从而保持价格的高水平。而发展中国家的初级产品一般是在接近完全竞争的市场条件下进行交换的,因此发展中国家劳动生产率的提高只能带来产品价格的降低。③ 从产品的需求收入弹性来看,初级产品的需求收入弹性一般都小于1。随着发达国家收入的提高,他们对发展中国家产品的相对需求会越来越少。但与此相反,发展中国家生产力的增长又迅速扩大了初级产品的供给。其结果必然导致初级产品的国际价格下跌。

按照普雷维什的理论,如果各个国家根据资源分布和各自优势进行国际分工和贸易,发展中国家会因此而受损。发展中国家的技术改进与生产率的提高只能为发达国家提供更廉价的原料。因此,发展中国家要解决国际贸易中的不平等交换,唯一出路是实行工业化。普雷维什的理论为早期的进口替代发展战略奠定了理论基础。

关于"中心—外围"论,克鲁格曼还从规模经济、运输成本与新经济地理学的角度做了全新的发展。这也是他 2008 年独享诺贝尔经济学奖的原因之一。1979 年,克鲁格曼在他的文章《收益递增、垄断竞争和国际贸易》的文章中就提出了如下问题:如果过高的运输成本和其他障碍使得贸易无法进行时会出现什么状况?为此,他引入了报酬递增中的生产要素流动。指出在没有贸易的情形下,要素流动将替代贸易并导致集聚发生:劳动力将会集中于一个地区,至于移向哪个地区则取决于这个地区最初的人口规模。这成为新经济地理学中"中心—外围"模型的雏形。

20 世纪 80 年代后期,规模经济和不完全竞争开始被纳入地理区位和贸易的一般均衡模型中,形成了新经济地理学或称空间经济学。在这方面最有影响力的当属克鲁格曼。[①] 1991 年,克鲁格曼在《规模报酬和经济地理》一文中建立了一个"中心—外围"模型,回答了为什么起初两个人口规模差不多的地区,一个地区的人口会向另一个地区流动、企业会迁移,最终一个地区变成了工业化的中心,另一个却成了农业外围地区?假设有两个地区,起初这两个地区的人口规模差不多。假定这种均衡偶然地被人口流动打破,从而使一个地区人口略大于另一个。如果本地市场效应与实际工资的影响足够强大,使得人口多的国家和地区更能实现生产所需的最佳规模,从而使产品价格更低、实际支付的工资更高,就会造成劳动力进一步向人口多的国家和地区聚集。累积循环的过程、移民人口的不断增加和市场规模的不断扩大,最终使得要素集聚的力量不断变得强大,并产生"瞬间突变",区域性的不平衡得以内生地形成,一个地区成了工业中心,另一个地区变成农业外围,"中心—外围"体系因此形成。"本国市场效应"所体现的较低的运输成本、较大的规模经济和较大的制造品份额,是生产要素向大的市场集中、工业中心得以维持的条件。这一模型的核心是企业愿意把生产区位选在最大的市场,从而节约销售运输成本。而市场的规模,依赖于居民的数量和收入水平。它可以通过市场进入效应和生活成本效应形成城市集聚,又会通过市场拥挤效应,使集聚在中心城市的企业竞争加剧、利润减少,迫使企业重新选择区位,搬迁到外围区域,形成"中心—外围"模型的逆转。

(二) 以辛格为代表的发展中国家贸易条件全面恶化论

20 世纪 80 年代后期,辛格等人对发展中国家在与发达国家贸易中贸易条件恶化的问题做了进一步研究。他们发现,发展中国家贸易条件的恶化除了发生在发展中国家初级产品对发达国家制成品的贸易中外,还出现了两个新的趋向。

(1) 发展中国家初级产品贸易条件的恶化甚于发达国家初级产品贸易条件的恶化。联合国 2000 年 1 月发布的统计资料也证明了此点。1980—1999 年,发达国家和发展中国家的初级产品出口价格指数分别下降了 25% 和 58%。

(2) 发展中国家制成品贸易条件的恶化甚于发达国家制成品贸易条件的恶化。辛格等人通过部分发展中国家(地区)1965—1985 年制成品的贸易条件统计证明了这一点。

这说明,发展中国家在与发达国家贸易过程中的贸易条件恶化不仅表现在传统的初

---

① 梁琦:"2008 年度诺奖得主克鲁格曼学术成就评选",《国际经济评论》,2008 年 11—12 月刊。

级产品对制成品贸易领域,而且表现在初级产品对初级产品、制成品对制成品贸易领域,发展中国家的贸易条件全面地恶化了。世界银行1997年的统计资料也表明,在1980—1995年,低收入国家的商品贸易条件和收入贸易条件都呈下降趋势。如果以1997年为100,那么这两项指标分别从121和105降至91和89。这说明发展中国家试图通过进口替代、出口导向战略来改变对外贸易商品结构的努力,并不能彻底解决其贸易条件恶化问题,只是扩展了贸易条件恶化的范围。发展中国家的贸易条件存在长期恶化的趋势。[①]

辛格等经济学家将此归咎于发展中国家普遍存在的债务负担。他们认为,20世纪80年代国际借贷利率骤升加剧了许多发展中国家的债务负担,从而形成了扩大出口的压力。而一些国际经济组织则机械地套用小国模式,建议发展中国家效仿出口扩张的经济战略。但是,多数发展中债务国产业结构基本相似,出口产品差异性小,这使得小国模式下产品出口在国际市场上面临完全需求弹性的前提条件不复存在。结果,广大发展中国家竞相推动出口的努力导致国际市场产品的供过于求,使得原先一国独自出口所得贸易利益因他国群起效仿而丧失。发展中债务国增加出口供给造成的价格倾销,不仅恶化自身贸易条件,且波及他国的贸易条件。由此,债务危机与贸易条件之间形成恶性循环:还本付息的压力迫使出口量增加并导致贸易条件恶化;贸易条件恶化又进一步加剧债务负担;贸易条件恶化造成的出口收入下降还将迫使债务国强制性压缩包括资本品和原材料在内的进口需求,而这势必降低生产能力,并最终阻碍出口增长。

这样,辛格等人将贸易条件恶化的范围从初级产品扩大到制成品,进一步强化了贫困化增长的概念。辛格在实际检验中发现,北方国家制造业劳动生产率的上升幅度显著高于南方国家,两者差距自20世纪70年代以来不断扩大。以净贸易条件衡量,南方贸易条件在恶化;若以要素贸易条件衡量,则恶化倾向更为严重。辛格等人指出,将边缘地区(南方)的出口产品更多地由初级产品转变为制成品并不能为相对于中心地区(北方)的贸易条件恶化提供一条真正的出路。

辛格等人在20世纪80年代后期的研究成果虽然结论过于悲观,但在当代的国际贸易中,发达国家一直居于主导地位,攫取了国际贸易分工的主要利益,有时甚至采取损人利己的政策,发达国家与发展中国家之间收入差距不断扩大,甚至一些发展中国家日益被"边缘化",确实是不争的事实。这意味着发展中国家改善自己国际贸易分工地位的道路还很漫长,改变国际经济旧秩序的国际任务还很艰巨。

另外,特别需要强调的是,在当代知识经济迅速发展的情况下,发达国家占据人类主要的知识与技术财富,研究与开发实力雄厚,WTO框架内对知识产权保护的加强又加大了发展中国家引进国外先进技术的成本。发展中国家如果不采取有效的经济发展战略,在未来制成品对发达国家知识产品的贸易中,贸易条件将可能进一步恶化。

(三)伊曼纽尔的不平等工资理论

伊曼纽尔另辟蹊径,研究发达国家和发展中国家间的不平等交换问题。她认为,发达国家与发展中国家间的不平等交换主要来自双方的工资不平等。导致两者工资不平等的

[①] 董国辉:"'贸易条件恶化论'的论争与发展",《南开经济研究》,2001年第3期。

原因有两点:一是发达国家有着不断扩大的工会组织,而发展中国家的工会不是不存在就是不起作用;二是在发达国家和发展中国家之间劳动力不能自由流动,而资本可以自由流动,因此资本的报酬在两种国家间应相等。她认为,发达国家强大的工会力量使其劳动者的工资保持在一个高水平上。这样一方面发达国家的高工资形成了高消费,强大的消费需求又进一步刺激生产的扩大与技术的进步,从而带来经济成长的良性循环;另一方面,发展中国家的低工资导致了贸易条件的恶化,使之处于越来越恶劣的贸易环境下。因此,她认为,为了改变国际贸易中的不平等现象,发展中国家应对出口产品征税,人为地提高初级产品的国际价格。[1]

(四) 芬德利的不平等交换与发展理论

20世纪80年代以后,随着国际贸易理论的新发展,以及人们对发展中国家和发达国家之间贸易特点认识的加深,经济学家们开始用更严格的理论模型来解释国际贸易中的不平等交换问题,使这一问题的研究取得了新的发展。

1980年,美国哥伦比亚大学的芬德利教授在其论文《世界贸易中的贸易条件与均衡增长》中,把贸易条件的变化与国民经济发展速度联系起来。他运用索洛的新古典主义增长模型描述发达国家的经济发展,用刘易斯的劳动力无限供给模型描述发展中国家的经济状况,还运用约翰逊的贸易条件理论把不平等贸易与经济增长联系起来。该文献集多家之长,开辟了不平等贸易问题的研究新路。

芬德利的主要观点如下:从短期来看,国际间的贸易均衡决定于发达国家和发展中国家出口产品的供给与需求。发达国家的经济增长率决定于经过技术进步和劳动生产率调整过的劳动力的增长率,即"自然增长率"。发展中国家的经济增长率则依赖于与发达国家的贸易比价,即贸易条件。若短期内对发展中国家出口产品的需求大于供给,其贸易条件会得到改善,发展中国家的经济也可快速增长。反之,则发展中国家的贸易条件会恶化,经济增长率也要下降。从长期来看,发达国家的技术进步或投资增长均能增加发达国家的人均收入,且不影响其贸易条件。但发展中国家的劳动生产率的提高或投资增长却会引起贸易条件的恶化,最终导致人均收入下降。

根据芬德利的观点,发达国家应实行自由贸易政策,因为其经济增长率决定于自然增长率。而发展中国家为改善贸易条件,促进经济增长,应采取出口加税、征收进口关税等措施。

(五) 克鲁格曼的递增规模经济与南北不平衡发展理论

克鲁格曼为了阐述规模经济与南北国家不平衡发展之间的关系,设计了一个两个国家(南与北,即发展中国家与发达国家)、两种投入(劳动与资本)、两种产品(制成品和农产品)的动态模型。在该模型中,以劳动与资本为投入的制造业有着由外部经济所引起的递增规模经济效益。[2] 而仅以劳动为投入的农业则为常数规模经济。资本的积累与投资来自制成品工业的利润。

---

[1] 汤敏、茅于轼:《现代经济学前沿专题》(第一集),商务印书馆1989年版,第202—207页。
[2] 外部经济是西方经济学中的一个重要概念,它是指某一经济主体从别的经济主体的经济活动中受益,但并未参与决策和付出代价。

在发展的初期,发达国家与发展中国家均生产两种产品。但由于某种原因,发达国家的资本投入相对较多,因而多生产制成品。因规模经济的作用,发达国家会获得较高的利润。利润向投资的转化又使发达国家不断扩大制成品的生产与出口。而发展中国家的制成品生产则遭到两方面的压力:一方面是自身的资本不足,另一方面是发达国家制成品进口的竞争。因此,发展中国家会多生产农产品。这样的生产过程不断地循环。随着时间的推移,发达国家与发展中国家之间的差距不断扩大。最后可能产生三种格局:① 发展中国家仅生产与出口农产品,发达国家则生产制成品与部分农产品,出口制成品;② 发展中国家仅生产与出口农产品,发达国家仅生产与出口制成品;③ 发达国家生产与出口制成品,发展中国家生产农产品与部分制成品。不管是哪种生产格局,都对发展中国家不利,从而使其贸易条件恶化并导致发达国家与发展中国家间经济发展的不平衡。

达特则进一步发展了克鲁格曼的思想。他把克鲁格曼的外部经济问题具体解释为人们在生产过程中积累起来的技术和经验向劳动生产率提高的转化。他指出,发达国家通常生产和出口一些需要先进技术、复杂工艺和严密组织管理的产品,在这些产品的生产过程中,人们能不断积累经验,形成良性循环,而发展中国家则只生产那些较低技术水准的产品,生产只是在原来基础上的简单重复,因而随着时间的推移,发达国家与发展中国家之间经济水平的鸿沟会越变越大。

西方经济学家对国际贸易中不平等问题的解释各有侧重,这些论述对于发展中国家对外贸易的发展具有多方面的启发意义。

(六)当今国际不平等交换的最新体现

在当今世界经济中,由于发达国家与发展中国家经济发展水平的差异,国际不平等交换又以新的形式呈现。

第一,发达国家与发展中国家的国际不平等交换已经延伸到全球创新领域。当前在全球创新体系中,发达国家与发展中国家也已形成"中心—外围"结构。在传统制造业、先进制造业和战略性新兴产业等产业的研发创新领域,发达国家占据全面累积性领先优势。这种优势不仅体现在基础研究、应用基础研究、原始创新、颠覆性技术创新、关键核心技术创新环节,而且体现在应用开发研究、中间实验研究、工程化研究和产业化商业化研究环节,甚至体现在先进生产设备、关键零配件、关键材料和核心生产工艺方面。上述这些环节构成完整的创新链,发达国家在创新链上全方位的优势对发展中国家实现技术追赶形成明显的压制,发展中国家难以形成自身在创新领域的优势,难以在高科技行业对发达国家形成强有力的挑战。发达国家在国际分工体系中,牢牢把握高科技行业或环节,获取高附加值,而发展中国家只能从事低技术行业或环节的生产,获取低附加值,这就进一步固化了国际不平等交换,强化了国际分工地位中的高中低阶梯格局。

第二,碳排放下发达国家与发展中国家责任分配不平等。地球变暖已经导致一系列自然灾害和极端天气,对全球经济运行和社会发展造成巨大损失。如果不对气候变化导致的未来威胁及时采取有效措施,那么人类生存都可能遇到严重挑战。在这一背景下,减少碳排放已经成为全世界各国共识。但在减排过程中,不同国家承担的减排义务如何划分,这成为各国争议的焦点。

1992年5月通过的《联合国气候变化框架公约》是全球应对气候变化的纲领性文件，公约明确规定发达国家和发展中国家应对气候变化负有不同责任，发达国家要率先减排，同时向发展中国家提供减排所需的资金和技术。2015年，巴黎气候大会达成的《巴黎协定》制定了把地球温度升高控制在2℃以内，并向1.5℃努力的目标。但近年来，发达国家在气候变化议题上提出，发展中国家，特别是中国和印度已经成为碳排放的主要国家，发展中国家要担负和发达国家一样的责任，否则全球温室气体排放仍然越来越多。他们提出中国占世界碳排放的27%，美国占11%，排名第三的印度占6.6%。印度连续五年二氧化硫排放居全球第一，排放量占全球21%。中国人均碳排放排名世界第42位，和德国和英国差不多。美国人均碳排放全球最高。但是考虑到历史因素，发达国家是主要排放者，而发展中国家总排放量少；发达国家高排放产业转移到发展中国家，导致后者当前排放水平高；发展中国家生产的产品再出口到发达国家供其消费。这些因素都表明，发达国家要求发展中国家承担同等水平的减排义务是国际不平等交换最新进展的体现。

本章小结

本章在介绍有关国际贸易条件基本概念的基础上，分析了有关贸易条件决定的理论，并对发展中国家与发达国家的不平等交换进行了探讨。它所研究的实际上是贸易利益在贸易伙伴之间的分割问题。

由于贸易条件关系到贸易利益的分割，影响贸易参与国的经济发展与国民福利，西方经济学家对贸易条件问题的研究比较重视。最早对此问题加以研究的是约翰·穆勒。他在李嘉图比较成本理论的基础上进一步从需求的角度研究了均衡贸易条件即现实贸易条件的决定问题，得出了"国际需求方程式"，并指出了相互需求强度对贸易利益分割的影响。在穆勒的基础上，马歇尔又进一步用提供曲线分析了均衡贸易条件的决定，使得关于贸易条件问题的研究更为精确。在他们之后，西方经济学家主要从供给的角度又进一步分析了经济增长、技术进步、贸易商品结构、贸易政策和技术贸易对贸易格局及贸易条件的影响。克鲁格曼还从需求的角度研究了国际收入转移对贸易格局及贸易条件的影响。

对于发达国家与发展中国家之间的不平等交换问题，马克思主义经济学家和西方国际经济学家都进行了广泛深入的研究，得出了不少有价值的结论。马克思主义经济学家主要从国际价值、等量劳动交换的角度研究国际不平等交换问题。西方国际经济学家及一些发展中国家的发展经济学家则主要从实践的角度研究此问题，得出了"中心—外围"论、发展中国家贸易条件全面恶化论、不平等工资理论、规模经济与南北不平衡发展理论等学说。这些学说对发展中国家在国际贸易中如何改进自己的贸易分工地位具有有益的启示。

复习思考题

一、名词解释

贸易条件　均衡贸易条件　提供曲线　罗勃津斯基定理　贫困化增长　节约劳动资本型技术进步　最适当关税

二、思考题

1. 相互需求原理的主要内容是什么？其理论上的贡献和局限性何在？
2. 什么是提供曲线？试作图说明提供曲线的转移及其经济效应。
3. 试述一国国内经济增长对贸易格局和贸易条件的影响。
4. 试述开放经济条件下一国经济增长对他国贸易格局及贸易条件的影响。
5. 什么是贫困化增长？为什么会出现这种现象？
6. 技术进步有哪些类型？它们对贸易条件有什么影响？
7. 如何分析国际贸易商品结构对贸易条件的影响？
8. 试述关税政策对一国贸易条件的影响。
9. 试述国际收入转移对国际收入转出国贸易格局及贸易条件的影响。
10. 试述"中心—外围"论的主要内容。20 世纪 80 年代后期辛格又对其进一步做了哪些发展？
11. 试述克鲁格曼规模经济与南北不平衡发展理论的主要内容。

第六章

国际贸易政策的理论分析

国际贸易是国家或地区之间商品和服务的交换活动。它与国内贸易的一个显著区别在于国际贸易是以国家为单位的，国际贸易中的交换比率即贸易条件直接关系到一个国家获取贸易利益的多少。因此，出于对本民族利益的考虑，各国政府几乎无一例外地要采取一定的政策措施来干预对外贸易。一国国际贸易政策的选择总是受一定理论指导的，本章主要分析贸易政策选择所依据的一般理论。

第一节 国际贸易政策概述

一、对外贸易政策的含义及其形式

(一) 对外贸易政策的含义

国际贸易政策是各国或地区间进行商品和服务交换时所采取的政策。国际贸易政策按其实施主体、实施范围的不同，可分为多边贸易政策、诸边贸易政策和一国的对外贸易政策。多边贸易政策是在全球范围实施的有关商品和服务交换的政策。诸边贸易政策是在两个以上的国家或国家集团间实施的政策。如果是两个国家间实施的则为双边贸易政策，地区间实施的则为区域贸易政策。从单个国家的角度出发，有关国际贸易的政策即是一国的对外贸易政策。

对外贸易政策是指一定时期内一国对进口贸易和出口贸易所实行的政策。一般来说，外贸政策主要包括三个方面的内容：首先是对外贸易的总政策，即一国在总体上采取的是相对自由的贸易政策还是保护贸易政策。对外贸易总政策通常与一国的经济发展战略相联系，通常会在一个较长的时期内实施。其次是商品进出口政策，比如有意识地扶植某些出口部门，或暂时限制某些种类商品的输入等，它通常与该国的产业发展政策有关。第三是有关国别贸易的政策，即一国根据有关国际经济格局以及政治社会关系等，对不同的地区或国家制定不同的政策。在现实经济生活中，上述三个方面是相互交织的，比如商品的进出口政策总是离不开对外贸易总政策的指导，而外贸总政策又不是纯粹抽象的东西，会通过具体的商品进出口政策来体现。

对外贸易政策是国内经济政策的延伸，与国内经济政策有着不可分割的内在联系。一国的外贸政策都是以本国、本民族的利益为基点，而不是全世界的福利。在这个相互依赖不断加深的世界上，民族利益仍高于一切。一般来说，一国的外贸政策的目的是为了维持国内的经济稳定和增长,保持国际收支平衡以及增加就业和劳动者的收入,这与一国的宏观经济目标基本一致。当然,外贸政策又同国内的经济政策有较大的区别,其政策的制定要考虑国内外诸多因素。因此,外贸政策具有与国内经济政策诸多不同的特点。对此,我们将在下面进一步分析。

(二) 对外贸易政策的两种基本形式

从对外贸易实践看,对外贸易政策可分为两种基本形式,即自由贸易政策和保护贸易政策。

自由贸易政策是指政府取消对进出口贸易的限制,不对本国商品和服务的进出口商提供各种特权和优待,力图消除各种贸易障碍,使商品和服务能够自由地输出和输入,在世界市场上实行自由竞争与合作,从而使资源得到最合理配置。自由贸易政策实质上是"不干预政策"。

保护贸易政策是指政府采取各种措施限制商品和服务的进口,以保护本国的产业和市场不受或少受外国的竞争。同时,政府对本国商品和服务的出口实行补贴和各种优待,以鼓励出口。保护贸易政策以增进本国、本民族利益为目的,其实质是"奖出限入"。

需要指出的是,自由贸易政策和保护贸易政策都不是绝对的。一国实行自由贸易政策,并不意味着完全的自由。西方发达国家在标榜自由贸易的时候,总是或明或暗地对某些产业进行保护。例如,20世纪60年代以来,日本一直标榜自由贸易,对绝大多数自由贸易协定都积极参与签署。但日本又同时采取各种国内措施、技术措施等对外国与本国存在竞争关系的产品或本国的劣势产业加以变相保护。日本自己国内的贸易专家也指出,如果日本取消有关技术限制措施,日本的纺织品、粮食进口将增加一倍。自由贸易口号往往是一种进攻的武器,即要求别国能够实行自由贸易。一般来说,只有贸易双方都同意开放市场,自由贸易政策才能付诸实施。

实行保护贸易政策并不意味着完全封闭、不与别国开展贸易,而是对某些商品的保护程度高一些,对某些低一些,在保护国内生产者的同时维持与世界市场的联系。

根据不同历史时期各国奉行保护贸易政策的目的、对象、范围和经济影响的不同,可以将保护贸易政策分为正当的保护贸易和不正当的保护贸易(即保护主义)。

正当的保护贸易是指在国际竞争中,经济实力相对弱小的国家采取适当措施保护本国某些弱小的新兴工业部门和有利于国民经济发展的部门,以促进这些部门和整体经济的平稳发展。这种保护有助于弱小国家的经济发展,也有助于随着收入的增加增加与国外的贸易机会,从而对世界经济的发展有积极的促进作用。同时,由于这些国家在世界经济中处于弱势,其保护贸易政策的实施不会改变国际贸易的政策方向。因此,它在一定程度上是合理的。

不正当的保护贸易即保护主义,是指经济发达国家特别是在世界经济中居主导地位的某些国家(如美国),出于维护本国特定利益集团的利益甚至是社会政治利益(如选举政治)的需要,对本国垄断势力较强的某些衰退行业和传统生产部门、影响选举投票的部门等所实行的保护。它对经济发展起着阻碍作用,其表现有二:一是由于保护的是垄断的衰退行业和传统行业,保护目的是为了该行业或部门垄断集团利益,因而保护程度往往较高,对该国经济结构调整阻碍较大;二是实行这种保护主义的常常是在世界经济中实力较强的国家,它们能够影响世界贸易政策的发展方向,使之偏向保护主义,从而阻碍世界经济贸易的发展,恶化全球贸易关系。它是一种以邻为壑的贸易保护政策,应加以摒弃。

总之,一个国家实行哪种形式的对外贸易政策是由国内和国外多种因素决定的,根本上都是为了更好地维护本国利益。

二、对外贸易政策的制定

实践中的对外贸易政策有自由贸易与保护贸易之分。作为具有公共产品性质的制度,一国对外贸易政策的制定可以从制度供给与制度需求两个方面进行分析。

(一) 影响对外贸易政策制度供给的因素

一国对外贸易政策的制定与执行机构即制度的供给方主要是其议会与政府。从福利经济学角度,作为国家利益代表的议会和政府在制定对外贸易政策时应该以资源的最优配置和本国福利最大化作为根本的决定因素,但在西方国家的选举政治中,议会和政府的目标除了经济因素之外,更看重选票和执政权。为了后者,西方国家议会和政府对自由贸易与保护贸易政策的偏好往往因时、因地、因选情而异。以美国为例,对外贸易政策的制定很大程度上体现在共和党与民主党的两党之争上。从政党的分歧来看,战前代表工商业的共和党一般主张实行高关税的贸易保护,而代表下层社会的民主党则支持自由贸易。战后初期,民主党政府倡导并建立多边贸易体制,而共和党则表示反对。自1951年起,共和党逐步转向自由贸易,民主党则在一些具体问题上偏向受进口冲击行业的立场。但正如鲍德温所说:"尽管国会投票表明70年代初共和党赞同而民主党反对自由贸易,然而不能肯定地说这代表了两党永恒不变的立场。……确切地说,是自由主义还是保护主义不再明显地具有党派性质。议员们的投票更多地受他们所属的州或行业以及总统压力(如果他们属于同一党派)的影响,而非传统的偏好。"[①]例如,在20世纪90年代克林顿执政期间,控制议会多数的共和党就立即从其前任里根和布什时期的鼓吹自由贸易转向强烈的贸易互惠主义。

除了选票之外,不同国家的议会和政府在制定对外贸易政策时也须考虑以下因素:

(1) 经济力量的强弱。一般来说,经济比较发达、国际竞争力较强的国家,总体上倾向于自由贸易政策,主张在世界范围内进行自由竞争与合作。反之则倾向于保护贸易政策,对对外贸易加以诸多限制。一国国际竞争力相对地位的变化,也会影响到贸易政策的选择。

(2) 经济发展战略的选择。经济发展战略的选择一定程度上受利益集团、选举政治等的影响,但由于它是一段较长时期内指导一国经济发展的目标、措施,所以,其选择在很大程度上还是决定于一国经济的总体实力及国际竞争力状况。经济发展战略总体上可分为外向型与内向型两类。采取外向型经济发展战略的国家往往会制定比较开放和自由的外贸政策。对外贸易对一个国家的经济发展愈是重要,该国就越会主张在世界范围内进

---

① 姚金琢、卜伟:"美国贸易保护的特点、决策机制及趋向",《国际贸易问题》,1999年第8期。

行竞争和合作。相反,实施内向型经济发展战略的国家往往会制定相对保护的外贸政策。一个国家特定的产业发展战略也会影响到与该产业有关的贸易政策。例如,如果一国要重点发展某一产业,且该产业在国际竞争中处于相对劣势,则其贸易政策保护性色彩可能较浓。

(3) 国际政治经济环境和一国的外交政策。外贸政策和外交政策关系密切,两者之间存在互相服务、互相促进的关系。在某些场合,对外贸易要服从外交上的需要。而在更多的场合,外交是为外贸打开通道路、提供保护的。当今许多国家都奉行所谓的经济外交战略,或把经济交往作为达到政治目标的一种手段。

(二) 影响对外贸易政策制度需求的因素

从制度需求角度分析,一国对外贸易政策的制定是不同利益集团博弈的结果。前面我们已经分析了从一般均衡角度来看,对外贸易能够使各个国家总体获益,这构成了自由贸易的理由。但从局部均衡角度来看,对外贸易对不同利益集团利益的影响是不一样的,不同利益集团对外贸政策的需求偏好也大相径庭。

下面我们以小国为例,从局部均衡角度分析自由贸易条件下一国的出口与进口对国内不同利益集团及其外贸政策的影响。所谓贸易小国或者大国,不是以其地域面积、人口多寡作为划分依据的,而是以一国的贸易量占世界贸易的比重来衡量的。对出口而言,如果一国某种商品的出口量占世界出口总量的比重较小,其出口量的变化不能影响国际市场价格,则称该国在该种产品上是出口小国。相反,如果一国某种商品的出口量占世界出口总量的比重较大,如中国的蜂蜜、钨矿砂等,其出口量的变化将会影响国际市场价格,则称该国在该种产品上是出口大国。对进口而言,如果一国某种商品的进口量占世界进口总量的比重较小,其进口量的变化不能影响国际市场价格,则称该国在该种产品上是进口小国。相反,如果一国某种商品的进口量占世界进口总量的比重较大,其进口量的变化将会影响国际市场价格,则称该国在该种产品上是进口大国。可见,贸易小国是国际市场价格的接受者,贸易大国则能影响甚至决定国际市场某种产品的价格。

(1) 一国的出口对国内不同利益集团的影响。

以图 6-1 为例。在图中,横轴代表商品数量,纵轴代表商品的价格,D 代表该国国内的需求曲线,S 代表该国国内厂商的供给曲线,E 是封闭状态下的国内供求均衡点,OQ_e 是均衡的供求量,P_e 是均衡价格,P_f 为该种商品的国际市场价格。由于该种商品的国际市场价格高于该国国内均衡价格,故该国是该商品的出口国。现假设该国实行自由贸易,如果不计运输成本等费用,则其国内市场价格将与国际市场价格相一致,国内价格也变为 P_f。这对国内消费者和生产者将分别产生什么影响呢?

图 6-1 小国出口对国内不同利益集团的影响

首先,对国内消费者而言,价格由 P_e 变为 P_f 后,其消费量将由原先的 OQ_e 减少为 OQ_1,减少了 Q_1Q_e;消费者剩余减少了 $a+b$,其中 a 部分是由于自由贸易后,国内市场价格与国际市场价格接轨后消费者多增加的支出，b 部分是由于消费者因价格提高压缩消费而损失的剩余。

其次，对国内生产者而言，在自由贸易条件下价格由 P_e 变为 P_f 后，其产量将由原先的 OQ_e 增加到 OQ_2，增加了 Q_eQ_2；生产者剩余增加了 $a+b+c$ 部分，其中，$a+b$ 及 c 的左半部分是国内价格与国际价格接轨后生产者相对于以前多增加的收益，c 的右半部分是由于增加的产量而获得的剩余。厂商生产大于国内需求的部分 Q_1Q_2 用于出口。

可见，从封闭转向自由贸易，出口小国的国内价格将因与国际市场价格接轨而提高，国内消费者将不仅压缩消费，还要向国内厂商支付更高的价格，消费者减少的消费者剩余转变为出口厂商的生产者剩余；出口厂商则因为价格的提高而增加产量，并获取更多的生产者剩余。不仅如此，与出口厂商配套的国内其他厂商也将从中受益。因此，局部均衡条件下，一国的出口将使国内消费者受损，出口商及其配套厂商即出口集团受益。

（2）一国的进口对国内不同利益集团的影响。

以图 6-2 为例。与图 6-1 相似，图中横轴代表商品数量，纵轴代表商品的价格，D 代表该国国内的需求曲线，S 代表该国国内厂商的供给曲线，E 是封闭状态下的国内供求均衡点，OQ_e 是均衡的供求量，P_e 是均衡价格，P_f 为该种商品的国际市场价格。由于该种商品的国际市场价格低于该国国内均衡价格，若实行自由贸易，该国则是该商品的进口国。与前面的分析一样，现假设该国实行自由贸易，如果不计运输成本等费用，则其国内市场价格将与国际市场价格相一致，国内价格也变为 P_f。在此价格下，国内需求为 OQ_2，国内生产为 OQ_1，OQ_2 大于 OQ_1 部分的 Q_1Q_2 由进口来满足。那进口对国内消费者和生产者产生的影响与出口有什么不同呢？

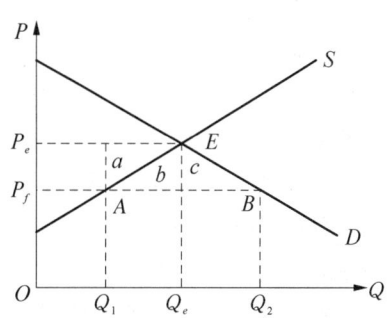

图 6-2 进口小国的进口对国内不同利益集团的影响

首先，对国内消费者而言，价格由 P_e 变为 P_f 后，其消费量将由原先的 OQ_e 增加为 OQ_2，增加了 Q_eQ_2；消费者剩余增加了 $a+b+c$，其中 $a+b$ 部分是由于自由贸易后，国内市场价格与国际市场价格接轨后消费者减少的支出，c 部分是由于消费者因价格降低增加消费而新增加的剩余。

其次，对国内生产者即进口竞争厂商而言，在价格由 P_e 降为 P_f 后，其产量将由原先的 OQ_e 减少到 OQ_1，减少了 Q_1Q_e；生产者剩余减少了 a 部分，其中，a 的左半部是国内价格与国际价格接轨后，生产者相对以前减少的收益，右半部分是由于产量减少而损失的剩余。

可见，从封闭转向自由贸易，进口小国的国内价格将因与国际市场价格接轨而降低，国内消费者将增加消费，同时向国内厂商支付较低的价格，消费者剩余增加；进口竞争厂商则因为价格的降低而减少产量，市场份额下降，生产者剩余减少。不仅如此，与进口竞争厂商配套的国内其他厂商也将因进口竞争厂商市场份额的下降而受损。因此，局部均衡条件下，一国的进口将使国内消费者受益，进口竞争厂商及其配套厂商即进口竞争集团将因此受损。

以上分析表明，国际贸易在从总体上增加贸易国利益的同时，会在国内不同的利益集团间产生利益再分配,不同利益集团从国际贸易中获得的损益进而对外贸政策的需求偏好也各不相同。具体来说,一国的出口集团以及能获得商业利益的进出口贸易商总是倾向于自由贸易政策,进口竞争集团往往倾向于保护贸易政策。对于消费者则要具体分析:自由出口对消费者不利,它将消费者剩余的一部分转化为生产者剩余;自由进口则对消费者有利,它不仅增加了商品供给、降低了价格,还增加了消费者选择的机会,增强了消费者主权。因此,消费者应该是主张自由进口贸易政策的。但现实中,贸易政策的决定从需求角度还取决于不同利益集团的组织程度和组织成本。一般而言,在利益集团对外贸政策的影响中,起主导作用的主要是出口集团和进口竞争集团,消费者集团的利益往往被忽视。其原因有二:一是一项贸易政策的损益分摊到众多消费者身上,他们往往不能明显感受到,而出口集团和进口竞争集团则相反。二是消费者分散在全国各地,难以进行有效组织,消费者有时进行游说的成本可能高于收益,而出口集团和进口竞争集团则往往可以通过行业协会得到良好的组织。

但需要指出的是,虽然各国采取的贸易政策措施大都是从本国国情、不同利益集团的诉求及其力量对比出发的,但在世界经济相互依赖、相互联系日益加深的今天,一味采取"以邻为壑"的政策,也很难行得通。如果每个国家都只从自己的利益出发来制定和实施贸易政策,那么国际贸易就会陷入无序和混乱状态,各国贸易分工的基础将会受到破坏。一项对其他国绝对不利的贸易政策很难长期地起到对本国绝对有利的结果,因为这个国家的外贸政策必然会遭到其贸易伙伴的报复。由此看来,一国外贸政策的制定固然是从本国和本民族利益出发的,但也要考虑到他国的利益,这样才能使互利性的贸易得以长远发展。实践证明,各国制定外贸政策的"天平"总是倾向于本国利益,因此,要真正体现互惠互利,就必须有贸易政策的国际协调,以使贸易遵循某些共同的"竞赛规则"。贸易政策的国际协调要求把各国的外贸政策当作世界贸易总体政策的不同组成部分,考虑到各方利益。关税与贸易总协定就是协调各国贸易政策的一项多边贸易协定,1995 年它为世界贸易组织(WTO)所代替。一国外贸政策的制定不能不考虑其他国家的利益,不能不考虑国际规则。这是外贸政策的一个重要特点。

总之,一国选择什么样的外贸政策,不仅取决于影响和决定制度供求的国内因素,还受制于某些共同的原则和国际规则。既要积极参与国际贸易分工,又要把获取贸易分工利益的代价降低到最低限度,是各国制定外贸政策的出发点。

三、对外贸易政策的演变

在国际贸易形成和发展的不同阶段上,西方国家对外贸易政策有明显的不同。外贸政策的演变一定程度上反映了经济发展过程的要求。

(一) 中世纪时期:鼓励进口的政策

封建时代的对外贸易政策与资本主义时代不一样,在 11—13 世纪,西欧各国大都奉行鼓励进口、限制甚至禁止出口的政策。这是与当时许多国家的物资短缺情况相适应的。农业社会里社会的总供给相当有限。鼓励进口的政策是出于这样几个方面的考虑:第一,维持国内生活必需品的供给,特别是粮食的供应。这种想法被称为"丰裕的政策",导致许多国家的政府采取措施来鼓励粮食和其他必需品的输入,严格限制出口。第二,建立强大的军事力量。这促使许多国家竞相贮藏各种战略物资,如木材、生铁、硝石、马匹等,而对这类物资的出口则加以限制。第三,增加财政收入。一方面,政府对外来的商人和进口货物征税;另一方面对出口货物征税,对外贸易成为财政收入的主要来源之一。总的说来,这一时期西欧国家主要是在进口方面相互竞争,各国普遍设立市场、集市和中心贸易城镇来吸引外国商人。

(二) 资本主义生产方式准备时期:保护贸易政策

16—18世纪是资本主义生产方式准备时期,也是西欧各国开始走向世界市场的时代。在这一时期,为了促进资本的原始积累,西欧各国在重商主义思想的影响下,实行强制性的贸易保护政策,通过限制货币(贵金属)的输出和扩大贸易顺差的办法来积累财富。重商主义最早出现于意大利,后来在西班牙、葡萄牙和荷兰实行,最后英国、法国和德国也先后实施,其中以英国实行得最彻底。对此,将在下一节加以详细分析。

(三) 资本主义自由竞争时期:自由贸易政策

在资本主义自由竞争时期,资本主义生产方式占统治地位,自由贸易政策是这一时期国际贸易政策的基调。自由贸易的政策主张是从18世纪末开始形成的,19世纪70年代达到高峰。

但由于各国资本主义发展的不平衡,西方国家在这一时期实行的贸易政策也有差别。最早完成工业革命的英国和航海业发达的荷兰是全面实行自由贸易政策的国家。这一时期英国采取的自由贸易政策措施主要有:

第一,逐步降低关税税率、减少纳税的商品项目和简化税法。在重商主义时期,英国有关关税的法令达1 000件以上,不同的法令经常对同一商品规定不同的税率。1825年起,英国开始简化税法,降低税率,对制成品进口税的平均税率规定在30%左右,原料进口税为20%,而对出口的限制大部分废除。1841年,英国征收进口税的商品项目有1 163种,1853年减少到466种,1882年再减至20种。而禁止出口的法令都被废除了。

第二,取消外贸公司的特权,对广大民营企业开放外贸经营领域。1813年和1834年,英国先后废止了东印度公司对印度和中国贸易的垄断权,从此对外贸易向所有英国人开放。

第三,废除航海法。从1824年起,英国在与其他国家订立的贸易条约中,逐步放松了对外国船只运输商品到英国的限制。最后于1854年把外贸商品的运输开放给一切国家。

第四,与外国签订贸易条约。1860年,英法两国签订了《科伯登条约》,这是以自由贸易精神签订的第一项贸易条约,其中列有最惠国条款。条约规定英国对法国的葡萄酒和烧酒减低进口税,并承诺不禁止煤炭的输出。法国则把对英国制成品的关税降低至30%以下。随后英国又与其他国家缔结了一系列这种形式的条约。在这个时候欧洲各国形成了一个完整的贸易条约网。

与此同时,一些后进的资本主义国家,如美国和德国等,由于经济发展起步较晚,则先实行一段时期的贸易保护政策,待本国经济有了较大发展之后,才转向自由贸易政策。

然而,从总体上说,自由竞争资本主义时期,西方国家的对外贸易政策是以自由贸易为特征的。

(四)二战前的垄断资本主义时期:超保护贸易政策

当垄断代替了自由竞争以后,市场问题日益尖锐。各主要资本主义国家纷纷转向侵略性的保护贸易政策。这种政策与以前的保护贸易政策有明显的不同:它不是保护国内的幼稚工业,而是保护国内高度发展起来或正出现衰落的垄断工业;它不是为了培养自由竞争的能力,而是巩固和加强对国内外市场的垄断;它不是防御性地限制进口,而是在垄断国内市场的基础上向国外市场进攻;它的保护措施不只限于关税和贸易条约,还广泛采用各种非关税壁垒和奖出限入的措施。简而言之,保护政策成为争夺世界市场的手段,成为攻击而不是防卫的武器。因此,这种侵略性的贸易保护政策又称为超保护贸易政策。

从19世纪70年代末到20世纪30年代,资本主义世界出现过两次保护主义的浪潮。第一次是1875年前后开始,除比利时、荷兰和美国之外,西方工业国家都较大幅度地提高了关税。德国在这方面起了带头作用,它在1879年首先提高进口关税,随后又于1885年、1887年、1902年连续三次提高关税,使农产品的平均进口税率达到36%,工业品达到25%。大约同一时期内,法国也连续三次修订关税。英国在这一时期却仍然奉行自由贸易的政策,因为英国内部的垄断形成较晚,伦敦是国际贸易和国际金融的中心,又拥有广大的殖民地,实行自由贸易比较有利。然而在保护主义浪潮的冲击下,英国也不得不逐步扩大关税的征收范围。

这次保护主义势头形成的主要原因有:首先,垄断资本的发展一方面表明生产力有了较大的发展,另一方面各国的内部市场受到了垄断企业的控制。市场饱和的矛盾日益突出,垄断企业迫使政府加强了对国际贸易的干预。其次,世界经济进入了一个相对缓慢的增长时期,需求不足,各国的发展又很不平衡,导致许多国家实行保护主义政策。再次,竞争的对手增加。这一时期进入世界市场竞争的国家更多了,比如,西欧国家普遍感到农产品方面竞争不过俄国、美洲国家等。

第二次保护主义浪潮是在1929年的世界大危机之后。空前严重的经济萧条使市场问题进一步尖锐化,导致许多国家大幅提高关税,并广泛采用外汇管制、数量限制等手段,阻止外国商品的输入。另一方面,英国和德国等都加强了奖励出口的政策。在激烈的商品战中,各国政府在对外贸易方面无所不用其极,禁止性关税、外汇战争等纷纷登场。1930年,美国把关税税率首先提升到极高的水平,进口商品的平均税率达53.2%,由此引发出世界主要国家间的一场关税战。与此同时,世界主要国家间也爆发了一场货币战,1931年英国放弃金本位之后先后形成了几个排他性的货币集团,如英镑集团、德国双边清算集团等。国际经济中各种矛盾激化是第二次世界大战爆发的重要原因之一。

第二节　保护贸易政策的理论及其发展

自由贸易政策和保护贸易政策的选择都有各自的理论基础。自由贸易政策的理论基础是国际贸易分工理论,前面已做了详细分析。本章对国际贸易政策的理论分析实则为对保护贸易政策理论的研究。

西方国际贸易理论的发展是以自由贸易理论为主线的,但是,西方国际贸易理论史上最早的学说——重商主义,却是典型的保护贸易理论。其后经汉密尔顿,由李斯特创立了完整意义上的保护贸易理论。在当代,保护贸易理论在新的历史条件下又得到了多方面的发展,本节将对此加以分析。

一、重商主义的保护贸易学说和政策主张

(一) 重商主义的保护贸易学说

重商主义是15—17世纪欧洲资本原始积累时期代表商业资本利益的经济思想和政策体系。重商主义者认为,货币是财富的唯一形态,一切经济活动的目的都是为了获取金银货币,一国金银货币拥有量多寡反映了该国的富裕程度和国力的强弱。那么,怎样才能尽可能多地获取金银货币呢?重商主义者认为,除了开采金银矿藏外,只有发展对外贸易才是增加一国货币财富的真正源泉。因此,所谓重商主义,实际上是重国际贸易主义。

很明显,要通过对外贸易来积累金银货币财富,就必须保持贸易顺差。重商主义者在国际贸易学说史上首创了国际贸易收支差额理论,并着重分析了这个问题。重商主义者认为,在金属货币时代,只有发生贸易顺差,才能使外国的金银财富流入国内。他们还认为,只有通过对外贸易使金银货币发生净流入,才算是获得了贸易利益。

重商主义经历了两个发展阶段:大约从15世纪到16世纪中叶为早期重商主义阶段;16世纪下半叶至17世纪为晚期重商主义阶段。

早期重商主义者主张国家采用行政或法律手段禁止货币出口以防止货币外流。在对外贸易上反对进口,鼓励出口,多卖少买,最好是只卖不买,以便既保有国内原有的货币又增加从国外输入的货币。由于早期重商主义学说把眼光盯在货币收支上,因此又称重货币主义、重金主义或货币差额论。

晚期重商主义者则和以"守财奴"眼光看待货币的早期重商主义者不同,他们已经能用资本家的眼光看待货币,认识到货币只有在运动中、在流通中才能增值。因此,晚期重商主义者不反对对外贸易,不但主张多卖,而且主张多买,以扩大对外贸易。但是有一个底线必须守住,即一定要保持贸易顺差,以使金银的净流入成为可能。所以,后期的重商主义被称为"贸易差额论",是名副其实的重商(即重国际贸易)主义。

(二) 重商主义者的政策主张

重商主义者根据自己对财富和贸易的理解,提出了一系列关于贸易政策方面的主张。可以说,重商主义对后世的深远影响,与其说是理论方面的"成就",倒不如说是外贸政策方面的主张。由于当时西欧各国的具体情况不同,各国所奉行的政策也不尽一致,但综观这些政策,都有一个特点,即都属于奖出限入的贸易保护政策。这些政策措施主要有以下几个方面:

(1) 由国家管制对外贸易的政策。一是管制金银货币。早期重商主义者主张严禁金银出口,这个禁令流行于16—17世纪的西班牙、葡萄牙、荷兰、英国、法国等国。西班牙执行的最久,也最严格,输出金银币或金银块者甚至可以判处死刑。政府还通过法令规定外

国商人必须将出售货物所得的全部金银用于购买当地商品，以避免金银外流。二是实行对外贸易的垄断。例如，葡萄牙和西班牙在16世纪实行的贸易垄断。葡萄牙国王直接掌握并垄断对东方的贸易。西班牙则垄断它和美洲殖民地的贸易，不许外国人插手经营。1600年，英国给予东印度公司以贸易独占经营权，以发展并控制其海外殖民地的贸易，开组织海外公司之先河。三是制定发展本国航运业的法律，禁止外国船只从事本国沿海航运和本土与殖民地之间的航运。

（2）奖出限入的政策。为了实现贸易顺差，重商主义者大都提倡奖出限入政策。反对进口奢侈品，对一般制成品的进口也采取严格的限制政策，对进口货物无一例外地征收重税，往往高到使人不能购买的地步。但对原料则免税进口。在出口方面，重商主义者主张阻止原料或半成品出口，奖励制成品出口，对本国商品的出口给予津贴，降低或免除对一些商品的出口关税。实行出口退税，即对出口商品的原料所征捐税，当出口后，把原征税退给出口厂商。例如，在英国，如果本国货物在国际或国内不能与外国货物竞争时，可以退还对原料征收的税款，必要时国家给予补贴。

（3）管制本国工业，鼓励和扶植幼弱工业的政策。重商主义者主张政府对本国工业的发展进行严格管制，并采取包括保护关税等措施来扶植本国幼弱工业的发展，以达到实现贸易顺差的目的。根据当时的制造业还是以手工劳动为主的情况，重商主义者提出了鼓励工业发展的一些具体建议，比如奖励增加人口，以增加劳动力的供应；实行低工资政策以降低生产成本；高薪聘请外国工匠，禁止本国熟练技工外流和工具设备的出口；给本国工场手工业者发放贷款和提供各种优惠条件以扶持工业发展。

（三）对重商主义的评价

不难看出，重商主义的理论体系和政策主张，属于保护贸易的范畴。但是，重商主义的学说是建立在对国际贸易作用的错误看法基础上的。它把货币看作是财富的唯一形态，认为开展对外贸易的目的就是为了获取金银货币，而通过对外贸易，并不能使双方互利，一方之所得必然是另一方之所失。因此，重商主义的保护贸易政策也必然是以损人利己为目的的奖出限入。重商主义的保护贸易学说，财政思想重于经济思想，一心只想着通过对外贸易积累货币财富。这是重商主义者只注重考察流通领域而忽略生产领域所必然出现的现象。

重商主义的理论和政策在历史上曾起过积极作用。这种理论和政策促进了资本的原始积累，推动了资本主义生产方式的发展。马克思对重商主义的保护贸易政策曾经有这样的评价："保护关税制度是制造工厂主剥夺独立劳动者、使国民的生产资料和生活资料变成资本、强行缩短从旧生产方式向现代生产方式过渡的一种人为手段。"[①] 不仅如此，重商主义的思想和政策主张一直影响着后世的经济学家和各国的对外贸易政策。人们从凯恩斯主义的外贸理论和政策主张中，从当代日本等发达国家的外贸政策中，不难窥见重商主义思想的影子，以致有人称之为"新重商主义"。

---

① 马克思、恩格斯：《马克思恩格斯全集》（第23卷），人民出版社1975年版，第825页。

二、汉密尔顿的保护关税思想

汉密尔顿是美国独立后第一任财政部部长。当时,美国在政治上虽然独立,但经济上仍属殖民地经济形态,国内产业结构以农业为主,工业方面仅限于农产品加工和手工业品的制造,处于十分落后的水平。美国北方工业资产阶级要求实行保护关税政策,以独立地发展本国的经济。南部种植园主则仍主张实行自由贸易政策,继续向英国、法国、荷兰等国出售小麦、棉花、烟草、木材等农林产品,用以交换这些国家的工业品。

在这样的背景下,汉密尔顿代表工业资产阶级的愿望和要求,于 1791 年 12 月向国会提交了《关于制造业的报告》,明确提出"实行保护关税政策"的主张。他在报告中系统阐述了保护和发展制造业的必要性和重要性,他提出一个国家如果没有工业的发展,就很难保持其独立地位。美国工业起步晚,基础薄弱、技术落后、生产成本高,根本无法同英国、法国等国的廉价商品进行自由竞争。因此,美国应实行保护关税制度,以使新建立起来的工业得以生存、发展和壮大。汉密尔顿还较详细地论述了发展制造业的直接和间接的利益。他认为,制造业的发展,有利于推广机器使用,提高整个国家的机械水平,促进社会分工的发展;有利于扩大就业,诱使移民移入,加速美国国土开发;有利于提供更多的开创各种事业的机会,使个人才能得到充分发挥;有利于消化大批农业原料和生活必需品,保证农产品销路和价格稳定,刺激农业发展。

为了保护和促进制造业的发展,汉密尔顿提出了一系列具体的政策主张,主要有:① 向私营工业发放政府信用贷款,为其提供发展资金;② 实行保护关税制度,保护国内新兴工业;③ 限制重要原料出口,免税进口极端必需的原料;④ 为必需品工业发放补贴,给各类工业发放奖励金;⑤ 限制改良机器输出;⑥ 建立联邦检查制度,保证和提高制造品质量。①

汉密尔顿提出《关于制造业的报告》时,自由贸易学说仍在美国占上风,因而他的主张遭到不小的反对。随着英法等国工业革命的不断发展,美国的工业遇到了来自国外越来越强有力的竞争和挑战,汉密尔顿的主张才在美国的贸易政策上得到反映。1816 年,美国提高了制造品进口关税,这是美国第一次实行以保护为目的的关税政策。1828 年,美国再度加强保护措施,工业制造品平均税率(从价税)提高到 49% 的高度。

与旨在增加金银货币财富、追求贸易顺差,主张采取保护贸易政策的重商主义不同,汉密尔顿的保护贸易思想和政策主张,反映的是经济不发达国家独立自主地发展民族工业的正当要求和愿望,它是落后国家进行经济自卫并通过经济发展与先进国家进行经济抗衡的保护贸易学说。汉密尔顿保护关税学说的提出,标志着保护贸易学说基本形成。

三、李斯特的保护贸易理论

19 世纪德国最进步的资产阶级经济学家李斯特,在 1841 年出版了他的名著《政治经济学的国民体系》,发展了汉密尔顿的保护关税学说,建立了一套以生产力理论为基础、以保护关税制度为核心、为后进国家服务的保护贸易理论。

---

① G.C.菲特、J.E.里斯:《美国经济史》,辽宁人民出版社 1981 年版,第 196、第 298 页。

(一) 李斯特对自由贸易理论的批判与自己的理论主张

在历史上,由于封建势力的强大和顽固等原因,德国是资本主义起步较晚的国家。当19世纪上半期英国已完成了工业革命、法国近代工业也有长足发展时,德国还是一个政治上分裂、经济上落后的农业国。当时德国内部对实行什么样的贸易政策主张意见尖锐对立:一派主张实行自由贸易政策,其理论基础是斯密的绝对成本理论和李嘉图的比较成本理论;另一派则主张实行保护关税制度,主要是德国工业资产阶级的愿望,但缺乏强有力的理论基础。李斯特代表德国资产阶级的利益,在与流行学派,即英国古典学派的论战中提出了自己的系统的保护贸易理论。其理论主要包括以下内容:

(1) 普遍的自由贸易理论是无边无际的世界主义经济学,它完全忽视了国家的存在,不考虑如何满足国家利益,而以所谓增进全人类利益为出发点。

李斯特认为,在不存在一个"世界范围的共和国"和一个包括一切国家在内的世界联盟作为持久和平的保证时,国家之间、民族之间充满了利益冲突以至战争。因此,对每一个国家来说,民族利益高于一切。英国古典学派所论证的自由贸易理论只有利于英国而不利于其他国家,尤其不利于工业发展较为落后的国家。当时英国工业发展水平高,而其他国家因经济落后不具备自由贸易的条件。在这种情况下,推进自由贸易对落后国家无疑是场灾难。因此,自由贸易制度和政策不适合经济落后国家,它们应当实行保护贸易制度,使本国的经济赶上或超过先进国家,才能使自由贸易成为可能,并从中获得利益。[①]可见,英国古典学派的世界主义经济学是不合时宜的,而要以国家经济学来代替它。国家经济学的任务就是"研究如何使某一指定国家(在世界当前形势下)凭工农商业取得富强、文化和力量"[②]。

(2) 流行学派只考虑交换价值,即通过对外贸易增进财富,而没有考虑到国家的精神和政治利益、眼前和长远的利益以及国家生产力。

李斯特认为,斯密、李嘉图从他们的价值理论出发,提出绝对成本说和比较成本说,作为自由贸易学说的基础。李斯特否认英国古典学派的价值理论也适用于经济落后国家,提出了生产力理论来代替古典学派的价值理论,并以此作为其保护贸易学说的理论基础。

在李斯特看来,财富本身和财富的生产力是有重大区别的。财富本身固然重要,但发展生产力更为重要。他写道:"财富的生产力比之财富本身,不晓得要重要多少倍;它不但可以使已有的和已经增加的财富获得保障,而且可以使已经消失的财富获得补偿。个人如此,拿整个国家来说,则更加是如此。"[③]李斯特还强调指出:"生产力是树之本,可以由此而产生财富的果实,因为结果子的树比果实本身价值更大。力量比财富更加重要,因为力量的反面——软弱无能足以使我们丧失所有的一切,不但使我们既得的财富难以保持,就是我们的生产力量,我们的文化,我们的自由,还不仅是这些,甚至我们国家的独立自主,都会落到在力量上胜过我们的那些国家的手里。"[④]因此,一国在对外贸易中实行什么

---

① 弗里德里希·李斯特:《政治经济学的国民体系》,商务印书馆1961年版,第113页。
② 弗里德里希·李斯特:《政治经济学的国民体系》,商务印书馆1961年版,第106页。
③ 弗里德里希·李斯特:《政治经济学的国民体系》,商务印书馆1961年版,第118页。
④ 弗里德里希·李斯特:《政治经济学的国民体系》,商务印书馆1961年版,第47页。

样的外贸政策,首先必须考虑的是国内生产力的发展,而不是从交换中获得多少财富。

根据生产力理论,李斯特鲜明地反对英国古典学派的自由贸易学说,主张德国和一些经济落后国家实行保护贸易政策,认为这是抵御外国竞争、促进国内生产力成长的必要手段。李斯特承认,在保护贸易政策实行之初,会使国内生产率方面有所降低、物价上涨、消费者利益受到损害,但这是发展本国工业的一个条件。为了生产力的发展,暂时在消费上做出牺牲是必要的、值得的。当本国产业发展起来之后,价格会下降,人们的损失会得到补偿而有余。短期的损失所赢得的力量永远可以生产出难以估量的价值。

(3) 普遍的自由贸易理论是狭隘的本位主义和个人主义,完全抹杀了国家和国家利益的存在。

李斯特认为,鼓吹狭隘的个人主义,抹杀国家利益,是导致古典学派反对国家干预国际贸易的原因之一;认为私人利益与国家利益总是一致、国家不应对经济包括外贸活动进行干预的看法是错误的。李斯特指出,国家利益独立于私人利益具有十分重要的意义,私人利益应当服从于国家利益。单个个人知道最清楚的和所促进的只是他自己的利益,追求私人利益不一定必然促进整个社会的利益,有些在私人经济中也许是愚蠢的事,在国家经济中却会成为聪明之举。古典学派把私人利益与国家利益混为一谈,用以提倡自由贸易,反对任何贸易限制,从经济强国的角度看是正确的,是符合它自身的利益的。但是,如果把自由竞争原则强加到落后国家身上,反对任何保护贸易的做法,就是非常荒谬的了。在经济落后国家实行贸易保护政策,实际上是为个人投资提供保护,为本国商品提供市场,这才符合个人利益。因此,在经济落后国家,高度的保护政策是可以与最大限度的个人自由并行不悖的,是落后国家发展经济的一种十分必要的工具。

(4) 保护贸易政策只是一种手段,而不是目的。李斯特明确提出:"国际贸易的自由和限制,对于国家的富强有时有利,有时有害,是随着时期的不同而变化的。"[①]因此,一国采取何种贸易政策,要根据本国经济发展的不同情况而定。

李斯特把各国的经济成长分为五个阶段:原始未开化时期、畜牧业时期、农业时期、农工业时期、农工商业时期。当一个国家由未开化阶段转入畜牧业,转入农业,进而转入工业与海运事业的初期发展阶段时,应当与先进的城市和国家进行自由贸易。这样,将会对经济发展和社会进步起强有力的刺激作用。当一个国家已经越过工业发展的初级阶段,已经具备建成一个工业国的精神上和物质上的必要条件,只是由于还存在一个比它更先进的工业国家的竞争力量,使前进的道路发生阻碍时,那才有理由实行保护贸易政策,以便建立并保护本国的工业。而当一个国家进入农工商业的发展阶段以后,已经具备了对外自由竞争的能力,就应当实行自由贸易政策。

根据李斯特的观察,当时英国已经实现了工业化并处于世界垄断地位,主张自由贸易理所当然。而英国为了发展本国的工业,也曾经使用过保护贸易制度。德国当时则处在第四阶段即农工业时期,工业尚处于建立和发展时期,还不具备自由竞争的能力,因此必须实行保护贸易政策。

---

① 弗里德里希·李斯特:《政治经济学的国民体系》,商务印书馆1961年版,第15页。

(二) 李斯特关于贸易保护的具体政策主张

李斯特不仅在与流行学派的论战中提出了以生产力理论为基础的保护贸易理论主张，而且对比较具体的保护政策的设计也有一系列独到的见解。

1. 关于保护对象的选择

李斯特认为，保护的对象主要是国内的工业。他在论著中反复强调，工业发展会给一国带来巨大的利益并从国民经济协调发展的角度阐明保护工业发展的重要意义。他指出，发展本国的工业对农业的利益，较之即使有最发达的国外贸易而没有工业，不知要大多少倍。这是因为这样就可以使它自己获得保证，不至于因战争、外国在贸易上的限制、商业恐慌等变动而受到影响；这样就可以节省输出农产品与输入工业品的运输费用和商业费用的绝大部分；这样就会因本国工业的发展而使交通运输有改进的机会，从而获得极大利益，并且因同一原因，原来没有发掘的大量人力和物力可以得到利用的机会。尤其重要的一点是，工业和农业彼此靠得越近，则工农业之间交流的量越大，在各种产品交流过程中获得共同发展的机会也越大。

虽然李斯特把工业作为保护对象，但并不主张对所有的工业品都采取高度保护措施，而要区别对待，对不同的工业部门采取不同程度的保护措施。他认为，对于高贵奢侈消费品，只需征很低的保护关税。因为这类产品需要高度的技术，进口总值不大，一旦发生战争等情况而影响其进口也不致扰乱大局，征税过高反而会刺激走私。而对那些对国民经济有重要意义的部门，即建立与经营时需要大量资本、大规模机械设备、高度技术知识和丰富经验以及人数众多的、生产最主要的生活必需品的部门，要特别注意保护。因为这类产品的价值在国民生产总值中的比重很大，发展这类产品的生产能带动一国生产力的巨大进步；创办这类工业时需要大量的投资，这会刺激本国的资本积累和人才培养，甚至吸引外国的资本和人才流入；这类工业的发展必然会有力地促进国内农业的繁荣，为增加的人口提供出路，还有利于与世界上的其他国家发展外贸关系。最后，这类工业品的总值巨大，特别有利于一国保持国际收支平衡，实行保护关税后不会像高贵消费品那样易遭走私的扰乱。至于对机器等的进口，则应放宽。如果一个国家的专门技术和机器制造业还未获得高度发展，应该对国外输入的一切复杂的机器设备免税，即使要征税，税率也要定得极低。因为机器是工业的工业，限制外国机器的输入，实际上会阻碍国内工业的发展。国内不能生产的工业原料也应免税或低税进口。

在选择保护对象时，李斯特强调受到保护的应当是国内幼稚的但有发展希望的工业，受保护对象通过一段时期之后能够成长起来。在一般情况下，如果某种产业不能在比原来高40%~60%的保护关税下长期存在下去，这种产业就缺乏保护的基本条件，因而不应该给予保护。保护期应当以30年为最高界限，在这个期限内仍然不能成长起来的产业，政府就不应当继续保护下去。

2. 关于保护关税的运用

在如何运用关税来进行贸易保护上，李斯特也提出了一些具体设想。他指出，要达到保护目的，对某些工业品可以规定禁止性关税，杜绝进口，或税率比禁止性关税略低，从而对输入产生限制作用。所有这些保护方式，没有一个是绝对有利或绝对有害的。究竟采取哪一个方式最为适当,要看国家特有环境和它的工业情况来决定。

一般来说,在从自由竞争过渡到保护制度阶段初期,绝不可把税率定得太高,只能定得相当轻微。因为税率太高会中断与外部的经济联系,妨碍资金、技术和企业家精神的引进,这必然对国家不利。正确的做法是从国内工业起步开始逐步提高关税,并且应当随着国内或从国外吸引来的资本、技术才能和企业家精神的增长而提高。在从禁止政策变到温和的保护制度阶段过程中,采取的措施恰恰相反,应当由高税率逐渐降低而过渡到低税率。总之,一国的保护税率应当有两个转折点,即由低到高然后又由高到低。税率的增减程度是不能从理论上来决定的,而要看比较落后国家在它对比较先进国家所处关系中的特有情况以及相对情况来决定。

李斯特强调指出,进口税提高的尺度应当事先决定,使内或由国外吸引来的资本家、技术人员和工人的报酬可以获得可靠保护。而且,这种关税尺度一经确定就不要轻易变动,以免引起混乱。政策反反复复就会失去保护作用。

(三) 对李斯特保护贸易理论的评价

如果说汉密尔顿第一个明确提出保护幼稚工业的政策主张,那李斯特则是第一个从理论上探讨在面临国际竞争的条件下,如何运用保护贸易的政策与措施来促进本国的经济发展,建立了具有完整体系的保护贸易理论。

李斯特保护贸易理论的提出在国际贸易理论史上无疑具有重要的地位,并在很长一段时期内对指导发展中国家发展民族生产力、实行经济自卫起了积极的作用。但在当代,我们对其需要批判地加以借鉴。这除了幼稚产业标准的确定比较困难以外(下面将进行分析),还在于当代各国经济联系日益密切,各国市场不断融合,在世界经济的总体格局呈现供大于求的条件下,一国已不可能再如李斯特所论述的,根据自己经济发展所处的阶段、经济的国际竞争力状况来独立自主地确定保护的对象、保护的水平。否则,必将招致别国的报复。

考虑到经济发展所处的国际环境,当代发展中国家如果需要实行贸易保护,只能采取适度保护。所谓适度保护,包括三层含义:一是保护对象的范围要适度。只能是关系国计民生的重要产业部门。二是保护的水平要适度。只能采取与自己处在同一发展层次的国家所实施的一般保护水平。三是保护的期限要适度。保护期限不可能无限期,也不可能再如李斯特所指出的以 30 年为限。世贸组织在推动有关产品贸易自由化过程中给发展中国家的过渡期往往是 10 年左右。若发展中国家的市场对其他国家比较重要,如中国,如果保护期过长,不仅其他国家不会答应,而且被保护对象也许会因为一味地依赖保护,在没有成长起来之前就已变为夕阳产业了。

四、保护贸易理论的发展

李斯特以后,经济学家对保护贸易理论又从以下几方面做了一些补充和发展:一是对李斯特的幼稚产业保护论进行了较为深入的研究,在如何确定幼稚产业方面做具体探讨;二是为对本国失去优势地位的产业提供保护寻找"论据",可称为停滞产业保护论;三是为实施保护主义措施寻找其他经济和非经济论据。后两种缺乏有说服力的理论论证,有明显的实用主义辩护色彩。

(一) 幼稚产业选择的标准

幼稚产业如何确定是保护贸易理论中一个比较棘手的问题。李斯特之后的经济学家们提出了许多关于幼稚产业确定的不同标准,其中以下经济学家的观点比较具有代表性。

1. 穆勒等的选择标准

英国经济学家穆勒是自由贸易论者,但他赞成李斯特的幼稚产业保护论,认为这是保护贸易可以成立的唯一理由。那么,确定受保护对象的标准是什么呢? 穆勒提出,确定幼稚产业应注意以下三点:① 正当的保护只限于从外国引进产业的学习掌握过程,过了这个期限就应取消保护;② 保护只应限于那些被保护的产业,在不久之后,没有保护也能生存的产业;③ 最初为比较劣势的产业,经过一段时间保护后,有可能变为比较优势产业。①

穆勒的保护幼稚产业的选择准则发表以后,巴斯塔布尔又补充了两个选择准则:① 受保护的产业在一定时期以后,能够成长自立;② 受保护产业将来所能产生的利益,必须超过现在因为实行保护而必然受到的损失。巴斯塔布尔上述选择标准的第一项与穆勒的选择准则相同。他补充的第二项准则考虑了保护的成本与收益问题,比起穆勒仅考虑如何能由进口竞争产业转变为出口产业,更进了一步。

肯普则把他俩的准则结合起来,称之为"穆勒、巴斯塔布尔选择准则"。② 另外,他又补充了一个更严格的标准,即只有先行企业在学习过程中取得的成果具有对国内其他企业也有好处的外部经济效果时,这种保护才是正当的。因为开创一种新的幼稚产业,先行企业本身的投资大、成本高,要冒很大的风险,而成功之后很容易被其他企业模仿,后来进入该产业的企业也可享用最早的幼稚工业所开发的知识与经验,导致市场竞争激烈,原先的先行企业无法获得超额利润以补偿学习期间所付出的代价。对于这种幼稚产业,政府应当采取保护措施,否则企业就不愿投资于这种具有外部经济效果的行业。

图 6-3 说明了这种情况。如图所示,dd' 线为本国某种产品的平均成本(亦即国内供给价格),ww' 线为外国企业同种产品的平均成本(外国产品价格)。横轴表示时间,纵轴表示价格。在时间为 t_0 时,进口税率为 dw/t_0w,然后税率逐渐下降,至 t_1 时进口税率为零。t_1 以后,国内该种商品价格当在 Qd' 线与 Qw' 之间。

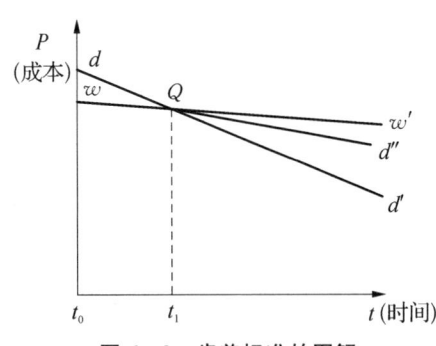

图 6-3 肯普标准的图解

如果该先行企业的学习过程属于内部时,即该企业在学习过程中获得的知识与经验,只是留在该企业内部而不能让其他企业分享时,那该企业成功后(即 t_1 以后)能通过超额利润获得补偿。如图所示,因其他企业无法进入,该先行企业则可在 Qd' 与 Qw' 之间自由决定价格,使之高于边际成本。假定价格决定于 Qd'',那么 Qd'' 与 Qd' 之间的差额就是超额利润。因此,该先行企业不需要政府保护。但如果该

---

① 山西繁绰:《贸易政策与理论》,日本东洋经济新报出版社 1973 年版,第 39 页。
② M. C. Kemp: Mill-Bastable Infant Industry Dogma. Journal of Political Economy, 1960, 68: 65.

先行企业投资的幼稚产业具有外部经济效果时，t_1 以后新加入的企业与先行企业的生产费用相同，任何企业的国内价格均等于 Qd' 线，而且存在激烈的市场竞争。在这种情况下，先行企业初期学习过程的损失无法补偿，因此政府应予以适当的扶植与保护。保护的方法，似以补贴为好。①

2. 小岛清的选择标准

日本经济学家小岛清对穆勒、巴斯塔布尔、肯普等人的幼稚产业选择准则提出了自己的看法，认为这只是根据个别企业或个别产业的利弊得失来寻求正当合理的保护标准，这种研究方法是不正确的。他提出新的标准：根据要素禀赋比率和比较成本的动态变化，选择一国经济发展中应予保护的幼稚产业。② 小岛清认为，只要是有利于国民经济发展的幼稚产业，即使不符合巴斯塔布尔或肯普准则，也是值得保护的。至于怎样确定这种幼稚产业，则要从一国要素禀赋状况及其变化，从幼稚产业发展的客观条件方面来考察这一问题。

（1）所保护的幼稚产业要有利于潜在资源的利用。如果保护政策能促使该国创造出利用潜在资源的国内外市场等条件，从而带动经济增长，那保护政策就是正当的。图6-4 对此做了说明。

在这里，该国初期的生产可能性曲线为 AB。在既定的社会消费偏好条件下，国内的生产均衡点为 P_0，如果这时世界市场的贸易条件为 α，则消费均衡点为 C_0。该国需进口 Y 商品（在国内为新生产业），而出口 X 商品（成熟产业）。现该国对 Y 产业实施保护，借助各种措

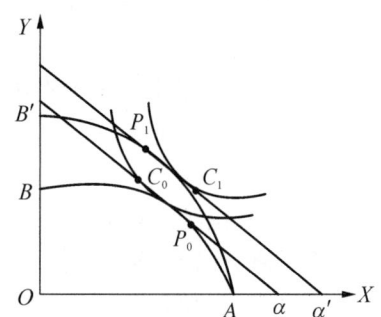

图6-4 被保护产业生产可能性曲线的变动

施使生产可能性曲线扩张成 AB'。在同样的贸易条件下（α' 与 α 平行），该国的生产均衡点和消费均衡点就分别转移到 P_1 和 C_1。于是贸易格局发生变化，受保护的 Y 产业转变为出口产业。

在这一过程中。对 Y 产业的保护和发展实质上是对一国潜在资源的开发和利用。因为在初期，该国由于投资、技术或市场方面的限制，其自然资源或劳动力等未能得到充分利用。当补充了必要条件后，生产可能性曲线便由 AB 扩展到 AB'。相对于 AB' 而言，P_0 点实际上是停留在生产可能性曲线内的一点。可见，存在闲置资源时的保护贸易政策往往能产生较好的效果。

（2）对幼稚产业的保护要有利于国民经济结构的动态变化。一国的要素禀赋比率是动态的、变化的。比如，如果资本积累率超过劳动力增加率，资本与劳动的比率就会转变。如果资本密集型产业是幼稚产业，那对资本密集型产业的保护，就有利于国民经济结构的动态转变。

（3）保护幼稚产业，要有利于要素利用率的提高。开发一种新的产业也就意味着引进一种新的生产函数。如果一种幼稚产业在保护下成长起来以后，能对其密集使用的要素加

---

① 叶权仪：《国际贸易政策》，台湾六国出版社 1985 年版，第 81—83 页。
② 小岛清：《对外贸易论》，南开大学出版社 1988 年版，第 307 页。

以大规模地节约,从而能在既定的资源下维持其产量的增长,那么该产业就能实现自给甚至出口。这里主要存在两种情况:一是新兴产业部门能迅速实现技术进步,使单位产品的要素消耗下降很快,从而比较优势的格局出现变化;二是在新兴产业部门获得规模经济效益,而且这种效益明显比其他产业部门大。于是生产可能性曲线发生偏于该部门的扩张。

总之,在小岛清看来,要从要素禀赋比率和比较成本的动态变化上,着眼于经济成长来选择幼稚产业和确定保护政策。他还指出,各种保护措施本身不可能具有促进经济发展的根本效果,但它们对贸易关系的干预,可以作用于市场、资本、技术、资源等因素,从而影响经济发展。[1]

3. 开放经济条件下对幼稚产业标准的评价

应该说,保护幼稚产业是实行贸易保护的一个有力的论据,以上关于幼稚产业的标准在其提出的年代也都有各自的合理性。但 20 世纪 80 年代以来,经济全球化趋势不断加强,各国的经济联系日益密切,经济的国家、民族界限不断被打破。在这样的环境下,保护幼稚产业的可操作性下降,保护效果也难以确定。这是因为:

第一,幼稚产业保护论的初衷是一些落后国家,包括 19 世纪初的德国、美国,二战后新独立的发展中国家等想借助保护发展民族产业,实现经济自立。这在国际投资还没有充分发展、各国经济联系还不是很强的条件下是可行的。因为那时企业和产品的民族界限非常明晰,保护对象的确定比较容易,通过贸易限制就可以隔断来自国外的竞争。

但在当代,随着国际分工的深化、国际生产网络的形成,"民族产业"的含义发生了变化。当代的国际分工使各国都已成为国际生产的一个环节,企业、产品的国籍日益模糊了。在这种情况下,一国很难再明确区分民族企业与外国企业、民族产品与外国产品。政府如果出于民族利益对某一幼稚产业加以保护,最后保护的可能是进入该产业的外资企业。这种保护限制了竞争,使得外资企业能够在东道国市场以过时的技术生存,甚至获得高额垄断利润,最终反而损害了民族利益。例如,中国的轿车业,20 世纪 80 年代中期之后在中国市场上有竞争力的企业基本上都是合资企业。在高度保护的 90 年代中后期之前,严格的进入许可使少数外国厂商由于缺乏国外同行的激烈竞争,只要转移在发达国家早已过时但在中国尚属"幼稚"的技术与车型,就能赢得中国市场并高度盈利。这种保护虽然一定程度上保护了中国的一些汽车厂商,但同时也保护了外国公司免受国外同行的竞争,中国轿车制造业的发展则因此受损。相反,在中国于 90 年代后期逐渐放宽外资的进入许可后,中国市场上国际汽车厂商间竞争加剧,为赢得市场,它们竞相向中国转让先进的技术与车型,有的甚至与发达国家同步,从而使中国轿车业自 90 年代中期以后迅速发展。可见,在经济全球化条件下,"民族产业"、幼稚产业需要通过开放、竞争和合作才能得到发展,保护只能造成落后。

第二,幼稚产业的发展具有不可预见性。虽然某些产业的发展在国际间有他国的经验可供借鉴,但各国的国情不同。其他国家的某个产业经过一定时期的保护可能成长起来,但本国由于不具备必要的产业基础、特殊的机遇,以及特定的历史文化背景等,保护不一定能达到同样的效果。

---

[1] 小岛清:《对外贸易论》,南开大学出版社 1988 年版,第 305 页。

第三,幼稚产业是一个动态的概念。科学技术的迅速发展使当代国际产业结构的升级非常迅速,今天保护的幼稚产业经过一定时期的保护后,很可能还没有成长起来就已变成衰退产业了,保护只会给以后的结构调整增加困难。例如,中国的录像机产业,由于在20世纪30年代以及90年代初期国内对录像机的需求非常旺盛,中国政府在90年代初花巨资引进国外先进设备,建成了中国华录集团,试图提高本民族的录像机生产能力,减少对日本产品进口的依赖。但华录集团建成不久,录像机产业就迅速衰退,致使华录的经营一度非常困难。后来经过艰苦努力,才在企业内实现了产业转型,恢复了生机。

第四,即使有些幼稚产业经过保护以后成长起来了,但这些产业很可能是"假幼稚产业"。美国经济学家克鲁格曼认为,比较优势的建立是水到渠成的事,试图现在就进入未来才有比较优势的产业,并非总是好事。保护制造业并没有什么好处,除非保护本身会使制造业具有竞争力。有些所谓的幼稚工业似乎经过保护取得了成功,但其实它们属于"假幼稚工业",即这些工业最初受到保护,后来却是与保护无关的因素使之变得具有竞争力。对其保护表面上获得了成功,但社会为此无端付出了代价,如果对其不加以保护,它们实际上也能成长起来。[①] 美国著名经济学家多恩布什也赞成这一观点。

应当指出的是,尽管幼稚产业保护论的作用条件和范围发生了很大的变化,但它仍是当今发展中国家实行适度贸易保护的理由之一,关键在于选择适合本国国情的合适的保护对象。世贸组织也同意发展中国家因发展幼稚产业而进行适当保护。

(二) 实行保护贸易政策的论据

当代保护贸易理论的发展,除上述对幼稚工业保护论的深入探讨外,还包括为实行保护贸易寻找各种论据。这些论据形形色色,有经济的,也有非经济的,不下数十种。这里介绍其中的一些主要论据。

1. 经济方面的论据

(1) 保护贸易政策有利于保护和增加就业机会。

从理论上讲,国际贸易的扩大有利于增加世界的总产量,从而扩大生产规模,增加就业机会。然而,在一国存在就业不足的条件下,国际贸易能使失业在国家之间转移。开展贸易固然能使出口部门(一般是具有相对优势的部门)的生产扩大,创造出一些就业机会,但进口竞争部门(尤其是失去比较优势的传统工业部门)则会受到外国竞争的冲击,有一些企业甚至可能被淘汰,从而使一些人丧失工作岗位。转换工作需假以时日,有人还要蒙受"摩擦失业"之苦。这时,政府就会在社会压力下采取保护贸易政策,以保护本国劳动者的就业。

另外,实行"奖出限入"的保护政策,保持贸易顺差,有利于输出失业,增加本国就业机会。英国著名经济学家凯恩斯在《就业、利息和货币通论》中论述了这个问题。他认为,一国的总投资包括国内投资和国外投资。国内投资额由资本边际效率和利息率决定,国外投资量由贸易顺差大小决定。贸易顺差可为一国带来黄金,可以扩大支付手段、压低利息率、刺激物价上涨、扩大投资,从而创造就业机会。不仅如此,在就业不足时期,贸易顺差

[①] 保罗·克鲁格曼等:《国际经济学》,海闻等译,中国人民大学出版社1998年版,第236—237页。

犹如增加政府支出或投资一样,对生产和就业会产生刺激效应,并通过"乘数"作用使这一结果进一步扩大。

保护就业论在当代一些西方国家政府和部分学者中很有市场。其理由是:自由贸易关于要素在国内不同部门之间能自由流动的假设前提是该理论致命的缺陷。在自由贸易过程中,由于资产专用性的存在,要素并不能总是像李嘉图所讲的能够从比较劣势部门转向比较优势部门。自由贸易的结果有时会使得比较劣势部门的劳动力要么失业,要么转向收入更低的行业。就西方发达国家而言,纺织服装等劳动密集型产业仍是吸纳劳动力就业的重要部门,如果根据比较优势原理,这些产业应该让渡给发展中国家,但问题是这些部门的劳动者很难全部转入资本、技术密集型产业,从而将不可避免地遭受失业的痛苦。应该说这种观点有一定的合理之处。实践表明,随着国际分工的不断深化,发达国家跨国公司不仅不断地将劳动密集型行业与劳动密集型环节向发展中国家转移,大量传统的资本密集型行业、标准化的资本密集型环节以及服务业中的某些环节(如电话的转接业务、纳税账单的申报与审计、医疗病理图片的分析等)也在向中国、印度等发展中国家转移,因为国际贸易分工而给发达国家带来的就业压力涉及诸多行业领域。

(2) 实行保护贸易可以促进本国产业多样化。

这种论点认为,如果一国高度专业化生产一种或几种产品,国内其他需求依赖进口,这样就会形成比较脆弱的经济结构。一旦国际市场发生变动,国内经济就难以适应和调整。通过贸易保护,可以保护和促进落后产业的发展,形成产业多样化格局,以保持国民经济结构的平衡,减少对外依赖的脆弱性,因此应该使用关税保护政策来促进本国产业的多样化。

(3) 为纠正市场失灵,发展中国家需要对幼稚工业采取贸易保护政策。

这种观点认为,发展中国家没有一个有效的金融结构使得传统部门的储蓄能够有效地转化为新成长部门的投资。其最优的方法是建立和完善资本市场,但这不可能一蹴而就。因此,次优的也是可行的方法是对幼稚工业加以保护,以提高其利润率,加快资本积累,促进其成长。

(4) 因反对不公平贸易而采取保护政策。

因反对不公平贸易而采取的保护政策又可以分为下列几种情况:

① 抵制外国廉价劳动力竞争。这一论点在美国颇为流行。这种论点认为,各国工资水平不同,一些工资水平低的发展中国家所生产的商品成本也低,而工资水平高的发达国家的商品成本则高。如果发达国家自由进口那些发展中国家的低价商品,则本国产品势必难以与之竞争,其结果会使本国难以维持较高的工资水平与生产水平,从而构成"不公平竞争"。因此,为了维持本国较高的工资水平,避免廉价劳动力成本的产品竞争,必须实行保护措施。

② 反对倾销和补贴而采取保护措施。所谓倾销是指在控制国内市场的条件下,以低于国内市场的价格,甚至低于商品生产成本的价格,向进口国抛售商品。这时,进口国就有理由对低价倾销的外国商品征收反倾销税,以抵消其倾销效果,保护国内产业。补贴是指出口补贴,它是指出口国为了降低出口商品价格,增强出口商品在国外市场上的竞争能力,在出口某种商品时给予出口厂商的现金补贴或财政上的优待。这样,进口国的同类商品明显地处于不利地位,造成不公平竞争。因此,进口国有理由采取保护措施,对进口商

品征收反补贴税,以抵消补贴效果。

③ 将关税作为报复手段与谈判手段。当一国的出口因其他国家课征关税而受到损害时,该国可对其他国家的进口商品也征收关税,这就是报复关税。报复关税设置的目的在于,使对方国家了解关税对相互贸易的损害,从而促使彼此互相取消或减让关税,即把关税作为谈判的手段。此外,一国在发生贸易收支或国际收支恶化时也有理由采取征收关税等限制进口的措施,同时通过各种手段鼓励出口,以求得国际收支的基本平衡。

2. 非经济论据

(1) 保障国家安全。早在17世纪,英国重商主义者就利用国防论据来论证限制使用外国船舶和海运服务是正当的。因为如果英国只购买英国船舶和海运服务,就会促进英国造船工业和商船的增长,这对加强英国的经济和军事实力是十分重要的。甚至斯密也改变了他原来对贸易壁垒的严厉攻击,赞许为国家安全而进行贸易保护。他认为,一个国家的国防所需用品依赖外国供应不利于增强国防力量,因而必须通过征收关税给生产这类物品的外国产业加上若干负担,以保护本国同类产业。他说:"航海条例对于国际贸易是不利的,然而当作防御工具,却非常重要。"①当代经济学家继承和发展了这一思想。一些经济学家从国防观点出发,强调保护扶植基础产业,强调保全维护农业、国防工业以及防止自然资源枯竭。这虽然没有经济上的正当理由,但作为实际问题它却有着不可忽视的重要性。有些生产部门,如粮食、棉花、武器等,并非所有国家都具有比较优势,然而这些部门具有非常重要的意义,必须保持必要的生产规模。这是因为在平时通过国际贸易来获得这些商品很方便,价格也低,但一旦发生战争或出现了敌对状态,就会面临缺乏生存必需品供应的危险。因此,对这一类产业加以保护,对于保证国家安全是非常重要的。

(2) 调整社会收入的分配。不少经济学家认为,自由贸易在给整个国家带来好处时,并不会自动地、均匀地将利益分配给全体社会成员,而是"几家欢乐几家愁"。出口集团由于出口商品相对价格高于国内市场而增加了企业和个人的收入;进口竞争集团则会因进口商品的增加而受损,使某些企业和个人的收入减少,有些企业甚至会因此而破产,工人失业。很明显,自由贸易会引起本国经济结构的调整,从而导致社会的收入分配格局发生变化,由此可能衍生出一系列的社会矛盾。为了"公平的收入分配",防止因自由贸易带来收入分配格局变动而引起的社会震荡,对某些产业(尤其是停滞产业)实行保护贸易政策,就被认为是正当和合理的了。

(3) 保护国民身体和动植物健康。有些商品的质量问题直接关系到人体和动植物的健康与安全,如食品、医药制品等。如果自由进口和销售,就有可能传播疾病。因此,政府对威胁人民与动植物健康和卫生的贸易产品加以管制的做法是明智的。比如,美国就禁止从有口蹄疫史的国家进口新鲜或冷冻牛肉。

应该说,为了保护国民和动植物健康而对进口产品实施一定的技术限制有其合理性,这也是世界贸易组织有关协议所允许的。但实践中,有些国家对其加以滥用,从而将其变成实施贸易保护主义的手段。例如,在20世纪70—90年代,日本以防止一种害虫蠹蛾的入侵、保障国内植物安全为由,长期对进口水果实行严格的检验检疫,变相限制了美国等

---

① 姚贤镐、漆长华:《国际贸易学说》,中国对外经济贸易出版社1990年版,第71页。

国水果的进口,引起他国不满,最终被诉诸世界贸易组织。

总的来说,实施贸易保护的上述论据都有一定的合理性,但一国出于某种需要实施贸易限制时必须保持在适度的范围内,兼顾贸易伙伴的利益,并遵守相关国际贸易惯例和多边贸易规则。

五、保护贸易政策理论的评价

前面介绍的国际贸易分工理论表明,自由贸易最有利于促进生产资源进行合理的国际配置,从而促进各国的经济增长,增进各国的物质福利;自由贸易政策才是最好的政策。从纯理论的角度看,自由贸易理论是能够成立的,也为国际贸易不断扩大的实践所证实。那么,保护贸易的理论和政策主张是不是没有任何经济学根据呢?并非如此。保护贸易理论在以下几个方面具有明显的经济学上的合理性。

(1) 保护贸易政策的立足点在于保护和促进本国的经济增长,发展生产力,以增强本国经济的国际竞争力。这种观点本身是正确的。自由贸易论者认为,只有无条件实行贸易开放,才能促进增长,那是站在经济发达国家立场上得出的结论,而对发展中国家来说,则不是这样。在经济发展水平悬殊很大的情况下,后进国家无条件地开放市场,无异于听任外国廉价的商品占领本国市场,让外国先进的生产力摧毁本国的经济基础,而使本国永远处于落后的地位。国际贸易是两国之间互有进出口的贸易,而不是一国只把对方国看作自己的产品市场,而不考虑到别国也有产业。这样的贸易也是不能持久的。国际贸易不像国内贸易那样,优胜劣汰,绝对竞争,而是要贯彻相对竞争原则,平等互利,共同发展。这样,发展中国家采取贸易保护措施来保证本国工业尤其是幼稚产业的发展,通过本国工业的发展来增强国际竞争力,从而最终形成自由贸易、平等竞争的条件,无疑是合理的要求。李斯特的保护贸易理论的学术价值正在于此。他认为,一国在国际贸易中实行什么样的政策,首先必须考虑到是否有利于国内生产力的发展,而不是从交换中获得的财富增加多少,这种见解是极其深刻的。从国际经济关系和世界经济的发展看,后进国家经济发展了,能平等地参与国际分工、国际竞争和国际交换,对发达国家的经济发展也有刺激和推动作用。从这个角度看,先进国家也应当容许后进国家采取适当的保护措施,以保证后进国家经济的发展尤其是幼稚工业的发展。

值得提出的是,幼稚产业保护理论中还有一个重要观点,即保护是为了不保护,保护本身不是目的,而只是手段。一旦时机成熟,幼稚产业成长起来以后就撤销这种保护。不仅如此,即使在保护期间也不排斥国外的竞争,只是要把这种竞争限制在适当的、本国工业可以承受的范围内。有限度的国外竞争对本国工业的发展是有益无害的。李斯特就反复强调过这一点。这种思想比起抽象的、不问具体情况的自由贸易主张要实际得多,也符合经济学的一般原理。

(2) 实行保护贸易政策着眼于资源的动态优化配置,考虑的是经济成长的长远利益。资源在某一时点上的最佳配置和在一个较长时期内的合理配置是不同的。自由贸易论者主张按现在一个国家的资源禀赋状况和生产技术水平等比较优势来参与国际分工和国际交换,即生产本国目前具有比较成本优势的产品以供出口,进口本国目前处于比较成本劣势的产品,并以此来进行资源的再分配以提高资源配置效率。而保护贸易论则主张保护那些现在没有比较优势,但将来则有希望成长起来并具有国际竞争力的产业,或主张保护那些有利于国民经济发展的重要产业或部门。如前面刚刚介绍的有关幼稚产业选择的几个标准。应该认为,出于资源动态优化配置,着眼于国内经济成长所带来的长远利益而对幼稚工业实行保护是合理的选择。特别是一国的幼稚主导产业,联系效应大,提供的就业机会多,对国民经济的发展有特别重要的作用,对此加以保护更是一国贸易政策的应有之义。这不只是一个单纯的外贸政策问题,它直接关系到一个国家的经济独立和经济发展,因而这也是发展经济学的重大课题。从保护贸易政策只是走向自由贸易的手段看,保护贸易理论与自由贸易理论之间并非截然对立的,而是有着某些共同之处。

(3)为了保证国内经济结构调整的平稳性,维护本国经济运行的稳定而实行保护政策。一国产业结构要做出适应国际贸易需要的调整,就要集中发展本国具有比较优势的产业,压缩或淘汰本国没有比较优势的产业。这种产业结构的大调整必然会带来经济运行方面的震荡和摩擦。不仅如此,当国际、国内出现新的经济技术变化时,旧的相对优势和效率格局不可避免地要瓦解,新的格局将会产生。以前也许是实力雄厚的国内产业面临进口产品的激烈竞争而逐渐失去优势,新的产业脱颖而出,其他一些产业在新的国际需求中得到扩展,国内经济面临新的调整。为了降低结构调整的代价,保证产业结构的平衡转换,对一些停滞产业在一段时期内进行适当保护是必要的。

一国对外开放,就会面临来自国际市场的激烈竞争。在技术进步飞速发展的条件下,国际分工和国际贸易的格局变化很快,各国的比较优势往往会较快地出现转移。这些对各国的经济结构和发展速度不能不产生巨大的冲击,为保证本国经济运行的稳定,有必要采取适当的贸易保护措施。另外,在一国实行较自由的贸易政策后,由于国外廉价商品大量涌入而对某个产业发生根本性侵害时,采取临时性的保护措施也被认为是合理的。由此看来,为反倾销、反补贴而采取的保护措施也属正当。在一国国际收支恶化或出现大量失业时,人们也会痛感实行贸易保护政策的必要。

人们对幼稚产业保护论一般持肯定态度,但对停滞产业保护论则持否定态度,称其为"贸易保护主义"。的确,对停滞产业的保护,尤其是发达国家对停滞产业的保护,具有明显的损人利己的性质。它们要求别国开放市场,却不向他国开放市场,尤其是对本国已失去比较优势的停滞产业,采取种种措施极力加以保护,这当然是不公正的。但在国际竞争日趋激烈的今天,不仅是落后国家完全敞开国门不行,发达国家也要在一定程度上采取保护措施,以防止外来的冲击妨碍本国经济的平稳运行,尽量避免或缓解本国停滞产业过快衰落而导致的种种社会经济问题。这就是说,对停滞产业实行有限度的保护,并非没有任何经济学上的根据。

(4)考虑到贸易利益的分配以及贸易对各利益集团收入分配的影响而适当采取保护措施,在一定程度上是正当的、合理的。虽然就经济整体而言,一国会因为国际贸易而获得广泛的利益,总收入和总产出会随着贸易的扩大而增加,有贸易的国际经济比没有贸易的好,但这种利益不会自动地在全体社会成员之间合理地进行分配,而往往是一部分人获益另一部分人受损,而且这种利与害的分布往往是不对称的。对出口集团来说,会因出口增加而获利,自由进口原材料等又可降低成本,从而提高产品的国际竞争力。对于广大消费者,会因购买到价廉物美的商品或享受到更优质的服务而获得实惠。而对进口竞争集团来说，则在进口产品强大的竞争压力下，被迫减少生产、解雇工人、降低商品价格。一些工厂则会因此而关门。对于专业技术人员、土地、建筑物和不具备其他用途的设备而言，几乎就没有别的选择，这些资本只得停留在原有的产业，获取较低的报酬，直至完全被耗尽。在进口竞争中失去工作的劳动者，转业也比较艰难，往往不得不接受较低的报酬而从事自己不熟悉的工作，有的甚至只能生活在失业与绝望之中。劳动者及其生产资料从处于困境的、低效率的产业部门转向扩展中的、高效率的产业部门的过程，是缓慢、艰难而痛苦的。

由此可见，贸易带来的利益往往只是分散到无数消费个人和充满活力的生产行业中，甚至受益者不容易感受到这种利益。而由贸易所产生的代价和痛苦，虽然其总和小于贸易利益，但却集中在数量相对要少得多的人身上。这种利益和代价之间的不平衡，使得进口竞争集团尤其是其中的传统产业寻求政府保护。政府对此也不能不认真考虑。采取关税、补贴等保护手段，可以减缓进口竞争部门中有些行业或企业可能遭到的损害，同时又可以使政府发挥收入再分配的作用，给已经遭到损害的部门提供补偿。

其他种种保护贸易政策的论据，诸如国防、国民健康等，虽然没有经济上的正当理由，但作为实际问题却有着不可忽视的重要性，不能一概认为是"贸易保护主义的口实"。

上面的分析证明，保护贸易政策有其深刻的经济根源。虽然自由贸易能给各国带来种种利益已不容置疑，但这种利益的获得要受各种客观经济条件的制约，而且获取贸易利益也是要付出一定代价的。这就是为什么即便发达的经济强国也要采取某种程度的保护政策的根本原因。

当然，对保护贸易政策也不能一概而论，而要分清正当的保护贸易政策和贸易保护主义政策。如果说"正当的"保护贸易政策有其合理的经济、非经济理由的话，那么，贸易保护主义就完全是一种以邻为壑的贸易政策。在当代，发展中国家为扶持本国幼稚工业、维护民族经济的平稳发展而采取的保护贸易的政策和措施，不能说是贸易保护主义。贸易保护主义专指发达国家为争夺世界市场而采取的损人利己的超贸易保护政策，其奖出限入的本质与重商主义一脉相承，故又称为新重商主义。

总之，从一个国家的角度出发，选择什么样的贸易政策主要服从于本国经济发展的需要。从宏观经济的角度分析，在国际经济关系相对平衡的今天，无论是发达国家还是发展中国家，扩大对外经济贸易关系、趋向相对自由贸易的政策，应该是发展的方向。封闭的、自给自足的时代已成过去。国际贸易、国际分工的发展使得各国经济相互依赖、相互联系日益加深，各国的经济生活客观上已经国际化、全球化了。在这种情况下，谁开放，谁就进步，就发展；谁封闭，谁就落后，就停滞。从这种意义上说，在宏观方面，不存在自由贸易和保护贸易的问题，而只有以何种形式、何种程度参与国际分工、国际竞争和国际交换的问题。当然，具体到商品进出口政策，哪些商品可自由进口，哪些商品需限制出口，哪些产业需要扶植和保护，应采取哪些具体的政策措施等，应完全视本国各类产业、各类商品的国际竞争力而定，没有现成的公式可以套用。一句话，各国都应掌握好参与贸易分工竞争的"度"，根据本国国民经济发展的需要，选择参与的合适形式，在竞争中增强国际竞争力。

第三节　当代发达国家的外贸政策及其理论分析

二次大战以后,世界经济和对外贸易发展非常迅速,但不同国家和地区情况又各不相同。为了促进各自经济的发展,不同经济发展水平的国家、国家集团在不同时期采取了不尽相同的对外贸易政策。由于经济发展水平落后于发达的国家,为了保护国内市场和工业发展,发展中国家在对外贸易方面一般都奉行保护贸易政策。其具体表现是实行了进口替代、出口替代等不同类型的工业化战略。对此,将在后面结合经济发展加以详细分析。这里主要介绍当代发达国家的外贸政策。

20世纪50年代以来,西方主要发达国家的外贸政策可分为三个阶段:50年代开始到70年代初期,自由贸易是主要的倾向。尽管战后的最初几年西欧和日本等实行过严格限制进口的政策,但随即在50年代放宽了。自由贸易在60年代末达到高峰。70年代中期起,保护主义的倾向又有所抬头,新贸易保护主义盛行。1995年,随着世界贸易组织的成立,多边贸易规则的法律约束力增强,世界贸易又进入一个相对自由的时代。

一、战后发达国家的贸易自由化

二战后初期,发达国家尤其是西欧、日本等国为经济重建,一度实行保护贸易政策,严格限制商品进口,以保护本国市场。但是,美国在战后一直致力于推动贸易自由化,并促使成立了关税与贸易总协定,在各缔约方之间进行关税减让,以打开别国市场。因此,在美国的压力下,加之经济的恢复和发展,西欧和日本等主要发达国家也开始推行贸易自由化。

(一) 战后贸易自由化的主要表现

这一时期西方发达国家对外贸易政策的自由化特征主要表现在以下两个方面:

(1) 大幅度减让关税。首先,在关税与贸易总协定的推动下,其成员国间通过多轮贸易谈判,发达国家的平均关税水平大幅下降。其次,贸易集团主要是原欧洲经济共同体(现欧盟)对内取消关税,对外通过谈判签订贸易优惠协定,也导致了关税的大幅度下降,一定程度上扩大了贸易自由化。再次,经过发展中国家的努力,1968年2月的联合国贸发会议通过了普遍优惠制决议,要求发达国家对来自发展中国家的制成品、半制成品普遍地、非歧视地给予单方面的关税优惠,这也促进了关税水平的下降。

(2) 尽力降低或撤销非关税壁垒。战后初期,为应对国内经济困难和国际收支恶化局面,发达国家对许多进口商品实行严格的进口限额、进口许可证和外汇管制等非关税壁垒措施,以达到限制进口的目的。随着经济的恢复和发展,这些发达国家都在不同程度上放宽了进口数量限制,放松或取消了外汇管制,推行进口自由化。例如,到20世纪60年代初,发达国家组成的经济合作和发展组织(OECD)成员国之间的进口数量限制取消了90%,欧洲经济共同体成员国之间在1961年取消了工业品进口数量限制。

(二) 战后贸易自由化的主要特点

战后的贸易自由化与自由竞争资本主义时期的自由贸易有着本质的区别。其实质是为垄断资本服务的,并呈现出以下特点:

(1) 战后贸易自由化是垄断资本对外扩张的要求,代表了垄断资本利益。战后贸易自由化是在资本主义经济恢复和发展的基础上展开的。20世纪50年代到70年代初,伴随着发达国家经济的高速增长,跨国公司大量涌现,它们要求占领更多的世界市场,促使本国政府倡导和推行贸易自由化。很显然,这种贸易自由化更多的是要求别国开放市场的进攻武器,反映了垄断资本追求更大利润的欲望。

(2) 战后贸易自由化是有选择的贸易自由化。各发达国家往往根据自身经济实力的变化和垄断集团利益的需要,有选择地实行和调整贸易自由化政策。这使得该时期的贸易自由化具有选择性和不平衡性的特点:发达国家间的贸易自由化超过了它们同发展中国家间的贸易自由化,区域性贸易集团内的贸易自由化超过了集团对外的贸易自由化。不同商品的贸易自由化程度具有较大差别:工业制成品的贸易自由化超过农产品的贸易自由化,机器设备的贸易自由化超过了工业消费品的贸易自由化。这反映了战后科学技术的发展所带来的部门内分工和规模经济的要求。

(3) 在实行贸易自由化的同时,各发达国家还根据不同时期的具体情况结合使用贸易保护主义。例如,日本采取的是有选择地开放国内市场,逐步提高贸易自由化程度的政策。

二、20世纪70年代以来的新贸易保护主义

不管是自由贸易政策还是保护贸易政策,其共同目标都是为了国内的经济发展和国民生活水平的提高。当国内外环境发生变化时,一个国家从自身利益考虑,理所当然地会调整自己的外贸政策。

20世纪70年代中期以后,随着西欧和日本经济迅速赶超美国,发达国家经济发展的不平衡加剧,而两次石油危机使发达国家经济陷入滞胀和衰退,更使它们对世界市场的争夺日益激烈,市场矛盾日益突出。在此情况下,以美国为首所推动的贸易自由化到70年代中期逐渐停顿下来,国际贸易中非贸易自由化倾向日趋加强。特别是1971年美国出现了78年来的首次贸易赤字,随着外贸逆差的不断加大,美国国内贸易保护的呼声增加,以美国为代表的新贸易保护主义因此兴起。

与传统的贸易保护主义相比,新贸易保护主义具有以下特征。

(一) 被保护的商品范围不断扩大

保护对象由传统产品、农产品扩大到服务商品、高级工业品。在服务贸易方面,很多发达国家在签证申请、投资条例、收入汇回等方面做出保护性限制,以培育和确保自己的优势。在工业品方面,从纺织品、鞋、陶瓷、胶合板等"敏感商品"到钢铁、彩电、汽车、计算机、数控机床等皆被列入保护范围。

(二) 限制进口的措施的重点从关税壁垒转向以非关税壁垒为主

由于关贸总协定主持下的七轮多边贸易谈判使各国关税水平大幅削减,发达国家的平

均关税率从1948年的36%下降到5%左右,关税的保护作用日益减小。针对这一情况,20世纪70年代以来,发达国家竞相采用非关税壁垒来限制商品进口,并使之成为限制进口的主要措施。发达国家强化非关税壁垒的主要表现:一是非关税措施的种类日益繁杂和增多,根据当时GATT的统计,到90年代初,非关税措施的种类由70年代末的800多项增至8大类75种,计3 000多项。随着种类的增多,其用于限制进口的商品范围也日益扩大。从1966年到1988年,受到非关税限制的进口占总进口的比例,日本从34%升至50%,美国从27%升至57%,欧共体从15%升至58%,OECD由17.5%升至54%。二是一些国家纷纷给非关税措施以法律地位。例如,美国在1974年颁布的《贸易改革法》是战后美国第一部具有严重贸易保护主义倾向的立法,它首次确定了各种非关税壁垒,如例外条款、反倾销、反补贴条款等在法律上的地位。1979年《贸易协定法》则增加了反倾销、反补贴专章,并规定了司法审查及基本程序。经过关贸总协定主持的第八轮乌拉圭回合谈判,发达国家的平均关税已进一步降到3.8%左右,各类技术措施等非关税措施是发达国家当今限制进口的主要手段。

当然,发达国家在重视非关税措施的同时,并没有忽视关税的作用,而是设置逐步升级的关税结构即对制成品、半制成品的进口关税税率高于原材料等初级产品,以增强保护效果。另外,它们还将关税作为反倾销、反补贴的报复手段。

(三) 奖出限入措施的重点由限制进口转向鼓励出口

在国际分工加深、对国外市场依赖性加强的条件下,使用关税、非关税措施来限制进口,不仅满足不了本国企业扩大国外市场的要求,更容易招致别国的报复。因此,许多发达国家把奖出限入措施的重点转向鼓励出口,纷纷从经济、法律、组织等多方面促进商品输出。这些措施包括实行出口补贴、出口信贷及出口信贷国家担保制,实施商品倾销和外汇倾销,设立出口加工区;国家设立各种促进出口的行政机构,协助本国出口商对国外市场的扩张。有的国家还设立各种评奖制度,奖励在出口方面做出成绩的出口商。新贸易保护主义的这一动向在美国外贸政策中表现为,自20世纪90年代起美国逐渐由进口保护转向迫使外国市场消除一切贸易壁垒,实行市场准入,而且开放市场和公平进入是以"成效"即具体的市场准入份额而非事先的规则为基础来加以判定。如果美国期望的出口数量没有达到,即被作为贸易伙伴实施不公平保护的证据。美国的这一做法使其贸易政策逐渐从进口保护主义转向出口保护主义。

(四) 从贸易保护制度转向系统化的管理贸易制度

管理贸易是一种介于自由贸易与保护贸易之间,以协调为中心、以政府干预为主导、以磋商为手段,政府对对外贸易进行干预、协调和管理的贸易制度,也被称为"不完全的自由贸易"和"不断装饰的保护贸易"。20世纪70年代中期以后,在世界各国各地区贸易保护主义色彩日益浓厚,而又没有谁公开声明反对自由贸易的情况下,管理贸易便在国际贸易中逐渐盛行。管理贸易具有如下基本特点:

(1) 以立法形式使贸易管理法律化、制度化。为使国家对外贸的管理合法化,各发达国家加强贸易立法,使国家管理对外贸易的法律由过去的单行法律发展为以外贸法为中心、与其他国内法相配套的法律体系。例如,美国1974年贸易法案中的"301条款"授权总统对对美国出口实施不公平待遇的国家进行报复。1988年的"综合贸易法"更以反对一切不公平贸易为由,加强保护色彩。其中的"超级301条款"和"特别301条款"分别要求政府对公平贸易做得不好和对保护美国知识产权做得不好的国家进行谈判或报复。美国是使管理贸易合法化的代表,其涉及管理外贸的法律达1 000多种。

(2) 在不放弃多边协调的同时,更多地采用单边管理、双边协调。由于世界经济区域化、集团化倾向的加强,国际多边贸易体制受到削弱。为此,主要发达国家尤其是美国,更多地借助双边贸易谈判,必要时不惜采取单边贸易制裁,以达到"公平、互惠"的目的。例如,美国以1988年"综合贸易法"为依据,强调对等互惠条件,加强针对性的双边贸易谈判,使"自由与公平"方针成为美国对外贸易的基石。在美国的压力下,西欧、日本等对美国有贸易盈余的国家都在许多具体领域做了大量让步,有限度地开放市场,扩大内需。一旦贸易伙伴不能满足美国的要求,美国就依靠自己经济贸易上的强势地位,采取单边制裁或报复措施。

例如,1995年5月16日,美国政府单方面宣布,根据美国1974年贸易法中有关单边贸易报复制度的"301条款",对来自日本的豪华轿车征收100%的关税。其原因在于,日本车长期占有美国市场1/4的份额,而美国车仅占有日本市场1.5%的份额,在双方的汽车零部件贸易中,美国则有100多亿美元的逆差。日本虽然在1993年7月同意与美国谈判解决日本汽车市场的开放问题,但实际上拒绝与美国进入具体的谈判程序。因此,美国不得不采用上述单边措施,要求日本市场向世界汽车厂商开放,并使之具有必要的透明度和竞争性。按照美国1974年贸易法案中第301至310节的规定,如果美国贸易代表认定外国的法令、政策、做法侵害了美国根据任何贸易协议应该享受的权利,或外国的法律、政策或做法不合理且增加了美国商业的负担或限制,那么,美国贸易代表就可以根据总统的特别指示采取一切适当可行的行动,包括单方面的贸易制裁或制裁威胁。美国有关单边制裁的"301条款"引起了世界上包括欧盟在内的诸多国家及国家集团的不满,他们于1998年诉诸WTO,认为"301条款"有违WTO精神,损害了WTO的目标。但1999年WTO专家组最终裁决美国"301条款"不违反GATT/WTO的有关规定。这使美国得以继续运用该条款对其他国家特别是非世贸组织成员国实施单边报复和威胁。

(3) 管理措施以非关税措施为主,行政部门拥有越来越大的裁量权。这是因为非关税措施大多由行政机构实行,在非关税措施的使用日益广泛的情况下,行政机构对贸易政策的影响必然越来越大。

(4) 跨国公司在管理贸易中的地位不断上升。随着经济实力的日渐壮大,跨国公司对发达国家的社会经济影响举足轻重。各发达国家都通过跨国公司的跨国经营活动,来贯彻其对外贸易政策,跨国公司逐渐成为各国实行管理贸易的主角。它体现在发达国家许多高科技、高层次、大规模的投资贸易活动都围绕跨国公司来进行,有时政府还特别参与到公司具体的贸易活动中。例如,1996年,美国政府就直接参与到美国柯达公司和日本富士公司的胶卷纠纷中,要求日本对柯达胶卷开放国内市场。

(五) 新贸易保护主义使贸易上的歧视性有所增强

随着管理贸易体制逐步向双边和区域内多边体制过渡,一些发达国家蓄意背离GATT/WTO的无歧视原则,寻找各种借口对政治上不友好的国家或集团以外国家实行歧视性待遇。例如,欧盟、北美自由贸易区及其他区域性贸易集团对非成员国商品的进口都有明显的差别待遇,以限制集团外产品的进口,保护集团成员国的利益。

总的来看,新贸易保护主义使贸易活动在政府的干预下,借助立法、磋商、双边和多边的协调等手段,一定程度上有利于缓解国际贸易矛盾,保护各国的新兴产业,但它也对全球经济和贸易带来诸多不利影响。第一,它削弱了国际多边贸易体系,不利于资源的合理配置。新贸易保护主义打着公平贸易的招牌,实则带有歧视性、排他性和不平等性,它保护国内落后工业,改变了国际贸易商品合理的地理流向。第二,它损害了消费者利益。因为新贸易保护主义有时限制国外低成本产品的进入,使本国厂商免遭国外竞争的压力,不利于国内生产成本的降低,消费者不得不为此付出额外的代价。第三,新贸易保护主义一方面限制发展中国家劳动密集型产品进入发达国家的市场,另一方面又通过保护使发展中国家为获得先进技术、设备需支付越来越昂贵的费用,这加剧了南北差距的扩大。第四,由于有的国家动辄运用反倾销、反补贴武器,使20世纪90年代以来反倾销、反补贴案件上升,不利于国际贸易秩序的稳定。

值得指出的是,2008年全球金融危机之后,新贸易保护主义再度抬头,并呈现新的特点。这主要表现在:① 贸易保护范围扩大,从传统领域扩展至光伏、机器人等先进制造业以及投资、环境保护、产业政策等。② 国内经济政策采取的贸易保护手段除传统的关税、非关税措施外,发达国家广泛对国内产业实施注资、补贴等扶持措施。③ 贸易保护的针对性、进攻性增强,除频繁利用反倾销、反补贴等手段实施进口限制外,更强调出口促进,美国奥巴马政府甚至重建"出口促进内阁"。④ 贸易保护的防御性增强,当某国产品遭遇一国贸易限制的时候,其他国家会争相效仿,以防受限产品转向本国市场。⑤ 政府充当保护的急先锋。以往的反倾销、反补贴等贸易救济措施往往由进口国进口竞争企业发起申请,要求政府进行调查,但2008年金融危机后,出现了不经企业申请,进口国政府主动发起调查的现象。2013年5月,欧盟主动决定对中国华为、中兴的通信设备进行反倾销和反补贴调查,理由是他们享受了中国政府的优惠贷款,使欧盟企业面临不公平竞争。⑥ 在贸易体制方面,发达国家也更多通过双边、诸边谈判协调彼此的贸易关系,使世界贸易的双边、诸边趋向增强,多边贸易体制受到侵蚀。如何克服新贸易保护主义的不利影响,维护合理的国际贸易秩序,是当代国际贸易的一个重要课题。

三、战略性贸易政策

20世纪70—80年代,在以规模经济和不完全竞争为基础的国际贸易"新"理论发展过程中,一些西方经济学家提出了战略性贸易政策,随即引起理论界的关注和西方发达国家政府的重视,并在实践中付诸实施。

(一)战略性贸易政策的概念及其理论基础

所谓战略性贸易政策,是指一国政府在不完全竞争和规模经济条件下,可以凭借生产补贴、出口补贴或保护国内市场等政策手段,扶持本国战略性工业的成长,增强其国际市场上的竞争能力,从而谋取规模经济之类的额外收益,并借机劫掠他人市场份额和工业利润。即在不完全竞争环境下,实施这一贸易政策的国家不但无损于其经济福利,反而有可能提高自身的福利水平。[①]

战略性贸易政策的创始者是加拿大不列颠哥伦比亚大学的教授布朗德和斯潘赛（James Brander & Barbara Spencer）。他们认为传统国际贸易理论是建立在规模收益不变和完全竞争的理想境界上的，它们用国家之间在自然环境、技术、劳动生产率和要素禀赋等方面的差异来解释国际贸易的发生。由于贸易能改善双方的资源配置状况并使双方的国民福利得以提高，因此自由贸易政策也就是最优的选择。但是，在现实经济生活中，不完全竞争和规模经济却是普遍存在的现象。在规模收益递增和不完全竞争的情况下，市场本身的运行处于一种"次优"的境界，这种次优的境界并不能保证潜在的收益一定能够实现，适当的政府干预或许有可能改进市场的运行结果。由于工业制成品的世界市场是不完全竞争的，产品的差异性使得各国厂商都可能在某些工业产品上具有一定的垄断力量，并凭借这种力量将产品价格定在高于其边际成本的水平上，以获得超额利润。显然，这种利润是通过操纵价格从消费者身上赚取的，在国际贸易中则是进口国的消费者支付的。由于不完全竞争的上述性质，特别是本国进口产品被外国厂商所垄断时，政府应该运用关税将外国厂商从本国消费者身上赚取的超额利润转移到国内；再者，由于不完全竞争和规模经济的存在，市场份额对各国厂商变得更为重要，市场竞争变成了一场少数几家企业之间的博弈，一些产品特别是高科技产品具有"领先一步"的优势，谁能赢得主动，谁就能占领市场，从而获得超额利润。在这场博弈中，政府能够通过提供补贴或关税保护来帮助本国企业在国际竞争中获胜。这里，贸易政策通过影响本国厂商及其竞争对手的决策行为而产生了转移经济利益和扩大本国市场份额的效果，政府政策起到了如同许多寡头竞争模型中的战略性行动——如投资于超额生产能力或研究和发展相同的作用。因此，这种贸易政策被称为"战略性贸易政策"。

另外，外部经济也是一国政府实施战略性贸易政策的重要原因。通过鼓励出口或限制进口，发展本国的高科技产业，并使之成为主导产业，可以带来产业关联效应和技术外溢效应，这也许比贸易本身的效益要重要得多。

（二）战略性贸易政策的种类

战略性贸易政策按其扶植的对象和采取的政策工具，可以从总体上分为战略性进口关税和战略性出口补贴。

1. 战略性进口关税

战略性进口关税是指对于一些具有规模经济效益和不完全竞争特性的产业内的产品，由于技术或资金等方面的原因，一国因缺乏该产品的生产能力而只能从国外进口时，外国出口商将凭借产品的不完全竞争和规模经济特性在本国市场上取得垄断地位，从而将产品的价格定得高于边际成本，获得超额利润。对于进口国而言，每从国外进口一单位这样的产品就意味着向国外厂商支付一笔这样的"经济租"，造成本国福利的损失。进口国政府为减少这种超额利润的对外支付，可以对该产品征收进口关税，以迫使外国出口商降低价格，从而改善本国福利。

---

① 夏申："论战略性贸易政策"，《国际贸易问题》，1995年第8期。

对此关税,不要求征收国一定要是一个进口大国,只要它能够通过征税后价格的提高有效地影响国内需求,就能达到迫使外国厂商降低价格的目的。在此情况下,外国厂商将和进口国政府展开博弈。战略性进口关税也由此得名。两者的博弈分两种情况:

一是当本国缺乏必要的生产技术条件、本国厂商无力进入或无意进入时,进口国政府征收进口关税则纯粹是为了减少对外支付。征税的多少主要取决于产品的需求价格弹性。显然,如果需求价格弹性高,税率就可以高一些。因为在此情况下,为了不致因价格的提高而过大影响消费者需求,外国出口商就不得不较大幅度地降低出口价格;相反,如果进口商品的需求价格弹性较低,甚至呈刚性,则进口国政府实施战略性进口关税的余地就较小。

二是当本国厂商初步具备了生产技术条件、准备进入市场,只是由于外国出口商对本国市场的垄断使本国厂商面临因市场份额不足而亏损时,进口国政府可通过征收进口关税迫使外国厂商向本国厂商让渡市场份额。只要进口国政府能有效地通过价格提高影响国内需求,外国出口商就不得不这样做。最后,外国厂商将满足于充当价格领导者即可。

对战略性进口关税,西方经济学家描述了一幅栩栩如生的"战争场面":外国出口商依靠规模经济和不完全竞争,步步为营,且战且退;进口国进口竞争厂商依靠战略性关税步步紧逼,节节向前,直至最后冲出国门,染指他人地盘。

2. 战略性出口补贴

战略性出口补贴是指对一些具有规模经济效益的产业,哪个国家拥有较高的国际市场份额,哪个国家就可以从国际市场上获得较多的超额利润,在此情况下,一国政府将对本国出口厂商实施出口补贴,鼓励其到国际市场上劫掠他人的市场份额,增进本国福利。

新贸易理论通常用一个假想的例子来说明战略性出口补贴。假定规模经济在某个行业中(如飞机制造业中)如此之大,以致在作为一个整体的世界市场上只容得下一个能获利的进入者(不管是美国波音公司还是欧洲空中客车公司),也就是说,如果两个厂商都进入,它们都会遭受损失。那么,不管哪一个厂商,若设法让自己在该行业中立足,就能够获得竞争失败者不能得到的超正常利润。图 6-5 是波音和空中客车公司在各种情况下假设的损益表。

波音公司和空中客车公司都只有两种选择:要么生产,要么不生产。假定在没有政府干预的情形下,波音公司由于历史原因而先于空中客车公司生产并占领了世界大型宽体客机市场,此时的结果是方格 B 所示的情形,即波音公司生产获得 100 万元利润,空中客车公司不生产。若空中客车公司硬要挤入这个市场,则结果是两败俱伤,波音公司和空中客车公司都亏损 5 万元,即方格 A 所示情形。由于空中客车公司在投入生产前已认识到会亏损 5 万元,故空中客车公司不会进入竞争。现在假设欧洲政府采取战略性贸易政策,补贴空中客车公司 25 万元进行生产,这种补贴使这两家的损益情况发生了变化。如果只是空中客车公司生产,总利润达到 125 万元。即使两家都生产,空中客车公司在减去亏损后,仍能有 20 万元的盈利,而波音公司没有补贴,其利润与亏损没有变化。图 6-6 说明了这一情况。

图6-5 没有补贴时的损益图

图6-6 政府对空客予以补贴时的损益图

在新的情况下,空中客车公司只要生产就有利润,而不管波音公司是否生产。对空中客车公司来说,不生产的选择已经被排除。而波音公司则处于一种两难困境:若生产,则要亏损5万元;而若不生产,原先的市场则完全被空中客车公司夺走。不论如何,波音公司已无获得利润的可能,最后只有退出竞争。

从这个假设的例子可以看到,在某种不完全竞争市场结构的情况下,积极的政府干预政策可以改变不完全竞争厂商的竞争行为和结果,使本国企业在国际竞争中获得占领市场的战略性优势,并使整个国家获益。

通过上面的分析可以发现,战略性贸易政策是新贸易理论在贸易政策领域的体现,它具有强烈的应用性。

(1) 政府大力支持战略性产业的发展。技术、知识密集型产业,比如计算机和信息产业等,产业关联极强,外部经济效益明显,一旦成为主导产业,就能对社会经济发展起到巨大的推动作用。

(2) 政府协助企业争夺出口市场。在不完全竞争的条件下,政府对本国出口企业的鼓励,能够增强企业的国际竞争优势,扩大市场份额,获得规模经济效益,争得更多的出口利润。

(3) 政府限制进口以培育本国进口竞争产业的竞争能力。由于垄断和规模经济的存在,贸易保护可以促使本国的进口竞争产业成为出口产业。

(三) 战略性贸易政策简评

战略性贸易政策有其积极的方面:

首先,它是以20世纪80年代发展起来的不完全竞争贸易理论和规模经济贸易理论为基础,是国际贸易新理论在国际贸易政策领域的反映和体现。不同于正统的自由贸易政策理论,战略性贸易政策理论精巧地论证了一国可以在不完全竞争条件下实行贸易干预政策,通过转移他人经济利润来提高自身的福利水平。

其次,战略性贸易政策是从现实世界经济中普遍存在的不完全竞争市场状况中提炼出来的,它试图设计出适于产业内贸易的干预政策,以改善受到扭曲的竞争环境,使市场运行处于次优境地,因而具有一定的积极意义。

最后,从方法论上看,战略性贸易政策理论广泛借鉴和运用了产业组织理论与博弈论的分析方法和研究成果,特别是博弈论的运用应该说是国际贸易理论研究方法上的突破。

但是另一方面,战略性贸易政策理论也有不完善甚至消极的地方:

第一,该理论未就政府的贸易干预和补贴给出任何总的通用的解决方法,其成立依赖于一系列严格的限制条件。除了产业必须具备不完全竞争和规模经济这两个必要条件外,还要求:政府拥有齐全可靠的信息,对实行干预或补贴可能带来的预期收益胸中有数;接受补贴的企业必须与政府行动保持一致,且能在一个相对较长的时期内保持住自身的垄断地位;产品市场需求旺盛,被保护的目标市场不会诱使新厂商加入,以保证企业的规模经济效益不断提高;另外,别国政府不会采取针锋相对的报复措施。一旦这些条件得不到满足,战略性贸易政策的实施就不会取得理想的效果。

第二,战略性贸易政策背弃了自由贸易传统,采取了富于想象力和进攻性的保护措施,劫掠他人市场份额与经济利益。这往往使它成为贸易保护主义者加以曲解和滥用的口实,恶化全球贸易环境。因此,许多严肃的经济学家包括国际贸易新理论学派的一些学者都指出,对这一政策必须深刻理解和正确把握,切不可片面夸大或曲解其功效,以防贸易保护主义泛滥。一般认为,在技术、知识密集程度最高、与国家利益和声望关系最大的高新技术产业中,战略性贸易政策最有用武之地,政府的人为干预也是最值得的。对高新技术这类战略性产业的战略性保护还可通过外部经济效应使全世界从中受益。

第三,在研究方法上,该理论还缺乏不完全竞争条件下政策干预效应的统计分析,需要进行更多的定量分析和实证研究。

第四,即使通过战略性的贸易政策的实施,使某个产业取得了成功,但另一个问题是该产业的发展是否以其他行业的受损为代价,是否造成了国内资源配置的扭曲,也是应予注意的。

四、20世纪90年代后国际贸易政策新发展

(一) 全球竞争政策

1. 提出背景

第一,战略性贸易政策的实施日益困难。战略性贸易政策在具体实施中有很大的局限性,其效果受一系列条件的制约。作为战略性贸易政策创立者之一的克鲁格曼对战略性贸易政策进行了许多实证研究,也承认这种政策的实施所获得的总体收益很有限。在20世纪90年代后,随着全球市场经济体制的基本建成,国家间的相互依赖日渐加深,国际产业竞争空前加剧,若一味采取战略性贸易政策,只会招致别国的报复,不仅抵消了这种政策的效果,还会导致两败俱伤。另外,随着全球经济日渐一体化,全球市场也越来越呈现垄断竞争的状态。以邻为壑的战略性贸易政策由于其低效、不公平的保护机制变得越来越难以为继,历史上曾从中受益的国家和企业在面临强有力的新兴竞争对手时,将最终成为这种机制的受害者。在这种背景下,开放市场、减少壁垒、进行公平有效的竞争,在竞争中求生存、求发展,可能是一种现实的选择。因此,一些国家的经济学家越来越将外贸政策研究的重点从战略性贸易政策转向竞争政策。[1]

---

[1] 丁杨、张二震:"从战略性贸易政策到全球竞争政策",《经济学动态》,1999年第7期。

第二,20世纪90年代之后,诸多国际贸易争端源于竞争政策问题。在90年代之后的全球贸易谈判中,世界众多国家特别是发达国家对于竞争政策的关注日渐增多,它是航空、基础电信、金融服务、保险和知识产权协议的基础。在这些领域,各国竞争政策的不同造成了高度变异的竞争结构。竞争政策成为人们关注的焦点。早在1995年,WTO新加坡部长级会议就将竞争政策纳入管辖范围。21世纪以来,竞争政策日益成为国际贸易谈判的议题,要求政府减少对国内经济的补贴和干预,实行"竞争中立"成为当今全球经济治理的重要内容。

1997年,占世界航空市场份额第一位的波音公司与占世界市场份额第三位的麦道公司合并成为一家企业,成为世界航空制造业的"领头羊"。这两家美国企业的合并,制造出了美国乃至全世界航空制造业的"巨无霸"。并购之前,由于这两家企业的相互竞争,欧洲的空中客车公司尚能在二者你争我夺的夹缝中拥有一些竞争优势。并购之后,空中客车公司的优势被大大削弱,因为相对合并后的企业来说,空中客车无论在开发、制造、市场方面都明显地处于劣势,这无疑使其在与波音的国际竞争中处于非常不利的境地。对此,欧盟反应强烈,当即威胁说要制止这项交易,并由此差点引发了与美国的贸易大战。欧美争执的实质就是世界两大经济体用各自的竞争政策争夺世界市场。以维护公平竞争、保证市场效率为目标的竞争政策,正在实现着它的另一种功能,即在国际竞争当中为一国谋求或争夺经济利益。

1998年2月,在调查日本政府是否通过让富士公司垄断胶卷分销渠道的方式来挤占美国柯达公司在日本的胶卷市场一案时,世贸组织的专家委员会得出的结论是,世贸组织对于涉及竞争法的纠纷不享有管辖权。这个结果意味着存在这种可能性,即当一成员国政府依照本国的竞争政策(法律)以垄断或者是其他妨碍竞争为理由,对某些涉及并购的国外企业的经营(往往是以进出口等贸易形式)进行干涉或限制时,该国政府就可以达到贸易保护的目的,同时又不会违反世贸组织的有关规则。因此,当受到反竞争制裁的企业所在国政府欲对这种隐形的贸易保护主义做法予以还击时,便无法借助世贸组织相对有效和公正的争端解决机制,而只能诉诸其他的可能是违反世贸组织规则的手段来达到保护自身利益的目的。而如果一国存在相关的竞争政策和法律制度的话,那么当他国在对本国企业实行反竞争制裁时,对方就不得不考虑这种制裁的后果,即是否可能因此招致被制裁企业所在国对制裁国企业采用严格的竞争政策标准,进而使制裁国企业受到损害。这样他国也才可能加强与本国在竞争政策方面的协调和合作。因此可以说,竞争政策是一国参与国际竞争的有力武器和必备工具。

2. 竞争政策的含义及其目标

通常来讲,竞争政策是促进竞争、保护竞争而不是限制竞争的政策,也被称为反垄断政策。竞争政策是控制和清除市场限制性行为以保证市场机制有效运作和社会资源合理配置的重要工具,并把规范和减少限制性商业行为(Restrictive Business Practice,RBP)和政府的补贴行为视为竞争政策的核心。

所谓限制性商业行为(又称限制性商业惯例),是指企业在贸易活动中背离公平竞争原则,通过公开或隐蔽的手段牟取经营利益的行为。其具体表现形式有两种,即垄断行为和不正当竞争行为。这些限制性商业惯例主要有以下几种:协议共同定价;串通投标;划分市场和顾客群;销售量和生产量的定额分配;联合抵制交易;集体拒绝他人参加竞争关系重大的协会;联合拒绝向可能的买主供应货物。另外,企业通过在市场中所占据的地位,限制竞争对手进入市场或以其他方式限制竞争,均属限制性商业惯例。例如,企业使用低于成本的价格消灭竞争对手,构成掠夺性行为;在供应或购买货物和服务时歧视性作价或附加歧视条件;通过合并、接管、合资经营或其他横向、纵向的联合造成经济力量的集中;规定出口货物在进口国的转售价格;限制同一来源货物的进口,以维持人为的高价等。限制性商业惯例在国际贸易领域也被大量使用,这种行为不仅发生在发达国家和发达国家之间,而且更多出现在发达国家和发展中国家的贸易中,主要表现为跨国兼并、出口卡特尔、制定转移价格、技术转让中附加限制性条款等。因此,管制企业的限制性商业惯例是竞争政策的中心内容。

与此同时,管制政府补贴行为也是竞争政策的重要组成部分。政府为扶植某个产业或地区而实施的产业政策或地区政策,只要造成歧视和差别待遇,进而阻碍竞争,都属竞争政策的管辖范围。

综上所述,竞争政策就是减少和排除限制市场竞争的政策。在我国,竞争政策的作用对象不仅包括企业的经济性垄断行为(如限制竞争的做法)和企业不正当竞争行为(如损害竞争对手和消费者利益的做法),还包括政府的行政垄断行为(如利用行政权力、政策工具来阻碍竞争)。竞争政策所涉及的范围,不仅包括一国国内经济活动,还包括一国对外经济活动以及国际之间的经济交往活动。因此,竞争政策既是一种处理开放条件下一国国内市场竞争关系的基本经济政策,又是一种平衡全球经济一体化进程中各国之间市场竞争利益的国际协调机制。

竞争政策有两大目标——效率和公平。效率属于传统目标,使现有资源配置达到最优。效率有静态与动态之分,如果一个社会只考虑目前活着的人们,且相对时间较短,那么该社会追求的是静态效率;如果一个社会考虑了未来的人们,且相对时间较长,则该社会追求的是动态效率。静态效率与动态效率并不完全一致,因而需要在两者之间进行权衡。公平在不同国家和文化中有着不同的含义。例如,在美国,它意味着机会均等,或者说企业能自由进入某产业。在其他国家,它常指某种令人达成共识的活动或诚信得到了应有的回报。一般来说,各国对于公平的共同看法是反强制(如反对强迫合作)和反对各种滥用市场权力(如卡特尔禁止分销商与外部供应商的交易)的行为。

3. 竞争政策的国际协调

贸易政策和竞争政策都以增加消费者福利和提高经济效率为目标,两者根本上是一致的。但由于缺乏必要的国际协调,20世纪90年代以来贸易政策和竞争政策经常发生冲突,使竞争政策逐渐成为多边贸易中的一个重要议题。这种冲突主要表现在:① 由于关税的降低和非关税措施的逐步减少,企业日益依赖于限制性商业惯例,如纵向、横向一体化等,来保护自己,使贸易自由化的果实越来越受到侵蚀;② 越来越多的贸易政策,如反倾销、管理贸易制度、政府的有关立法与行政干预等,貌似阻止国外厂商的不公平竞争,实质是限制来自国外的正常竞争,恶化了国际竞争环境。

另外,由于竞争政策有着多层次、多角化的特点,适用于个别企业、产业或国家的竞争政策并不总是对其他企业、产业或国家适用。各国在制定国家层次上的竞争政策时,又大多基于本国、本民族的利益,这不免踏上战略性贸易政策的老路,容易引起纠纷。因此,当代各国在多边及诸边范围内就贸易政策进行国际协调的同时,亦需要就竞争政策进行国际协调。从实践方面来看,在国际范围内进行的竞争政策协调主要有三个途径:一是多边途径,主要是多边的国际机构,如世界贸易组织(WTO)、经合组织(OECD)、联合国贸发会议(UNCTAD)等;二是区域途径,主要是通过区域组织,如欧盟(EU)、北美自由贸易区(NAFTA)、亚太经合组织(APEC)等;三是双边途径,比如美国和加拿大以及欧盟、新西兰和澳大利亚等均就反垄断的执行问题达成了双边协定。还有一些双边贸易协定中包含有竞争政策的条款。

总的来说,由于竞争政策涉及各国政策制定的主权,将其引入国际贸易领域是一个新的课题。对此,发达国家和发展中国家间存在尖锐分歧。在全球或地区范围内实施公平的竞争政策并进行竞争政策的国际协调任重道远。

(二)边境后措施

早期国际贸易政策和经贸谈判中主要关注边境措施,关键是推动关税税率下降和扩大各国市场准入。随着全球贸易自由化的深入,关税和非关税壁垒等传统贸易障碍逐步减少,边境措施在国际贸易政策中的重要程度也随之下降。当前全球生产和分工体系已经以产品内分工贸易和全球价值链为主导特征,一种产品的全生产流程分布在不同国家和地区,各国的生产标准等国内政策体系存在较大差异,对产品的全生产流程产生不可忽视的影响,有可能导致全球价值链的整体效率下滑,削弱产品的国际竞争力。各国国内生产标准等国内政策体系就可能阻碍国际贸易的开展,成为新的国际贸易壁垒。2020年1月美国国会研究服务局发布报告,认为其他国家的边境后措施阻碍美国服务贸易的发展。目前,以美国和欧盟为首的发达国家试图通过国际监管合作,对知识产权、投资、国有企业、政府采购、竞争政策、劳工标准、环境保护、数字贸易等方面的边境后措施进行协调。同时,随着WTO多边贸易体制运行遭遇困境,世界各国积极参与并签订区域贸易协定,其中包括的议题也已经不仅是货物与服务贸易、直接投资等,而是扩展到知识产权保护等上述诸多方面。这表明国际贸易政策关注点从以市场准入为主的边境(at-the-border)措施,向以协调各国国内经济管理体制的边境后(after-the-border)措施转变。

2018年开始的中美贸易摩擦中,美国对我国的指责也大量涉及边境内措施,包括产业政策、知识产权、投资政策、国有企业、竞争法规、海关及贸易政策、政府采购等横向政策,更包括农业、汽车制造业、民用航空、金融、教育、医疗卫生、信息和通信技术等具体行业政策和区域政策,特别是制造强国、知识产权、自主创新、网络安全、信息安全政策和数字贸易壁垒问题。他们认为,正是由于这些边境内措施的存在导致许多开放承诺落不了地,形成了事实上的非国民待遇。例如,在医疗领域,虽然我国允许设立中外合资医院,但卫生部门对于医院评级和医生职级晋升的管理体制未能和国际规则有效兼容,导致中外合资医院在评级、参与医保、医生晋级等方面和传统三甲医院的待遇存在很大差别。再如,在知识产权保护方面,我国法律体系对被侵权人遭受的实际损失的衡量范围要远小于欧美发达国家,且并未实施可能导致巨额罚金的惩罚性赔偿制度,导致在我国知识产权侵权所可能付出的代价远低于欧美发达国家。①

在2021年1月1日生效的《区域全面经济伙伴关系协定》(RCEP)也包含大量边境后措施方面的条款。在协议正文第十章"投资"中第三条"国民待遇"中提出在投资的设立、取得、扩大、管理、经营、运营、出售或其他方面,每一缔约方给予另一缔约方投资者和所涵盖投资的待遇应当不低于在类似情形下其给予本国投资者及其投资的待遇;第十七条"投资便利"则要求每一缔约方应当努力便利缔约方之间的投资,包括为各种形式的投资创造必要环境、简化其投资申请及批准程序等;第九条"转移"则提出每一缔约方应当允许与涵盖投资有关的转移以任何可自由使用的货币按照转移时现行的市场汇率进行,协议对"可自由使用的货币"进行了阐述,即国际货币基金组织(IMF)在《国际货币基金组织协定》及其可能的修订所确定的可自由使用货币。

同时,《区域全面经济伙伴关系协定》(RCEP)还规定了多个禁止性的条款,比如缔约方不得要求属于涵盖投资的该缔约方的法人任命某一特定国籍的自然人担任高级管理职务。第十一章"知识产权"的第七条"国民待遇"中提出除相关规定的例外情况外,每一缔约方应给予其他缔约方的国民不低于其本国国民在知识产权保护方面的优惠待遇,其中的"保护"包括影响知识产权权利可获得性、取得、范围、维持和实施的事项,以及该章特别涵盖的影响知识产权权利使用的事项。

这些边境后措施被纳入区域贸易协定中,将对我国对外开放产生重大影响。第一,有利于我国构建高水平的新型开放体制,填补我国在开放领域上存在的一些短板。我国要签订包含大量边境后措施的区域贸易协定,那就必须要以开放倒逼改革,进一步推进我国的市场化改革进程,打破国内要素市场分割,有助于更好地让市场在资源配置中起决定性作用。第二,其他国家加入这些区域贸易协定,同样也要遵守这些边境后措施的要求,这就保障了成员国之间将会享受到更加公平、透明可预期的营商环境,为我国企业走出去,在其他成员国布局提供了便利条件。

面对全球范围内对边境后措施加强国际监管合作的大趋势,我国要积极参与这种国际监管合作。首先要提升贸易有关措施的透明度,保障公众参与。其次要建立中央监管协调机构,避免中央和地方政府监管措施的不一致。再次要积极参加国际标准化工作,主动调整国内政策,逐步对接国际高标准。最终实施监管互认、执法互助和信息互换。②

本章小结

在国际贸易理论发展史上,国际贸易政策的产生先于国际贸易理论。重商主义第一次提出明确的贸易政策主张,它不仅比绝对成本理论的产生早了200多年,并且还是现代经济学发展的起点。因此,有关国际贸易政策的研究在国际贸易理论研究中占有重要地位。

国际贸易政策是世界各国和各地区有关商品和服务国际交换政策的总和。国际贸易政策按实施主体和地域范围可分为多边贸易政策、诸边贸易政策和对外贸易政策。本章

---

① 叶辅靖:《进一步扩大开放要革新边境内措施》,经济参考报,2018年7月18日。
② 徐泉、耿旭洋:"边境后措施国际监管合作发展趋向于问题阐释",《上海对外经贸大学学报》,2021年第5期。

主要从一国角度研究对外贸易政策的有关理论。

对外贸易政策是一国有关对外贸易活动的经济政策。按政策主张和采取措施的不同，其总体上可分为自由贸易政策和保护贸易政策。前者的实质是"不干预政策"，后者是"奖出限入"政策。保护贸易政策又可进一步分为正当的贸易保护和非正当的保护主义。历史上，自由贸易经历了自由竞争的资本主义时期、二战结束至20世纪70年代初期以及1995年世贸组织成立后三个主要时期。贸易保护主义经历了1875年前后垄断产生时期、1929—1933年大危机时期的超贸易保护政策以及20世纪70年代中期的新贸易保护主义三次浪潮，其中新贸易保护主义实施的管理贸易制度对当代国际贸易影响深远。但无论是自由贸易还是保护贸易，都不是绝对的，只是自由或保护程度不同而已。

自由贸易政策和保护贸易政策各有其理论基础。自由贸易政策的理论基础是自由贸易理论，这已在第三章分析过。本章主要探讨保护贸易政策的理论基础——保护贸易理论。保护贸易理论的发展大致经历了四个阶段：

重商主义者从加速资本原始积累的角度主张政府对金银和贸易实施管制，其保护贸易学说和政策主张由于建立在"金银是财富的唯一代表，获取金银货币才是获得了财富"的错误理论基础上，因而是一种以邻为壑的政策主张，属于保护贸易理论的萌芽阶段。

汉密尔顿的保护关税思想主张落后国家从保护本国工业、实行经济自立的角度，通过关税等政策措施实施保护，代表了落后国家经济自卫的要求，标志着保护贸易理论的初步形成。

李斯特在汉密尔顿的基础上进一步提出了以保护生产力为出发点、以保护关税为核心的保护贸易理论，是保护贸易理论的集大成，确立了保护贸易理论在国际贸易理论中的地位。

在李斯特之后，西方经济学家又从幼稚产业标准的确立、实施贸易保护的经济与非经济论据两个方面对保护贸易理论做了进一步发展，提出了一系列的理论观点和政策主张。

但在开放经济条件下，各国经济日益融合，经济的国家、民族界限日益被打破，各国已不能再单纯地从本国经济发展的需要出发，实施单边、自主的保护，而只能遵循国际规则实施适度保护。另外，由于经济全球化、一体化，幼稚产业的标准很难确定、保护效果难以预料、民族产业难以界定，加之保护往往带来落后，所以在开放型经济条件下，对外开放才是一国经济发展的根本之道。

本章最后从贸易政策实践的角度考察了当代发达国家的贸易政策，具体介绍了当代发达国家的贸易自由化、新贸易保护主义、战略性贸易政策以及全球竞争政策。

二战后至1973年的贸易自由化主要服从于西方发达国家特别是美国跨国公司全球扩张的需要，因而表现出很大的选择性，它主要发生在跨国公司之间、原材料和中间产品之间。

新贸易保护主义随着西方国家在20世纪60—70年代经济发展不平衡、美国在70年代初国际经济地位相对下降而产生。它主要强调政府对对外贸易的管理、协调和干预，保护措施也从关税转向以非关税为主。新贸易保护主义对当代国际贸易影响深远。

战略性贸易政策是国际贸易新理论在贸易政策上的体现，在当代贸易理论界和政府部门有一定影响。它主要从规模经济、外部经济和不完全竞争的角度，主张政府对具有以上特征的高科技产业实施进口限制、生产补贴或出口补贴，以增进本国福利。它在发达国家的高科技产业的发展中多有体现。但其实施有严格的条件限制，并容易被曲解而成为实施贸易保护主义的借口。

在经济全球化日益深化的情况下,传统贸易保护手段的有效性越来越低,战略性贸易政策发生作用的外部条件有限。开放市场、减少壁垒、进行公平有效的竞争,在竞争中求生存、求发展,逐渐成为一种现实的选择。因此,一些西方经济学家越来越将外贸政策研究的重点从战略性贸易政策转向竞争政策,世界贸易组织管理协调的重点也逐渐由贸易政策转为国内立法和竞争政策,全球竞争政策因此成为20世纪90年代以来一个新的课题。它主张通过竞争政策的实施及其国际协调来为国际贸易提供一个公平的国际竞争环境。但由于国家利益、民族利益的存在,各国有关竞争理念的差异,全球竞争政策的有效推行尚需时日。国际贸易政策重点正从边境措施向边境后措施转变,国际经贸谈判中也越来越重视签订与边境后措施相关的条款,各国之间也在加强边境后措施的国际监管合作。这些都对我国的对外开放产生重大影响。

复习思考题

一、名词解释

自由贸易政策　保护贸易政策　超贸易保护政策　管理贸易制度　重商主义　幼稚工业　适度保护　穆勒-巴斯塔布尔标准　肯普标准　假幼稚产业　新贸易保护主义　战略性贸易政策　竞争政策　限制性商业惯例　边境后措施

二、思考题

1. 什么是国际贸易政策?与国内经济贸易政策相比,它有哪些特点?
2. 什么是超贸易保护政策?它与一般的贸易保护政策有何不同?
3. 试述重商主义保护贸易思想的主要内容,并加以评论。
4. 试评述李斯特的保护贸易理论。
5. 试述经济全球化对贸易保护效果的影响。
6. 李斯特之后的经济学家对幼稚产业标准做了哪些发展?在当代的可行性如何?
7. 试述实行贸易保护的经济与非经济论据。
8. 如何正确评价保护贸易理论的政策主张?在哪些方面它是合理的?
9. 试述新贸易保护主义的特点及其对国际贸易的影响。
10. 什么是战略性贸易政策?对其如何加以正确认识和评价?
11. 什么是全球竞争政策?竞争政策在国际贸易领域引起重视的原因是什么?
12. 什么是边境后措施?这对我国对外开放产生哪些影响?

第七章

国际贸易政策措施

第六章着重从理论上对国际贸易政策做了分析。在实践中,一国的对外贸易政策总要通过具体的政策措施加以体现。这一章,我们来具体介绍国际贸易政策得以实现的各种措施,并分析这些政策措施的经济效应。

第一节 关 税

一、关税的含义及其作用

关税(Customs Duties;Tariff)是一个国家的海关对进出其关境的物品所征收的一种税。

海关是设在关境上的国家行政管理机构,它是贯彻执行本国有关进出口政策、法令和规章制度的重要工具。征收关税是海关的重要任务之一。关境是海关征收关税的领域,是执行统一海关法令的领土。一般来说,关境和国境是一致的,但有些国家的国境内设有自由港(Free Port)、自由贸易区(Free Trade Zone)或海关保税仓库(Bonded Warehouse),这些均不属于关境范围之内,这时关境小于国境。有些国家间缔结关税同盟,参加关税同盟的国家的领土即成为统一的关境,这时关境大于国境。

关税具有四个方面的特点:① 强制性。它是海关凭国家权力征收的,纳税人必须无条件服从。② 无偿性。海关代表国家从纳税人方面征收,国家无任何补偿。③ 预定性。海关根据预先规定的法律与规章加以征收,双方不得随意变动。④ 间接税。关税的纳税主体为进出口商,但他们将关税打入商品价格,最终承担者为消费者。

征收关税的目的主要有两个:一是增加财政收入;二是保护本国生产。以增加一国财政收入为主要目的而征收的关税称为财政关税(Revenue Tariff)。财政关税的税率视国库的需要和对贸易数量的影响而制定。财政税率不宜过高,否则便会阻碍进口,达不到增加财政收入的目的。目前,财政性关税在一国财政收入中的重要性已经相对降低。以保护国内生产和市场为主要目的而征收的关税就是保护关税。关税的保护程度主要决定于税率的高低。低税率所起的保护作用小,高税率所起的保护作用大。一般而言,进口商品的优势在于包括运费和进口杂费在内的成本比国内同种产品的成本低,两者之间有一个差额。如果关税税率超过这一差额,进口商品的优势将会丧失。这样,关税就达到了完全保护的目的。这种禁止性关税在现实经济生活中较少见。在绝大多数情况下,关税起着部分保护的作用。如今各国征收关税很难再区分财政性与保护性关税。以财政收入为目的的关税客观上也可以产生保护作用;以保护为目的的关税,其税率只要不高到禁止性关税的程度,也会增加财政收入。

保护关税是当代各国贸易保护政策的重要措施之一,也是一些发达国家在贸易中实行歧视政策的重要工具。第二次世界大战后,经过关贸总协定主持下的八轮多边贸易谈判,发达国家的平均关税水平已降到3.8%左右,发展中国家的已降到13%左右。关税对进口国市场的保护作用已大大缩小,非关税措施在保护政策中的作用日益加强。但即便如此,关税仍是各个国家实行贸易保护的一项重要手段。

二、关税的种类

一般来说,关税依据征收方向可分为进口税、出口税、过境税。进口税中按差别待遇,又可分为进口附加税、差价税、特惠关税和普遍优惠制关税。

(一) 进口税(Import Duties)

进口税是进口国家的海关在外国商品输入时,对本国进口商所征收的正常关税(Normal Tariff)。这种进口税在外国货物直接进入关境或国境时征收,或者外国货物由自由港、自由贸易区或海关保税仓库等提出运往进口国的国内市场销售,在办理海关手续时征收。

正常进口税通常可分为最惠国税和普通税两种。最惠国税适用于与该国签订有最惠国待遇原则的贸易协定的国家或地区所进口的商品,普通税适用于与该国没有签订这种贸易协定的国家或地区所进口的商品。最惠国税率比普通税率低,二者税率差幅往往很大。当代大多数国家都加入了关税与贸易总协定(现世界贸易组织)或者签订了双边的贸易条约或协定,相互提供最惠国待遇。因此,正常进口税通常指最惠国税。

征收进口税提高了进口商品的国内价格,从而削弱了这些商品的价格竞争力,起到了限制进口的作用。所谓关税壁垒,就是指进口税对商品输入的阻碍。

发达国家对进口税率的规定,一般是工业制成品相对较高,半制成品相对较低,原料性商品最低,甚至免税。在工业制成品中,加工程度越高,关税率就越高。发展中国家为了保护本国经济和国内市场,一般对国内已能生产并能满足市场需要的商品或者非生活必需品以及奢侈品,征收较高进口税,而对于目前国内暂时不能生产或供不应求的生活必需品和机器设备等资本品,征收较低的进口税或者免税。

(二) 出口税(Export Duties)

出口税是出口国的海关在本国商品输往国外时,对出口商品征收的一种关税。

征收出口税会提高出口商品的销售价格,削弱出口商品在国外市场上的竞争能力,不利于扩大出口。但在特殊情况下,比如一种商品在国际市场上居垄断或支配地位,或者为限制本国资源外流,一国会征出口关税。发达国家一般都不征收出口税,除非出于政治或特殊目的。征收出口税的主要是一些发展中国家。

一国政府征收出口税的原因主要有以下几个:

第一,保护本国购买者的利益,使本国市场不致受到国外购买者的冲击,以防止在本国内出现较高的国际价格。为保证本国生产和本国消费而征收出口税,税率一般较高,还可辅之以出口许可证之类的数量限制,在极端情况下,甚至可征收禁止性出口关税,使出口税高到国外购买者无力购买的程度。

第二,改善贸易条件,提高出口效益,防止"贫困化增长"。我们知道,如果生产要素的增长使得出口产品的供给迅速增加,则可能产生贫困化增长。这种增长不但会恶化贸易条件,甚至会使一个国家的经济状况恶化。在这种情况下,通过出口税等形式适当控制出口,有助于防止出口增加导致效益反而下降的情况发生。如果是本国在国际市场上具有垄断地位或居支配地位的商品,那征收出口税以控制出口数量,就会迫使国际市场价格上涨,从而改善该国的贸易条件(假定进口价格不变),增加出口收入。

第三,取得财政收入。不管出于什么目的,征收出口税,无疑会取得财政收入。对于那些由于政治或组织上存在障碍,难以执行收入税、货物税或其他税的初级产品或原材料出口国而言,征收出口税是一种具有吸引力的税制。只要出口税不至于高到禁止性出口税的地步,国家就可通过出口税增加财政收入。一般来说,当逐步增加一种出口税的单位数额时,被纳税的出口数量会下降,纳税收入先是上升,当达到一个最大值后,便开始下降。在征收出口关税的情况下,终究会在出口量为零和自由贸易量之间存在一点,出口纳税收入在该点上为最大,理论上存在一个所谓最大出口收入关税,就像在理论上存在一个最大进口收入关税一样。

第四,一些发展中国家利用出口税作为与发达国家的跨国公司博弈的工具。发达国家往往通过跨国公司在对外贸易中采取垄断价格,在发展中国家低价收购初级产品及其他原材料,使发展中国家蒙受重大损失。发展中国家为了反对发达国家垄断组织的低价收购,往往对某些初级产品和原材料等的出口征收出口税。

另外,在当代国际贸易中,为了改善对外贸易关系,一些出口大国有时也对某些出口商品征收出口税,以适当控制出口,减轻或避免本国产品对贸易伙伴市场的冲击。

(三)过境税(Transit Duties)

过境税又称通过税,它是一国对于通过其关境的外国商品征收的关税。在中世纪时,欧洲一些国家征收通过税,以增加财政收入。这种关税在资本主义生产方式准备时期最为盛行。随着经济的发展,交通运输事业日益发达,各国在货运方面竞争激烈。同时,过境货物对本国生产和市场没有影响,所征税率低,财政意义不大。因此,过境税相继被废除。二战后,大多数国家都不征过境税,仅仅在外国商品通过时征收少量的准许税、印花税、签证费和统计费等。

(四)进口附加税(Import Surtaxes)

一些国家对进口商品,除了按公布的税率征收正常进口税,还往往根据某种目的再加征进口税。这种对进口商品在征收正常关税外,再加征的额外关税,就称进口附加税。征收进口附加税是限制商品进口的一种临时措施。其主要目的是:应付国际收支逆差,维持进出口平衡;防止外国商品的出口补贴和低价倾销;对某个国家实行歧视或报复等。因此进口附加税又称为特别关税。

进口附加税往往针对个别国家或个别商品征收,这主要有以下两种。

1. 反补贴税(Counter-vailing Duties)

根据 WTO《补贴和反补贴措施协议》,补贴是指政府或任何公共机构对企业提供的财政资助以及政府对出口产品的任何形式的收入或价格支持。其范围包括以下几个方面：政府通过财政进行的直接的资金转移，如贷款、赠与、入股、债务的豁免、贷款担保等；应纳税的减免；政府提供商品或服务，或购买商品；政府通过基金机构、私人机构履行上述政府行为；对出口产品的任何收入或价格支持。如果进口商品直接或间接接受了出口国给予的任何形式的补贴，对本国已建产业产生重大损害或重大威胁或严重阻碍国内某一产业的兴建，进口国政府可以征收反补贴税，以消除或减轻这种损害。

WTO进一步对补贴进行了分类，分为专向性补贴与非专向性补贴，禁止性补贴、可起诉的补贴与不可起诉的补贴。并非对所有补贴都可征收反补贴税。反补贴税的征收要满足两个条件：一是进口商品接受了政府的直接或间接补贴，且进口商品所接受的补贴是世贸组织所禁止的；二是补贴对本国已建产业产生重大损害或重大威胁或严重阻碍国内某一产业的兴建。

反补贴税是一种抵消性关税，而非惩罚性关税，反补贴税税额不得超过补贴数额。因为反补贴税涉及WTO的一系列规则，我们将在后面对反补贴税进行详细介绍。

2. 反倾销税（Anti-dumping Duties）

反倾销税是对实行倾销的进口商品所征收的一种进口附加税。其目的在于抵消商品倾销的影响，保护本国商品和国内市场。

所谓倾销，是一国出口厂商以低于国内市场的价格，甚至低于商品生产成本的价格，向国外销售商品的行为。WTO《反倾销协议》第2条第1款明确规定："如一产品自一国出口至另一国的出口价格低于在正常贸易过程中出口国供消费的同类产品的可比价格，即以低于正常价值的价格进入另一国的商业，则该产品被视为倾销。"所谓同类产品是指与被考虑的产品在各方面都相同的产品，或者具有与被考虑的产品极为相似特点的另一种产品。正常价值是指在正常的市场条件下，出口国供国内消费的国内市场可比的批发价格，它要求两种价格在时间上和销售规模上可比；如果不存在可比的国内价格，则采用同类产品出口到一个适当第三国的最高可比价格，或由产品在原产国的生产成本加合理数额的管理、销售和一般费用及正常利润所构成的所谓结构价格，作为正常价值。对上述三种价格必须依次使用。

为防止反倾销税被滥用，WTO《反倾销协议》规定，征收反倾销税必须满足三个基本条件：一是外国出口商存在倾销行为；二是倾销对国内同类产业造成重大损害或重大损害威胁，或对国内同类产业的兴建产生严重阻碍；三是倾销和损害之间要存在因果关系。其他因素造成的损害不能归于倾销。根据这三个条件，如果外国出口商有倾销行为，但未对本国同类产业造成重大损害或重大损害威胁，进口国政府不得征收反倾销税。

WTO《反倾销协议》还就与反倾销有关的其他一些主要问题做了规定：

（1）关于损害问题。协议规定，在确定倾销对本国工业部门造成重大损害或产生重大损害威胁时，该国应对倾销品进口的数量、价格以及给本国同类产业生产者带来的影响进行客观的调查，其他因素给工业部门造成的损害不能归于倾销。调查一定要以事实为依据，不得以推测做出判断。具体来说，根据WTO《反倾销协议》第3条的规定，在确定倾销对进口国同类产业的损害时应包括对下列几个方面的客观审查：① 倾销进口产品的数量是否大量增加，它包括绝对数量的大量增加和相对于进口国生产和消费数量的大量增加。②倾销进口产品对进口国国内市场同类产品价格的影响。这方面一是通过对倾销进口产品与进口国同类产品价格进行比较,看倾销进口产品是否大幅度削低价格;或者看此类进口产品是否在很大程度上抑制了进口国同类产品本应在其他情况下发生的价格上升。③倾销进口产品对进口国同类产品生产者造成的影响。审查倾销的进口产品对国内同类产业的冲击程度应包括对有关产业状况的所有相关经济因素和指标的评估,包括销售、利润、产量、市场份额、生产力、投资收益、设备利用率实际或潜在的下降,影响国内价格的因素,倾销幅度的大小,对现金流动、库存、就业、工资、增长率、筹措资金或投资能力等的实际或潜在的负面影响。

(2) 关于倾销调查。协议规定,受倾销影响的生产部门如要对倾销进行调查,应事先提出书面申请。申请书中要有充分的根据说明存在倾销与造成损害以及损害与倾销之间的因果关系。在特殊情况下,如没有生产部门提出申请调查,而有关当局已经掌握构成倾销的条件以及造成损害的程度,也可以调查。如果有关当局确定倾销幅度小于正常价值的2%,或倾销进口的数量在该产品总进口量中的比例小于3%,且小于3%的国家累积的进口份额小于7%,则应立即停止反倾销调查。反倾销的调查不应妨碍办理海关手续,并且要在一年内结束。

(3) 关于反倾销措施。协议规定,在反倾销调查当局已做出倾销存在和对国内相关产业造成损害的肯定性初步裁定后,如果调查当局认定采取临时措施对防止在调查期间继续发生损害是必需的,则可以采取临时反倾销措施,包括征收临时反倾销税、采用担保或支付保证金等方式。临时反倾销税和保证金的幅度不得高于初步裁定的倾销幅度。在反倾销调查当局最终裁定中做出肯定性的倾销和损害存在的结论时,反倾销税则是最主要的反倾销措施,但是是否征收由进口成员自己决定。反倾销税征收的原则有两个:一是征收金额不得大于倾销幅度,即反倾销税是一种抵消税,而非惩罚性关税;二是多退少不补,即如果最终确定的反倾销税额高于临时反倾销税,则差额部分不能要求进口商补交。如果最终确定的反倾销税额低于临时反倾销税,则进口商多交的部分税款应当退还。

对反倾销税的征收,协议还规定了"日落条款"。它规定,反倾销税应自征税之日起五年内结束,但如果在五年期限到来之前的一段合理时间内,国内相关厂商提出了复审要求,则在做出复审结果之前,反倾销税应继续征收。如果复审结果表明损害已不存在或不存在重新发生损害的可能,则反倾销税应当停止征收;如果复审结果表明损害依然存在,或者停止征收反倾销税将导致倾销和损害继续发生或重新发生,则原有的反倾销税可以继续维持。

尽管世贸组织对反倾销做了一系列规定,但实践中并没有得到切实遵守。例如,在确定外国出口商的出口价格是否存在倾销行为时,西方国家一般将一切国家分为市场经济与非市场经济国家两类,对其分别采用不同的确定产品正常价值的方法。对市场经济国家,它们认为这些国家有完善的市场体系,因而采用出口国国内销售价格作为正常价值;而对非市场经济国家,它们认定这些国家存在价格扭曲,因而在WTO规定的价格标准之外,采用"替代国或类比国的类似产品的价格作为正常价值",即所谓的替代国价格。由于替代国的选择和替代国价格的选用具有很大的随意性,往往不公平、不合理、不科学、带有很强的歧视性,这直接影响这些"非市场经济国家"出口商品正常价值与出口价格比较的基础,从而使之成为反倾销调查中确定倾销是否存在的核心问题。如欧盟对华反倾销中往往选择劳动力成本高于中国的国家作为替代国,这样中国劳动密集型产品在对欧盟出口中一旦遭遇反倾销诉讼,几乎肯定会被判倾销成立。

实践中,反倾销已成为一些国家,特别是发达国家实行贸易保护主义和歧视政策的一种工具。一些发达国家不仅利用征收反倾销税来阻止外国商品进口,而且还借助征税前的反倾销调查来暂时停止某种商品的进口。从反倾销调查开始,这项商品至少一年内不能进入该国市场。

(五) 差价税(Variable Levy)

差价税又称差额税。当某种本国生产的产品的国内价格高于同类进口商品的价格时,为了保护国内生产和国内市场,按照国内价格与进口商品价格间的差额征收的关税,就叫差价税。由于差价税随着国内外价格差额的变动而变动,所以它是一种滑动关税(Sliding Duty),能较好地起到限制进口作用。

差价税的典型是欧盟对农产品进口规定的"闸门价格",即最低限价,它规定进口产品的边境交货价不得低于闸门价。闸门价经常定得偏高。如果按闸门价进口,进口商就无利可图或利润很小。如果进口商以低于闸门价的价格进口,欧盟则对该项进口商品加征进口附加税,其税额为进口价与闸门价的差额。欧盟的这一措施大大限制了别国农产品的进入。

(六) 特惠关税(Special Preferences)

特惠关税是指某一国家或者经济集团对某些国家的所有进口商品或一部分商品在关税方面给予的特别优惠的低关税或免税待遇。这种关税优惠待遇有互惠的,也有非互惠的。特惠关税一开始是在宗主国和殖民地之间的贸易中实行。宗主国的产品输出到殖民地享受特惠关税的待遇,殖民地产品输出到宗主国则不能享受相应待遇,这称为非互惠的特惠关税。后来,宗主国与殖民地之间以及同一宗主国的殖民地相互之间都适用特惠关税,称为互惠的特惠关税。

目前实施特惠制的主要有欧盟成员国给予非洲、加勒比和太平洋地区 60 多个国家和地区的特惠关税,这是一种非互惠的单向优惠关税。因这一优惠关税协定是在西非多哥首都洛美签订的,所以又称为洛美协定国家之间的优惠关税。第一个洛美协定签订于 1975 年 2 月。洛美协定的主要内容为:① 这 60 多个国家和地区的全部工业产品和 99.5% 的农产品进入共同体,给予免税待遇,而不要求这些发展中国家给予"反向优惠"(Reverse Preference)。② 建立"稳定出口收入制度"。若由于一些主要农产品跌价或减产而遭受损失时,共同体给予这些国家和地区补偿。第一个洛美协定规定共同体对 18 种农产品和铁矿砂(共计 34 种商品)实行补偿制度,第二个洛美协定又增加了橡胶、胡椒、棉籽等 10 种产品,这样,总共有 44 种产品列入补偿范围之内。此外,洛美协定还规定了欧盟国家与这些国家和地区之间的经济合作。

洛美协定国家间实行的这种优惠关税是世界上最优惠的一种关税:一是优惠商品范围广,除极少部分农产品外,几乎所有工业产品和农产品都在优惠范围之内;二是优惠幅度大,列入优惠的产品全部免税进口。它有力地促进了欧盟和这些国家之间经济贸易关系的发展。

(七) 普遍优惠制(Generalized System of Preferences, GSP)

普遍优惠制简称普惠制,它是发达工业国家对来自发展中国家的某些产品,特别是工业制成品和半制成品给予的一种普遍的关税减免优惠制度。普惠制的原则是普遍性、非歧视性和非互惠性。普遍性是指发达国家应对发展中国家出口的制成品和半制成品给予普遍的优惠待遇。非歧视性是指应使所有的发展中国家都不受歧视,无例外地享受普惠制待遇。非互惠性是指发达国家应单方面给予发展中国家关税优惠,而不要求发展中国家或地区提供反向优惠。

普遍优惠制的目标是:扩大发展中国家工业制成品和半制成品出口,增强其产品的竞争能力,增加外汇收入;促进发展中国家的工业化以及加速发展中国家的经济增长。普惠制是国际贸易中一项重要的贸易政策,是发展中国家长期努力的结果。目前,实施普惠制的工业发达国家即给惠国有28个,享受普惠制待遇的受惠国有170多个发展中国家和地区。

但需要指出的是,普惠制对发达国家而言,并不是法定义务,也不是在WTO框架下统一实施的,而是由各个给惠国自主制订方案,各自实施的。因此,出于维护自己利益的需要,实行普惠制的国家在提供关税优惠待遇的同时,还规定了种种限制措施。这些限制主要有以下几个方面:

(1) 对受惠国家或地区的限制。普惠制在原则上应对所有发展中国家或地区都无歧视、无例外地给予优惠待遇。但是各给惠国从各自的政治经济利益出发,对受惠国或地区进行限制。例如,美国公布的受惠国名单中,不包括某些与其政治制度不同的国家、石油输出国组织的成员国。

(2) 对受惠商品的限制。普惠制原应对受惠国的制成品和半制成品普遍实行关税减免,但实际上许多给惠国家在公布的受惠商品名单中却把许多对发展中国家出口有利的一些"敏感性"商品,如纺织品、鞋类、某些皮革制品及石油产品排除在受惠商品的范围之外。纺织品服装直到2005年1月1日才被纳入世界贸易一体化框架。

一些发达国家和国家集团自1980年以来,还在普惠制的实行中引入"毕业"的概念。一旦它们认为受惠国或受惠国的某种商品经过发展已具备一定竞争力,也就"毕业"了。前者为"整体毕业",即整个国家不再享受普惠制待遇。例如,美国自1984年开始在普惠制中实行毕业制度,先后停止给予韩国、中国台湾地区普惠制。后者为"部分毕业",对毕业的商品不再给予普惠制待遇。例如,从1998年1月起,欧盟确定中国的皮革制品、鞋、帽、伞、部分金属制品、玩具、杂项制品"毕业"。通过"毕业制度",给惠国不断缩小受惠国和商品的范围。

(3) 对享受优惠程度的限制。发展中国家有些出口商品即使已被列入优惠计划,还要受到种种规定的限制。当受惠国商品的进口量增加到对其本国同类产品或有竞争关系的商品的生产者造成或将造成严重影响时,给惠国保留完全取消或部分取消关税优惠待遇的权利。对受惠商品预先规定限额,在限额数量以内给予优惠待遇,超过限额的取消优惠待遇,按规定征收较高的关税予以限制等。

(4) 原产地规则。原产地规则是GSP的主要组成部分和核心。为确保普惠制仅给予发展中国家生产并来自发展中国家的商品,各给惠国都制定有详细的原产地规则,其主要内容包括原产地标准、直接运输规则和证明文件三个部分。

原产地标准通常采用整件生产标准和实质性改变标准两种形式:① 整件生产标准。也称完全原产品,即产品完全在受惠国生产和制造,不含进口原料和部件。符合这一标准的产品为原产品,不会引起歧义。② 实质性改变标准。也称含有进口成分的产品,它是对两个或两个以上国家参与制造的产品确定其原产国的标准。其基本概念是货物必须在出口国经过最后一道实质性加工或生产,使该产品得到其特有的性质和特征。实质性改变进一步包含最后改变标准、加工标准和百分比标准三种具体标准。

最后改变标准,即在原产地完成了产品的最后一道加工程序。这种加工使原产品性质发生实质改变,从而具备新产品特征。但这种加工不是仅仅为了改变原产地以谋取关税优惠。

加工标准,即该货物在原产地必须经过给予该产品的基本特征的加工程序。它包括两层含义:一是加工后税则项目发生了改变;二是经过合格的加工,即给惠国规定某些产品在原产地生产时必须达到的加工要求。欧盟、日本、挪威采用这种标准。

百分比标准,又称增值标准,即出口产品在生产中所使用的非生产国原料或部件的价格在该产品出厂价格中所占的比例不得超过一定百分比,或规定在该产品生产中本国原料和生产费用总和所占的比例必须达到一定比例,才认为该产品有实质性改变。澳大利亚、加拿大、美国采用这种标准。2002年,美国取消了原产地规则中的最后改变标准,全部采用增值标准,实际上是提高了给惠的门槛。

(5) 直接运输规则。即原产品必须从出口受惠国直运至给惠国,不得中途转运,其目的在于确保运至给惠国的商品就是受惠国原产品。受惠国必须向给惠国提交原产地和托运的书面证书,即原产地证明书,才能享受普惠制待遇。

普惠制的实行在一定程度上改善了发展中国家的产品进入发达国家市场的条件,有利于提高发展中国家出口产品的竞争能力,扩大发展中国家工业制成品的出口。但是,发达国家为其自身利益,在普惠制的实施上设置了不同程度的障碍和限制,发展中国家获得真正普遍的、非歧视的、非互惠的关税优惠待遇并非易事。

三、征收关税的依据和方法

(一) 关税的征收依据

1. 海关税则及其商品分类

各国征收关税的依据是海关税则。海关税则是一国对进出口商品计征关税的规章和对进口、出口的应税商品、免税商品以及禁止进出口的商品加以系统分类的一览表。海关税则一般包括两个部分:一部分是海关课征关税的规章条例及说明;一部分是关税税率表。关税税率表的内容主要包括税则号列、商品名称、计算单位、税率等项目。

税则中的商品分类,有的是按商品的加工程度划分,如原料、半制成品、制成品等;有的是按商品的性质划分,如水产品、农产品、畜产品、矿产品、纺织品、机械等;也有的是按商品的性质分成大类,再按加工程度分成小类。最初各个国家根据自身需要和习惯编制税则商品分类目录。由于分类方法不同、口径各异,使各国海关统计资料缺乏可比性,并给多边贸易谈判带来不便。为此,一些国际经济组织开始制定国际通用的商品分类目录,以解决这一矛盾。其中较权威的有以下三个:

一是1952年制定的布鲁塞尔税则目录。其商品分类是以商品的性质为主,结合加工程度等来划分的。它把全部商品分为21大类(Section)99章(Chapter)1 097个项目号(Heading NO.)。其中前4类(1—24章)为农副产品;5—21类(25—99章)为工业制成品。商品来自同一原料,一般划归一章,具体税目再根据加工程度、制造工序逐项排列,加工程度愈复杂,税则号就愈大。如第55章的棉花,就是从原棉(55.01)—短绒棉花(55.02)—棉纱(55.05)—棉纱罗(55.07)等,一直排列到棉织品(55.09)的。布鲁塞尔税则目录中的税则号皆用四位数表示,中间用圆点隔开,前两位数表示商品所属章次,后两位数表示该章项下的税则号。目录曾被140多个国家用来编制本国的税则,确定具体商品的进出口税率,依次征收关税。

二是联合国经社理事会于1950年制定并公布的《国际贸易商品标准分类》(SITC)。该目录在1960年和1972年先后修订两次。1972年的修订本将国际贸易商品分为10类、63章、233组、786个分组、1 924个基本项目,各国可根据需要增设子目。联合国建议各国政府在进行贸易统计和研究对比时采用这种分类体制。该标准曾被100多个国家采用。

尽管有相互对照表,但以上两种商品分类目录在国际上同时并存还是给很多工作带来了不便。于是,1983年海关合作理事会协调制度委员会主持制定了《协调商品名称及编码制度》,简称《协调制度》(H.S)。《协调制度》目录将商品分为21大类(Section),96章(Chapter),1 241个项目号(Heading)和5 019个子目(Subheading)。商品项目的号列编号仍为四位数,前两位为章的顺序号,第三、四位为每章内的项目位置。项目以下,第五位数字为一级子目(One-dash Subheading),表示在项目中的位置,第六位数字为二级子(Two-dash Subheading)编码。各缔约国可以在子目之下增设分目(Additional Subheading)。《协调制度》目录与布鲁塞尔税则目录的分类总则相似,但增加了对子目一级的规定,能同时满足关税统计和国际贸易其他方面的要求。该目录于1988年1月1日正式实施,中国于1992年正式采用该目录。

2. 海关税则的种类

海关税则按同一税目下税率的数目可分为单式税则和复式税则。

单式税则(Single Tariff)又称一栏税则。这种税则,一个税目只有一个税率,适用于来自任何国家的商品,没有差别待遇。

复式税则(Complex Tariff)又称多栏税则,一个税目下定有两个或两个以上的税率。其中,普通税率(或称一般税率)是最高税率,特惠税率是最低税率。在这些税率之间,还有最惠国税率、协定税率、普惠制税率等。发达国家多数使用二栏、三栏、四栏甚至五栏的不同的多栏税则。例如,欧盟实施五栏税则:第一栏特惠税率,实施对象是其关系国。即签订洛美协定的非洲、太平洋及加勒比海地区65个国家或地区;还有根据欧盟与土耳其、摩洛哥、突尼斯等签订的协议,对于这些国家的部分产品的进口,给予特惠关税。第二栏是协定国税率,实施对象是与欧盟签订了优惠贸易协定的国家,如以色列、埃及等。第三栏是普惠制税率,实施对象是77国集团及其他一些发展中国家。第四栏是最惠国税率,实施对象是世界贸易组织成员以及与欧盟签有双边最惠国待遇的国家。第五栏是普通税率,是最高的税率,实施对象是上述国家以外的国家和地区。

在海关税则中,按照制定者的不同,又可分为国定税率和协定税率两种。凡是一个国家独立制定并有权变更的税率为国定税率或自主税率(Autonomous or Statutory Tariffs),一般适用于没有签订双边或多边贸易条约或协定的国家。凡一国与其他国家通过贸易谈判,以条约或协定方式制定的关税税率,称为协定税率(Conventional Tariffs)。协定税率一般适用于协定的商品,非协定商品仍适用国定税率。

(二) 关税的征收方法

关税的征收方法也称征收标准,主要有从量税和从价税两种。在这两种主要征收方法的基础上,又有混合税和选择税。

1. 从量税(Specific Duties)

从量税是按照商品的重量、数量、长度、容量和面积等单位征收的关税。世界上多数国家在征收从量税时是以商品的重量为单位来征收的。但各国对应纳税商品重量的计算方法各有不同。有的国家按商品的净重计征,有的国家按商品的毛重(包括商品的全部包装的重量)计征,有的按法定重量(商品净重加上销售包装)计征。

从量税有三个方面的优越性:手续简便,无须考虑货物的规格、价格差异,可以节约征税成本;当进口价格下跌时,关税仍保持一定水平,从而不影响保护作用;可防止进口商谎报进口价格以逃避关税。

其缺点在于:对同税目的商品不论等级、品质、价格的不同,一律按同一税率征税,税负显然不合理;由于按数量征税,因而税率固定无弹性,税额不随物价涨落而变化,失去了税收的价格调节机能。

按从量税计征关税,对发展中国家的出口不利,因为发展中国家出口的制成品和半制成品大多属于低档的。如进口国仍按一定数量征收关税,与同一种商品中的高档货相比,等于提高了关税税率。

2. 从价税(Ad Valorem Duties)

从价税是以进口商品的价格为标准计征的关税,税率表现为货物价格的一定百分率。从价税的优点体现在:按商品价格征税,价格高的纳税高,反之则反,税负相对公平。缺点在于:对进口应税商品需要专业人士进行估价,征税成本较高。当进口商品价格上涨时,国内进口竞争产业面临的竞争压力减轻,但实际进口税额却随物价上涨而增加;当进口商品价格下降时,国内进口竞争产业面临的竞争压力增加,需要提高保护程度,但实际进口税额却随物价下降而下降,可见,从价税对保护的调节作用与国内进口竞争厂商的保护要求方向相反,保护性相对较差。另外,从价税额随物价涨落而增减,对物价不能产生调节作用。

在征收从价税时,如何确定进口商品的完税价格呢?世界各国所采用的完税价格标准很不一致,大体上可概括为以下三种:出口国离岸价格(FOB)、进口国到岸价格(CIF)和进口国的海关估价(Customs Value)。按WTO《海关估价协议》的规定,海关征税应以

"正常价格"为完税价格。正常价格是指正常贸易过程中,充分竞争条件下某一商品或同类商品的成交价格。如果出口商品发票中载明的价格与正常价格相一致,即以发票价格作为完税价格;如果发票价格低于正常价格,则根据海关估价作为完税价格。所谓海关估价(Customs Value)是指进口商申报后,海关按本国关税法令规定的内容加以审查,估定其完税价格。由于各国海关估价规定的内容各异,有的国家借此变相提高进口关税,使之成为一种非关税壁垒。

3. 混合税(Mixed or Compound Duties)

混合税又称复合税,是对某种进口商品采用从量税和从价税同时征收的方法。这里有两种情况:一种是以从量税为主加征从价税;另一种是以从价税为主加征从量税。

征收混合税的好处在于:当物价上涨时,所征税额比单一从量税多;当物价下跌时,所征税比单一从价税要高,增强了关税的保护程度。缺点是:手续繁杂,征税成本高,从量税与从价税的比例难以确定。

4. 选择税(Alternative Duties)

选择税是对一种进口商品同时规定有从价税和从量税两种税率,在征税时选择其税额较高的一种征税。有时为了鼓励某种商品的进口,选择其中税额较低的征收。可以根据经济形势的变化及政府的特定需要进行选择,灵活性较强。但由于征税标准经常变化,会使得外国厂商无所适从,容易引起贸易纠纷。

需要指出的是,在WTO框架下,关税的征收越来越规范、透明。混合税与选择税的使用容易造成WTO成员对自己所承诺的关税义务的违背,因而使用的余地越来越小。WTO成员必须按关税减让表中自己承诺的关税义务征收关税。

四、关税的经济效应

征收关税会引起进口商品的国际价格和国内价格的变动,从而影响到出口国和进口国在生产、贸易和消费等方面的调整,引起收入的再分配。关税对进出口国经济的多方面影响称为关税的经济效应。这里主要分析进口关税对进口国的经济影响。

(一)关税对贸易小国的经济效应

先来分析进口关税对进口小国的经济影响。假定该进口国是一个贸易小国,即该国某种商品的进口量占世界进口量的很小一部分。因此,该国的进口量的变动不能影响世界市场价格,就好像是完全竞争的企业一样,只是价格的接受者。这样,该国征收关税以后,进口商品国内价格上涨的幅度等于关税税率,关税全部由进口国消费者负担。

具体说来,该贸易小国对某种进口商品征收关税以后,将产生如下经济效应:

(1)消费效应。征收关税引起进口商品价格上涨,对消费者造成直接损害。一方面,如果该进口产品的进口需求弹性比较小,价格的上涨不能通过减少需求来调整,那消费者就要支付较高的价格。如果进口产品是具有需求刚性的资本品,将增加最终产品的生产成本,导致价格上涨,增加消费者的负担。另一方面,如果该进口产品的进口需求弹性比较大,那国内消费者将减少需求量,从而降低物质福利水平。

(2)生产效应。对于与进口商品相竞争的国内生产者来说,显然是可以从保护关税中获得利益的。我们知道，外国商品之所以会输入，其根本原因在于国际市场价格比国内市场价格低，或在价格相同的情况下，国外产品质量优于国内产品，如果自由进口，进口竞争厂商会被迫降低价格，并把自己的产品调整到边际成本等于价格的水平。征收关税提高了该商品的国内价格（国际价格则保持不变），使得国内生产者得以根据上涨的价格扩大生产量，增加利润。由于该种商品国内生产量的增加，会带来对生产该商品提供的投入品（如原料）需求的增加，同时也会提高同类产品或可替代产品的国内价格，使生产集团获得利益。但从整个国家来看，由于征收关税，一些国内资源从生产更有效率的可出口商品转移到生产较缺乏效率的可进口商品，由此造成了该国资源配置效率的下降。

（3）贸易效应。征收关税提高了进口商品的价格，导致进口减少，从而使经营进口商品的公司和个人损失了部分市场，减少了收入。

（4）财政收入效应。只要关税不提高到禁止性关税的水平，它会给进口国带来财政收入，这项收入等于每单位课税额乘以征税的进口商品的数量。在小国情况下，由征收关税而带来的收入是由国内消费者支付的。应该看到，关税收入的一部分要用来支付征收关税这一行为的费用，如海关官员的报酬，因此，关税收入只有一部分成为财政收入。

（5）收入再分配效应。关税还会造成收入从国内消费者向国内生产者的再分配。关税引起国内商品价格上涨，生产者增加了利润，其中一部分是从消费者支付的较高价格中转移过来的。

西方国际经济学用图形形象地表达了上述分析得出的结论。

在图 7-1 中，D_X 是进口国 X 商品的需求曲线，S_X 是该国 X 商品的供给曲线。在没有贸易的情况下，D_X 和 S_X 的交点就决定了均衡点 E。在这一点，该国以 OF 的价格生产和消费 OQ_3 数量的 X 商品。在自由贸易情况下，该贸易小国面对的是具有无穷弹性的 X 商品的供给曲线 AB 线。这时，世界市场价格（也是国内价格）为 OA，国内需求量增加到 OQ_5，其中 OQ_1 为国内生产，Q_1Q_5 为进口。

图 7-1 小国关税的局部均衡效应

如果该国对进口的 X 商品征收幅度为 AG 的从价关税，那 X 商品的价格将上升至 OG。在这个价格水平上，该国将消费 OQ_4，其中 OQ_2 为国内生产，其余 Q_2Q_4 从外国进口。GH 代表有关税时外国对该进口小国的 X 商品供给曲线。这样，关税的消费效应（即减少国内消费）为 Q_4Q_5，生产效应（即征收关税导致国内生产扩大）为 Q_1Q_2，贸易效应（即减少进口）为 $Q_1Q_2+Q_4Q_5$，财政收入效应为 c（即 $GA \times Q_2Q_4$）。消费者剩余（即消费者愿意为每一单位商品所支付的价格和他们所实际支付的价格之间的差额）的损失为 $ABHG$，即 $a+b+c+d$，生产者剩余（即价格超过边际成本的部分）增加为 a。因此，总起来说，征收关税的代价和利益是：消费者剩余减少 $a+b+c+d$，生产者剩余增加 a，政府增加财政收入 c，$b+d$ 则是贸易保护的代价，或是经济的净损失。其中 b 是净损失的生产部分，与生产资源从更有效率的部门转移到效率较低部门所引起的损失相联系;d 是净损失的消费部分,代表由于征收关税引起价格上涨而导致的消费者消费量的减少,从而造成实际收入的损失。

(二)关税对贸易大国的经济效应

上面考察的是小国的关税局部均衡效应。如果进口国是一个贸易大国,即该国某种商品的进口量占了世界进口量的较大份额,那么该国进口量的调整就会影响到世界价格。该国增加进口,将引起世界价格上涨;如果减少进口,世界价格就会下降。因此,大国征收关税虽然也有上述小国的种种关税的经济效应,但由于大国能影响世界价格,因此从局部均衡分析所得的征收关税的代价和利益对比的净效果,就与小国情况不同了。

在大国假定下,该进口大国征收关税而引起价格上涨必然导致进口量缩减得相当大,就可能迫使该商品的国际市场价格下降。这就是说,大国进口商品价格上涨的幅度不会等于关税税率,而是低于关税税率。大国征收关税,进口商品国内价格上涨,同时国际市场价格下跌,价格上涨部分和下跌部分加在一起才等于进口关税税额;大国进口商在进口商品时支付的进口关税,不是全部由进口国的消费者负担的,而是由进口国消费者和出口国的生产者(通过出口商)共同负担的。大国向出口国转嫁了部分关税。

由于征收关税,大国进口商品的国际价格下降,如果该国出口价格不变,那该国的贸易条件得到了改善。但与小国相比,在其他条件不变的前提下,大国关税对本国生产者的保护作用相对较小。这是由于大国关税引起的价格上涨,部分地被出口国下降的价格所抵消了,因此进口的数量下降不像小国情况那么多。由此也可以看出,与小国相比,大国征收关税能获得较多的收入,其中一部分收入是"剥削"出口国得到的。一般来说,小国从征收关税中遭受的净损失永远等于保护成本,因为外国出口价格或世界价格不受其影响。而大国征收关税对该国净福利的影响,则要把关税的保护成本与贸易条件改善而获得的利益相比较。如果该国从贸易条件改善中获取的利益超过关税保护的代价,则意味着从征收关税中获得了净利益;如果从贸易条件改善中获取的利益与保护成本相等,那么该国从关税中既未获得收益,也未遭受损失;如果从贸易条件改善中获取的利益比保护成本小,该国将会从征收关税中得到净损失。究竟是何种情况,要具体分析商品的进口需求弹性和出口供给弹性。

以上结论可由图 7-2 形象地表示出来。[①] 在图 7-2 中,S_H 是该大国 X 商品的国内供给曲线,S_{H+F} 是包括外国供给在内的总供给曲线。自由贸易价格 $P=2$ 美元,$20X(AC)$ 由国内供应,$30X$

图 7-2 大国关税的局部均衡效应

---

① 多米尼克·萨尔瓦多:《国际经济学》,张二震、仇向洋译,江苏人民出版社 1992 年版,第 174、175 页。

(CB)从外国进口,供求在 B 点达到平衡。在该点,总消费量为 $AB=50X$。如果该国现在对 X 商品征收 50% 的从价进口关税(T),总供给曲线上移 50%,变成曲线 S_{H+F+T}。D_H 与 S_{H+F+T} 在 H 点相交,因而 $P_X=2.50$ 美元,国内消费量为 $GH=40X$,其中 $GJ=25X$ 由国内生产者供给,$JH=15X$ 由外国厂商供给。由于征收关税,消费者剩余损失为 $a+b+c+d=22.50$ 美元,其中 $a=11.25$ 美元是国内生产者获得的生产者剩余,$c=7.50$ 美元是政府从国内消费者那里征收的关税,$b+d=3.75$ 美元是该国的保护代价或净损失。但是,该大国征收关税迫使外国出口商降低价格,从自由贸易时的 $P_X=2.00$ 美元降低到 1.67 美元,使得该大国从外国出口商手中获得 $IKMN=e=4.95$ 美元的收入。$e-(b+d)=4.95-3.75=1.20$ 美元,是该大国从关税中获得的净利益。很清楚,这个国家贸易条件的改善利益,就是外国出口厂商的损失。进口小国征收关税,外国厂商只失去一部分出口量;而在进口大国征税的情况下,他们不但要失去一部分出口量,还要被迫降低出口商品价格。

上述考察的只是关税的局部均衡效应,其分析带有短期的、静态的特征。事实上,关税还会带来种种动态影响。比如,关税对幼稚产业的保护,可以带来国内产业发展的长期利益;对某些停滞产业的保护,能够保护国内就业,保护国内经济的稳定等。关税对国内经济也会产生消极的影响,如过度保护使得国内企业不思进取、技术进步缓慢、劳动生产率低下等。因此,考察关税的经济效应和关税对本国净福利的影响,必须结合经济发展的动态来看。

五、关税结构和有效保护率

上面对关税保护作用的分析,是按关税税则规定的(从价)税率,即名义税率来计算的,并且假定征收关税的对象只是进口的最终产品。但是,在实际的进出口商品中,不仅仅是最终产品,而且包括大量中间投入品,如原料、机器设备等。稍作进一步的分析就会发现,对一种最终产品征收进口关税,不但保护了该进口竞争商品的生产行业,而且保护了为这个行业提供原材料等投入的其他行业。比如,对小汽车征收进口关税,不但保护了小汽车行业的生产,而且保护了为汽车生产提供投入的钢铁、机械、橡胶、仪表等行业的生产。另外,进口竞争(即进口替代)行业中的企业,不但受到对进口商品征收关税的影响,而且还要受到对所使用的原材料等中间投入品征收关税的影响。比如,假定一国小汽车生产企业是靠进口原材料来维持生产的,对进口钢材等原材料征收关税就要影响到小汽车的生产成本,对该国小汽车的国际竞争力产生影响。这就产生了研究关税结构的理论。对最终产品的进口征收的税率,显示的是对同类进口竞争商品提供的名义保护率;而一整套关税结构的综合效果,才表明对某一最终产品国内生产者提供的实际保护或有效保护率。

有效保护率是 20 世纪 60 年代以后产生和发展起来的一个概念,后被广泛应用于分析一整套关税结构对某一产业的最终产品生产者的保护作用。

所谓有效保护率,是指征收关税后使受保护行业每单位最终产品附加价值增加的百分比。附加价值是最终产品价格减去用来生产该商品的进口投入品成本。设最终产品 A 在不征收关税时的单位产品的附加价值为 V,征收关税以后的附加价值增加到 V',那么附

加价值的增加率,即有效保护率 g 为:

$$g = \frac{V' - V}{V} \tag{7.1}$$

例如,假定在自由贸易情况下,一辆汽车的国内价格为 10 万元,其中 8 万元是自由进口的钢材、橡胶、仪表等中间投入品的价格,那另外 2 万元就是国内生产汽车的附加价值。现在假定对每辆汽车的进口征收 10% 的名义关税,而对钢材等仍然免税进口,同时假定进口汽车价格上涨的幅度等于名义税率,即 10%。这样,国内汽车的价格上涨到 11 万元($=10+10\times10\%$)。保护关税使国内制造的汽车的附加价值增加到 3 万元($=11-8$)。这时,国内汽车附加价值的增加率即有效保护率为:

$$g = \frac{V' - V}{V} = \frac{3-2}{2} = 50\%$$

如果现在对进口投入品钢材等征收 5% 的名义关税,而汽车仍为 10% 的名义关税,则钢材等中间投入品的国内价格上涨到 8.4 万元,汽车的附加价值 V 减少为 2.6 万元($=11-8.4$),有效保护率为:

$$v = \frac{V' - V}{V} = \frac{2.6-2}{2} = 30\%$$

如果对汽车和钢材等同时征收 10% 的名义关税,那么成本和汽车价格将按同一比例上升,实际保护率也是 10%。

由此可见,当最终产品的名义税率大于原材料等中间产品的名义税率时,最终产品的有效保护率大于对它征收的名义税率。只有当最终产品和中间产品的名义税率相同时,最终产品的有效保护率才和名义税率相同。

如果进口汽车的名义税率仍然是 10%,而进口钢材等中间投入品的名义税率增加到 20%,则钢材等中间投入品的国内价格将上涨到 9.6 万元,汽车的附加价值减少为 1.4 万元($=11-9.6$),这时,有效保护率则变为:

$$v = \frac{V' - V}{V} = \frac{1.4-2}{2} = -30\%$$

对最终产品汽车的有效保护率为负数。这是由于对钢材等征收的名义税率超过了对最终产品汽车的名义税率,使得钢材等中间产品价格上涨的数额(1.6 万元)超过了对汽车征税后附加价值增加的数额(1 万元)而造成的。

在现实经济生活中,由于一个产业部门(如汽车)的投入要素是多种多样的,因此,有效保护率通常用下列公式计算:

$$g = \frac{t - \sum_{i=1}^{n} a_i t_i}{1 - \sum_{i=1}^{n} a_i} \tag{7.2}$$

这里,g 是对某部门最终商品生产者的有效保护率,t 是对最终商品征收的名义关税率,a_i 是自由贸易条件下各种进口投入品成本与最终商品价格的比率,t_i 是对各种进口的中间投入品征收的名义关税率。下面进行简要推导。

假定一种商品(汽车)自由贸易下的价格为 P,各种进口投入品(钢材、橡胶、仪表等)的总成本价格为 $a_1P+a_2p+a_nP=\sum_{i=1}^{n}a_iP$(这里,$i$ 指任何 n 种进口投入品,a_iP 是用于国内一辆汽车生产的进口投入品 i 的成本),那么,自由贸易下该国生产一辆汽车的国内附加价值 $V=P-P\sum_{i=1}^{n}a_i=P(1-\sum_{i=1}^{n}a_i)$。由于对汽车进口和用于国内汽车生产的进口投入品征收关税,则汽车国内附加价值增加到 $V'=P(1+t)-P\sum_{i=1}^{n}a_i(1+t_i)$。这样,有效保护率的公式为:

$$g=\frac{V'-V}{V}=\frac{P(1+t)-P\sum_{i=1}^{n}a_i(1+t_i)-P(1-\sum_{i=1}^{n}a_i)}{P(1-\sum_{i=1}^{n}a_i)}$$

$$=\frac{1+t-\sum_{i=1}^{n}a_i-\sum_{i=1}^{n}a_it_i-1+\sum_{i=1}^{n}a_i}{1-\sum_{i=1}^{n}a_i} \tag{7.3}$$

$$=\frac{t-\sum_{i=1}^{n}a_it_i}{1-\sum_{i=1}^{n}a_i}$$

研究关税结构,区别名义保护率和实际保护率,具有重要的意义。当最终产品名义税率一定时,对所需的原材料等中间投入品征收的名义税率越低,则最终产品名义税率的保护作用(即有效保护率)就越大。因此,如果要对某种产业实行保护,不但要考虑对该产业最终产品的关税率,而且要把整个关税结构与该产业的生产结构结合起来考虑,再来制定相应的政策措施。

基于有效保护率的考虑,工业发达国家常常采用逐步升级的关税结构:对原料进口几乎完全免税,对半制成品征收适度关税,但对制成品特别是劳动密集型的制成品征收较高关税。日本经济学家山泽逸平的研究表明,日本 1962 年关税的实际保护率大致等于名义保护率的 2~2.5 倍。例如,棉织品的名义税率为 16%,实际保护率为 36.2%;粗钢的名义税率为 12.5%,实际保护率为 47%。[①] 发达国家逐步升级的关税结构对发展中国家是不利的。它吸引发展中国家扩大原料等的出口,而阻碍制成品、半制成品出口,从而影响了发展中国家的工业化。

那么,发展中国家能不能也采用这种逐步升级的关税结构呢?这要做具体分析。如

[①] 小岛清:《对外贸易论》,南开大学出版社 1987 年版,第 301 页。

果为实现进口替代而对最终消费品维持着比中间产品和资本品高得多的有效保护率,那就会使得资本集中于消费品生产部门,阻碍制造中间产品和资本品行业的建立与发展,最终妨碍进口替代工业发展的基础。如果为了促进制造中间产品和资本品行业的建立与发展而对这类产品征收高额关税,那就会提高最终消费品的生产成本和价格,削弱最终消费品的国际竞争力,导致进口增加,使国内产业特别是幼稚产业和新兴产业受到进口竞争的冲击。发展中国家在关税结构选择上的两难处境表明,不能简单地套用逐步升级的关税结构,而应根据本国工业发展水平的实际情况来选择合适的保护政策。

有效保护率问题是在世界多边贸易体制中发达国家与发展中国家争论的焦点问题之一。虽然有关多边贸易谈判中没有明确提出降低有效保护率问题,但在谈判削减总体关税水平时,也常常涉及削减"关税高峰"问题,其实质就是要降低有效保护率。

第二节 非关税壁垒

非关税壁垒(Non-tariff Barriers)是指除关税以外一切限制进口的措施。非关税壁垒可分为直接非关税壁垒和间接非关税壁垒两大类。前者是由进口国直接对进口商品的数量和金额加以限制或迫使出口国直接限制商品出口,如进口配额制、进口许可证制等。后者是对进口商品制定严格的条例,间接地限制商品进口,如进口押金制、进口最低限价、繁苛的技术标准、卫生安全检验和包装、标签规定等。据世贸组织统计,目前世界上使用的非关税壁垒措施达3 500多种。

非关税壁垒在当代的国际贸易中正逐渐取代关税成为限制进口的主要手段,这在发达国家的进口贸易中表现得尤为明显。其原因除了关税水平下降外,还在于非关税壁垒相对于关税壁垒而言具有多方面的优越性,主要表现在:① 关税征收受一国关税法律制度的管理及世贸组织有关原则的约束,世贸组织成员关税率的变动(主要是提高)还要通过政府协商,因而比较稳定,不能轻易变动。而非关税措施由政府行政部门制定实施,灵活性较强。② 关税的税率公开,便于国际比较。而非关税措施经常变化,且因各国的特殊性,往往不便进行国际比较,隐蔽性强。③ 关税在世贸组织范围内要贯彻最惠国待遇原则,对不同国家的商品一视同仁。而非关税措施往往表面上遵循最惠国待遇原则,只针对商品不针对国家,但实践中常常针对特定的商品和国家,更有针对性和歧视性。例如,2001年日本限制大葱、香菇和灯芯草的进口,表面看来针对商品不针对国家,但日本的这些进口商品主要来自中国,其实质是针对中国的,因而遭到中国的强烈反对。

下面介绍几种主要的非关税壁垒措施。

一、进口配额制

(一)进口配额的概念及种类

进口配额又称进口限额,是一国政府在一定时期(如一个季度、半年或一年)内,对某些商品的进口数量或金额加以直接限制。在规定的期限内,配额以内的货物可以进口,超过配额不准进口,或者征收较高的关税或罚款。它是众多国家实行进口数量限制的重要手段之一。

进口配额制主要有以下两种。

1. 绝对配额(Absolute Quotas)

即在一定时期内,对某些商品的进口数量或金额规定一个最高数额,达到这个数额后,便不准进口。这种进口配额在实施中主要有以下两种方式:

(1) 全球配额(Global Quotas;Unallocated Quotas)。它属于世界范围的绝对配额,对于来自任何国家或地区的商品一律适用。主管当局通常按进口商的申请先后或过去某一时期的进口实际额批给一定的额度,直至总配额发放完为止,超过总配额就不准进口。

(2) 国别配额(Country Quotas)。即在总配额内按国别和地区分配给固定的配额,超过规定的配额便不准进口。实行国别配额可以使进口国家根据它与有关国家和地区的政治经济关系情况,分别给予不同的配额。国别配额又可分为单方面配额和协议配额。单方面配额是由进口国单方面规定在一定时期内从某个国家或地区进口某些商品的配额;协议配额是由进口国与出口国双方通过谈判达成协议规定的某种商品的进口配额。

2. 关税配额(Tariff Quotas)

即对商品进口的绝对数额不加限制,而对在一定时期内,在规定的关税配额以内的进口商品给予低税、减税或免税待遇,对超过配额的进口商品则征收较高的关税或附加税。可见,这种配额与征收关税直接结合起来了。

关税配额与绝对配额的明显区别在于,关税配额在超过配额后仍可进口,但得征收一种较高的关税;而绝对配额在超过配额的情况下就一概不得进口。中国在2001年加入世界贸易组织后,对小麦进口实施关税配额。加入WTO后第五年关税配额为2 100万吨,配额内低关税,超过配额后仍可进口,但要征收较高关税。

(二) 配额的经济效应

进口配额是通过对进口数量的直接限制来影响国内市场的价格,从而起到调节进口和保护国内生产的作用。如果实行进口配额的是一个贸易小国,那该国由于配额而减少进口不会影响世界价格,而只会引起本国价格的上涨。如果配额使进口商品价格上涨的幅度与征收进口关税相同(等效关税),那配额所产生的消费效应、生产效应、贸易效应与关税的局部均衡效应完全相同。假定政府在竞争性市场上把进口许可证拍卖给最高出价者,那财政收入效应也和等效关税相同。如果实行进口配额的国家是个贸易大国,那么该国由于配额限制了外国产品进入本国市场,就会造成国际市场商品充斥,导致国际市场价格下跌。这样,该国会不会因此而改善贸易条件,产生贸易条件效应?这要做具体分析。在实行配额的条件下,即使国际市场价格下跌,该国也不会增加进口,因此,外国出口商就不会也无法通过降价的办法来扩大出口,对该进口国就会维持原有的价格水平,甚至可以借机提价,在外国出口供给弹性较大的情况下,尤其会这样做。但是,如果外国出口供给弹性较小而又十分依赖于该大国的市场,那该大国实行配额控制进口,就可能改善该国的贸易条件,致使出口国贸易条件恶化。

下面,通过图7-3来说明进口配额对贸易小国的经济效应。

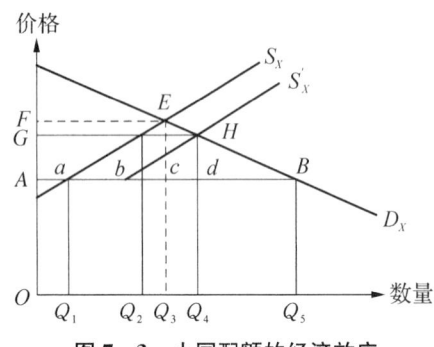

图7-3 小国配额的经济效应

图7-3是小国配额经济效应的局部均衡图。图中D_X和S_X分别是该国X商品的需求曲线和国内供给曲线。在封闭条件下,D_X和S_X的交点E为国内供求均衡点。在E点,该国生产和消费OQ_3数量的X商品,价格为OF。在自由贸易条件下,该贸易小国面对的是具有无穷弹性的X商品的供给曲线AB线,其国内生产、消费及进口数量与图7-1相似。

现在,如果该国对X商品的进口实行配额限制,规定只允许进口Q_2Q_4数量的X,其余的由国内生产予以满足,则此时该国X商品的供给曲线就会变为S'_X,在国际市场价格OA之上,不管价格如何变化,它总是在国内供给的基础上加一个固定的进口量。S_X和S'_X之间的距离即是配额的数量。这时国内市场的均衡点变为H,价格为OG。在此价格水平上,该国消费OQ_4,进口Q_2Q_4,其余OQ_2由国内生产。这样,配额的消费效应(即国内消费的减少)为Q_4Q_5,生产效应(即由于配额限制使国内生产得到保护而增加的产量)为Q_1Q_2,贸易效应(即进口的减少)为$Q_1Q_2+Q_4Q_5$,配额持有者收入(如果通过拍卖则转化为政府的财政收入)为c(即$Q_2Q_4\times GA$)。配额限制的利益和代价为:消费者剩余减少$a+b+c+d$,生产者剩余增加a,配额持有者收入增加c,$b+d$为配额保护的代价,代表经济的净损失。简单地说,如果配额使进口商品提价的幅度与进口关税相同(等效关税),则两者的经济效应在数量上基本一致。

(三)配额与关税的比较

尽管进口配额与等效进口关税的经济效应在许多方面基本相同,但其间仍存在明显的区别。

首先,关税只是改变市场机制的作用,配额则完全替代了市场机制。征收关税时,国内价格和国际市场价格之差不会超过关税税率。在进口关税一定的情况下,进口国需求的增加不会引起价格变化和国内生产的增加,但会引起进口增加,以满足增加的需求。如果消费者愿意多支付相当于关税的价格(假定价格上涨幅度等于关税税率),进口可以无限制地增加;而在进口配额一定的情况下,进口国需求的增加,只会引起国内价格的上涨,外国低价格的商品无法进入该国市场,被配额人为地阻隔了。也就是说,国内市场价格和国际市场价格之间的差额是无限制的。由于增加的需求无法通过增加进口而只能借助增加国内供给来满足,如果本国供给无法增加,那增加的需求就会表现为国内市场价格的上涨。总之,当一国需求和供给发生变动时,在进口配额的情况下发生的是国内价格的调整,而在进口关税情况下发生的是进口数量的调整,进口配额完全排除了市场机制的作用。

其次,进口关税的贸易效应是不确定的,从而对生产者提供的保护是不确定的;而进口配额是由政府确定的,对进口数量的限制也是明确的,因而对生产者提供的保护也是确定的。在进口关税情况下,由于对外国商品的供给弹性和本国的需求弹性很难准确估计,因此很难确定需要多高的进口关税率才能把进口限制在所期望的水平上。而且,外国出口厂商既可以用提高劳动生产率、降低成本的办法来降低出口价格,部分或全部抵消进口关税的作用,也可用降低盈利率的办法来降低出口价格,抵消进口关税所引起的价格上涨。结果,关税的保护作用被大大削弱了,国内企业仍时时面临国外企业的有效竞争;但在进口配额的情况下,外国厂商就不可能利用降价来扩大出口,因为允许出口到该国的商品数量是由配额决定的。配额对国内生产者提供了确定的保护。

再次,进口关税在发挥保护作用时,由于不能完全隔绝来自国际市场的竞争,从而限制了生产者对本国市场的垄断权力,生产者不可能无限制地提高价格。因为只要价格超过了国际价格和关税之和,消费者就会无限制地购买进口商品;但实行进口配额时,由于与国内竞争的进口商品不可能超过配额,所以国内生产者就可以非常容易地确定为获取最大利润应该增产的目标。当国内需求缺乏弹性时,国内企业就可趁机以抬高价格的方式而非降低成本的办法来获取利润,他们成了市场的主人,有了某种垄断权力。另外,一国实行进口配额后,如果国内外市场差价扩大,外国出口厂商就可协调行动,抬高出口价格,在不增加出口数量的前提下提高利润率,而在进口税情况下就不可能这样做。

最后,进口配额和进口关税的一个重要区别就是管理方法的差异。在实行市场经济体制的情况下,关税的管理在一定程度上是自动进行的,因为关税并没有排除价格机制的作用。征收进口关税,带动进口价格的变动,出口国的供给和进口国的需求相应地得到调节,关税收入则流进了国库。而配额则牵涉到进口许可证的分配问题。如果政府不在竞争性市场上拍卖这些许可证,接受这些许可证的厂商将获得垄断利润。在这种情况下,政府官员是选择一个基期年份以各进口商的进口配额为标准进行分配,而不考虑进口商经营效率的变化。由于进口许可证会带来垄断利润,进口商难免采用各种手段包括贿赂来获得它,"寻租"现象会造成腐败。

以上分析表明,如果从保护效果的角度看,进口配额比进口关税更好,因此,进口配额受到进口竞争行业的欢迎。在世贸组织成立以前,发达国家多用它来保护本国缺乏竞争力的行业和部门,特别是用来保护已失去比较优势的纺织、服装等成熟产业以及农业。发展中国家也广泛利用进口配额以限制进口数量,保证进口替代工业的发展和用于国际收支平衡的目的。但是,如果从生产效率、消费者主权和社会经济影响来看,进口配额则比等效关税有害。其一,进口配额只考虑保护生产者利益,一般由政府主管机构硬性规定,很难考虑消费者需要,使消费者遭受更大的福利损失;其二,进口配额取代了市场机制的作用,失去了对进口竞争产业的刺激力量,使生产效率降低,并易引起腐败。

1995年世贸组织成立以后,进口配额的使用受到越来越多的限制与规范。如2005年,发达国家取消了原先对纺织品服装的进口配额限制,改为关税限制。对于进口限制措施,世贸组织鼓励优先采用价格措施,只有在价格措施达不到目的时,才可采用配额措施。进口配额的发放则要求遵循公开、透明、非歧视的原则。

二、直接生产补贴

直接生产补贴是政府为了促进本国工业化进程,对国内某些过去必须依赖进口产品的生产部门即进口竞争部门给予补贴,使之不断扩大生产规模,并能以与同类进口产品的相同价格在国内市场销售,以达到排挤(或减少)此类进口产品的目的。

直接生产补贴的形式有两种:一是对受保护的产品直接提供补贴,二是对该产品的一种或几种投入提供补贴。很明显,无论采取何种形式,其结果都是降低受保护产品的供给成本,使得进口替代生产得以发展,进口减少。直接生产补贴或者进口竞争补贴政策旨在促进本国新生产业的发展壮大,是一国进口替代发展战略的组成部分。在世贸组织框架内,按照《补贴与反补贴措施协议》,成员国提供直接补贴给进口竞争厂商以替代进口,属禁止性补贴,是非法的,因此,直接生产补贴主要指第二种形式,如政府兴建完善的基础设施、加强基础产业的发展、提供便捷优质的服务、实施优惠金融制度等。

下面用图7-4来分析对进口竞争部门提供生产补贴的经济效应。

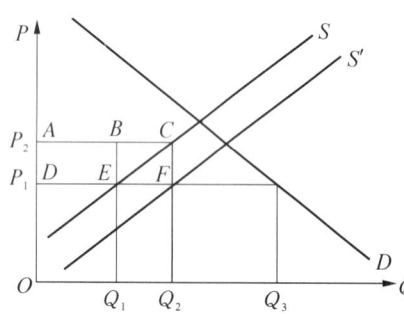

图7-4 直接生产补贴的局部均衡分析

图7-4中,S线为进口竞争部门(即进口替代部门)的供给曲线,D线为本国对进口竞争部门和进口产品的需求曲线。在自由贸易情况下,该国产品的价格水平与世界价格一致,为P_1,国内总需求量为OQ_3,其中OQ_1为本国生产,Q_1Q_3为进口部分。现假定该国为鼓励进口替代的生产,决定对本国产品提供生产补贴。这种补贴可以是对该产品的生产者提供直接补贴,也可以是对生产该产品的主要投入品提供补贴(即人为降低投入品价格)。不管采取何种形式,其结果都使得本国产品的生产成本下降、产量增加,在图中表现为进口竞争部门的供给曲线右移,即新的受补贴影响的供给曲线为S'。很明显,在本国生产者获得生产补贴以后,他们在市场上根据不同价格而提供的产品数量就由S'曲线来反映。

由于本国生产者获得了补贴,他们就有能力在价格水平不变的情况下增加生产。如图所示,在价格仍为P_1的情况下,产量从OQ_1增加到OQ_2,进口则从Q_1Q_3下降到Q_2Q_3,实现了部分产品的进口替代,生产者则有可能因接受补贴而增加收入。当然,出于不同的考虑,政府可以提供不同数额的补贴,使得本国产量由OQ_1增至OQ_2:如果只对该部门新增产量成本给以补贴,补贴为CFE;如果对该部门新增产量的成本和利润两者进行补贴,补贴为$CFEB$,这样,该部门可从增加生产中获得CEB的超额利润;如果对该部门的全部产品的成本和利润进行补贴,即对每单位产品提供数额为P_1P_2的定额补贴,则补贴为$ACFD$,该部门获得的超额利润为$ACED$。

总之,直接生产补贴的效果是促进了本国进口替代部门的发展。由于这种补贴旨在增加本国生产,所以不会影响到产品价格。在小国情况下,消费者面对的仍然是P_1的价格。从理论上讲,该国的消费者利益不会受到补贴的冲击。如果实施生产补贴的是一个大国,其进口替代产业的发展减少了进口量,从而引起该产品的世界价格下跌,消费者则会因此而受益。

如果把补贴同等额关税进行比较,可以得到以下两点结论:

第一,如果以平衡国际收支为目标,进口关税的效果比补贴大。在征收进口税的时候,不但国内的生产量会上升,而且消费者的总需求也会减少。但补贴仅仅是刺激国内产量的上升。所以,前者能在更大程度上减少对外支付。

第二,如果以增加国内生产、鼓励进口替代为目标,补贴比关税更有效,国民的福利损失也比较少一些。因为补贴没有提高国内市场的价格,消费者不受影响;而生产者则比征收关税时更有保障,也更愿意增加生产。倘若说鼓励国内生产是保护贸易政策的根本目标,那么补贴优于关税是确定的。

三、汇率政策

汇率作为更为广泛的贸易政策工具,在调节进口方面有着重要作用。汇率作为外汇的价格,是连接国内价格和国际价格的桥梁。汇率的变动直接影响进口商品的成本和价格,对进口起着积极的调节作用。

一般来说,汇率政策大致有三种选择:汇价高估、汇价低估和采用均衡汇率。

汇价高估指的是高估本币价值。汇价高估降低了进口产品的价格,其经济效应类似于对进口产品提供了相当的补贴,起到鼓励进口的作用。很多发展中国家在工业化初期都采用汇价高估来鼓励进口替代行业所需原材料和技术设备的进口,对促进其基本消费品工业的发展起了积极的作用。汇价高估虽然支持了进口替代行业所必需的原材料和技术设备的进口,却严重影响了出口的发展,降低了资源配置效率,引起国际收支恶化。为了保证国际收支平衡,在采取汇价高估政策的同时,往往要辅之以数量限制和高额关税保护,以限制其他一些商品尤其是高档消费品的进口。因为汇价高估引起的进口商品价格的下降是普遍的,对一切商品都适用。它既鼓励进口替代行业所必需的原材料和技术设备的进口,也鼓励其他商品诸如高档消费品进口。这样,具有高度选择性的政策手段,如对某些产品征收高额关税或加以数量限制,就成为汇价高估政策的一个辅助工具。

汇价低估是指低估本币价值,有意识地使本国货币对外币贬值。汇价低估提高了进口产品的价格,其经济效应类似于对进口产品征收了相应的关税,起着限制进口的作用。在一国的进口需求弹性较大而国外的出口供给弹性较小的情况下,汇价低估对一国外汇收支的平衡是有利的,也有利于保护本国民族工业的发展。但是,汇价低估对进口的限制是隐蔽和无选择性的。它在限制了本国需要限制的产品如高档消费品等最终产品进口的同时,也限制本国急需的技术设备和原材料的进口,妨碍本国经济的发展。汇价低估还会形成对民族工业的过度保护,使本国产品成本的降低和质量的提高失去国际竞争的刺激。如果本国某些产品如技术设备、原材料等的进口具有刚性,那更会提高企业的生产成本,推动价格上升,这不仅会导致国际竞争力的下降,还会诱发通货膨胀。为了保证必要的进口,在采取汇价低估政策的同时,可以选择对某些产品实施进口补贴,以保证本国经济发展和人民生活必需的重要产品的进口。

均衡汇率是由市场供求关系决定的汇率。均衡汇率对进口的调节作用是中性的,既不鼓励,也不限制。也就是说,在汇率政策上,采取类似自由贸易的政策主张。

四、技术性贸易壁垒

在当代国际贸易中,由于关税壁垒不断下降、保护作用日渐式微,而配额、进口许可证等数量性非关税壁垒的使用也受到WTO日益严格的限制,所以借助技术性措施设置进口障碍成为一些国家特别是发达国家限制进口的重要手段。这类措施即所谓技术性贸易壁垒,对当代国际贸易影响广泛。下面重点分析当今发达国家通常采用的技术性贸易壁垒的主要措施。

(一) 技术性贸易壁垒的含义及类别

技术性贸易壁垒(Technical Barriers to Trade,TBT)是指进口国通过颁布法律、法令和条例,对进口商品建立各种严格、繁杂、苛刻而且多变的技术标准、技术法规和认证制度等方式,对外国进口商品实施技术、卫生检疫、商品包装和标签等标准,从而提高产品技术要求,增加进口难度,最终达到限制外国商品进入、保护国内市场的目的。

WTO《技术性贸易壁垒协议》将技术性贸易壁垒分为技术法规、技术标准和合格评定程序。

技术法规是规定强制执行的产品特性或其相关工艺和生产方法,包括可适用的管理规定在内的文件,如有关产品、工艺或生产方法的专门术语、符号、包装、标志或标签要求;技术标准是经公认机构批准的、规定非强制执行的,供通用或反复使用的产品或相关工艺和生产方法的规则、指南或特性的文件。技术法规与技术标准的关键区别是前者具强制性,后者是非强制性的。但由于符合技术标准特别是国际公认的技术标准的产品往往较易得到各国消费者的认可,所以,技术标准虽非强制性的,但对促进出口非常重要。技术性贸易壁垒发展的趋势之一是一些国际标准陆续转化为部分发达国家的强制性技术法规。

合格评定程序根据国际标准化组织(ISO)的规定,是指根据技术规则和标准对生产、产品、质量、安全、环境等环节以及对整个保障体系的全面监督、审查和检验,合格后由国家或国外权威机构授予合格证书或合格标志,以证明某项产品或服务是符合规定的标准和技术规范的系列活动。它包括产品认证和体系认证。产品认证主要指产品符合技术规定或标准的规定;体系认证是指确认生产或管理体系符合相应规定。当代最流行的国际体系认证有 ISO 9000 质量管理体系认证和 ISO 14000 环境管理体系认证。

虽然 WTO 对技术性贸易壁垒的使用做了一系列原则规定,但这些原则中又包含不少"灰色"成分。例如,它允许各成员采取必要措施,保护人类、动物或植物的生命或健康,保护环境,防止欺诈行为,保护根本安全利益。这些条款很难明确界定,使发达国家能够大打"擦边球",通过制定各种严格的技术法规和标准来限制外国产品的进口,并且还披上合法的外衣。

(二) 技术性贸易壁垒的主要措施

纵观西方国家的技术性贸易壁垒,其限制产品进口方面的技术措施主要有以下几种。

1. 严格、繁杂的技术法规和技术标准

利用技术标准作为贸易壁垒具有非对等性和隐蔽性。在国际贸易中,发达国家常常是国际标准的制定者。他们凭借着在世界贸易中的主导地位和技术优势,率先制定游戏规则,强制推行根据发达国家的技术水平做出的技术标准,使经济落后国家的出口厂商望尘莫及。而且这些技术标准、技术法规常常变化,有的地方政府还有自己的特殊规定,使发展中国家的厂商要么无从知晓、无所适从,要么为了迎合其标准就要付出较高的成本,削弱产品的竞争力。

以美国食品和药物进口为例,美国食品和药物管理局(FDA)制定有一系列法规,如《食品、药品、化妆品法》《公共卫生服务法》《公平包装和标签法》《婴儿药法》《茶叶进口法》《婴儿食品法》等,对进口的食品、药品进行严格的检验检疫。对进口食品的管理,除了市场抽样外,主要在口岸检验,不合要求的商品将被扣留,然后以改进、退货、销毁等方法处理。2002 年,美国规定所有进口商品都要通过 ISO 9000 质量认证,否则不许进口。

欧盟是目前世界上技术壁垒最多、要求最严、保护程度最高的国家,其技术标准有 10 多万个。进入欧盟市场的产品至少需要满足以下三个条件之一:① 符合欧洲标准 EN,取得欧洲标准化委员会 CEN 认证标志;② 与人身安全有关的产品,要取得欧盟安全认证标志 CE;③ 区外出口厂商,要取得 ISO 9000 合格证书。不仅如此,欧盟成员国也有各自的标准,它们对进口商品可以随时选择对自己有利的标准,如德国就有 1.5 万多个自己的标准,这使外国厂商应接不暇。由于经济技术发展水平的差距,发展中国家根本无法达到欧盟在进口方面的一些技术要求、环保要求,其产品相应地被拒之门外。

2. 复杂的合格评定程序

国际社会越来越充分认识到质量认证和合格评定对于出口竞争能力的提高和进口市场的保护有很大作用。目前,国际社会最有影响的质量认定标准是 ISO 9000 系列标准。此外,美、日、欧盟等还有各自的技术标准体系。

日本是通过合格认证和合格检验等对进口商品设置重重障碍的典型代表,其认证体系有 25 个,进口手续复杂、检验苛刻。美国目前有 55 种认证体系。欧盟在合格评定程序方面有 9 个统一的认证体系。欧盟以外国家的产品要进入欧洲市场,必须符合欧盟指令和标准(CE)。

3. 严格的包装、标签规则

为防止包装及其废弃物可能对生态环境、人类及动植物的安全构成威胁,许多国家颁布了一系列包装和标签方面的法律和法规,以保护消费者权益和生态环境。从保护环境和节约能源来看,包装制度确有积极作用,但它增加了出口商的成本,且技术要求各国不一、变化无常,往往迫使外国出口商不断变换包装,失去不少贸易机会。

例如,发达国家基本禁止使用传统包装材料如稻草、秸秆、原棉、麻袋、木材等的商品进口,因其容易夹带、隐蔽和滋生病虫害而危害进口国的森林和农作物的安全,若需进口则要进行特殊处理;对容器的包装及废弃物的处理方式,发达国家也出台了技术保障条款,有的国家规定啤酒、软饮料、矿泉水一律使用可再装的容器,以达到减少污染、节约能源的目的,并通过强制性地征收产品包装税、废弃物处置费等方式鼓励使用再生包装。

在进口标签方面,美国是世界各国食品标签法规最为完备、严谨的国家,新法规的研究制定处于领先地位。美国食品和药物管理局(FDA)要求大部分的食品必须标明至少 14 种营养成分的含量,仅在该领域处于领先地位的美国制造商每年为此就要多支出 10.5 亿美元,其给落后国家出口商带来的成本压力就可想而知了,特别对那些没有条件进行食品成分分析的国家而言构成了事实上的禁止进口措施;欧盟及其成员国一直通过产品包装、标签的立法来设置区外产品的进口障碍。CE 标志是欧盟(当时的欧共体)1985 年开始制定的系列安全合格指令,世界任何国家的产品要想进入欧盟市场就必须加贴 CE 标签,以证明产品已通过相应的安全合格评定程序,它成为产品进入欧盟市场的通行证。

4. 绿色壁垒

随着经济发展所带来的环境污染加剧、某些资源的日益枯竭以及人类环境意识、健康意识的提高,环境保护、可持续发展成为各国特别是发达国家关注的话题,这本是人类发展进步的表现。在这种"绿色潮流"中,发达国家假借环保之名,对其他国家特别是发展中国家设置"绿色技术壁垒",并逐步成为它们在国际贸易中使用的主要技术壁垒。其内容包括以下几个方面:

(1) 绿色标准。发达国家在保护环境的名义下,通过立法,制定严格的强制性技术标准,限制国外商品进口。这些标准都是根据发达国家技术水平制定的,发展中国家很难达到。

例如,在 WTO 推动服装纺织品贸易自由化后,欧盟对纺织品和服装的环保要求,主要是对有害化学品的限制和禁止的管理力度不断加大。绿色壁垒正成为欧盟限制进口的最重要手段。欧盟推行的国际环保纺织品——OKO-Tex Standard 100,除禁用染料外,还要求严格检测甲醛、五氯苯酚、色牢度(6 种)、重金属残留物(9 种)、农药兽药残留量(9 种农药),限制柔软剂、增白剂的使用,并对包装原料的使用和处置提出了要求。对不同类纺织品规定不同的有害物质检测项目、最高残留量标准和相应的检测鉴定程序,极大地阻碍了发展中国家纺织品的出口。

(2) 绿色环境标志。它是在产品或其包装上表明该产品不但质量符合标准,而且在生产、使用、消费、处理过程中符合环保要求,对生态环境和人类健康均无损害的图形。发展中国家产品为了进入发达国家市场,必须提出申请,经批准才能得到"绿色通行证",即"绿色环境标志"。这不仅需要花费一定的成本,而且从提出申请到拿到标志要经历一定的时间,加大了发展中国家产品进入发达国家市场的困难。

美国、德国、日本、加拿大、法国、澳大利亚等发达国家都已建立了环境标志制度,如德国的"蓝色天使"、加拿大的"环境选择"、日本的"生态标志"、欧洲环境标志等,并趋向于相互协调和承认。

(3) 绿色卫生检疫制度。WTO《实施卫生与动植物卫生措施协议》建议使用国际标准,规定成员国政府有权采取措施,保护人类与动植物的健康,如确保人畜食物免遭污染物、毒素、添加剂影响,确保人类健康免遭进口动植物携带疾病而造成的伤害。但各国有很高的自由度。发达国家往往以此作为控制从发展中国家进口的重要工具。它们对食品的安全卫生指标十分敏感,尤其对农药残留、放射性残留、重金属含量的要求日趋严格。由于生产条件和水平的限制,发展中国家很多产品达不到标准,其出口到发达国家市场的农产品和食品受到很大影响。

(4) 绿色补贴。迫于发达国家对进口产品环保要求的提高及自身可持续发展的需要,发展中国家日益重视环境和资源的保护,产品成本中开始计算环境和资源费用。但这加大了企业的成本负担,有的企业甚至无力承受。为此,发展中国家政府往往给予一定的环境补贴。但发达国家一方面加紧将污染企业、污染环节向发展中国家转移,让发展中国家承担环境污染的成本;一方面又认为发展中国家政府的这种"补贴"违反 WTO 的规定,并以此限制后者产品的进口。

(5) 内在化要求。主要包括两方面的内容:

① 加工和生产方法内在化(PPM):限制或禁止采用不利于环境保护的方法生产产

品。例如,1990 美国限制墨西哥金枪鱼的进口,认为墨西哥大量捕杀金枪鱼影响了其海域海豚的食物链,对海豚的生存构成威胁。①

② 环境成本的内在化:要求污染者彻底治理污染并将治污费用计入成本,否则就是生态倾销,征收生态反倾销税。

加工和生产方法、环境成本的内在化都有其合理性,但问题是其要求往往超出发展中国家所能达到的水平,从而影响发展中国家产品出口竞争力。

除以上五个方面以外,绿色壁垒还包括前面已经分析过的绿色包装制度。

随着信息技术的发展,无证贸易(即电子数据交换,Electronic Data Interchange,EDI)的发展成为国际贸易的趋势。EDI 因此成为发达国家限制进口的一种新的技术壁垒。美国、欧盟从 1992 年起就全面采用电子数据交换方式办理海关业务,不采用电子数据交换方式的,海关手续便被推迟受理。EDI 成为与发达国家开展对外贸易的通行证。

根据中国外贸部门调查统计,技术性贸易壁垒给当今国际贸易造成的障碍占关税等各种壁垒总和的比重已由原来的 20% 上升到 80% 左右。随着中国外贸的快速发展,外贸出口遭遇的技术壁垒日益增多。中国产品出口面对的技术壁垒主要有食品中的农药残留量、添加剂,陶瓷产品的含铅量,皮革的 PCP 残留量,烟草中有机氯含量,机电产品、玩具的安全性指标,包装物的可回收性指标,纺织品染料指标,保护臭氧层的受控物质等。

中国对外贸易中遭遇的技术性贸易壁垒一方面有外国贸易保护主义的原因,但也有我国自身长期以来产品技术标准不高、执行不严、企业技术标准意识不强等诸多因素。例如,在农产品化学污染物控制标准方面,我国农产品质量标准只涉及 62 种化学污染物,而联合国食物与农业组织相关限制标准达 2 522 项,美国更达 4 000 多项。与发达国家标准及国际标准相比,我国存在巨大差距。加强对国际标准和发达国家技术壁垒的研究,借鉴发达国家经验建立和完善中国的质量、技术标准体系,并尽量使自己的产品按国际标准进行生产,是为确保中国对外贸易可持续发展所必须采取的措施。

五、其他几种主要非关税措施

(一) 进口许可证制

进口许可证制是指商品的进口,事先要由进口商向国家有关机构提出申请,经过审查批准并发给进口许可证后,才可以进口,没有许可证,一律不准进口。它是众多国家限制进口的一项重要措施。

从进口许可证与进口配额的关系上看,进口许可证可以分为两种:一种为有定额的进口许可证,即商品进口国的有关机构预先规定有关商品的进口配额,然后在配额的限度内,根据进口商的申请对每一笔进口货发给进口商有关商品一定数量的进口许可证。一般来说,进口许可证是由进口国有关当局向提出申请的进口商颁发的,但也有将这种权限交给出口国自行分配使用的。另一种为无定额的进口许可证,即进口许可证不与进口配额相结合,商品进口国有关政府机构预先不公布进口配额,颁发有关商品的进口许可证,

---

① 夏友富:"国际贸易的技术壁垒分析",《中国工业经济》,2001 年第 6 期。

只在个别考虑的基础上进行。因为它是个别考虑的,没有公开的标准,所以就给正常的贸易活动造成更大的困难,起到更大的限制进口的作用。

从进口商品的许可证程度看,进口许可证一般又可分为两种:一种为公开一般许可证,又称为公开许可证或一般许可证。凡列明属于公开一般许可证的商品,进口商只要填写公开一般许可证后,即可获准进口。因此这类商品实际上是"自由进口"的商品。另一种为特种进口许可证,进口商必须向政府有关当局提出申请,经政府有关当局逐笔审查批准后才能进口。这种进口许可证,多数都指定进口国别或地区。这两种许可证相当于关贸总协定乌拉圭回合谈判中定义的自动许可证和非自动许可证。

进口许可证作为限制进口的数量措施,是 WTO 主张要加以取消的。但 WTO 并不完全禁止其使用。如果有关成员国因特殊情况要采用,WTO 要求使用公开的自动许可证,发放程序要透明。

(二) 外汇管制

外汇管制是指国家根据一定法令,对外汇买卖所实行的限制性措施。

对外贸易与外汇有密切的关系,出口可收进外汇,进口要付出外汇,因而外汇管制必然直接影响到进出口贸易。进口外汇管制是限制进口的一种手段。

进口外汇管制就是进口所需的外汇,必须向外汇管制机关申请。外汇申请往往与签发进口许可证结合在一起,申请到了进口许可证后,外汇管制机关就按许可证上商品数量之金额批给外汇,以此直接掌握商品的进口数量、国别与商品的类别。

目前,西方发达国家基本上取消了外汇管制,实行货币的自由兑换。只有一些外汇短缺的国家还在实行不同程度的外汇管制。

(三) 进口和出口的国家垄断

进出口的国家垄断是国家对某些重要或特殊商品的进出口规定由国家直接经营,或者是把某些商品的进口或出口的垄断权给予某个垄断组织。

主要发达国家进出口的国家垄断主要集中在三类商品上面:第一类是烟和酒,从烟和酒的进出口垄断中,政府可以取得巨大的财政收入;第二类是农产品,农产品的对外垄断销售一般是发达国家国内农业政策措施的一部分;第三类是武器,多数国家的武器贸易由国家垄断。

(四) 歧视性的政府采购政策

歧视性的政府采购政策是指国家制定法令,规定政府机构在采购时必须优先购买本国产品,从而导致对国外产品歧视的做法。许多国家都有这种制度,例如英国政府规定其机构使用的通信设备和电子计算机必须是英国产品;日本有几个省规定,政府机构需用的办公设备、汽车、计算机、电缆、导线、机床等不得采购外国产品;美国实行的"购买美国货法案"规定,凡是美国联邦政府所要采购的货物,应该是美国制造的,或是用美国原料制造的。只有在美国自己生产的数量不够,或者国内价格过高,或者不买外国产品就会损害美国利益的情况下,才可以购买外国产品。美国国防部和财政部往往采购比外国产品贵50%的美国产品。

由于政府有国家税收做保证,因而是最有力的购买者。对于政府采购,关贸总协定乌拉圭回合谈判中,有关国家达成了《政府采购协议》。协议规定政府采购指的是政府日常使用的商品采购,不是为了商业性的再出售,也不能用于商业性再出售商品的生产。在政府采购中对国内外产品和服务要一视同仁。但《政府采购协议》是一个诸边协议,只对签字加入方有效。在政府采购中优先购买本国产品是严重的非关税壁垒。

(五) 各种国内税

世界上众多国家,特别是西欧国家,广泛采用国内课税制度来限制进口。这是一种比关税更加灵活和更隐蔽的贸易政策和手段。国内税的制定和执行是本国政府机构有时甚至是地方政策机构的权限。有些国家巧妙采用商品分类的方法,将进口商品和国内产品归入不同的类别,征收不同的税率,加重进口商品的税赋。

不少国家利用征收国内税的办法来限制国外商品。例如,韩国和日本曾长期借助产品分类使进口酒精饮料的消费税都大于本国制品。虽然国内税的使用越来越多地受到WTO国民待遇原则的限制,但一些国家往往采取巧妙的措施加以规避。

(六) 最低限价

最低限价是指进口国对某一商品规定最低价格,进口价格如低于这一价格就征收附加税。例如,规定钢材每吨最低限价为 320 美元,进口时每吨为 300 美元,则进口国要征收 20 美元的附加税,以抵消出口国的补贴或倾销。目前最低限价的典型是欧盟限制农产品进口的"闸门价格"。

六、当代国际贸易中的新型贸易壁垒

随着当代国际贸易的发展,非关税壁垒的种类不断增加,新型贸易壁垒不断涌现。下面介绍几种 20 世纪 90 年代以来发展起来的新型贸易壁垒。

(一) 企业社会责任与 SA 8000

"企业社会责任"运动自 20 世纪 80 年代在发达国家悄然兴起,并逐渐成为发达国家限制国外商品进口的有力手段。

对企业社会责任,世界企业可持续发展委员会的定义为:企业承诺持续遵守道德规范,为经济发展做出贡献,并且改善员工及其家庭、当地整体社区、社会的生活品质。广义而言,企业社会责任是指企业对社会合于道德的行为,企业在经营过程中,特别是在进行决策时,除了要考虑投资人的利益或企业本身的利益之外,还应适当考虑与企业行为有密切关系的其他利益群体及社会的利益。即企业不再是纯粹意义上的经济组织,利润最大化不再是其唯一的追求,企业在社会活动中同样应该扮演重要角色。

国内外经验表明,企业发展与社会发展、社区建设相适应是现代企业成功的重要因素。企业作为社会的一员,有责任、有义务和其他社会成员一起为社会的进步做出贡献。对此,现代管理学大师彼得·德鲁克曾指出,单纯追逐利润最大化的企业会忽视非常重要的领域,比如研究、培训和福利,只要它的竞争对手在这些领域倾注全力,就会轻易地将它击败,赢得广阔的市场机会。除了直接的市场机会之外,长期奉公守法、善待社会、勇于承担社会责任的企业还可以提升自己的形象,增加无形资产,这有利于企业的长远发展。

从国际贸易分工角度看,自 20 世纪 90 年代以来,企业社会责任已逐渐成为跨国公司间广泛认可的商业惯例和企业家精神的重要内容,并正在成为各国企业进入国际市场的通行证。在全球范围内,由社会责任国际组织在 1997 年 10 月制定的全球第一个社会责任认证标准 SA 8000 是欧美发达国家公认的企业行为准则以及限制进口的重要工具。SA 8000 以一致的标准规定了 9 个领域内企业的社会责任最低要求。SA 8000 关注的不是产品和环境,而是企业内部劳工的权利,以及企业必须承担的对社会和利益相关者的责任。其目标是通过有道德的采购活动改善全球工人的工作条件,确保供应商所提供的产品符合社会责任标准的要求,最终达到公平而体面的工作条件。

在当今,西方跨国公司纷纷以 SA 8000 为蓝本制定自己的企业社会责任守则,并要求发展中国家供货商严格遵守,否则便撤销订单。就发展中国家而言,由于企业还处在发展过程中,尚没有太大力量来承担社会责任,相比于发达国家较为成熟的企业社会责任体系而言,还存在巨大差距,突出的问题大体表现在以下几个方面:一些企业无视自己在社会保障方面应起的作用,尽量逃避税收;较少考虑社会就业问题,将其甩向社会;较少考虑环境保护,将利润建立在破坏和污染环境的基础之上;一些企业唯利是图,提供不合格的服务产品或虚假信息,与消费者争利;依靠压榨企业职工为所有者谋利;缺乏公平竞争意识,垄断企业大量侵吞垄断利润,极力排斥市场竞争;缺乏回报社会的意识,淡漠公益事业。全面强化企业社会责任是发展中国家企业打破发达国家跨国公司贸易壁垒、确保对外贸易可持续发展所面临的重要课题。它无论对企业自身发展还是对参与经济国际化进程都非常重要。

对应当承担的社会责任,企业应认识到:在短期内,履行企业社会责任会加大企业成本,企业利益与社会责任有冲突;但长期看,企业将从中受益,愿意承担更多社会责任的企业最终会得到国内外合作企业和消费者的青睐,赢得基业长青的回报,增强企业永续发展的能力。

(二) 动物福利

在发达国家于国际贸易中关注劳工权益的同时,20 世纪 90 年代以来,动物的"福利"也日益受到关注,并成为西方国家限制发展中国家动物产品进口的新型贸易壁垒。目前,世界上有 100 多个国家制订了"动物福利"法规,在这些法规中,动物被公认为应享有五大自由,即不受饥渴的自由、生命舒适的自由、不受痛苦伤害和疾病威胁的自由、生活无恐惧的自由以及表达天性的自由。通俗地讲,在动物饲养、运输、宰杀过程中,应尽可能地给动物创造有利的条件,使其免受虐待,减少痛苦。

第三节 出口鼓励的政策措施

在一国的贸易政策中,出口政策比进口政策处于更加重要的位置。以世界市场为背景的发达国家固然十分重视通过各种出口政策来刺激出口的扩大,奉行外向发展战略的新兴工业化国家和地区以及其他发展中国家也高度重视出口政策的运用和调节,以促进工业化和经济成长。本节将对主要的出口鼓励政策措施进行分析。

一、作为出口鼓励政策的补贴

(一) 出口补贴及其形式

出口补贴是政府对该国的出口厂商或潜在的出口厂商所给予的直接或间接资助,旨在降低本国厂商的出口成本,鼓励扩大本国产品的出口。尽管出口补贴违反世界贸易组织的精神,被指责为"不公平竞争",但许多国家仍以各种形式提供出口补贴。出口补贴主要有以下几种方式。

1. 直接的现金补贴

这一补贴使出口商能以较高的价格购买国内商品,然后以较低的价格出售到国外。事实上它也是对出口商品生产者的一种间接资助,因为他们接受了较高的价格支付。这种补贴因为直接造成了价格、成本的扭曲,属 WTO 所规定的禁止性补贴。

2. 对出口厂商提供财政性优惠和其他方面的优惠

财政性优惠包括对出口产业的投资减免税收、减免法人税、加速折旧、出口减税等。其他方面的优惠包括向出口厂商提供低价和快捷的运输、低廉的仓储费用和保险费用等。至于出口退税是否形成补贴,要做具体分析。如果是退还投入于出口生产的进口原材料的关税负担额,即退还额在本来实际关税额的范围内,则不能视为出口补贴,这也是世界贸易组织所允许的。按国际惯例,对本国生产的供出口的商品,可退还在国内生产、仓储、调拨等环节缴纳的产品税、增值税和营业税等,使出口产品以不含税的价格进入国际市场。这里,退税是为了正确反映出口成本,不属于出口补贴。如果退税超过了一定范围,超过部分则被视为出口补贴。

3. 出口优惠金融制度

这是通过提供出口信贷,向本国出口厂商或外国进口厂商或进口方银行提供优惠利率低息贷款,以鼓励增加本国出口。它是一个国家的出口厂商利用本国银行的贷款扩大商品出口,特别是金额较大、生产期限较长的商品(如飞机、船舶、成套设备等)出口的一种重要手段。出口信贷主要有两种:

一是卖方信贷(Supplier's Credit)。它是出口方银行向出口厂商(即卖方)提供的贷款,这种贷款合同由出口厂商与银行之间签订。卖方信贷通常用于成套设备、船舶等的出口。这是由于这些商品出口所需的资金较多,时间较长,外国进口厂商一般都要求采用延期付款办法。出口厂商为了加速资金周转,往往需要取得银行贷款。因此,卖方信贷是银行直接资助出口厂商向外国进口厂商提供延期付款,以促进商品出口的一种方法。

二是买方信贷(Buyer's Credit)。它是出口方银行直接向进口厂商(即买方)或进口方银行提供的贷款,其附带条件是贷款必须用于购买债权国的商品。这就是所谓约束性贷款(Tied Loan)。当出口方贷款银行直接贷款给国外的进口厂商时,进口厂商用本身的资金,以即期付款的方式向出口厂商交纳买卖合同金额 15%~20% 的订金,其余货款以即期付款的方式将银行提供的贷款付给出口厂商。当出口方贷款银行贷款给进口方银行时,进口方银行也以即期付款的方式向进口厂商支付贷款,并按贷款规定期限向出口方银行归还贷款和利息等。至于进口厂商与本国银行的债务关系,则按双方商定办法在国内结算清偿。买方信贷不仅使出口厂商可以较快地得到贷款,风险较小,而且进口厂商对货价以外的费用比较清楚,便于他与出口厂商进行讨价还价。因此,这种方法在出口信贷中比较通行。

为了搞好出口信贷,主要发达国家一般都设立专门银行,办理此项业务。例如,美国的"进出口银行"、日本的"输出入银行"和法国的"对外贸易银行"等都对成套设备、船舶等商品的进出口提供国家出口信贷。这些专业银行的资金由政府预算拨付,它们除了直接提供出口信贷外,还向本国私人商业银行提供低利率贷款或给予贷款补贴,以资助它们的出口信贷业务。中国提供出口信贷的是作为政策性银行的中国进出口银行。

为了保障为出口提供融资和信贷的银行资金得到偿还,发达国家的政府通常实行出口信贷国家担保制。这是一国政府为了扩大出口,对本国出口厂商或银行向外国进口厂商或银行提供的信贷,由国家的专门机构出面担保的一种制度。在外国债务人拒绝付款时,国家担保机构按照承保的金额,支付给出口厂商或银行。

国家机构担保的项目,通常是私人商业保险公司不承保的出口风险项目。这种风险可分为两类:一类是政治风险,如进口国发生政变、战争以及政府实行冻结资金或限制对外支付等原因所造成的经济损失;另一类是经济风险,如由于进口厂商或借款银行破产倒闭无力偿还或通货膨胀等原因造成的损失。担保金额方面,政治风险的承保金额一般为合同金额的65%~85%,经济风险承保金额一般为合同金额的70%~80%。为了扩大出口,有时对某些出口项目的承保金额达100%。

出口信贷国家担保制有利于扩大出口。但由于出口商要向国家保险机构交纳保险费及其他有关费用,所以其货价一般要比用现汇购买的高,这笔费用实际上均转移到了外国进口商身上,有时达信用担保额的35%~40%。

出口优惠金融制度是在政府的支持下开展的,是对本国出口的一种间接补贴。

(二) 出口补贴的经济效应

出口补贴对于出口国的生产者和消费者、进口国的生产者和消费者乃至进出口国的经济发展和收入分配都会产生一系列的深刻影响,远不是出口补贴引起的直接反映——扩大出口所能概括的。出口补贴的具体方式不同、产品的供求弹性不同、采取出口补贴政策的国家的出口额占世界出口值的比重不同(是大国还是小国),出口补贴的经济效应也会有差别。

1. 作为商品出口国所提供的补贴

下面用图7-5对此加以分析。这里假定实施出口补贴的是一个小国,补贴的形式是固定的出口补贴,表现为出口厂商在输出有关产品时获得直接现金补贴。这种分析也适用于其他间接补贴的情形。

在图7-5中,S线为该国X商品的供给曲线,D线为需求曲线,封闭条件下产品价格为OA,在E点达到均衡。假定开放自由贸易条件下X商品的世界价格为OB,那么该国将生产OQ_3的X商品,其中本国消费OQ_2,出口为Q_2Q_3。这就是说,

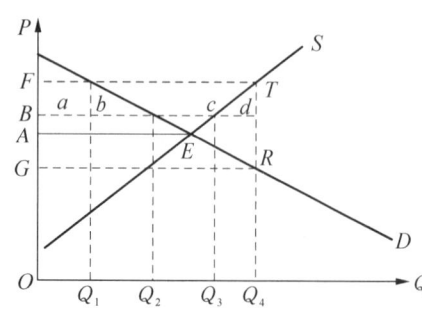

图7-5 出口补贴的局部均衡效应

当国际价格超过 OA 时,该国是 X 商品的出口者而不是进口者。

如果该国政府对每一单位出口的 X 商品提供金额为 BF 的补贴,对国内生产者和消费者来说,X 商品的价格上升到 OF。这一价格上涨是由于出口厂商受出口补贴的刺激,竭力扩大出口量,所以促使出口产品的国内价格上涨。在 OF 的价格水平上,该国生产 OQ_4 的 X 商品,其中本国消费为 OQ_1,出口为 Q_1Q_4。

具体来说,这一补贴行为的经济效应是:① 本国生产由于受到因补贴而引致的价格上涨的刺激而扩大了 Q_3Q_4,该部门的生产者剩余增加了 $a+b+c$(在给定资源条件下,其他部门的生产则会下降);② 出口因得到补贴而扩大,从 Q_2Q_3 增加到 Q_1Q_4,增加了 $Q_1Q_2+Q_3Q_4$(注意:这时世界价格仍为 OB);③ 政府补贴为单位出口商品补贴额乘以出口量,即 $BF \times Q_1Q_4 = b+c+d$(这部分开支是从纳税人的钱袋里征集来的,表现为财政补贴);④ 本国消费者由于商品价格上涨而减少了消费,由 OQ_2 减少到 OQ_1,消费者剩余损失了 $a+b$。此外还产生了 $b+d$ 的社会净损失;Q_1Q_2 的产量以 OF 的价格补贴出口而不是以 OB 的价格用于国内消费,所以是消费者剩余的损失。而 d 代表的是生产更多 X 商品上升的国内生产成本,而不是增加的生产者剩余的一部分。由于增加的产量 Q_3Q_4 在世界市场上只能卖 OB 的价格,所以是该国的效率损失,它反映的是当资源从别的部门转移到受补贴的 X 生产时,整个社会产值的净损失。

在此需注意两点:第一,如果 X 商品进口国不对该国的出口补贴行为实施诸如征收反补贴税之类的报复,那么进口国的消费者将因此而获益,他们以 OB 的价格买到了 Q_1Q_4 的商品,而以前只能买到 Q_2Q_3 的商品。可见,出口国的财政补贴实际上补贴了进口国消费者的消费。如果 X 商品的进口国对出口国征收相当于补贴率的反补贴抵消关税,那么出口国的财政补贴就会转化为进口国的财政收入。根据美国国际经济学家彼得·林德特和查尔斯·金德尔伯格的分析,无论怎样,一国为促进出口而支付的财政补贴都会转变为进口国的收入。① 从这种意义上说,出口补贴无疑恶化了出口国的贸易条件。第二,出口国因采取出口补贴政策而把国内商品价格提高到国际价格水平之上时,都必须采取贸易限制措施压缩同类产品及其替代品的进口。否则,相同的或类似的产品就会流入该国国内,因为该国国内价格比国际市场价格高。该国政府就会发现它正努力提高整个世界的国际价格,这样的代价将是难以承受的。

2. 作为商品进口国所提供的补贴

在图 7-5 中,如果自由贸易条件下该小国面临的世界价格是 OG,那么该国是 X 商品的进口国而非出口国。如果该国对 X 商品实施保证价格政策,并以财政补贴来保证这个政策的实现,那么,在补贴的作用下,该国就会由 X 商品的进口国变为 X 商品的出口国。

如图 7-5 所示,假定该国政府对 X 商品确定的保证价格为 OF,并通过出口补贴和适当的进口控制来维持政策的运行。在这里,保证价格大大高于该国供求均衡时的价格 OA。不难看出,当国内价格低于 OA 时,该国是 X 商品进口国,其生产量小于国内需求量。而当国内价格高于 OA 时,就会出现超额供给,其生产量超过了本国的需求。如果不

---

① 彼得·林德特、查尔斯·金德尔伯格:《国际经济学》,上海译文出版社 1985 年版,第 173—176 页。

存在别的政策措施干预,这部分超额供给就必须用于出口。在图 7-5 中,超额供给量为 Q_1Q_4,要使这部分产品流入国际市场,该国政府就需提供总额为 $FTRG$ 的出口补贴。由于该国实施了补贴政策,贸易格局发生了逆转。

仔细分析,这类价格保证政策中的财政补贴,实际上可以分为两个部分:将国内价格从自由贸易时的价格 OG 提升到国内均衡价格 OA 时的补贴,可视为进口替代补贴;将价格提升到 OA 以上的补贴,属出口补贴。

上面分析的为小国情形。如果实施出口补贴政策的国家是个大国,那么该国的补贴行为不仅对该出口国的贸易条件产生很大影响,而且会对进口国乃至其他出口国产生一系列的重大影响:其一,由于该国是个大国,其出口量占世界出口总额的很大比重,如果该出口大国因出口补贴而使出口量超过自由贸易时的出口量,就会使世界价格下跌。如果该大国原是个进口国,由于实施出口补贴政策而使贸易发生逆转,也会使得世界价格下跌。不管什么情况,该出口大国都要蒙受双重损失——出口补贴转移到国外和出口价格的下跌,这意味着该国贸易条件的恶化。其二,由于该大国扩大出口或由进口国变成出口国,压低了世界市场价格,替代了未受补贴产品的生产和销售,使进口国和其他出口国的生产者受到了不同程度的损害。由此可见,一个国家的贸易政策对其他国家会产生明显的影响。

(三)出口补贴政策的经济分析

既然一国(无论是小国还是大国)采用出口补贴政策会使本国的贸易条件下降,那么,为什么几乎所有国家都采取出口补贴政策以鼓励出口呢?

第一,考虑动态贸易利益。出口补贴虽然会恶化本国贸易条件,但并不意味着不能获得贸易利益,甚至不意味着贸易利益的减少。我们知道,贸易条件通常用出口商品价格指数与进口商品价格指数的比率即商品贸易条件指数来表示。但是,考察贸易条件还必须与该国出口生产部门的劳动生产率状况联系起来。只要劳动生产率上升的幅度大于商品贸易条件下降的幅度,一国从贸易中获得的净利益就不会减少。在劳动生产率提高的基础上,一国主动地降低商品贸易条件,就可扩大市场占有率,反而有可能获得更大的利益。如果一国补贴出口的产品供给弹性大,劳动生产率提高快,且国际市场的需求弹性大,虽然商品贸易条件会下降,但随着出口扩张的实现,就会增加外汇收入,带来更多的贸易利益。同时,通过出口市场的扩大而引进的国外需求,还会有力地推动国内闲置资源的利用,由此带来就业和收入的进一步增加。对于实行出口导向战略的发展中国家来说,为了开拓国际市场,出口补贴也不失为一种可选择的政策。只要产品选择得当,即鼓励本国供给弹性较大、国际市场需求弹性也较大、劳动生产率提高较快的产品的生产和出口,即使贸易条件有所下降,还是能从贸易中获得较大利益。

值得注意的是,出口补贴所引起的贸易条件恶化,对发展中国家可能带来较大的不利影响。因为在发展中国家的出口结构中,原材料等附加价值低、需求收入弹性低的初级产品占了很大的比重,与发达国家科技含量高、需求收入弹性大的产品交换已是不等价交换,而且贸易条件还存在不断恶化的趋势,再加上为扩大出口创汇而实行出口补贴,对发展中国家的不利影响是很明显的。一般来说,发展中国家经济的基本态势是供给不足,因而其出口产品的供给一般弹性不足。在这一经济环境下,为了多换外汇而努力促进出口,就会造成出口品的国内供给紧张,从而导致其价格上涨;在价格上涨的条件下促进出口,又必须对出口提供更多的财政补贴。如此反复不已,就会引起出口品价格上涨和财政补贴增加的恶性循环。进一步分析,出口品国内价格的不断提高,将诱导有限的经济资源过多地转入出口生产部门,而这些部门的产品又不能形成国内供给,如果在进口品的选择上再发生失误,就会导致供求结构失衡。因此,发展中国家在选择出口补贴政策时,必须从产品的国内供给弹性、国际市场的需求弹性、本国的经济承受力等方面做深入的考虑,避免出口扩大、效益下降的"贫困化增长"现象的发生。

第二,考虑本国战略新兴产业的扶植培育,争取动态比较优势。战略新兴产业是"能成为未来主导产业的新兴产业",这类主导产业的特性有三:一是引入了创新,获得了与新技术相关联的新的生产函数;二是具有大大超过国民经济总增长率的持续高速增长的部门增长率;三是其效果超出了该部门本身,对其他部门乃至整个经济的增长有重要的、广泛的影响。这三个方面是有机的整体,缺一不可。[1] 这类主导新兴产业在产业结构高级化演进中起着重大作用,因而成为各国政府扶植培育的战略产业。从开放的经济系统角度看,扶植培育未来的主导产业是为了争取动态比较优势,其政策手段可以是关税保护、生产补贴或出口补贴。如该产业处于幼小时期,则关税保护和生产补贴是主要的政策手段;若该产业已有一定的成长,但缺乏国际竞争力,则生产补贴加出口补贴更为有效。虽然出口补贴使该国丧失了一部分国民收入,但换来的是产业发展和出口的长远利益和全局利益。

第三,考虑本国经济发展和动态的结构平衡。出口补贴就其最直接的意义而言,是增加外汇收入,从而能进口本国经济发展和人民生活的必需品。如果一国补贴出口产品的国内供给和国外需求都有充分的弹性,而其进口产品又是国内所必需的,那出口补贴就有利于该国的经济发展和改善国内供求结构的吻合程度。由于资源禀赋、地理位置和气候、技术水平等的不同以及劳动生产率存在差异,一国不可能拥有经济发展所必需的一切要素。即使能获得这些要素,也还有一个成本问题。如果通过出口补贴扩大外汇,进口本国没有或获取成本很高的资源,满足了本国经济发展的需要,整体而言还是有利的。对于发展中国家来说,为了实施进口替代或出口导向的经济战略,需大量引进先进的技术装备等投资品,支付进口的大量外汇只能靠扩大出口来获取。由于这些发展中国家的币值一般是高估的(币值高估是考虑到进口成本、抑制通货膨胀等因素),这给扩大出口造成障碍,因此,通过出口补贴在一定程度上校正人为扭曲的汇价,就不失为一种明智的选择。

出口补贴促进了出口,虽然在一定程度上减少了国内市场上的有效供给,加之进口投资品要形成生产能力尚需一段时间,并且短期内还要从市场上吸收原材料和消费品,因而也不能立即产生有效供给。但是从长期看,因出口补贴而增加的投资品的进口,将有效地改善该国的投资结构,并通过产业资产结构和产业增长结构的改善,有力地促进该国的经济发展。投资形成的带动作用,还有利于进一步促进该国闲置资源的利用,改善资源配置结构,提高资源利用效率,带来就业水平的提高和收入的增加。

---

[1] 周振华:《产业政策的经济理论系统分析》,中国人民大学出版社1991年版,第206、207页。

最后，一国实行出口补贴政策也可能迫于某些利益集团的压力，出于社会政治、经济文化等方面的种种考虑。美国和欧盟国家在农产品贸易中的出口补贴，就是典型的例子。农业属基础产业部门，由于农产品供应的不稳定性以及农产品需求较低的价格和收入弹性，必须受到国家的干预和保护，以保证本国的食品需求和安全保障，并带动本国农机工业和化学工业的发展。许多发达国家通过对本国农业的支持政策，人为地把国内农产品价格固定在国际市场价格上，同时高筑农产品贸易壁垒，使国外廉价农产品难以进入本国市场。这种做法使农民依赖国内保护高价不断扩大生产规模并提高劳动生产率，从而导致国内农产品过剩。这样，政府被迫对出口实行巨额补贴，以保护本国农民的利益。尽管在许多发达国家，农业人口在总人口中的比例已经缩小到15%以下，但农业生产者及其代言人仍然具有很强的政治影响，迫于这一利益集团的压力，政府也要对农产品及其出口采取补贴政策。

需要指出的是，出口补贴是WTO所反对的，乌拉圭回合的《补贴与反补贴措施协议》对其做了严格的规定。一国出于国内经济发展的需要实施出口补贴，必须符合世贸组织的有关规则，更多地采用产业政策、地区政策，从而尽量避免在进出口环节实施。

二、商品倾销

默许或鼓励本国厂商低价向国外市场销售商品以获取更多的市场，是促进出口的一项贸易政策。由于低价，所以又常被称为"倾销"。低价倾销一般包括两种情况：一是出口国以低于其国内市场的价格向国外销售商品；二是出口国以低于其生产成本的价格向国外销售商品。由于无法确切了解一国企业的生产成本，所以国际贸易中对倾销的指责也就主要指第一种情况。商品倾销本是出口商的微观行为，之所以将其也作为出口鼓励措施，是因为有的经济学家认为，出口商背后如果没有所在国政府的支持，根本不可能长期从事亏损的出口倾销。

对出口国来说，低于国内价格向国外销售商品似乎是一种"损失"，它为什么要这样做？对进口国来说，它只要支付较低的价格就可以得到需要进口的商品，为什么还要指责出口国"不公平贸易"，而要进行报复，征收反倾销税呢？这要具体分析。

倾销一般分为以下三种：一是持续性倾销，即企业一贯以低于国内市场的价格向国外倾销商品。二是掠夺性倾销，即为了侵占和垄断特定国家市场，企业暂时以大大低于竞争对手的价格，甚至大大低于商品成本的价格在国外销售商品，以便把外国生产者逐出市场。等到竞争胜利，对手被挤垮，占领了市场后，就反过来重新提高价格，并在国外获得新的垄断力量。三是零星的倾销，即企业偶然以低于成本的价格或低于国内的价格在国外销售商品，以便在不降低国内价格的情况下，抛售意外和暂时的过剩商品。

无论哪种形式的倾销，都会对国外生产者造成损害。对本国消费者来说，则意味着需要支付比国外消费者更高的价格。因此，倾销无一例外地会受到国外生产者和本国消费者的反对。倾销者无一不是国内市场的垄断者，倾销造成的国际价格歧视违反了公平竞争的自由贸易原则，形成了某种形式的贸易壁垒。但从实际情况分析，不同形式的倾销所发生的原因和动机是不同的，在经济性质上是有所区别的。

一般来说，掠夺性倾销应受到谴责和抵制，对这种倾销采用包括征收反倾销关税等加以限制,是正当的。零星的倾销虽然也会给外国生产者造成损害,但国外消费者从低价中获得的利益也许实际上要超过生产者在生产上的可能损失。持续性倾销发生的原因是垄断企业在获得规模经济的情况下,产品的边际成本递减。如果机器设备等固定成本国内销售部分即可补偿,那么该企业就有可能在国外市场以较低的价格出售商品,以获得产量增加、成本递减的利益。这虽然是一种倾销形式,但也是一种企业经营和销售战略,并非完全违反经济学原理。当然,这对国外生产者来说,是一种不公平竞争。对国外消费者来说,未尝不是一种利益。在某种情况下,国外消费者所得到的利益可能会超过生产者在生产上所遭受的损失。在实际经济生活中,要确定倾销的形式是比较困难的。国外生产者出于保护自身利益的目的,对任何倾销行为都是坚决反对的。正是由于倾销有其经济学上的合理性,所以有的经济学家指出,人们总认为反倾销是合理的,其实是以倾销是不合理为前提的。实际上反倾销保护的是进口竞争厂商,限制了竞争,其经济上的合理性值得商榷。

三、外汇倾销

倾销行为还可通过汇率变动政策来实现,这就是所谓的外汇倾销,即利用本国货币对外贬值来扩大出口。同时,这种手段也能起到限制进口的作用。这是因为本币对外币贬值,出口商品用外币表示的价格就会下降,从而提高了商品的竞争能力,有利于扩大出口。例如,假定原来的汇率是4美元兑换1英镑,那么,英国价值1英镑的商品在美国要卖4美元,才能换1英镑回来。当英镑贬值,变成2.4美元兑换1英镑时,则这种商品输到美国去,只要卖2.4美元就可换回1英镑,比原来的4美元要便宜多了,这就会刺激别国进口,从而增加出口。

不仅如此,一国货币对外贬值,还会使外国商品处于相反的情况,使外国商品在本国市场上的价格上涨,从而限制了本国从外国进口商品。仍按上例,原来的汇率是4美元兑换1英镑,那么,美国价值4美元的商品在英国市场上只卖1英镑,就能换4美元回来。当英镑贬值,变成2.4美元兑换1英镑时,价值4美元的商品如果在英国仍卖1英镑,就只能换回2.4美元,低于它的国内价格4美元。因此,美国出口商也不得不提高价格,从而导致出口商品的竞争力下降。对货币贬值的英国来说,显然起到了限制美国商品出口到英国的作用。可见,一国货币对外贬值能起到促进出口和限制进口的双重作用。因此,外汇倾销是争夺国外市场、保护本国市场的一个重要手段。

但是,外汇倾销并不能无限制和无条件地进行。外汇倾销对出口的促进作用受诸多因素的制约:① 货币贬值迟早会引起国内价格的上涨,当国内价格上涨的程度赶上或超过货币对外贬值的程度时,外汇倾销的条件就不存在了。② 如果其他国家也实行同幅度的货币贬值或采取提高关税等其他报复性的措施,外汇倾销的作用将被抵消。③ 受出口商品供给和进口需求弹性的限制。如果外汇倾销创造了外国的进口需求,但本国厂商生产能力有限,不能相应地增加供给,外汇倾销就达不到目的。如果"倾销"的商品的外国需求收入弹性及需求价格弹性低,降低价格并不能大量增加需求,则外汇倾销也难以成功。④ 受出口生产结构的影响。如果出口生产中使用的进口原材料、中间部件比例较高,则外汇贬值会提高进口成本,抵消外汇倾销的促进作用。这对进料加工影响较大,但对来料加工没有影响。⑤ 对外资企业的影响。外汇贬值会影响外资企业的收益,往往造成外资抽逃。而开放经济下,外资企业是出口的重要力量。当然,国内物价上涨也好,其他国家报复也好,各种因素的作用都要有一个过程,不会与一国货币的对外贬值同步进行。因此,在一定时期内,外汇倾销还是能够起作用的。

四、经济特区

经济特区是一个国家或地区在其关境以外所划出的一定的特殊经济区域。在这个区域内,通过实行更加灵活开放的政策和措施,用降低地价、减免关税、放宽海关管制和外汇管制、提供各种服务等优惠办法,吸引外国货物,发展转口贸易,或鼓励和吸引外资,引进先进技术,发展加工制造业,以达到开拓出口贸易、增加外汇收入、促进本国或本地区经济发展的目的。可见,设置经济特区的主要目的在于扩大出口,是一国或地区为开拓国际市场而采取的重要对外贸易政策。

经济特区作为实行特殊开放经济政策的经济区域,由于设置的目的、规模、组织形态和功能等不同,存在不同的类型,名称繁多。据统计,有自由港、自由贸易区、对外贸易区、保税区、出口加工区、投资促进区、经济技术开发区、过境区等40余种。但从总体上看,可以大致归纳为自由港、自由贸易区、出口加工区和综合性经济特区四种主导模式。

(1) 自由港(Free Port)。又称自由口岸,指全部或绝大多数外国商品可以豁免关税自由进出口的港口。这种港口划在一国关境以外,外国商品除进港时免缴关税外,还可以在港内自由改装、储存、展览、加工、拣选和销售等。外国商品只有在进入所在国海关管辖区时才纳税。但外国船舶进出港时仍须遵守主权国家的有关卫生、移民、治安等方面的政策法规。

最完整形态的自由港是自由港市,它包括港口及其所在的城市地区。自由港市把港口的全部地区都划为非关税区,外商可以自由居留和从事有关业务,所有居民和旅客均享受关税优惠,如新加坡和中国香港。但也有些自由港仅包括港口或其所在城市的一部分,而且不像自由港市那样允许外商自由居留,有人称其为"自由港区",如汉堡、哥本哈根自由港等。

自由港的主要特点是:它必须是港口或港口的一部分,其开发目标和营运功能与港口本身的集散作用密切结合。

(2) 自由贸易区(Free Trade Zone)。指划在关境以外,准许外国商品豁免关税自由进出口的地区,一般设在一个港口的港区或邻近港口的地区。它实际上是采取自由港政策的关税隔离区。

自由贸易区可分为商业自由区和工业自由区。前者不允许货物的拆包零售和加工制造;后者允许免税进口原料、元件和辅料,并指定加工作业区,但所有进口部件和运出区外的成品均须按海关规定记账,以供查核。

自由贸易区的主要特点是:自由贸易区从自由港发展而来,其主要目的是方便转口和对进口货物进行简单加工,并以转口邻近国家和地区为主要对象。自由贸易区多设在经济发达国家。

(3) 出口加工区(Export Processing Zone & Manufacture and Export Zone)。又称

加工出口区,它是专门为生产出口产品而开辟的加工制造区域,生产的产品全部出口或大部分供出口。出口加工区一般设置在一个国家的港口或港口附近的地方。在那里划出一定的范围,新建或扩建码头、车站、道路、仓库和厂房等基本设施以及提供免税等优惠待遇,鼓励外国企业在区内投资设厂。

出口加工区产生于 20 世纪 50 年代,其雏形是 1959 年爱尔兰香农机场附近出现的以出口加工为主的自由贸易区,60 年代后期在亚洲的一些发展中国家获得巨大发展。其目的在于吸引国外投资,引进先进技术与设备,促进本地区的生产技术和经济的发展,扩大加工工业和加工出口的发展,增加外汇收入。

出口加工区一般有两种类型:一种是综合性出口加工区,即在区内可以经营多种出口加工工业,如菲律宾的巴丹出口加工区所经营的项目包括服装、鞋类、电子或电器产品、食品生产、光学仪器和塑料产品等;另一种是专业性出口加工区,即在区内只准经营某种特定的出口加工产品。目前世界各地的出口加工区大部分是综合性出口加工区。

出口加工区采用了自由港和自由贸易区的一些做法,但它又与自由贸易区有所不同。一般来说,自由港或自由贸易区是以发展转口贸易,取得商业方面的利益为主;而出口加工区是以发展出口加工工业,取得工业方面的利益为主,是面向工业的。

为了鼓励国外企业在出口加工区投资设厂,许多国家对外国企业在区内投资设厂有一系列优惠的规定。例如,对在区内投资设厂企业所需的生产设备、原料、零件、元件及半制成品一律免征进口税,生产的产品出口时一律免征出口税。不少出口加工区还对国外投资的企业提供减免所得税、营业税等优惠待遇。有的出口加工区允许在区内的外资拥有 100% 的投资比率,所得利润可以自由汇出国外,另外对报关手续、外商出入境手续也给予方便等。

(4) 综合性经济特区。它是在前面几种形式的基础上发展起来的,兼有两种职能,既提供了自由贸易区的某些优惠待遇,又提供了发展工业生产所必需的基础设施,是三者的结合体。在这种特区中,还可以发展商业、金融、旅游等各种事业。如新加坡的裕廊工业区,既是一个工业区,区内有工厂企业 900 多家,占全国工厂总数的 30%;又是一处重要的转口贸易港,港口有大型泊位 10 个;另外,它还是一个旅游区,拥有蜚声海内外的观光景点。

除以上四种"主导类"特区外,常见的经济特区还有以下三种:

(1) 保税区(Bonded Area)。保税区又称保税仓库区,它是海关所设置的或经海关批准注册的特定地区和仓库。外国商品存入这些保税区内,可以暂时不缴纳进口税,如再出口不缴纳出口税。运入区内的商品可进行储存、改装、分类、混合、展览、加工和制造等。因此,它起到类似自由港或自由贸易区的作用,主要是为了发展转口贸易,增加各种费用收入,并给予贸易商经营上的便利。保税区的仓库有的是公营的,有的是私营的;有的货物储存期限为一个月到半年,有的期限可达三年;有的允许进行加工和制造,有的不允许加工和制造。日本的经济特区主要是保税仓库区。

(2) 自由边境区(Free Perimeter)。自由边境区过去也称为自由贸易区,它一般设在本国的一个省或几个省的边境地区。对于在区内使用的生产设备、原材料和消费品可以免税或减税进口。如从区内转运到本国其他地区出售,则须照章纳税。外国货物可在区内进行储存、展览、混合、包装、加工和制造等业务活动,其目的在于利用外国投资开发边境区的经济。

(3) 过境区(Transit Zone)。它是指沿海国家为了便利邻国的进出口货运,开辟某些海港、河港或国境城市作为货物过境区。过境区对过境货物,简化海关手续,免征关税或只征小额的过境费用。过境货物一般可在过境区作短期储存,重新包装,但不得加工。

设立经济特区是世界上不同发展水平的国家发展经济贸易的重要手段。虽然经济全球化和贸易自由化使国际贸易壁垒逐渐降低,但由于自由贸易港区、出口加工区之类的经济特区在吸引外资、扩大对外贸易、引进国外先进技术、吸纳劳动力就业等方面的重要作用,经济特区无论在发达国家还是发展中国家都方兴未艾。经济特区对经济发展水平不同的国家经济贸易的发展皆具有不可替代的作用。在经济特区内,发达国家先进的技术、资本和服务可以与发展中国家的劳动力、土地及优惠政策相结合,充分发挥双方的比较优势。经济特区具有诸多外溢效应。随着特区的发展,不仅其资本、技术会向周边地区乃至全国扩散,而且其政策、体制等也会对区外产生示范效应,从而带动国内经济贸易的发展;经济特区的建立还可以加深不同国家之间的了解与合作,为世界自由贸易的发展减少体制上的障碍。这方面的典型是中国和新加坡政府合作设立的中国苏州工业园区。苏州工业园区的建立和发展不但促进了当地经济贸易的发展,而且加强了中、新两国政府间的交流,促进了中、新两国经济、贸易与投资的发展。

当代经济特区在不断发展的同时,也表现出一些新的趋势。这突出表现在以转口贸易为主的自由贸易港区和以加工制造为主的出口加工区的功能日益融合,经济特区的功能日益趋向于综合化。目前,世界上大多数经济特区都同时具有转口贸易、仓储、加工制造、商品展示、国际会议、金融服务等综合功能。功能的完善有助于提高经济特区运营的效率、降低特区发展的风险、保持其可持续发展的能力。

五、我国的自由贸易试验区建设

2013年9月27日,我国成立中国(上海)自由贸易试验区。截至2021年,我国已经分多批次批准成立了21个自由贸易试验区,包括上海、广东、天津、福建、辽宁、浙江、河南、湖北、重庆、四川、陕西、海南、山东、江苏、河北、云南、广西、黑龙江、北京、湖南、安徽。2018年,海南不仅是全岛建设自由贸易试验区,而且建设为中国特色自由贸易港。我国的自由贸易试验区脱胎于自由贸易区,但比上述自由贸易区承担更多的改革开放重任,其核心功能是制度创新,进行深化改革和不断扩大开放的风险测试、压力测试。新时期我国确定了全方位对外开放新格局,要对标国际高标准的投资贸易自由化便利化。自贸试验区要以制度创新为核心,加快商品、服务、人才、资本、信息等便利自由流动,从要素的开放上升到国际贸易投资规则的开放。所以,自贸试验区是新时期我国在探索投资、贸易、金融、外商投资服务和管理等方面,不断进行制度创新和扩大开放的高地。

我国自贸试验区可分为政府主导型、企业化治理型以及"政府+企业"复合式三种管理模式。从前三批自贸试验区来看,广东、上海等片区设立了独立的法定机构,实行企业化治理,河南、辽宁由片区管委会作为治理主体,实行政府主导型;其他地区则由自贸试验区管委会和开发公司共同治理,实行"政府+企业"复合型模式。

第四节　其他国际贸易政策措施

前面三节分析了限制进口和鼓励出口的贸易保护政策措施。这些措施异曲同工,目的都是为了保护和促进国内生产,增进本国福利。但在现实生活中,各国政府为了达到其特定的经济或政治目的,往往还采用一些其他国际贸易政策措施。

一、出口限制措施

出口政策一般是指出口鼓励政策。因为在一国的对外贸易中,出口处于关键地位。但一些国家在对外贸易中,往往出于经济、政治、对外政策等种种原因,对本国某些产品的出口采取限制政策。

出口限制是指国家通过法令和行政措施,对本国商品出口进行管理和控制,以达到一定的经济、政治和军事目的。出口限制的商品主要有以下几类:

(1) 战略物资及其有关的先进技术资料。例如,美国、英国等国家规定,武器、军事设备、飞机、军舰、先进的电子计算机及有关技术资料等,必须领取出口许可证,才能出口。对这类商品出口的控制很严,主要是针对一些"敌对的""不友好的"或政治制度不同的国家,以政治为目的。

(2) 国内生产所需的原材料、半制成品及国内市场供应不足的某些商品。

(3) 某些古董、艺术品。例如,英国规定古董或艺术品的生产或制作的年代比出口日期早 100 年以上者,必须领取出口许可证,方能出口。

此外,也有不少国家为了增加政府财政收入而对大宗出口商品征收出口税,从而间接地限制了商品出口。而一些出口组织国际卡特尔,如石油输出国组织(OPEC)则对具有垄断优势的出口商品限制产量和出口,以增加利润总量。

实行出口限制的方式有单边出口限制和多边出口限制。

单边出口限制,即一国根据本国的法案设置专门的执行机构,对本国某些商品的出口进行审批,实行出口限制。其实出口限制的决定完全由一国自主做出,不对他国承担义务。美国凭借其强大军事和经济实力,是当代为了达到政治目的而实行单边出口限制最多的国家。

多边出口限制又称共同出口限制,指几个国家的政府或组织通过一定的方式建立国际性的多边出口限制机构,规定出口限制办法,以协调彼此的政策,达到共同的政治和经济目的。如 OPEC 是以经济目的为主的多边组织。以政治目的为主的多边出口限制组织则首推 1994 年解散的巴黎统筹委员会。

二、进口鼓励措施

对于某些商品,政府有时也采用鼓励进口的政策。鼓励进口的商品一般是国内缺乏、进口价格偏高而又关系到国计民生的商品,如粮食、重要原材料等。有时鼓励进口是为了保护国内稀缺资源,尤其是那些不可再生的具有战略意义的资源,在能进口时尽量使用别国的。例如,美国自身石油储量丰富,却鼓励使用进口石油。

进口鼓励的政策措施有进口补贴和消费补贴。进口补贴是政府为了某种目的,对进口商品实施财政补贴。该国从国外按世界市场价格购买商品。在本国低价销售,其差价(购销倒挂差价)由财政进行补贴。进口补贴可以用两种形式支付:一是对进口商的补贴。进口商"贵买贱卖"、明显亏损,这种"政策性亏损"只能由政府来承担,否则进口商就不会从事此类进口活动。二是政府的直接支出。如果政府是进口补贴商品的购买者时,情况就会是这样。它影响到进口商品的国内市场价格和本国的生产。消费补贴则是通过给消费者补贴,增加其购买力,从而间接地鼓励进口。它对进口商品的国内市场价格及本国的生产没有什么影响。这里重点分析进口补贴。

按照国际贸易的一般法则,一国的进口活动应该是有利可图的。进口商进口本国相对价格比较高的商品(即在国外相对价格比较低的商品)在本国销售,"贱买贵卖",获得利益。因此,进口商品应有一个加价。为什么会发生进口补贴这种情况呢?这是因为:

其一,一国政府为保障低收入阶层的基本生活需要,对一些重要产品如大米、小麦等实行进口补贴,这在本国供给不足时尤为必要。这种进口补贴实际上是一种收入再分配,使纳税人的一部分收入转移到低收入阶层中去。这对于社会政治稳定的意义是不言而喻的。粮食的进口和消费补贴常常是低收入且粮食不足的发展中国家需要思考的问题。许多从事技术或经济援助的国家,常常从资金上部分地或全部地帮助发展中国家实施这类计划。

其二,为鼓励本国某些产业的发展,降低产品成本、提高某些产品在国际市场中的竞争力,对某些生产资料诸如机器设备、原材料、中间产品等实施进口补贴。

其三,在一国国内价格体系扭曲的情况下,当国内价格低于国际市场价格,为满足国内必需,在进口这些产品时,不得不对此实施进口补贴。

从更深、更广的层次来分析,进口补贴可以作为调整国内供给结构的费用。一国的供给结构与需求结构一旦发生失衡,就需要对本国的价格结构从而产业结构进行调整。在这种调整时滞过长或者摩擦过大的情况下,调整的代价会很高。在开放经济条件下,可以通过对外贸易来改善供给结构。假定补贴进口的产品在国内是短缺的,而且无法在短期内由本国增加供给来满足市场急需,那么通过进口补贴来适当扩大进口,对于提高本国供给结构与需求结构的吻合程度具有重要作用。

但需注意的是:第一,采用进口补贴必须同时对出口加以管制。因为国内受到补贴的商品价格低于国际市场价格,如果不对出口加以管制,本国厂商就会以比较低的国内价格购买商品,然后再在国际市场上按较高的价格出售。第二,用补贴手段鼓励扩大进口,固然能迅速改善国内供给结构,但也有限制国内进口竞争部门发展的作用。如果一国长期依靠进口来维持国内某种产品的供给,那就会影响这些产品的国内生产者的利益,使这些部门萎缩。因此,长期依靠进口补贴来保证国内某种产品的供给,可能成为危害一国经济均衡发展的政策因素。特别是当进口品为国内关系国计民生的重要产品时,将长期供给的来源托付给变幻莫测的国际市场,危害和风险更大。可见,进口补贴作为一种调节进口国供给结构失衡的进口调节手段,只能用来解决短期均衡问题,不能长久地依赖它。进口补贴对价格体系的扭曲所造成的信号失真,对资源配置结构从而产业结构的优化,会产生明显的消极作用,这也是在运用进口补贴政策手段时必须考虑的问题。

三、贸易制裁

国际贸易政策有时成为服务于政治的工具,用来作为对别国的政治或经济政策进行干预或报复的手段。最典型的做法就是通过进出口抵制、商品禁运等手段实行贸易制裁。

贸易制裁的目标主要是通过进出口的减少使被制裁国蒙受经济损失,从而被迫改变其国内外政策。历史上最具近代意义的贸易制裁是19世纪初法国拿破仑为了牵制敌对的英国而发出的禁止欧洲大陆各国与英国进行贸易的大陆封锁令,而真正使用频繁的是在当代,世界上使用贸易制裁最多的是美国。

贸易制裁也服务于经济目的。例如,在乌拉圭回合谈判过程中,由于当时的欧洲共同体拒不放弃对农产品生产和贸易采取保护政策,美国曾扬言要对欧共体实行贸易制裁。威胁的结果是双方达成妥协。

当然,贸易制裁是把"双刃剑"——在使被制裁者遭到损害的同时,制裁者自身也难免受到伤害。即使制裁能起到作用,制裁者也得为此付出代价。有时制裁往往不能使被制裁者屈服,而制裁者自己反倒深受其害、作茧自缚。随着经济全球化的发展,各国经济日益融合。制裁者在制裁别国的同时,往往其海外企业也一并受到损害。正因为如此,20世纪90年代以来发达国家间很少发生贸易制裁。美国每次扬言对中国采取贸易制裁,也都遭到本国有关厂商的反对。但是,这种情况在2018年后的中美贸易摩擦中发生了一定改变,由于美国已经将中国视为竞争对手,美国联邦政府采取包括大幅提高进口关税等多种措施对中国进行贸易制裁,同时对来自中国的部分产品采取关税豁免,由美国企业申请豁免,减少美国企业对其贸易制裁措施的反对情绪。

本章小结

本章主要分析了一国为了实现对外贸易政策目标通常采取的政策措施。对外贸易政策措施按实施的目的主要分为限制进口的政策措施和鼓励出口的政策措施。另外,还有一类措施是出于特定的政治、经济、军事目的而采取的,如出口禁运、进口抵制等,它不是对外贸易政策措施的常态。

进口限制措施根据是否使用关税,分为关税措施和非关税措施。由于GATT/WTO推动的关税减让谈判使全球关税水平不断降低,因此非关税措施逐步成为主要的进口限制措施。相对于关税措施,非关税措施更灵活,更隐蔽,更具针对性和歧视性。但虽然如此,关税仍然是一种限制进口的重要措施。

关税按征收方向可分为进口关税、出口关税和过境税。进口关税按征收过程中的差别待遇可分为正常进口关税(包括普通税和最惠国税,主要指最惠国税)、进口附加税(包括反补贴税和反倾销税)、差价税、特别优惠制关税和普惠制关税。它们对进口的限制作用主要是通过关税水平的高低来体现的。但西方国家还通过改进关税结构来提高对受保护的最终产品的实际保护效果,即有效保护率。在全球关税水平降低的情况下,反倾销税因其能有效保护国内相关产业,被进口国使用的频率不断增加。关税对进口小国而言会在生产者、消费者、政府之间产生收入再分配,最终结果是净福利恶化。这也正是为什么GATT/WTO致力于推动关税减让的原因。关税保护落后,使资源配置效果下降。

非关税措施按其是否直接限制进口商品的数量和金额,分为直接和间接两大类。目前使用较多的有进口配额制、直接的生产补贴、汇率政策和技术性贸易壁垒。此外,还有进口许可证制等,目前共有3 500多种。进口配额制直接对进口商品数量或金额加以限制,超过就不允许进口或征收较高关税。配额制造成的福利损失大于关税,因为它限制了竞争。GATT/WTO反对限制进口的数量措施,要求将它们关税化。技术性贸易壁垒及20世纪90年代新涌现的一些新型贸易壁垒在关税水平下降、非关税措施使用受到WTO日益严格规范的情况下,正逐步成为发达国家限制进口的重要手段。它们主要由发达国家根据自己的技术水平制定,发展中国家普遍难以达到或为达标需增加成本而降低出口产品竞争力。

出口鼓励措施相对于进口限制措施而言更为重要。因为在世界整体经济供大于求的条件下,出口鼓励更迎合了出口国特别是发达国家厂商对外扩张的需要,而进口限制则容易招致别国的反感与报复。出口鼓励措施主要包括出口补贴、商品倾销、外汇倾销和经济特区政策。出口补贴中的许多措施被WTO要求减让,但其中的优惠金融制度——出口信贷——却是合法的,是许多国家促进出口的重要措施;商品倾销虽然因为会对进口国的进口竞争产业产生冲击而遭到进口国的反对,但其中的持续性倾销与零星式倾销并非不符合经济学原理,只有恶意倾销真正应该遭受谴责。本币贬值因为能够降低本国商品的国际市场价格、促进出口,因而被称为外汇倾销,但外汇倾销究竟能在多大程度上奏效取决于本币贬值后引发的通货膨胀效应、外国的报复措施、出口供给弹性与进口需求弹性、出口商品生产结构、对外资的影响等一系列因素。特区政策主要指一国划出一定的区域,通过提供优惠、便捷的服务、税费的减免等措施,吸引国内外厂商发展转口贸易或加工贸易,以促进所在地进而周边地区乃至全国的经济发展。它不仅是发展中国家,也是发达国家发展对外贸易的重要手段。我国大力推进自由贸易试验区建设,自由贸易试验区是新时期我国在探索投资、贸易、金融、外商投资服务和管理等方面不断进行制度创新和扩大开放的高地。

复习思考题

一、名词解释

倾销与反倾销　补贴与反补贴　有效保护率　技术性贸易壁垒

二、思考题

1. 什么是关税?其作用是什么?
2. 试述进口关税的主要种类及其作用。
3. 试述GATT/WTO反倾销与反补贴的有关规定。
4. 什么是替代国价格,为什么它有时是不公平的?
5. 什么是完税价格?它为什么会成为一种贸易壁垒?
6. 什么是海关税则?海关税则是如何构成的?
7. 如何确定进口关税对进口国最终产品国内生产者的实际保护程度?

8. 什么是非关税壁垒？与关税壁垒相比，它有什么特点？
9. 试述进口配额的种类及其与进口关税的区别。
10. 什么是技术性贸易壁垒？其主要措施有哪些？为什么它日益盛行？
11. 什么是绿色壁垒？其主要内容有哪些？
12. 什么是出口信贷？它对促进出口有什么积极作用？
13. 商品倾销一定都是不合理的吗？为什么？
14. 什么是外汇倾销？其对出口的促进作用受哪些因素的制约？
15. 什么是经济特区？它有哪几种类型，各自特点如何？
16. 我国自由贸易试验区建设面对哪些难题？我国应该怎么继续推进自由贸易试验区建设？

第八章

国际贸易治理

由于国际贸易事关各国经济社会发展,在现实的国际贸易中,各个国家或国家(地区)集团总是会或多或少地对贸易活动加以干预,并引致各类贸易摩擦,因此,为了减少贸易纠纷,使国际贸易活动能够平稳有序地开展,就需要对国际贸易活动加以管理、干预和协调,建立正常的国际贸易治理体系。本章将对此加以分析。

第一节 国际贸易治理需求及其法律基础

一、国际贸易治理需求的理论基础

合理的国际贸易治理体系是国际贸易顺利发展的基础与保障,比如 20 世纪后半叶国际贸易的迅速发展,在很大程度上得益于《关税与贸易总协定》(GATT)在二战后的迅速建立。尽管国际贸易对于贸易双方是"双赢"的事情,但是国际贸易还涉及贸易伙伴国之间利益分配和国内产业发展的需求等现实的考虑,同时不同的国家经济规模和经济发展水平都可能存在很大的差别,因此不同国家对于对外贸易政策考量的侧重点也会存在显著的差异。这种情况下,能够存在一个将不同规模和经济发展水平的经济体纳入同一个各方都能接受的国际贸易治理体系之下,必然有利于形成一个国际范围的分工和贸易体系。

尽管国际贸易理论能够很好地说明自由贸易能够优化资源配置、实现规模经济,并借此提升贸易双方的总体福利水平。但是,现实的贸易政策更可能是国内不同利益集团博弈的结果,斯托尔珀-萨缪尔森定理也说明不是所有的利益集团都能从自由贸易中获益,因此现实的贸易政策可能呈现贸易保护倾向。此外,从前文关于关税政策大国效应的分析中可知大国征收关税可能提升总体福利水平。无论是利益集团的影响还是大国征收最优关税,都可能导致贸易伙伴的贸易报复,其结果可能导致"囚徒困境"的出现,也就是最后贸易双方的博弈均衡是相互实施贸易保护政策,从而出现"双输"的不利局面。这种局面在经济衰退的情况下更可能出现,因为在经济衰退期,本国的进口竞争产业或者本国的劳动力尤其是低技能劳动力更有动力游说政府实施贸易保护。这种情况的存在也凸显一个有效的国际贸易治理体系存在的重要性,也就是通过贸易谈判减少彼此间的贸易壁垒,逐步推动国际贸易自由化的发展,从而避免国际贸易政策竞争落入贸易保护的"囚徒困境"。

二、二战后国际贸易治理体系的建立与变革的现实需求

当代全球经济治理框架的基础仍然是二战后伴随着 IMF、国际复兴开发银行、世界银行以及 WTO 的前身 GATT 的建立而建立的全球经济秩序。第二次世界大战给除美国以外的工业化国家造成了巨大破坏,而美国雄厚的工业基础则未受到任何冲击,因而得以迅速崛起。实际上,当欧洲、亚洲和非洲一些地区的经济遭到巨大破坏之时,美国在 1941—1944 年的国民生产总值已经增长了 72%。战争结束后,美国的经济生产约占全球 GDP 的 50%。凭借着它的经济实力和无可匹敌的军事力量,美国领导了二战之后的重建,以及全球金融、贸易和军事多边协定的制定,[①]形成了战后全球政治经济治理体系的基本框架。

二战促成了美国的迅速崛起,同时也产生了为战后美国经济发展寻找新的增长动力的需求,在这种背景下推动国际贸易自由化,通过国际自由贸易为美国经济增长塑造新的动力就成为美国的政策方向。为此,在二战结束之前,在美国的领导下,来自四十多个国家的代表于 1944 年 7 月在美国新罕布什尔州的布雷顿森林召开会议,决定建立一个新的国际经济体系。布雷顿森林会议建立了国际货币基金组织(IMF)和世界银行(国际复兴开发银行)两个主要国际金融机构,并形成了布雷顿森林体系下的"双挂钩"的国际汇率体系:各国货币与美元挂钩,而美元直接与黄金挂钩——美国直接与黄金进行兑换,1 盎司黄金等于 35 美元。[②] 这事实上形成了一个固定汇率体系,为战后国际贸易的开展奠定了金融基础。

二战之后初期,各国纷纷采取贸易保护政策,为了推动战后贸易自由化的发展,同样在美国的领导下,1947 年 10 月,关税与贸易总协定(General Agreement on Tariffs and Trade,GATT)在瑞士日内瓦签订,并于 1948 年 1 月 1 日开始临时适用。二战后建立的国际贸易治理体系有两个显著的特征,第一就是推动贸易自由化是基本方向,布雷顿森林体系和 GATT 建立的目标都在于此;第二就是差别化待遇。差别化待遇形成的原因在于日本和欧洲相对于美国经济实力差距很大,发展中国家相较于传统发达国家经济实力差距较大。为了体现这种差距,杜鲁门政府允许欧洲和日本实行歧视美国出口商品和美元的政策,因此在美国与日欧之间形成了差别化的贸易安排。另外一个方面,二战之后,战前欧洲主要大国失去了对发展中国家殖民地的控制,在 20 世纪 50、60 年代,发展中国家开始了非殖民化运动。发展中国家通过不结盟运动(1955 年)和 77 国集团(1964 年)团结起来以摆脱对北方国家的依附并争取公平公正的国际经济秩序,这导致 1974 年联合国大会通过了《建立新的国际经济秩序宣言》。宣言指出"占世界人口百分之七十的发展中国家只享有世界收入的百分之三十。事实证明,在现有的国际经济秩序下,国际大家庭是不可能取得均匀和平衡的发展的。发达国家和发展中国家之间的鸿沟在这样一种制度下继续扩大:这种制度是在大多数发展中国家甚至还没有作为独立国家存在的时候建立的,而

---

① 弗雷德里克·皮尔逊、西蒙·巴亚斯里安:《国际政治经济学:全球体系中的冲突与合作》,北京大学出版社 2006 年版。
② "布雷顿森林体系"的固定汇率制度于 1971 年随着终止美元兑换黄金而终结。

且它使不平等状况长久保持下去"。为了体现发展国家和发达国家经济发展水平的巨大差距,《宣言》提出了一系列保障发展中国家发展权益的原则,比如提出"在可行时,在国际经济合作的各个领域在可能的情况下对发展中国家给予特惠的和非互惠的待遇"。

客观地说,二战后建立起来的国际贸易治理体系在推动战后国际贸易和经济全球化发展中发挥了重要作用,促进了包括广大发展中国家在内的各国经济的发展。但是二战后70多年过去了,世界经济格局发生了根本性的变化,全球经济秩序的改善需求也必然产生。

当前国际经济秩序改善需求来源于世界经济发展的三个显著特征[1],其一是新兴经济体的崛起改变了世界经济力量格局;其二是国际分工模式的转变产生了改善国际经济秩序的动机;其三是在以美国为代表的发达经济体中出现的以贸易保护主义抬头为特征的"逆经济全球化"趋势加剧了国际经济秩序的不确定性。新兴经济体的崛起是20世纪90年代以来世界经济格局变化的重要特征,这可以从发展中经济体在世界生产、贸易和投资中的重要性显著提升中得以清晰展现。21世纪以来,发展中经济体尤其是中国在世界生产中的地位显著提升。20世纪90年代以后发展中经济体GDP占世界GDP的比重呈现增长的趋势,到2016年已经接近40%。在国际直接投资领域,发展中经济体在世界对外直接投资中的比重于2009年首次超过20%并保持稳定增长的趋势。发展中经济体对外直接投资的很大一部分是技术获取型的,一些发展中国家的跨国公司以发达国家(如美国)的知识基础作为投资的目标,来自新兴经济体的越来越多的FDI流入可能导致发达东道国限制性管制的变化,并因此导致国际投资制度的变化。

随着新兴经济体的崛起,国际直接投资领域发生了显著的变化。首先,发达国家对于对外直接投资的态度发生了变化。结构调整将成为后次贷危机时代美国等发达经济体的主要趋势之一。例如,通过"再工业化"、促进资本回流,重塑美国经济发展的稳健性。美国"再工业化"不是与其他国家争夺传统成本竞争型产业,而是重点发展创新要素和高端人力资本等"战略性资产"密集型高新技术产业。另一方面,发展中经济体对于发达国家越来越多的直接投资,尤其是对发达国家的"战略性资产"获取型直接投资引起了发达国家的忧虑。发展中经济体在世界贸易中的重要性显著地超过了在世界生产和投资领域中的重要性,发展中经济体商品出口占世界总出口的比重自1986年起就保持稳定的上升趋势,2010年之后这一比重均在40%以上。新兴经济体在世界生产、贸易和投资领域重要性的显著提升,具备了影响力。所以,以中国为代表的新兴经济体在全球经济中地位的提升成为全球经济治理结构变迁的转折点和催化剂。

国际经济秩序重构需求的第二个动力来源于国际分工模式的转变。第一,国际分工的边界由最终产品转变为最终产品的不同价值增值环节,国际生产碎片化成为重要的国际分工模式;第二,通过对外直接投资整合全球优势要素提升国际竞争力成为发展中经济体的现实需求。现有的国际经济秩序主要是与国际最终产品分工以及基于国际生产网络的发达国家企业整合全球优势要素的分工模式相适应的。国际价值链分工模式本质上要求国际经济秩序体现"互利共赢"的特征。发达国家通过全球价值链分工将发展中国家纳

---

[1] 安礼伟、马野青:"国际经济新秩序:中国的新需求与政策思路",《经济学家》,2019年第1期。

入其生产体系之中,发展中国家成为最终产品低端环节的配置地,这有利于提升发达国家产品的竞争力;但是,发展中国家在经济发展达到一定阶段后为了实现价值链攀升和产品竞争优势重构,也需要整合发达国家具有禀赋优势的诸如研发、技术和品牌等战略性资产。所以,发展中国家对于国际经济秩序的需求则相应地从争取更有利的贸易条件转向争取整合全球优势要素的公平机会。国际经济秩序重构需求的第三个动力来源于所谓的"逆经济全球化"趋势的出现和发展。2016年以来以"英国脱欧"和美国总统大选中"特朗普当选"两大事件为标志,在全球范围内掀起了以贸易保护主义为主要特征的"逆全球化"冲击。应该看到,所谓"逆经济全球化"做法的本质是认为目前的贸易规则体系不符合其最大化的国家利益,而将一系列所谓"逆经济全球化"行为作为谈判筹码,提升其在国际贸易规则制定中的博弈力量。因此,不同经济体围绕国际经济秩序重构的博弈加剧及其带来的国际经济环境的不确定性增加将可能成为未来世界经济发展的重要特征。

三、国际贸易治理的法律基础

国际贸易治理是通过各种贸易条约和协定实现的,WTO就是一个全球性多边贸易协定的范例,同时区域及双边贸易协定也在国际贸易治理中扮演着重要角色。

(一)贸易条约和协定的含义

贸易条约和协定(Commercial Treaties and Agreements)是两个或两个以上的主权国家或独立关税区为确定彼此间的经济关系,特别是贸易关系所缔结的书面协议,如通商航海条约、贸易协定、支付协定等。

贸易条约按照参加国的多少,可分为双边贸易条约和多边贸易条约两种。两国之间签订的,称为双边贸易条约;两个以上国家之间签订的,称为多边贸易条约,如国际商品协定、关税及贸易总协定、洛美协定等。

贸易条约和协定的条款,通常是在所谓"自由贸易、平等竞争"的原则下签订的。但实际上,缔约国在经济上的利益往往是靠经济实力来保证的。因此,缔约国之间从贸易条约和协定中获得的利益是不一样的。

(二)贸易条约和协定的种类

1. 贸易条约

贸易条约的名称很多,如"通商条约""友好通商条约""通商航海条约""友好通商航海条约"等。贸易条约的内容比较广泛,常涉及缔约国经济和贸易关系各方面的问题,如关税的征收、海关手续、船舶航行、双方公民和企业组织在对方国家所享受的待遇,还有特种所有权(专利权、商标和版权等)、进口商品应征收的国内捐税、铁路运输和转口问题等。这种条约一般由国家首脑和其特派的全权代表来签订,并经双方的立法机构讨论通过,最高权力机构批准才能生效。条约的有效期限也较长。

2. 贸易协定(Trade Agreement)和贸易议定书(Trade Protocol)

贸易协定是缔约国间为调整和发展彼此的贸易关系而签订的书面协议。与贸易条约、通商航海条约比较,贸易协定所涉及的面比较窄,内容比较具体,有效期较短,签订的程序也较简单。一般只需签字国的行政首脑或其代表签署即可生效。

贸易协定的内容一般包括贸易额、双方的出口货单、作价办法、使用的货币、支付方式、关税优惠等。没有签订通商航海条约的国家间，在签订贸易协定时，通常把最惠国待遇条款列入。

贸易议定书一般是对已签订的贸易协定的补充或解释。它的内容和签订程序更简单，只需经签字国有关行政部门的代表签订即可生效。在国际贸易中，贸易议定书的形式为许多国家采用。它既可以用来修改、补充和解释贸易协定的某些条款，又可以在两国还没有签订贸易协定的情况下，先签订贸易议定书作为两国贸易的临时依据。如果两国订有长期贸易协定，则可以通过贸易议定书来确定年度贸易的具体安排。

3. 支付协定（Payment Agreement）

支付协定是两国间关于贸易和其他方面的债权债务结算办法的协定。支付协定是在外汇管制情况下产生的。在外汇管制的情况下，一种货币往往不能自由兑换成另一种货币，对一国所具有的债权不能用来抵偿对第三国的债务，这样，结算就只能在双边的基础上进行，因而需要通过缔结支付协定来规定两国间的债权债务结算办法。这种通过相互抵账来清算两国的债权债务的办法，有助于克服外汇短缺的困难，促进双边贸易的发展。

支付协定的主要内容包括以下几个方面：① 规定清算机构，开立清算账户；② 两国间一切债权债务的结算，统一在双方清算机构中进行；③ 债权债务抵偿后的余额，用可兑换货币支付或用双方同意的其他不可兑换货币支付，或转入下年度由逆差国用出口商品来清偿；④ 规定信用机动额，只要抵偿后的金额不超过这一额度，债务国不给债权国利息，超过时则需付利息。

支付协定以双边支付协定为主，但也有多边支付协定。自1958年以来，主要发达国家相继实行货币自由兑换，双边支付清算逐渐为多边现汇支付结算所代替。至于一些因外汇短缺而仍然实行外汇管制的发展中国家，有时还需要用支付协定规定对外债权债务清算办法。

4. 国际商品协定（International Commodity Agreement）

国际商品协定是指某项商品的主要出口国和进口国就该项商品购销、价格等问题，经过协商达成的政府间多边贸易协定。

国际商品协定主要对象是发展中国家所生产的初级产品。这些产品由于受到世界市场行情变化影响，价格波动的幅度较大，贸易量也不稳定。发展中国家为了保障自身利益，希望通过协定维持合理的价格。而作为主要消费国的发达国家则希望通过协定保证初级产品价格不至于涨得太高，并能保证供应。国际商品协定用来稳定价格的办法，主要有以下几种：

第一，设立缓冲库存。协定执行机构建立缓冲库存（包括存货与现金两部分），并规定最高、最低价格。当市场价格涨到最高限价时，就利用缓冲库存抛出存货，当市场价格跌至最低限价时，则用现金在市场上收购，以达到稳定价格的目的。国际锡协定就是采用这种办法。按照国际锡协定规定，如果锡价低于锡理事会规定的最低限价时，锡的缓冲存货机构就从市场上买进锡，支持市场；如锡价高出最高限价时，就从缓冲存货中抛出锡，以压低市价。

第二，签订多边合同。这种合同，一方面要求进口国保证，在协定规定的价格幅度内，向各出口国购买一定数量的有关商品;另一方面要求出口国保证,在规定的价格幅度内,向各进口国出售一定数量的协定商品。国际小麦协定采用这种办法来稳定小麦价格。

第三,规定出口配额。先规定一个基本的年度出口配额,再根据市场需求情况做相应的增减。例如,当市场价格超过最高限价时,配额自动增加;当市场价格跌到最低限价以下时,配额自动减少。这样,可通过控制商品供应量的办法来稳定价格。国际上咖啡、糖的协定采取这种办法。

国际商品协定除了出于价格原因外,也有的是进口国为了保护国内市场而与出口国签订的,以对某一时期某种商品的进出口数量做出安排。如2004年12月31日终止的国际多种纤维协定(MFA),就是在多边的基础上管理纺织品和服装的出口和限制这些商品的市场准入,它包括出口国和进口国。

(三) 贸易条约和协定所依据的法律原则

贸易条约和协定所依据的法律原则最基本的主要有两个:最惠国待遇原则和国民待遇原则。

1. 最惠国待遇原则(Most Favored Nation Treatment, MFNT)

最惠国待遇原则是缔约国一方现在和将来所给予任何第三国的优惠和豁免,必须同样给予对方。这是贸易条约和协定中的一项重要条款。

最惠国待遇条款适用的范围有大有小。在贸易协定中,其适用范围一般包括以下几个方面:① 有关进口、出门、过境商品的关税和其他捐税;② 商品进口、出口、过境、贮存和转运方面的有关海关规定、手续和费用;③ 有关进出口商品国内管理和使用的法律、规章。

最惠国待遇原则按照有无条件,分为有条件和无条件两种。无条件最惠国待遇原则,即缔约国一方现在和将来所给予任何第三国的优惠和豁免,立即无条件无补偿地自动地适用于对方。无条件的最惠国待遇可以无须签订新约,就将双边优惠自动转化为多边优惠。有条件的最惠国待遇原则,即如果缔约国一方给予第三国的优惠和豁免是有条件的,那么另一方必须提供同样的条件,才能享受这些优惠和豁免。有条件的最惠国待遇原则已极少在国际间使用。

在贸易条约和协定中有时采用"无歧视待遇原则"。无歧视原则是要求缔约国之间在实施进口数量限制或其他限制及禁止措施时,不对缔约国对方实施歧视待遇。如果缔约国一方根据合法的理由而采用某种限制或禁止措施时,这些措施在同样情况下普遍实施于订有这项原则的所有缔约国,这就符合无歧视待遇原则。反之,如果这些措施单独对某缔约国实行,而对另一个缔约国不实行,就违反了无歧视待遇原则。无歧视待遇原则实际上是对最惠国待遇原则从限制角度所做的理解。

在贸易条约中,一般还规定有不适用最惠国待遇的例外情况。如缔约国一方给予邻国有关边境贸易上的特别优惠待遇,缔约关税同盟国家之间或在特定国家之间的特惠待遇以及目前工业发达国家给予发展中国家的普遍优惠制的关税优惠等,这些都作为适用最惠国待遇的例外,而不适用最惠国待遇。

2. 国民待遇原则(Principle of National Treatment)

国民待遇原则,从商品贸易角度就是缔约国一方保证缔约国另一方的公民、企业和船舶在本国境内经济上享受与本国公民、企业和船舶同等的待遇。它适用的范围通常包括外国公民的私人经济权利(私人财产、所得、房产、股票)、外国产品应交的国内税、利用铁路运输和转口过境的条件、船舶在港口的待遇、商标注册、版权、专利权等。但沿海贸易权、领海捕鱼权、土地购买权等均不包括在内。在服务贸易方面,国民待遇的实施不如商品贸易彻底,是按相关国家在贸易谈判中做出的具体承诺的范围和程度来实施的。

第二节 WTO下的国际贸易治理

一、WTO的建立和发展

(一) WTO前身GATT的成立

世界贸易组织(World Trade Organization,WTO),是在关税与贸易总协定(GATT)的基础上建立的。GATT是二战后美国从其自身经济利益出发,联合世界上其他22个国家于1947年10月30日在日内瓦签订的一个临时性的国际多边贸易协定。

二战结束后,各国为了实现经济重建,纷纷实行贸易保护主义,以保护本国生产和就业。而同为战胜国的美国,由于战争远离本土,加之受到战时军需品贸易的刺激,经济急剧膨胀而成为战后最强大的国家。二战后,美国拥有西方世界1/2以上的生产能力,出口贸易的1/3和黄金储备的3/4。凭借雄厚的经济实力,美国积极倡导自由贸易,以便为自己谋取更多的利益。

为了打破其他国家的贸易保护,美国在战后积极推动建立一个其在战争结束前就拟订的全球性国际贸易组织,在国际经济领域专门协调各国间的贸易关系。1945年12月,美国发表了《扩大世界贸易与就业法案》,呼吁召开一次联合国贸易与就业会议,以便缔结一项国际贸易条约并建立一个世界性贸易组织。在美国的提议下,联合国经济与社会理事会于1946年2月召开了第一次会议,通过了由美国提出的召开"世界贸易和就业会议"的决议草案,并成立了由19国组成的筹备委员会,着手筹建国际贸易组织。由于当时关税壁垒盛行,建立正式的国际贸易组织又需要一段时日,为了尽快解决各国在贸易中的摩擦,包括美、英、法、中、印度等23个国家便主张将在联合国经社理事会第二次筹委会通过的由美国起草的《国际贸易组织宪章草案》中的贸易政策部分,和他们各自在双边谈判基础上达成的关税减让协议加以合并,形成《关税与贸易总协定》,以此作为国际贸易组织成立之前各国相互处理贸易纠纷的临时性根据,等国际贸易组织生效后,再用《国际贸易组织宪章》来取代之。因此,关贸总协定的绝大部分条款都与《国际贸易组织宪章》相同。《关税与贸易总协定》于1947年10月30日在日内瓦由23个缔约国签署。但鉴于《关税与贸易总协定》根据《国际贸易组织宪章》生效尚待时日,1947年11月15日,美国联合英国、法国、比利时、荷兰、卢森堡、澳大利亚、加拿大等国签署了关贸总协定《临时适用议定书》,使关贸总协定于1948年1月1日提前在上述八国实施。另外15个国家可于1948年6月30日前签署。

后来,由于 1947 年 11 月在哈瓦那联合国贸易与就业会议上通过的《国际贸易组织宪章》对美国原先的草案做了大量修改,与美国的利益相去甚远,美国国会没有通过,美国政府也就放弃了成立国际贸易组织的努力。其他国家受美国影响也持观望态度,致使建立国际贸易组织的努力流产。这样,GATT 便作为一个临时性的协定而一直沿用至 1994 年年底。

(二) GATT 的主要职能

1995 年 1 月 1 日,WTO 成立后,GATT 1947 成为 GATT 1994 的主要组成部分,是 WTO 管理和协调各成员货物贸易的主要依据。GATT 的宗旨是通过促进自由贸易而提高生活水平,保证充分就业和实际收入及有效需求的持续增长,扩大世界资源的充分利用。在其存在的 47 年间,GATT 的宗旨主要通过以下职能而实现。

1. 组织多边贸易谈判,尽力消除各种贸易壁垒

贸易壁垒包括关税壁垒和非关税壁垒两种,它们通过各种关税和非关税障碍阻碍别国产品的进口,对此,GATT 通过组织多边贸易谈判打破这些障碍。从成立到被 WTO 取代,GATT 共组织了八轮多边谈判,使发达国家的平均关税率从 1948 年的 36% 降至 20 世纪 90 年代中期的 3.8%,发展中国家和地区同期降至 12.7%,关税壁垒的作用大为降低。从东京回合起,非关税壁垒也被纳入减让谈判的范围并达成了《技术性贸易壁垒协议》《进口许可证制度协议》等一系列协议,非关税壁垒的使用受到一些限制。

2. 协调缔约方之间的贸易关系,解决各种贸易纠纷

由于国际贸易关系各国的切身利益,国际贸易中难免存在各种冲突和纠纷。GATT 通过主持冲突各方的谈判、协商,努力化解这些纠纷,避免冲突各方的利益一损俱损。一般来说,GATT 虽然是一个临时协定,其条文不具法律强制性,但由于其协调机制的权威性,它能使绝大多数的贸易纠纷得到解决。

3. 根据国际贸易发展的新情况,制定国际贸易的新规章

在 1948—1994 年的 47 年间,随着世界经济、科技的发展,国际贸易的领域不断扩展,服务贸易、投资及环保等领域的问题日益突出,为此,GATT 不断制定新的规章以明确各方的权利和义务。例如,乌拉圭回合谈判首次涉及与贸易有关的投资和知识产权、服务贸易等领域,并纳入纺织服装、农产品等长期游离于 GATT 之外的部门。所通过的"一揽子协议"中包括《服务贸易总协定》《与贸易有关的投资措施协议》《与贸易有关的知识产权协议》等前所未有的内容,有利于国际贸易的发展。

4. 研究和促进缔约各方经济和贸易的发展

GATT 随时关注各缔约方经济和贸易的发展情况,并及时发表各种年度经济数据和经济发展报告,以便为缔约方的经济发展提供决策参考。同时,GATT 还通过一定的优惠安排,促进发达国家协助发展中国家的经济发展。

GATT 的这些职能在其存在的 47 年间得到了充分的体现,对世界经济和国际贸易的发展起了巨大的推动作用。

(三) GATT 主持的八轮多变贸易谈判

1. 八轮多边贸易谈判概况

GATT 对国际贸易争端的解决主要是通过谈判来完成的。1947 年至 1993 年年底,

GATT 共主持了八轮多边贸易谈判,其中以第八轮乌拉圭回合多边贸易谈判涉及范围最广、对世界经济和贸易影响最大。表 8-1 列举了这八轮谈判的一些基本信息。

表 8-1 GATT 前七个回合贸易谈判简况

谈判名称	时间	地点	参加国(地区)数	谈判内容
第一回合	1947 年 4—10 月	日内瓦	23	关税减让
第二回合	1949 年 4—10 月	法国安纳西	33	关税减让
第三回合	1950 年 9 月—1951 年 4 月	英国托奎	39	关税减让
第四回合	1956 年 1—5 月	日内瓦	28	关税减让
第五回合(狄龙回合)	1960 年 9 月—1962 年 7 月	日内瓦	45	关税减让 降低非关税
第六回合(肯尼迪回合)	1964 年 5 月—1967 年 6 月	日内瓦	54	关税减让 降低非关税
第七回合(东京回合)	1973 年 9 月—1979 年 4 月	东京	99	关税减让 降低非关税
第八回合(乌拉圭回合)	1986 年 9 月—1993 年 12 月	乌拉圭埃斯特角城	125	关税减让 降低非关税

2. 乌拉圭回合谈判概况

关贸总协定这轮谈判是参加方最多、持续时间最长、议题最多、讨论最激烈、成果最多的一轮,因此对其进行简单介绍。乌拉圭回合是在前七轮多边贸易谈判后,世界经济和贸易形势发生较大变化的情况下发起的。

20 世纪 70 年代中期以后,世界经济从高速增长转入停滞,加上两次"石油危机",世界经济更是长期低迷。在此情况下,国际贸易领域出现了"新贸易保护主义"浪潮。"新贸易保护主义"的泛滥使 GATT 原则受到侵蚀,贸易摩擦愈演愈烈,多边贸易体制笼罩在一片"灰色"阴影之中。

面对这种形势,各缔约国认识到维护 GATT 的宗旨、扩大世界贸易、努力打破形形色色的贸易壁垒、净化国际贸易环境已是迫在眉睫。于是,1986 年 9 月 15 日至 20 日,在乌拉圭埃斯特角城举行的 GATT 缔约国部长级会议上,决定正式发起第八轮多边贸易谈判,由此拉开了乌拉圭回合多边贸易谈判的帷幕。

该轮谈判的目标反映在《埃斯特角部长会议宣言》中:① 通过降低和取消关税、数量限制及其他非关税措施与壁垒来促进世界贸易的扩大和进一步自由化,给所有缔约国尤其是欠发达缔约国带来利益;② 加强关贸总协定的作用,改进建立在关贸总协定原则基础上的多边贸易体制,把更大范围的世界贸易置于缔约方约定的、有效的、切实可行的多边纪律之下;③ 增强关贸总协定的体制对不断变化的国际经济环境的适应能力,通过必要的结构调整,加强与有关国际组织的关系,并考虑贸易形态和前景的演变,包括高科技产品贸易不断增长的重要性、商品市场的严重困难以及改进贸易环境的重要性,特别要协助发展中国家解决债务危机;④ 促影响经济增长和发展的国际经贸政策和国内经贸政策的合作,努力改进国际货币体制的职能,促进金融与投资向发展中国家流动。

乌拉圭回合谈判原定于1991年年底结束,由于有些缔约国在一些重要问题(主要是农产品问题)上分歧大,谈判几近破裂。后来在GATT的努力下于1993年12月15日在日内瓦结束,1994年4月15日在摩洛哥的马拉喀什城签署一揽子协议,签署方有125个国家和单独关税区、欧洲联盟和10个联系国以及联合国、世界银行、国际货币基金组织的代表。

与前几轮谈判相比,该轮谈判具有以下特点:

(1) 谈判的范围广。谈判方和签署方多,而且其议题也多达15个,大致可分为三大类:第一类是有关进一步促进货物贸易的自由化议题;第二类为与强化GATT多边贸易制度功能及作用有关的议题;第三类为新增的与贸易有关的知识产权(包括冒牌货贸易)问题、与贸易有关的投资措施、服务贸易三个议题。它们几乎涵盖了各方所关心的议题。

(2) 时间长。乌拉圭回合谈判从1986年9月开始,到1993年12月15日结束,历时7年有余,是GATT历史上持续时间最长的一次马拉松式的谈判。

(3) 难度大。由于该轮谈判涉及了大量的国际贸易中的新旧议题,其中有的议题非常棘手,同时参加各方又都有着不同的利益,都想"最大索取,最小付出",致使谈判纷繁复杂,难以协调和妥协。特别是在农产品贸易自由化问题上各方利益冲突,矛盾尖锐,使谈判几度陷入僵局,以致使这一问题的谈判成为乌拉圭回合成败的关键。

(4) 责任全。这次谈判的最终结果采取的是一揽子协议,是一揽子议题的总体解决。

(5) 影响深。该轮谈判不仅就众多议题达成协议,而且决定成立世界贸易组织(WTO)以取代GATT。这样,具有国际法主体资格的WTO将使GATT的各项原则得到更好的贯彻和完善,这对世界经济和贸易具有深远影响。

(四) GATT 的历史贡献及其缺陷

GATT作为一个临时性的协定,不是一个权力机构,在国际法上没有法人资格,但它在战后国际贸易中发挥了重要作用。其缔约方从成立之初的23个发展到1993年年底的115个,此外还有近30个非缔约国按其规则运作,几乎大部分具有经济活动能力的国家和地区都位于该体系之内。这使得GATT在世界贸易中具有举足轻重的作用。GATT对国际贸易发展的历史贡献主要表现在以下几点:

首先,减让关税促进了国际贸易的迅速发展。在总协定主持下,经过多轮的多边贸易谈判,无论是西方发达国家还是发展中国家,其平均关税税率都大幅度地下降,这大大促进了国际贸易的迅速发展,为促进贸易自由化创造了有利条件。

其次,为发展中国家提供与发达国家对话的场所,使它们从总协定中获得贸易实惠。1948—1993年,随着加入总协定的发展中国家逐渐增多,总协定中增加了专门处理发展中国家贸易和发展问题的条款,使发展中国家处于特殊的、可享受优惠的地位,有利于促进发展中国家经济和贸易的发展。

再次,有利于及时磋商、调解缔约国的贸易争端,从而加强各缔约国的贸易合作,促进国际贸易的发展。当然,总协定及其协议不能从根本上解决贸易矛盾。一旦总协定及其协议不符合某些国家垄断资本的利益,它们就往往采用总协定的"例外"规定或要求修订某些条款,甚至采取某些背离总协定原则的做法。20 世纪 70 年代贸易保护主义的重新抬头,就说明了这一点。

最后,通过 GATT,各缔约国可互相了解贸易情况,取得有关贸易政策的资料,从而有助于国际贸易的顺利进行。

正是由于 GATT 的上述作用,GATT/WTO 才与世界银行(World Bank)和国际货币基金组织(IMF)一起被称为驱动世界经济的"三驾马车",它们各自在贸易、投资和金融领域影响世界经济的发展。在国际贸易方面,当时全球 90% 以上的贸易量受到 GATT 的制约。

但是,由于 GATT 不是一个正式的国际组织,所以它在体制上具有多方面的重要缺陷,主要体现在以下几个方面:

(1) 非法人主体的身份使其只能以协调者的身份,依靠其权威性来监督各项规则的履行和调解各种贸易争端。因为其法律约束力不足,所以难以对违规者做出制裁。

(2) 作为由一系列双边协定组成的总协定,其责任不全面,有些协定其缔约方可以拒绝签署,各方的权利和义务并不平衡。如民用航空协定,其签字国寥寥无几。

(3) GATT 的争端解决程序分散于各个别协定和总协定中而不具系统性。原则中有例外,例外中有原则,难以形成具有实效的全盘性多边争端解决程序,缺乏能确保规则有效实行的全球性监督机构。而且对 GATT 专家组就贸易纠纷做出的裁定,需要缔约方全体一致同意才能通过。这使裁定的通过易受个别大国的操控,GATT 的原则有时难以得到有效贯彻。正因为如此,在 GATT 存在的 47 年间,它总共才受理了缔约方之间 196 起贸易纠纷。

有鉴于此,虽然 1948 年在哈瓦那通过的《哈瓦那宪章》没有得到各国批准,国际贸易组织胎死腹中,但 GATT 生效后 40 多年间,关于建立 WTO 的呼声从未中断。

(五) WTO 的成立

1. WTO 成立的背景

作为一个常设的国际组织,同时也是世界上最大的多边贸易组织,世界贸易组织(WTO)的成立是国际贸易发展史上的一个大事件。WTO 的成立是多种因素综合作用的结果。

(1) 发达国家和发展中国家经济发展的需要。

20 世纪 70 年代中期以后,由于经济周期及"石油危机"等因素的影响,发达国家经济增长进入一个相对缓慢的时期;加上新贸易保护主义的盛行,发达国家经济总体上形势低迷。为摆脱经济衰退和经济危机的困扰,80 年代中期发达国家纷纷主张放松国家间的经济管制,打破各种保护主义壁垒;而发展中国家通过 20 世纪 60—70 年代的实践也认识到,进口替代等封闭型的经济发展战略给经济发展带来很多弊端。为加快经济发展,它们纷纷开放市场,实行外向型发展战略,为此,也需要减少国际贸易中的种种壁垒。乌拉圭回合谈判正是在这样的背景下开始的。

(2) 经济全球化进程加快,需要确保其顺利发展的规则。

经济全球化的迅速发展是国际分工不断深化的产物。为了确保全球化进程中国际生产的链条不致中断,需要有法律效力的国际规范来约束各国和地区的经济贸易行为。20

世纪 70 年代以来经济全球化的加速主要缘于以下几个方面的原因：

① 70 年代布雷顿森林体系解体以后，国际货币体系呈现多元化发展趋势，国际间资本的流动性大大增强，大大推进了经济全球化的进程。

② 跨国公司经济实力迅速扩张，其投资和贸易活动将世界各国的经济更紧密地联系在一起，国际分工细化和贸易网络扩展进一步把全球经济变成一个整体。

③ 90 年代以来，以信息技术为核心的新技术革命缩短了时空距离，加快了各国市场的融合。

（3）GATT 本身存在缺陷，已不能适应经济全球化的需要。

上一节已经指出，WTO 的前身 GATT 是一个由各缔约方政府签署的关于贸易问题的临时性多边协定。通过推动双边和多边关税减让谈判，并对非关税措施加以约束，GATT 在近半个世纪的发展史上，为加强世界经济联系和交流、促进国际间生产要素的自由流动以及国际贸易规则的制定做出了重要贡献。但 20 世纪 80 年代以来，国际服务贸易迅速发展，国际贸易形式和国际投资方式日趋多元化，而 GATT 主要依靠其权威性管辖商品贸易，并且存在缔约方权利与义务的不平衡现象，从而导致各缔约方之间经济纠纷、贸易摩擦不断上升，国际贸易秩序受到干扰。为此，就需要建立一套能够更加为各国所广泛接受的、有法律约束力的、涵盖面更广的、权利与义务更平衡的争端解决机制来对错综复杂的国际贸易争端加以调节与仲裁。

适应以上需要，WTO 对 GATT 的取代就成为历史发展的必然。

2. WTO 的成立

早在 20 世纪 50 年代后期，联合国经社理事会就重新提出建立国际贸易组织的构想。1955 年 7 月，苏联在第 20 届理事会上提出了一项决议草案。在 1962 年的开罗会议上，其倡议得到发展中国家的支持。1963 年 7 月，苏联在经社理事会第 36 届会议上提出了关于国际贸易组织主要规定的初步设想的备忘录。同时，东欧国家也就该组织问题提出了一份草案，建议成立一个联合国主持下的处理贸易问题的单一国际组织。1964 年，联合国第一届贸发会议审查了建立国际贸易组织的可能性。专家小组认为 GATT 因缺乏执法权力而有严重缺陷，它既不能涉及整个国际贸易，又不能调节处于不同经济发展阶段的国家间的贸易问题，需要"建立一个没有这些缺陷的新国际贸易组织"。此后的几届贸发会议又提出了不少有关该组织的体制、原则等的设想。1983 年，鉴于东京回合多边贸易谈判的成果及其对国际贸易制度的影响，第六届贸发会议专门研究了国际贸易制度的发展，提出了加强和改进这个制度的政策建议。尽管联合国范围内对建立国际贸易组织的讨论非常热烈，GATT 在 1989 年前却从未就此进行商讨。直到 1990 年，随着乌拉圭回合谈判的进展，加拿大、瑞士、当时欧共体和美国等才先后提出有关成立这样组织的设想，以管理 GATT 范围内的谈判议题。经过多次谈判，终于在乌拉圭回合谈判中达成了《关于建立世界贸易组织的协定》，宣布成立 WTO，取代 GATT。

在关贸总协定乌拉圭回合谈判中，世贸组织的建立大致经历了以下过程：

1990 年年初，时任欧共体轮值主席国意大利首先提出建立多边贸易组织（MTO）的倡议，并且后来以欧共体 12 国的名义正式推出，得到加拿大、美国支持。

1990 年 12 月，"乌拉圭回合"布鲁塞尔部长级会议正式做出决定，展开建立多边贸易组织的谈判。

1991年12月,关贸总协定经过1年谈判,形成《关于建立多边贸易组织的协议》的草案。

1993年11月,就《关于建立多边贸易组织的协议》的草案进行的谈判结束,形成了《关于建立多边贸易组织的协定》。

1993年12月15日,乌拉圭回合结束前,根据美国的提议,将"多边贸易组织"改名为"世界贸易组织"。

《关于建立世界贸易组织的协定》于1994年4月15日在马拉喀什部长级会议上获得通过,构成"乌拉圭回合"一揽子成果之一。

(六) WTO的主要内容

1. 有关WTO机构本身的规定

《关于建立WTO的协定》包括序言、条款和附件三部分,对WTO的宗旨、职能、组织机构、成员资格、决策方式等都做出了明确规定。

(1) WTO的宗旨。

WTO的宗旨体现在序言部分,它规定:WTO全体成员在处理贸易和经济领域的关系时,应以提高生活水平、确保充分就业、大幅稳定地增加实际收入和实际需要、持久地开发和合理地利用世界资源、拓展货物和服务的生产和贸易为准则;必须积极努力,确保发展中国家在国际贸易增长中得到与其经济发展相适应的份额;通过签订旨在大幅削减关税和其他贸易壁垒以及在国际贸易关系中取消这些歧视待遇的议定书和互惠安排,为这些目标做出贡献;维护关贸总协定的基本原则和进一步完成关贸总协定的目标,发展一个综合性的、更加有活力的、持久的多边贸易制度,包括经过修改过的关贸总协定和它主持下达成的所有守则和协议,以及乌拉圭回合多边贸易谈判的全部成果。

世贸组织的宗旨体现了其所奉行的一系列基本原则:提倡市场经济,以提高资源的配置效率;考虑到不同成员经济发展水平的差距,在提倡自由贸易的同时,又允许适度保护,即实行并非彻底的自由贸易;强调成员之间贸易利益的协调,以促进共同发展。另外,世贸组织强调对资源的最佳利用,而非关贸总协定的充分利用,体现了它对可持续发展的关注。

(2) WTO的职能。

在协定的有关条款中规定了WTO的职能:对世界贸易组织协定及其附件中协议的贯彻与运行进行监督、管理;为实施上述协议提供统一的体制框架;为多边贸易谈判提供论坛和场所;主持综合性贸易争端的解决和对成员国贸易政策的审议;与国际货币基金组织和世界银行等国际机构合作,以协调全球经贸政策。

(3) WTO的主要组织机构。

① 部长级大会。由全体成员国代表组成,是WTO的最高权力机构,拥有对重大事务的决策权,至少每两年召开一次。

② 总理事会。由各成员国代表组成,负责日常监督各项协议和部长会议所做决定的贯彻执行情况,并作为统一的争端解决机构和贸易政策评审机构发挥作用。总理事会下

设货物贸易、服务贸易和知识产权三个分理事会,负责监管各自领域内协议执行情况,并履行总理事会所赋予的其他职责。此外,总理事会还设立若干负责处理相关事宜的专门委员会,如监督委员会、贸易与发展委员会、与贸易有关的投资措施委员会等。三个分理事会也设立其相应的附属机构——次一级专门委员会,以处理更为具体的专门问题和监督协议的履行。总理事会、分理事会及专门委员会视需要还可设立临时性工作组或专家小组。

③ 秘书处和总干事。秘书处由总理事会设立,以处理 WTO 日常事务,其领导人由总理事会指派一名总干事担任。总干事的权限、任期等由总理事会决定。总干事根据总理事会的规定任命秘书处的工作人员。作为秘书处的首脑,总干事不是多边贸易政策的决策者,而是各成员集体利益的维护者。其任期为 4 年,可以连任。总干事和秘书处工作人员都是国际职员,应不受世贸组织之外任何政府或机构指示的影响。但现实中要确保完全中立是比较困难的,所以 WTO 总干事的人选一直比较敏感,往往要经过协商一致,才能确定。世贸组织第一、二任总干事分别是北爱尔兰人皮特·萨瑟兰和意大利前贸易部长瑞纳托·鲁杰罗。在 1999 年第三任总干事的选举中,新西兰前总理迈克·穆尔和泰国前副总理素帕猜·巴尼巴滴同时竞选,其背后分别有发达国家和发展中国家的支持,最后相持不下,达成妥协:两者各任 3 年,不得连任。这在国际组织中是很少见的。

(4) WTO 的决策方式。

WTO 采用投票表决方式,改变了 GATT 须一致通过的方式,这有助于避免 GATT 决议受大国主导的弊端。每一成员方都在部长级会议和理事会上各拥有 1 票,欧盟票数与其会员数相同。除另有规定外,部长会议及理事会记录都采用投票形式经半数以上票数通过;部长级大会与理事会对 WTO 协定及多边协定的解释和决议,经 3/4 以上票数通过;成员方如欲豁免 WTO 协定多边的协定义务,必须在 90 天内以理事会全体同意的方式达成协议。

(5) WTO 的成员资格。

协定规定,凡接受 WTO 协定和多边贸易协议的 GATT 缔约方和欧共体,包括按 GATT 议定条件接受者,为 WTO 创始成员国;凡接受该协定及附件 1、附件 2 和附件 3 的多边贸易协议者,均可根据它与总理事会约定的条件加入本协定;WTO 的任何成员方均可退出该协定,一旦退出即不再是 WTO 的成员。

2. WTO 的法律框架

WTO 的法律框架主要体现在《关于建立 WTO 的协定》的第四部分附件中。它主要由该附件所列的货物贸易方面的多边协议、服务贸易总协定、与贸易有关的知识产权协定、争端解决机制、贸易政策审议机制、四项诸边贸易协议等 23 项协议和协定,以及 28 项部长决定与宣言、谅解组成。其中:

附件一第一部分是货物贸易多边协议。包括 1994 年关税与贸易总协定及有关谅解、农产品协议、实施卫生与动植物检疫措施协议、纺织品与服装协议、技术性贸易壁垒协议、与贸易有关的投资措施协议(TRIMS)、关于实施 1994 年关税与贸易总协定第 6 条的协定(它主要是在反倾销方面对 1947 年关税与贸易总协定的进一步修改)、关于实施 1994 年关税与贸易总协定第 7 条的协定(它主要是有关海关估价的进一步规定,也称"海关估价协议")、装运前检验协议、原产地规则协议、进口许可程序协议、补贴与反补贴措施协议、保障措施协议等 13 项协议。

附件一第二部分是服务贸易总协定(GATS)及其附件。

附件一第三部分是与贸易有关的知识产权协议(TRIPS)。

附件二是争端解决规则与程序的谅解及其附件。

附件三是贸易政策审议机制。

附件四是诸边贸易协议,包括民用航空器贸易协议、政府采购协议、国际奶制品协议和国际牛肉协议四项。

另外,GATT主持下制定的各项正式文件也继续有效,WTO成立后所进行的谈判中达成的有关协议也都构成其法律框架的组成部分,如1996年达成的《信息产品协议》、1997年达成的《金融服务协议》等。

总的来说,WTO的法律框架体系庞大,但大体上可将其分为规定各成员具体权利与义务的实体法(附件一、附件四、继续有效的GATT 1947)、规定WTO对世界贸易进行管理的两项程序法(争端解决规则与程序的谅解、贸易政策审议机制)以及其他附属协议。

3. WTO的特点

从WTO协定的框架看,与GATT相比,它具有以下四个方面的特点:

(1) 从法律上来讲,WTO是一个具有法人地位的机构,对其所有成员方都具有严格的法律约束力。现行达成的协定都具有法律效力,所有成员方都必须"一揽子参加",改变了因东京回合采用自由选择参加方法造成的各成员方权利和义务的不平衡状况。

(2) 管辖的范围明显扩大。根据协定,WTO的管辖范围为GATT和在GATT指导下所缔结的所有协议与安排,以及乌拉圭回合的全部成果。这其中包括原来不受GATT管辖的农产品贸易、与贸易有关的投资问题、与贸易有关的知识产权以及纺织品和服装贸易等。而且东京回合达成的另外三个诸边贸易协议(民用航空器协议、国际奶制品协议、牛肉协议)应签约国要求也置于WTO的统领之下接受WTO的指导。

(3) 建立了贸易政策审议机制。WTO协定规定:贸易额居世界前4名的成员每2年审议一次;排名5至20名的成员每4年审议一次;20名以后的成员每6年审议一次。这套机制不仅促进了各成员贸易政策的透明化,还有利于成员方之间改善关系,有助于WTO在整个国际经济贸易领域发挥重大作用。

(4) 争端解决机制更为完善。WTO的争端解决机制建立在一整套严谨的条款之上,对争端的解决和监督履行都有明确的程序和时限的规定,而且WTO的法人资格也使其对争端的调解更具法律约束力,从而争端解决机制的运行更为有效。

二、WTO的基本原则和主要协议

(一) WTO的基本原则[①]

为了有效地实现其宗旨,WTO的全部内容中贯穿了一系列基本原则,它们体现在

[①] 由于WTO是GATT的有效延续,GATT 1947及其有关协议也成为WTO的组成部分,原GATT的一系列原则在WTO中仍然适用,所以,在这一部分,WTO的基本原则主要来自GATT 1947及其有关协议。另外,下面援引GATT有关条款中所提的"缔约方",在WTO中称"成员",为严谨起见,在分析涉及GATT及其条款时,我们仍使用"缔约方"的提法。WTO成员有主权国家,也有中国香港、中国澳门和中国台湾、澎湖、金门、马祖这样的没有政治主权,但有经济贸易自主决策权的独立关税区,但为简便起见,我们不特别指出。

WTO 的协议之中,并为后来在多边贸易谈判中所达成的协议所补充。这些原则及其例外构成了 WTO 法律框架的基础,制约着 WTO 成员方的贸易活动。

WTO 的基本原则主要体现在以下几个方面。

1. 非歧视原则

这是 WTO 最基本最重要的原则,它体现了 WTO 多边互惠互利的特点。本着这一原则,各成员方都可以同等地分享降低贸易壁垒所带来的利益。非歧视原则主要体现为最惠国待遇原则和国民待遇原则。

(1) 最惠国待遇原则。

WTO 中的最惠国待遇原则是多边、无条件的,它要求一个成员方给予另一个成员方或非成员方的贸易优惠、特权和豁免,必须自动地、无条件地给予所有其他成员方。这一原则对货物、服务、知识产权都适用。也就是说,各成员之间只要进出口的产品或者提供的服务是相同的,就应该享受相同的待遇。该原则可以使有关成员方之间的双边互惠自动地变为多边互惠,促进自由贸易。

就货物贸易而言,最惠国待遇主要适用于以下几个方面:① 进口关税。② 对进出口本身征收的费用,如进口附加费、出口税等。③ 与进出口有关的费用,如海关手续费、质量检验费等。④ 对进出口国际支付及转账征收的费用。⑤ 征收上述税、费的方法。⑥ 与进出口相关的各种规则和手续。⑦ 对进口货物直接或者间接征收的税、费,如销售税等。⑧ 有关进口产品在境内销售、购买、运输、分销等方面的法律、法规、规章和政策措施,如对进口产品的品质证书的要求、对产品包装的要求等。

最惠国待遇原则主要体现在 GATT 1947 第 1 条、GATS 第 2 条和 TRIPS 第 4 条。

GATT 1947 第一条第一款的最惠国待遇条款规定,各缔约方之间对进出口货物及其有关的关税、征收方法、规章手续以及运输销售等方面,一律适用此原则,并规定"一缔约方对来自或运往其他国家的产品所给予的利益、优待、特权或豁免,应当立即无条件地给予来自或运往所有其他缔约方的同类产品"。第二条的减让表条款规定"一缔约方对其他缔约方贸易所给的待遇,不得低于本协定这一缔约方的有关减让表中相关部分所列的待遇"。

(2) 国民待遇原则。

国民待遇原则就货物贸易而言,是指在贸易方面成员之间相互保证对方的公民、企业、船舶在本国境内享有与本国公民、企业、船舶同样的待遇。

国民待遇主要包括以下内容:① 不能直接或者间接地对进口产品征收高于对境内相同产品征收的税、费。② 给予进口产品在境内销售、购买、运输、分销等方面的待遇,不得低于给予境内相同产品的待遇。③ 不得直接或者间接地对产品的加工、使用规定数量限制,不得强制规定优先使用境内产品。④ 不得用税、费或者数量限制等方式,为境内产业提供保护。

国民待遇原则主要体现在 GATT 1947 第三条、GATS 第二条和 TRIPS 第三条。

GATT 1947 第三条规定"一缔约方领土的产品输入到另一缔约方领土时,不应对它直接或间接征收高于对相同的本国产品所直接或间接征收的国内税或其他国内费用。在关于产品的销售、推销、购买、运输、分配或使用的全部法令、条例和规定方面,所享受的待遇应不低于相同的本国产品所享受的待遇"。可见,WTO 中的国民待遇原则是指在国内税及有关销售和使用的商业规章方面，一成员方对来自另一成员方的进口应给予与本国同类产品同等的待遇。它还包括另一成员方在本国设立的企业要求享受本国企业在捐税和有关法规上的同等待遇。国民待遇原则是非歧视原则对进口产品在国内措施方面的体现，防止进口产品享受的最惠国待遇因为歧视性的国内规章而削减，确保进口产品与本国产品的平等竞争。

在国民待遇方面，对什么是同类产品有时在不同成员间会产生争议，从而引发贸易争端。例如，韩国曾根据1949年酒类税法，对酒进行多种分类，并实施不同的税赋政策。根据该税法，韩国对不同种类的酒征收不同的税率：烧酒的税率是35%～50%，其他酒的税率一般是80%～100%（酒精含量在25%以下的税率是70%）。另外，根据1982年教育税法，韩国对酒类的销售以其应征收酒税的一定比例征收教育附加税：对酒税率超过80%的，征收酒税的30%为教育附加税；对酒税率在80%以下的，征收酒税的10%为教育附加税。1990年，韩国修改了教育税法，对所有酒类销售征收附加税。由于韩国进口的酒类大多不是烧酒，所以，进口酒的实际税率都在80%以上，为此还要加征30%的教育附加税。对此，欧共体和美国认为，韩国对伏特加的税率高于对烧酒的税率，给予国产烧酒的待遇比给予某些进口蒸馏酒（包括威士忌、白兰地、法国白兰地、金酒等）的待遇优惠，因此，韩国的酒类税法和教育税法对其国产烧酒提供了保护，违反了国民待遇原则。由于磋商无果，应欧共体和美国请求，世贸组织于1997年12月正式成立专家组，最终专家组认为韩国的国产酒和进口酒是直接竞争或可替代产品，韩国对其采取了不公平的差别待遇，事实上构成了对国产酒的保护，因而违反了国民待遇原则。根据世贸组织专家组的实践，同类产品不仅是各方面都相同的产品，还包括存在竞争关系的可替代产品。

需要指出的是，国民待遇的实施不像最惠国待遇都是无条件的，它必须是对等的，不得损害对方国家的主权，并只限定在一定范围内：

对于货物贸易，GATT 1947第3条规定，国民待遇对于货物贸易是无条件的。

对于服务贸易，GATS第17条规定，对于服务产品，国民待遇仅适用于一国做出具体承诺的部门。一旦一国允许外国企业在其境内提供服务，则在对待外国企业和本国企业时，不应存在歧视。可见，对于服务贸易，国民待遇不是无条件的。

对于知识产权，TRIPS第3条规定，在知识产权保护方面，每个成员给予其他成员的国民待遇不应低于它给予本国公民的待遇，除非其他有关国际知识产权公约另有规定。

最惠国待遇原则和国民待遇原则是国际贸易中平等与无歧视原则的重要体现，其目标都是为了实现贸易自由化，减少市场扭曲和贸易障碍。两者的差别体现在，前者不对来自不同国家的产品实行歧视待遇，后者不对外国产品和本国产品实行歧视待遇。

非歧视原则还包括相反角度的含义，即一成员方在实施某种限制或禁止措施时，不得对其他成员方实施歧视待遇。就是说，实施限制或禁止的应是产品本身，而非产品的来源地。当一国实行某种贸易限制时，也应对所有其他成员适用。

（3）非歧视原则的例外。

世贸组织的法律框架由若干原则和相关例外构成，其有关例外的条款和文字是"原则"规定的两倍以上，体现了世贸组织的灵活性。这些例外有的有明文规定，有的只体现在原则精神和具体实践中。了解这些例外，实际上在某种程度上更为重要，只有这样才能更灵活地运用 WTO 规则。

非歧视原则在 WTO 中存在诸多例外。受这些例外的冲击,最惠国待遇原则和国民待遇原则的实施往往大打折扣,并非只要身为 WTO 一员就能自动享受各种优惠待遇。

① 最惠国待遇例外。有关最惠国待遇的例外,主要体现在以下方面:

a. 边境贸易的例外。WTO 成员方为方便边境贸易而给予邻近国家的某些利益不适用最惠国待遇原则。

b. 关税同盟和自由贸易区的例外。对于自由贸易区、关税同盟内的优惠安排和可能导致建立自由贸易区或关税同盟的临时安排,WTO 允许不必同时给予非区内或非同盟内成员方。这是因为 WTO 认为自由贸易区和关税同盟虽然与全球多边贸易体系相悖,但它们又会在一定程度上促进自由贸易,而且其成员在区内承担着一定义务。

以上两点主要体现在 GATT 1947 第 24 条。GATS 也有经济一体化的例外,精神与此相近。

c. 普遍优惠制的例外。普惠制是发达国家单方面承诺给予发展中国家的普遍的、非互惠的、非歧视的优惠关税待遇,它主要考虑到发达国家和发展中国家间经济发展水平的差异,允许仅对发展中国家,或发展中国家之间实行优惠,而不将优惠扩及发达国家,从而通过形式上的不平等,实现真正的平等。1979 年 11 月 28 日"东京回合"中的"授权条款",给此以法律依据。

d. 国际条约已有规定的例外。TRIPS 第 4 条规定,对有关国际公约已做出的最惠国待遇方面的例外规定不在当事国义务范围内。

② 国民待遇例外。

a. 一般例外。GATT 1947 第 20 条规定:一国为了维护公共道德、保护人类和动植物生命与健康、保证与 GATT 并无抵触的法规的实施、保护本国文物、确保低于国际价格的原料的国内供应、保护可枯竭的自然资源,以及对金银、罪犯产品,可以实施进出口限制。

b. 安全例外。GATT 1947 第 21 条规定:一国为了国家安全利益,对裂变材料或提炼裂变材料的原料、武器、弹药和军火等可以实施限制。

GATS 和 TRIPS 均有类似规定。

此外,GATT 1947 还通过一些特别条款,允许成员方基于保护国内特定工业、保证收支平衡等理由,暂时免除或不履行总协定中的有关义务。

2. 关税保护原则

关税保护原则包括两层含义:一是以关税作为各成员方唯一的保护手段。这是因为关税能使各国的保护状况和程度一目了然,便于对各国的保护水平进行比较和监督。另一层含义是各成员方应遵循互惠互利的原则,通过关税减让谈判,逐步降低关税水平,以促进国际贸易的开展。通俗地讲,就是关税水平只能降,不能升。

GATT 1947 第 28 条第 2 款中规定:"有关缔约方应力求维持互惠互利减让的一般水平。"各成员方通过谈判确立的关税减让幅度需列入减让表中,不得随意提高,从而使谈判达成的税率成为有关成员方的最高税率。如果减税方要求升高税率,必须 3 年后经过谈判以其他产品的税率减让相补偿,从而确保总体关税水平不致提高。

关税的总体原则之所以只能降低不能提高,目的在于确保贸易的约束性和可预见性,为贸易、投资、消费提供一个稳定的环境,以使关税不断递减,最终向自由贸易迈进。

在WTO框架内,关税减让谈判一般首先在成员方双边或诸边之间进行,经过一个或若干个主要供应者就某一或若干产品逐项、对等地进行减让关税的谈判。谈判的结果列为分表,然后根据最惠国待遇原则对其进行汇总,得到一张适用于所有各方的总表,即关税减让表,它具有法律效力。

关税减让原则也存在例外,它主要表现在:① 有关成员方在某些条件下可借助"保障条款",不遵守此原则。② 发展中国家由于其自身与发达国家间的经济差距,根据GATT 1947第四部分,可在关税减让方面享受非对等的优惠待遇,如普惠制。

3. 取消数量限制原则

数量限制是一种最为普遍的非关税措施,它通过限制外国产品的进口数量来保护本国市场,从而妨碍了竞争,与WTO对各成员方只能通过关税来保护本国相关产业的规定直接相违背,因此WTO将其列入取消之列。

该原则主要体现在GATT 1947第11条。根据该条规定,任何成员方除征收税捐或其他费用以外,不得设立或维持配额、进口许可证或其他措施以限制或禁止其他成员方领土产品的输入,或向其他成员方领土输出或销售出口产品。

乌拉圭回合谈判则要求将既有配额转化为等效关税,然后再逐步降低关税。

GATT和GATS等协议中也规定有此原则的例外:

(1) GATT 1947第11条规定,成员方为了确保国内短缺的农产品供应可限制出口;为了消除能直接替代进口的、产量不大的国产农渔产品的过剩,可限制进口。

(2) GATT 1947和GATS第12条规定,当一成员为了保持其对外金融地位或国际收支时,可以限制商品准许进口的数量或价值。但必须经过国际货币基金组织的证实和世贸组织国际收支限制委员会的审查,实施时应对所有成员无歧视地进行,并在国际收支改善后取消,公布取消限制的时间表。

但对这些例外,GATT和GATS也进行了规范:

首先,实施数量限制必须遵循非歧视性原则,即除非对从所有第三方进口的同类产品或者向所有第三方出口的同类产品实施同样的数量限制,任何一个成员既不得限制另一成员产品的进口,也不得限制境内产品向另一成员的出口。

其次,实施数量限制时,应优先采用对贸易破坏性最小的"从价措施",包括进口附加税、进口保证金,以及其他对进口商品价格有重大影响的措施,而力求避免采用新的数量限制;进口限制不能超过通常国际收支状况所必需的水平。

再次,必要时在保证透明度的前提下,可实行全球配额,即以进口商申请的先后顺序而非不同的国别和地区作为配额的分配依据;若须实行国别配额,其配额应由进口和出口成员方双方共同商定,不能由进口方单方面规定,出口成员方的有关产品于前一代表时期在进口成员方市场所占份额可作为双方协商配额的依据。

最后,在配额制无法实施的情况下,亦可采用非自动许可证制,但对产品的进口来源不应在许可证中有所规定,以此促进贸易自由化。

由于在GATT肯尼迪回合多边贸易谈判后,关税水平大幅下降,关税对各国市场的保护作用减弱,数量限制等非关税措施即以其实施简便、针对性强、效果显著而被各国政府广泛采用。因此,虽然在 GATT 主持的多边贸易谈判中,包括数量限制在内的非关税措施一直是谈判的议题,乌拉圭回合还要求将其关税化,但是 WTO 允许实施数量限制的理由中保护国家安全、保护动植物健康免受危害等难以界定,使得一些国家得以大打"擦边球",显然数量限制措施要真正被取消道路还很漫长。

4. 透明度原则

透明度原则指各成员方政府应迅速公布其与商品进出口贸易和服务贸易有关的法律、规章,以便其他成员方和贸易商能够熟悉。这些法律规章在公布前不能实施,并有义务接受其他成员方对实施状况的检查和监督。

透明度原则主要体现在 GATT 1947 的第 10 条和 GATS 的第 3 条。

GATT 1947 第 10 条规定:缔约方有效实施的关于海关对产品的分类或估价,关于税捐或其他费用的征收率,关于对进口货物及其支付转账的规定、限制和禁止,以及关于影响进出口货物的销售、分配、运输、保险、存仓、检验、展览、加工、混合或使用的法令、条例与一般援用的司法判决及行政决定,都应迅速公布,以使各国政府及贸易商对它们熟悉。一缔约方政府或政府机构与另一缔约方政府或政府机构之间缔结的影响国际贸易政策的现行规定,也必须公布。

GATS 第 3 条规定:除非在紧急情况下,各成员应迅速公布,并最迟于其生效之时,公布所有普遍适用的有关或影响本协定实施的措施。一成员为签字方的,涉及或影响服务贸易的国际协定也应予以公布。此外,各成员还应立即或每年一次向服务贸易理事会通报其会影响 GATS 执行的新的法律或规定等。

透明度原则的作用在于防止成员方对贸易进行不公开、不透明的管理,而造成歧视性待遇,影响自由贸易的进行。它是 WTO 其他原则(如前述的最惠国待遇原则和关税保护原则)得以有效贯彻的基础。

当然,透明度原则并不意味着成员方必须什么都对外公布。为了维护各成员方的正当利益,GATT 和 GATS 规定了透明原则的例外:

GATT 1947 第 10 条规定:不要求公开那些会妨碍法令的贯彻执行,会违反公共利益,或会损害某一公私企业的合法商业利益的机密资料。

GATS 第 3 条之二规定:本协定的任何规定都不得要求任何成员提供那些一旦公开会阻碍法律的实施,或违背公众利益,或损害特定公营或私营企业合法商业利益的机密资料。

5. 公平贸易原则

该原则主要体现在 GATT 1947 第 6 条、第 16 条和第 23 条,《关于建立 WTO 的协定》附件中的《关于实施 GATT 第 6 条的协议》《补贴与反补贴措施协议》等有关条款中,主要是反倾销、反补贴和减少其他非关税壁垒,以保证公平贸易。

对于倾销和反倾销问题,我们在上一章已做了比较详细的分析,这里详细介绍 WTO 有关补贴与反补贴的具体规定。

根据 WTO《补贴和反补贴措施协议》第 1 条,补贴是指政府或任何公共机构对企业提供的财政资助以及政府对出口产品的任何形式的收入或价格支持。其中,政府财政资助的范围包括以下几个方面:

（1）政府通过财政进行的直接的资金转移（如赠款、贷款、控股）和潜在的资金或债务的直接转移（如贷款担保）等；

（2）放弃或未征收在其他情况下应征收的政府税收（如税收减免之类的财政鼓励），即应纳税的减免；

（3）政府提供基础设施以外的货物或服务，或购买货物；

（4）政府向基金机构付款，或委托、指示私营机构履行上述政府行为，且这种做法与政府通常采用的做法并无实质区别。

如果进口商品直接或间接接受了出口国给予的任何形式的补贴，对本国已建产业产生重大损害或重大损害威胁或严重阻碍国内某一产业的兴建，进口国政府可以采取措施消除或减轻这种损害。方式之一就是征收反补贴税。因此，反补贴税的征收要满足两个条件：一是进口商品接受了WTO所禁止的政府的直接或间接补贴；二是补贴对本国已建产业产生重大损害或重大损害威胁或严重阻碍国内某一产业的兴建。

什么是WTO所禁止的补贴呢？这就涉及WTO对补贴的具体分类。

根据补贴是否给予特定企业或产业，《补贴与反补贴措施协议》第1条将补贴分为专向性补贴和非专向性补贴。所谓专向性补贴是指政府明确规定补贴仅限于特定企业，即某个或某些企业、产业或企业集团。如果法律对获得补贴的资格和数额规定了客观的标准或条件，只要符合这些标准或条件，就能获得补贴，则该种补贴就不是专向补贴。但是，如果补贴虽然有客观标准，表面上是非专向补贴，但只有特定或少数企业能够达到这些标准而享受补贴，如规定有限数量的某些企业使用补贴计划、某些企业主要使用补贴、给予某些企业不成比例的大量补贴以及授予机关在做出给予补贴的决定时行使决定权的方式（比如特别考虑补贴申请被拒绝或批准的频率），则这种补贴也是专向补贴。专向补贴是WTO所反对的，因为它违背了公平竞争原则。

但对以上补贴究竟能否实施反补贴措施，还要看补贴对国际贸易的影响。为此，《补贴与反补贴措施协议》在第3到第8条根据补贴的性质，将其分为禁止的补贴、可起诉的补贴和不可起诉的补贴三类。

所谓禁止的补贴是指WTO禁止成员使用的补贴。《补贴与反补贴措施协议》第3条规定，除《农产品协议》另有规定外，以下补贴应予禁止：一是在法律或事实上将出口实绩作为唯一或多种条件之一而给予的补贴（即出口补贴）；二是视进口替代为唯一条件或多种条件之一而给予的补贴。协议的附件1里列举了12项常见的出口补贴。

《补贴与反补贴措施协议》第5条规定，可起诉的补贴是指一成员实施了协议所定义的补贴而对其他成员的利益造成不利影响的补贴。这种不利影响包括以下几个方面：损害另一成员的国内产业；使其他成员在GATT 1994项下直接或间接获得的利益丧失或减损，特别是关税减让的利益；严重侵害另一成员的利益。当一成员实施了这类补贴而给有关成员造成损害时，受损害的成员方可向WTO提起起诉，或根据国内法采取反补贴措施。

《补贴与反补贴措施协议》第8条规定，不可起诉的补贴是指某一成员因实施了WTO所允许的补贴，受损的成员方不能向WTO争端解决机制提出起诉，也不能对其实施反补贴的补贴。这类补贴包括以下几个方面：不具有专向性的补贴；对企业研究活动的资助，或者对高等院校、科研机构的研究在合同基础上予以资助,且资助涵盖面不超过工业研究费用的 75% 或应用研究费用的 50%[①];按政府的地区发展规划,对落后地区的非专向性的资助,这种资助以对落后地区的明确界定和公正客观的标准为基础。

对于被禁止的补贴,争端解决机制可以迅速采取措施,要求实施的成员立即取消。如果实施成员在规定的期限内未予取消,起诉成员方可获得授权采取反措施;对于可起诉的补贴,受损成员方可向争端解决机制提出申诉,请求磋商、调解或仲裁,如果被控成员方没有采取适当措施消除不利影响或撤销补贴,则受损成员可获得授权采取报复措施;对于不可起诉的补贴给其他成员方造成的不利影响,受损成员方可提请磋商,寻求共同解决的办法。

对于补贴和反补贴,《补贴与反补贴措施协议》也有相应的例外:

其一,规定所有补贴与反补贴规定都不包括农产品。

其二,对发展中国家的差别待遇。对于禁止性补贴,该协议附件 7 规定,不适用于成员中被联合国认定的最不发达国家和该条款所列的部分人均国民生产总值不足 1 000 美元的国家。其他发展中成员国家应在 8 年内逐渐取消。

需要指出的是,由于倾销属于企业行为,反倾销、补贴与反补贴都属于政府行为,因此,WTO 能规范成员政府的反倾销、补贴与反补贴行为,而不能禁止企业的倾销行为。但由于《反倾销协议》对倾销明确定义,故企业还是有必要了解此协议,以避免在出口中给外国以反倾销的把柄。

WTO 允许征收反倾销税、反补贴税,并规定取消其他非关税贸易限制措施,对于保证公平竞争的贸易环境无疑有重要意义。但有些规定含糊其词,比如:何为"重大损害""合理份额"等并没有统一明确的标准,实施中免不了争端迭起。

6. 互惠原则

互惠原则是 WTO 的基本原则之一,它不仅是成员方之间进行贸易谈判并维持正常贸易关系的基础,而且是 WTO 得以发挥作用的主要机制。互惠被普遍接受的解释是:双方在贸易特权或贸易利益方面的相互或相应让与、贸易减让的结果要使双方增加的进出口量大致相等。GATT 1947 在第 28 条第 2 款中规定:"有关缔约方应力求维持互惠互利减让的一般水平。"

在贸易谈判中,该原则表现为一成员将他能提供的减让与另一成员能提供的减让相交换,使双方获益。只有通过各成员方之间的互惠互利、相互关税减让,他们各自的进出口才能维持基本平衡,WTO 促进各国贸易发展、推动贸易自由化的目标也才能得以实现。

互惠原则的例外体现在:由于经济发展水平的不同,发达国家之间在关税减让谈判中总体是互惠、对等的;而发达国家与发展中国家之间在遵守互惠原则时,发达国家给予发展中国家的优惠不能要求发展中国家给予对等的回报,否则,两者之间经济水平的不平等

[①] 所谓工业研究,按协议的解释是指旨在发现新知识的有计划探求或关键性调查,目的在于此类知识可用于开发新产品、新工艺或新的服务,或对现有产品、工艺或服务进行重大改进。因此,可以认为,这里的工业研究实际上就是基础研究。

永远得不到改善。这正是发达国家予以发展中国家普惠制待遇的基本理由,也是互惠原则的例外。

7. 贸易争端的磋商调解原则

这是 WTO 的另一个根本原则。为维护各成员方正当的权利,协调其贸易关系,解决贸易争端,WTO 本着此原则制定了一套处理成员方之间争议的磋商程序及利益丧失或损害的申诉程序,为各方履行其权利与义务提供了法律依据,同时为各方之间贸易争端的解决提供了一个谈判的场所。用 GATT 第二任总干事 O.Long 的话说,"从根本上讲,总协定是谈判的同义语"。

对货物贸易争端的磋商与调解,GATT 1947 主要体现在第 22 条和第 23 条。GATT 1947 第 22 条"协商"规定,"当一缔约方对影响本协定执行的任何事项向另一缔约方提出要求时,另一缔约方应给予同情的考虑,并应给予适当的机会进行协商。若协商不能解决问题,可与另一缔约方或另几个缔约方进行协商"。GATT 1947 第 23 条规定:"如果有关缔约方在合理的期间尚不能达成满意的调整办法,这一问题可以提交缔约方全体处理。""缔约方全体对此应立即进行研究,并应向它所认为的有关缔约方提出适当建议,或者酌情对此问题做出裁决。"GATT 在其存在的 40 多年间,通过协商等手段,成功地解决了 100 多起贸易纠纷,为规则和规范的实施以及确保缔约方间权利义务的平衡起了重要作用。

对服务贸易争端的磋商与调解,GATS 第 22 条第 1 款规定:"各成员对任何其他成员就影响本协定运行的任何事项可能提出的磋商请求应予以同情考虑,并给予充分的磋商机会;争端解决谅解应适用于这种磋商。"第 2 款规定:"服务贸易理事会或争端解决机构(DSB)应一成员的要求,可就通过第 1 款下的磋商仍未能找到满意解决办法的任何事项与任何成员进行磋商。"如果仍不能找到解决办法,则提交世贸组织相关机构进行仲裁。

对争端解决的具体程序,乌拉圭回合谈判中新达成了争端解决机制的谅解,后面我们将有详细分析。总的来说,WTO 磋商调解的目的在于通过争端的解决恢复各方权利和义务的平衡,而非对违反 WTO 规则的某方进行惩罚。因此这一原则实行起来也就比较容易,易于取得利益相关各方的支持。

8. 对发展中国家特别优惠的原则

在上述 WTO 有关原则的例外中,已提到给予发展中国家的一些优惠。这主要是国际社会基于发达国家和发展中国家间经济实力的巨大差距,对发展中国家追求公平发展、改变旧国际经济秩序的努力做出的反应。

WTO 的前身 GATT 素有"富人俱乐部"之称,其大多数条款都是迎合了发达国家的利益。在肯尼迪回合谈判之前,适用于发展中国家的条款只有 18 条,它允许发展中国家在必要时采取与 GATT 规定不符的政策措施。1965 年,在联合国 1964 年第一届贸发大会的影响下,GATT 1947 才增加了一个第四部分,即"贸易和发展"部分,于 1966 年 6 月生效。这一部分承认了发达国家与发展中国家间的非互惠原则,规定了对发展中的缔约各国在贸易和发展方面的特殊要求及有关问题。

该部分包括第 36 到 38 条。它们规定,考虑到总协定的基本目的"对发展中的缔约各方是特别迫切的","注意到缔约方全体能使发展中的缔约各方采用特别措施,以促进它们的贸易和发展"。GATT 1947 给予了发展中国家以下主要优惠：

（1）非互惠原则。"发达的缔约方对它们在贸易谈判中对发展中缔约各方的贸易所承诺的减少或撤除关税和其他壁垒的义务，不能希望得到互惠"（GATT 1947 第 36 条第 8 款）。

（2）发达国家应尽可能地多承担义务，"优先降低和撤除与发展中的缔约各国目前或潜在的出口利益特别有关的产品的壁垒"，"不建立新的"或"加强已有的"关税或非关税壁垒，并"积极考虑采取其他措施，为扩大从发展中的缔约各国进口提供更大的范围"。

（3）缔约方全体"在适当的情况下，采取措施，包括通过国际安排"，"同联合国及它的附属机构……谋求适当合作"，并"建立某些必要的机构"，以促进发展中国家的贸易和发展。

东京回合又达成了"对发展中国家的差别和更优惠的待遇、对待及更全面参与"的协议，规定了著名的"授权条款"，为给予发展中国家的优惠待遇奠定了牢固的法律基础。

在后来的乌拉圭回合新达成的一系列协议、谅解中，也都包含有对发展中国家的优惠条款。例如，GATS 第 4 条规定，发达国家要多承担义务，建立联系点，以便利发展中国家成员的服务提供者获得与其相应市场有关的资料，促进发展中成员更多地参与世界贸易，提高其国内服务能力、效率和竞争力。该条第 3 条款还规定，应特别优先考虑最不发达国家成员。

9. 区域性贸易安排原则

二战以后，随着世界经济联系的加强和国家间经济依赖程度的加深，国际贸易领域出现了区域化、集团化的趋向，各集团内部纷纷采取减少或废除关税和非关税壁垒的区域性贸易安排。

对这种区域性的贸易安排，WTO 在 GATT 1947 第 24 条中予以认可。该条规定："本协定的各项规定不得阻止任何缔约方为便利边境贸易对毗邻国家给予某种利益……不得阻止缔约各方在其领土之间建立关税联盟或自由贸易区，或为建立关税联盟或自由贸易区的需要采用某种临时协定。"WTO 之所以允许区域性贸易安排的存在，主要在于它认为，通过自愿签订协定发展各国之间经济的一体化，对扩大贸易的自由化是有好处的。

与此同时，WTO 对区域性的贸易安排也做了严格的限制，GATT 1947 规定："成立关税联盟或自由贸易区的目的，应为便利组成联盟或自由贸易区的各领土之间的贸易，但对其他缔约方与这些领土之间进行的贸易，不得提高壁垒。"可见，区域性贸易安排原则是在 WTO 所提倡的多边自由贸易体制不可能一蹴而就的情况下"无可奈何"的补充，而不是对多边贸易体制的挑战。其最终目的是为了促进多边贸易体制的实现。

《1991 年 GATT 关于第 24 条解释的谅解》对区域贸易安排做了进一步的补充，重申了区域贸易协定应该便利成员国之间的贸易，并且不能对非成员国增加贸易壁垒。在区域贸易协定成立或扩大时，有关各方应尽最大可能避免给其他成员的贸易带来不利影响。其补充主要有：加强了货物贸易理事会对所通知的协定的审查作用；那些在加入关税同盟时寻求提高约束性关税的成员方，根据第 28 条的规定应与其他成员进行关于补偿性调整的谈判。在进行谈判时，应将关税同盟其他成员在同一税号项下所削减的关税考虑在内。

10. 合理保障原则

为了防止成员方由于意外的、不正常的原因使国内市场受到冲击而利益受损，WTO相关协议中设立了合理保障条款，在乌拉圭回合谈判中还达成了《保障措施协议》，允许一成员方在特殊情况下经过全体成员方的允许，而暂时或部分停止应承担的义务。

GATT 1947 的合理保障条款主要包括国际收支保障条款和幼稚工业保障条款。

(1) 国际收支保障条款。

国际收支保障条款主要体现在 GATT 1947 第 12 条和第 18 条。

GATT 1947 第 18 条规定，发展中国家为了保护对外金融地位和保证有一定水平的货币储备以满足实施经济发展计划的需要，满足一定条件时可以在一定的限制下，采取限制准许进口的商品的数量或价值的方法来控制其进口的一般水平。成员方在实施这种进口限制时，可以对不同进口产品或不同进口产品的不同类别确定不同的限制方式，以使从经济发展政策来看比较必需的产品能够优先进口。

但此项条款的实施有严格的限制。它们包括以下几个方面：

① 实施限制的成员方仅限于只能维持低生活水平或经济处在发展初期阶段(GATT 1947 第 18 条 4 款 a)。

② 其国际收支状况必须经过国际货币基金组织的证实和世贸组织国际收支限制委员会的审查，实施时应对所有成员无歧视地进行，并在国际收支改善后取消，公布取消限制的时间表(GATT 1947 第 12 条)。

③ 进口限制的程度不得超过为了预防货币储备严重下降的威胁，或制止货币储备下降，或为了使货币储备能够合理增长所必需的程度(GATT 1947 第 18 条)。

④ 实施的限制应避免对任何其他成员方的贸易或经济利益造成不必要的损害。

⑤ 实施限制的成员方应于建立或加强限制后立即与世贸组织就自己的国际收支困难的性质、可以采取的其他补救方法及限制可能给其他成员方造成的影响进行协商。如果世贸组织认为实施的限制与 GATT 的有关规定不符，会给另一成员方的贸易造成损害，可向实施限制的成员方提出建议。如果在规定的期限内这些建议得不到遵守，必要时可解除受损成员方对实施限制的成员方所承担的义务。

GATS 第 12 条也有关于国际收支保障条款的类似规定。

(2) 幼稚工业保障条款。

GATT 1947 第 18 条规定，当一成员方(注：指最不发达或处在经济发展初期的成员方)为了实施旨在提高人民一般生活水平的经济发展计划和政策，这些成员方可能有必要采取影响进口的保护措施，只要这些措施有助于 GATT 宗旨的实现，各成员方应同意使它们在关税结构方面保持足够的弹性，以便为某一特定工业的建立提供需要的关税保护。

GATT 1947 第 19 条规定，当一成员方因承担 GATT 所规定的义务而造成进口产品数量大为增加，给国内相同产品或与它直接竞争产品的国内生产者造成重大损害或重大威胁时，这一成员方在防止或纠正这种损害所必需的程度和时间内，可以对上述产品全部或部分地暂停实施其所承担的义务，或者撤销或修改减让。

幼稚工业保障条款也有严格的限制条件：① 对实施限制的成员方经济发展水平的限制与国际收支保障条款相同。② 实施限制的一方应将所要采取的限制措施通知世贸组织并进行协商。如果在通知世贸组织后 30 天内接不到协商的要求,则它可采取限制行动;如果协商 90 天内达不成协议,它也可执行,但因此而受损的其他缔约方将对它终止所承担的义务。

此外,WTO 的 GATT 1947 还对某些特殊商品(如古董),或牵涉到资源保护、环境问题、公共卫生、动植物免疫以及国家安全等的进出口规定了相应的保障条款。各成员方在这些方面的利益受到严重损害时,可根据 WTO 的规定,实施进出口限制或禁止。

乌拉圭回合达成的《保障措施协议》对合理保障原则的实施又做了进一步的具体规定。14 条协议,内容包括保障措施实施的条件、保障措施的具体实施、有关透明度的规定、有关争端解决的规定等。

(二) WTO 的主要协议

在 GATT 第八轮乌拉圭回合谈判中,达成了一揽子协议,这些协议构成了 WTO 法律框架的重要内容。这些协议按其规范的对象可分为有关货物贸易的协议、有关服务贸易的协议、与贸易有关的知识产权协议以及有关 WTO 运作的争端解决机制与贸易政策审议机制。前三类协议属于部门协议(也称实体协议),后一类属于程序协议。下面我们选择介绍其中的一些主要协议。

1. 有关货物贸易的协议

有关货物贸易的协议主要包括 1994 年关税与贸易总协定及有关谅解、农产品协议、实施卫生与动植物检疫措施协议、纺织品与服装协议、技术性贸易壁垒协议、与贸易有关的投资措施协议(TRIMS)、关于实施 1994 年关税与贸易总协定第 6 条的协定(它主要是在反倾销方面对 1947 年关税与贸易总协定的进一步修改)、关于实施 1994 年关税与贸易总协定第 7 条的协定(它主要是有关海关估价的进一步规定,也被称为"海关估价协议")、装运前检验协议、原产地规则协议、进口许可程序协议、补贴与反补贴措施协议、保障措施协议等。

(1) GATT 1994。

GATT 1994 主要是在乌拉圭回合谈判对 GATT 1947 做了较大修改的基础上形成的,实质上是继承了后者的原本及附件,外加一个修正说明。与 GATT 1947 不同的是,GATT 1994 由于 WTO 的成立而具有法律效应,不再是一个临时性的多边协定。

GATT 1947 的主要内容包括以下几个方面:

① GATT 1947 的各项条款(不包括《临时适用议定书》),及其在《建立 WTO 协议》生效之前已实施的法律文件核准修正和修订的文本及附件。

② 在《建立 WTO 协议》生效之前,根据 GATT 1947 已实施的以下所列法律文件的条款:有关关税减让的议定书和核准书;加入议定书(不包括已失效的条款);根据《GATT 1947》第 25 条给予的、在《建立 WTO 协议》生效时仍然有效的关于豁免义务的决定;《GATT 1947》缔约方全体的其他决定。

③ 有关解释 GATT 1994 的六项谅解。

④《1994 年 GATT 马拉喀什议定书》。

另外,《GATT 1994》还包括一些解释性的说明。如将 GATT 下的"缔约方"改为"成员","欠发达缔约方""发达缔约方"分别改为"发展中国家成员""发达国家成员","执行秘书"改为"WTO总干事","缔约方全体"改为"部长会议"或"世界贸易组织"。

(2) 农产品协议。

在市场准入方面,该协议规定,将原有农产品的非关税壁垒先按规定方式全部予以关税化,然后进行削减。发达国家在6年内平均削减36%,发展中国家10年内削减24%。

对于农产品出口补贴,以1986—1990年为基期,各国在6年内须将实施补贴的农产品出口减少21%,并保证农产品进口额由占本国农产品消费总量的3%逐步扩大到5%以上。该协议对最不发达国家予以减让义务的免除,并对作为粮食净进口国的发展中国家可能遭受的损失予以资金等方面的支持。

对于国内支持,协议将各成员为支持农业生产而采取的措施分为绿箱政策和黄箱政策两类。按照绿箱政策,各成员在农业科学研究、粮食安全保障、自然灾害救济、农民收入保障和地区发展等方面采取的措施,可以免除削减义务。按照黄箱政策,各成员在农产品价格支持、补贴以及对农民带有补贴性质的贷款等方面采取的措施,应当做出减让承诺。农产品问题是世贸组织成员间存在广泛争议的问题,也是WTO"多哈回合"的重要议题。

(3) 纺织品和服装协议。

该协议确定了将纺织品和服装贸易逐步置于WTO管辖的总体框架,规定在自1995年1月1日世界贸易组织运行之日起的10年内分三阶段逐步取消发达国家按原"多种纤维协定"(MFA)对纺织品和服装进口的配额限制,实行贸易自由化。

该协议的经济条款规定了10年内实行纺织品和服装贸易自由化的日程表:第一阶段,自世界贸易组织正式运作之日起(1995年1月1日)至1997年12月31日,3年内各成员国按协议附件所列产品以1990年的总进口量计算,取消16%的配额限制,使这16%纺织品率先实行贸易自由化。而且这些产品应同时包括纤维及纱、布料、纺织品、服装4组中的每一组产品。第二阶段,自1998年1月1日至2001年12月31日,仍以1990年进口总量为基数,4年内取消17%的配额限制。第三阶段,自2002年1月1日至2004年12月31日,以上述同样方法计算,取消18%的纺织品配额。最后,到2005年1月1日10年过渡期结束后,包括剩下的49%在内的所有纺织品都纳入WTO的范围内实行自由贸易,MFA完全取消。

该协议无疑对发展中国家有利,便于其纺织品进入西方市场,促进发展中国家纺织服装业的发展。同时有关过渡期的规定也照顾到了发达国家的利益。按照《纺织品和服装协议》,纺织品服装已经在2005年1月1日取消了配额限制。现在,发达国家对纺织品服装进口的限制主要依靠关税和技术性贸易措施。

(4)《与贸易有关的投资措施协议》。

该协议要求各成员方将其与贸易有关的投资措施中易引起贸易限制或扭曲的规定(如当地成分、出口比例、外汇平衡等方面的要求)通知货物贸易理事会,并要求发达国家在2年内、发展中国家在5年内、最不发达国家在7年内取消这些规定。

协议也有例外规定。比如,允许发展中国家和地区享受特殊优待,特别是考虑到最不发达国家在贸易、发展和金融方面的特殊要求,允许它们为扶持本国(地区)特定工业(即幼稚产业)而修改、撤销已达成的关税减让或者采取数量限制措施。货物贸易理事会可以应发展中国家和地区的要求,在申请方充分证明其实施协议的特殊困难后,延长其过渡期。

(5)非关税措施方面。

通过了《原产地规则协议》《装运前检验协议》《技术性贸易壁垒协议》等一系列文件,对原产地规则、装运前检验、海关估价、反倾销、技术壁垒、进口许可证等非关税壁垒进行了进一步规范。

关于原产地规则,《原产地规则协议》规定,各缔约方应遵循可预见性、客观性、非歧视性和连续性的原则,并决定成立技术委员会,以协调各方对此标准的不同规定,同时规定了争议处理的程序安排。

关于装运前检验,《装运前检验协议》做了原则要求,以约束用户政府利用它限制商品进口。该协议规定,用户政府应在无歧视和国民待遇原则下,根据进出口双方所确定的标准授权或委托有关机构在透明度情况下进行装船前检验。此外,它还对价格的核实、出口国政府的义务以及争端的解决做了明确安排。

关于海关估价,该回合在东京回合达成的协议基础上,又在新的水平上达成《关于实施1994年关贸总协定第7条的协议》,再次强调海关估价应以进口商品或类似商品的"实际价格"估价。"实际价格"是在特定时间和地点,处于充分竞争的正常贸易条件下进口商品或类似商品的售价。该协议还对海关实施估价的方法做了具体规定。

关于反倾销,乌拉圭回合达成的新《反倾销协议》,对原来东京回合的协议做了强化,加强了反倾销的规则和程序。该协议还对发展中国家做了照顾性的例外规定。这在上一章已有详细介绍。

关于贸易技术壁垒,《技术性贸易壁垒协议》除加强了原有纪律外,还要求各国设立咨询点,回答其他成员方当事方提出的合理询问并提供相关资料,各国地方政府和非政府机构在实施技术标准时应与中央政府一样遵守该协议要求。

关于进口许可证,《进口许可程序协议》要求各国在实施进口许可证时应"不偏不倚,以公正的方式加以实施",有关进口许可证的规定应在生效前21天通知有关各方,许可证有效期限应"长短适中",以确保进口许可证实施的公开性和可预见性。该协议将进口许可证分为两种:一种为自动许可证,即任何从事进口业务的个人、企业和机构,按要求一经申请,即可获得批准。另一种为非自动许可证,即政府根据一定理由可拒绝申请。该协议将其管辖范围扩至与进口许可有关的各行政程序,以增强其有效管理。

关于补贴问题,《补贴与反补贴协议》引进"毕业"概念,规定凡人均国民生产总值达到1 000美元的发展中国家不再有权对其出口商品实施补贴。对于正在向市场经济过渡的国家,允许在过渡期内实施补贴。这在WTO原则部分已有详细介绍。

关于保障措施,《保障措施协议》对保障措施的实施做了进一步详细的规定。

2.《服务贸易总协定》(GATS)

在乌拉圭回合谈判中,服务贸易被首次纳入GATT的讨论范围,它涉及国际运输、国际旅游、国际金融与保险、国际电讯、国际工程承包、视听服务、国际文教卫生交流等。服务贸易在国际贸易中的地位日益重要,GATS就是要通过制定服务贸易的多边规则来推动服务贸易的自由化,以促进所有国家的经济发展。它不仅要求各成员方按透明度原则对其他成员方给予最惠国待遇和国民待遇,而且要求按市场准入原则承担开放市场的义务。

市场准入和国民待遇是《服务贸易总协定》中最重要的条款。但与货物贸易不同的是,《服务贸易总协定》没有将市场准入和国民待遇作为各成员必须履行的普遍义务,而是要求各成员在平等协商的基础上按照大多数成员的市场开放程度通过谈判达成协议,根据协议在不同行业中实行不同程度的国民待遇。

关于市场准入,GATS第16条第1款规定,"每一成员给予其他任何成员的服务和服务提供者的待遇,不得低于其承诺表中所同意或明确的规定、限制和条件"。第2款规定,在承担市场准入承诺的部门中,一成员除非在其承诺表中明确规定,既不得在某一区域内,也不得在其全境内维持或采取以下措施:限制服务提供者的数量(不论以何方式);以数量配额或要求经济需求测试的方式,限制服务或资产的总金额;以配额或要求经济需求测试的方式,限制服务业务的总量或以指定的数量单位表示的服务产出总量;以数量配额或要求经济需求测试的方式,限制某一服务部门所雇用的自然人数总量;通过对外国持股的最高比例或单个或总体外国投资总额的限制来限制外国资本的参与。

关于逐步自由化,GATS第四部分"逐步自由化"第19条规定:"自WTO生效之日起不迟于5年,为逐步实现更高水平的自由化,各成员应进行连续回合的谈判,并在以后定期举行。这种谈判的方向是减少或取消各项对服务贸易产生不利影响的措施,以此作为提供有效市场准入的一种方式。""在每一回合中通过双边、诸边或多边谈判,逐步自由化的进程都应向提高本协定项下成员所承担具体义务的整体水平的方向推进。"

关于国民待遇,GATS第17条"国民待遇"第1款规定:"在列入其承诺表的部门中,在遵照其中所列条件和资格的前提下,每个成员在所有影响服务提供的措施方面,给予任何其他成员的服务和服务提供者的待遇不得低于其给予本国相同服务和服务提供者的待遇。"该条第3款规定:"形式上相同或形式上不同的待遇,如果改变了竞争条件从而使该成员的服务或服务提供者与任何其他成员的相同服务或服务提供者相比处于有利地位,这种待遇应被认为是较低的待遇。"

协定还鼓励发展中国家的更多参与,规定发达国家应采取措施为发展中国家服务出口提供市场准入条件,并允许发展中国家按具体情况逐步开放市场和为外国服务业进入本国市场设置条件。协议规定,"自由化的过程应对各成员的国家政策目标和个别服务部门的发展水平给予应有的尊重。应给予个别发展中国家成员适当的灵活性,开放较少的部门,开放较少类型的交易,根据它们的发展状况,逐步扩大市场准入,并且当允许外国服务提供者进入其市场时,对该准入附加条件以实现第4条所述目标",即发达国家应多承担义务,帮助发展中国家。

此外,GATS还包括人员流动、航空运输、金融服务、电讯服务、最惠国待遇例外申请等5个附录,对服务贸易领域如何实施WTO规则做了更具体的规定。

在WTO运行后,在服务贸易方面还达成了一系列具体部门协议,包括《自然人流动服务协议》《金融服务协议》等。

《自然人流动服务协议》于1995年7月达成。这里的自然人是指各成员提供服务的自然人以及受雇于服务提供者的自然人,它不适用于到他国寻找工作的自然人,也与公民权、居留等措施无关,即自然人的流动必须跟随服务的提供。《自然人流动服务协议》的主要内容为:属于协议所指的从一成员流动到另一成员的自然人,不得进入其他成员的就业市场,不应持有其他成员的永久性公民资格,不得永久居留和就业;各成员应按照《服务贸易总协定》的原则就"自然人流动"的具体承诺进行谈判;为保证一成员的边境完整,确保自然人在流动时受到其接纳成员的有效管理,各成员可以在遵守已经通过谈判达成的具体承诺的条件下对"自然人流动"实施入境和境内管理措施。

《金融服务协议》是1997年12月13日世贸组织84个成员经谈判达成的,于1999年3月生效。其主要内容是:允许外国公司在国内设立金融服务公司并按竞争规则运行;外国公司享受与国内公司同等的市场进入权利,取消跨边界服务的限制;允许外国资本在投资项目中的比例超过50%。其意义在于,它初步确立了世界金融服务领域贸易自由化的框架,使全球95%左右的金融市场获得开放,同时也推动了发展中国家的金融开放(如泰国、印度和巴西等承诺不同程度的对外开放)。

3.《与贸易有关的知识产权协议》

该协议主要反映以美国为首的发达国家的利益。它是一个高标准、高水平的知识产权保护协议,明确了知识产权保护的目标、原则、范围、措施、处罚、透明度及对发展中国家的特殊优惠等问题,要求各方按照GATT和有关知识产权的国际公约的基本原则,对著作权、商标权、专利权、工业设计及有关外观设计等知识产权进行有效保护。该协议要求各国国内立法和行政程序与其保持一致,并允许司法当局采取及时有效的强制性措施。对于发展中国家和经济体制转型国家,允许推迟4年实施该协议。

4. WTO两个程序协议

(1)《贸易政策审议机制》(TPRM)。

WTO的贸易政策审议机制赋予总理事会对各成员贸易体制的发展进行定期、系统审议的职能。该机制的目的是审议、评估各成员贸易政策对多边贸易体制的影响,并通过公开各成员的贸易政策,促使各成员严格遵守WTO规则,提高各成员贸易政策的透明度。

按照WTO规则的要求,TPRM对各成员贸易政策审议的频率,取决于它们在世界贸易中所占的份额:对美国、欧盟、日本和加拿大等4个最大的贸易成员每2年审议一次;对其后的16个成员每4年审议一次;对其他成员每6年审议一次,对其中最不发达国家的审议周期可以更长。由于中国在2004年已成为世界第三贸易大国,按规定,对中国的贸易政策也应每2年审议一次。

需要指出的是,贸易政策审议不是审查各成员的贸易政策,更不是干涉各成员的主权,而是按照WTO规则,根据各成员享受的权利和承担的义务,将其贸易实践中的具体做法与WTO规则进行比较。

(2)《关于争端解决规则与程序的谅解》(通常简称"争端解决机制")。

WTO建立的争端解决机制是在GATT的基础上进一步发展完善的,主要表现在以下几个方面:

① 机构更加明确。WTO建立了争端解决机构(DSB),负责处理因WTO规则引起的贸易争端。该机构有权成立专家组,由专家组对争端进行审议和裁决,必要时还可以授

权损害方实施报复措施。

② 程序更加严密。WTO争端解决机构的裁决,除非全体成员一致反对,否则将自动通过,从而克服了某些成员常常阻挠设立专家组、阻挠通过裁决的问题。对此,《关于争端解决规则与程序的谅解》第16条规定:"在向各成员分发专家组报告的60天内,该报告在DSB的会议上应予以通过,除非某一当事方向DSB正式通报其上诉的决定,或者DSB一致决议不通过该报告。"而GATT的争端裁决只有各方一致同意才能通过。

③ 增强争端解决机制的权威性和独立性。WTO为增强争端解决机制,增设了一个常设的上诉机构,使争端方可以就专家组报告中涉及的法律及相关解释问题提出上诉,上诉机构可以提出自己的报告,从而形成WTO独特的两审终审制,这是GATT机制中所没有的。

对于上诉机构报告的通过,《关于争端解决规则与程序的谅解》第17条规定:"上诉机构报告应在该报告向各成员分发的30天内由DSB通过,并由争端各当事方无条件地接受,除非DSB一致决议不通过该报告。"

④ 允许采取报复措施。如果争端解决机构通过了专家组或者上诉机构的报告,有关成员必须执行报告中的建议或者裁决。否则,胜诉方经争端解决机构授权,可以采取必要的报复措施。对此,《关于争端解决规则与程序的谅解》第21~25条做了明确规定。第23条规定,应按照有关程序"为有关成员履行各项建议和裁决确定合理的期限;以及……获得DSB授权,以对那些未能在合理期限内履行建议和裁决的有关成员做出反应"。

需要指出的是,WTO争端解决机构不同于普通法院或者仲裁机构,它只受理政府间与WTO规则有关的贸易争端。如果一个国家或地区的个人、企业与另一国家或地区的个人、企业发生贸易争议,只能按有关规定向有管辖权的法院起诉或按照当事人的约定向仲裁机构申请仲裁,而不能直接提请WTO争端解决机构处理。如果一个国家或地区的个人、企业认为其贸易争端是由于另一国家和地区的有关法律制度违反WTO规则或者因其不履行承诺所造成的,可以向本国(地区)政府反映,由政府决定是否诉诸WTO争端解决机制。

世贸组织争端解决机构对解决成员之间贸易纠纷规定了明确的程序和时限,效率大为提高。

三、WTO多哈回合谈判与WTO面临的挑战

(一) 多哈回合谈判

多哈回合谈判(Doha Round negotiations)是指世贸组织成员之间所进行的第九轮多边贸易谈判,发起于2001年11月11日在卡塔尔首都多哈举行的世贸组织第四次部长级会议。该轮谈判的总体原则是"多哈回合是发展回合,发展中国家必须受益",因此被称为"多哈发展议程",简称"多哈回合"。谈判原定于2005年1月1日前结束,但由于各方利益分歧严重,直至2005年年底还没有就相关议题达成一致,最终于2006年7月22日在世贸组织总理事会的批准下正式中止。

多哈回合谈判的宗旨是促进世贸组织成员削减贸易壁垒,通过更公平的贸易环境来促进全球特别是较贫穷国家的经济发展。谈判主要包括农业、非农产品市场准入、服务贸易、规则谈判、争端解决、知识产权、贸易与发展以及贸易与环境8个议题,其中农业、非农产品市场准入、服务贸易、贸易规则和与贸易有关的知识产权是谈判的焦点。

(1) 农业。主要涉及农产品市场准入(关税与关税配额)、出口补贴、国内支持以及针对发展中国家的特殊和差别待遇等议题。目标是建立公平的以市场为导向的农产品贸易体制。

(2) 非农产品市场准入。主要涉及工业产品的关税与非关税壁垒。

(3) 服务贸易。目标是推动《服务贸易总协定》规则的完善,进一步减少和消除各种阻碍服务贸易发展的措施,提供有效的市场准入,逐步实现更高程度的服务贸易自由化。

(4) 贸易规则。主要包括以下几个方面:对《反倾销协议》和《补贴与反补贴协议》加以修改与完善,以进一步强化规则;专门研究和制定有关渔业补贴的规则;对世贸组织现有关于区域贸易协定的规则和程序进行谈判,以促进贸易自由化。

(5) 与贸易有关的知识产权。主要包括公共健康、葡萄酒和烈酒的地理标志多边登记系统、地理标志扩展的产品范围、对TRIPs协议相关条款的审查、"非违约申诉"的适用范围与模式以及制定有关机制监督发达成员对发展中成员的技术转让义务。

多哈回合谈判长期难以取得进展的主要原因在于参与谈判各方的利益分歧,其实质还是发达成员与发展中成员之间的分歧。两者的矛盾主要集中在以下两个方面:第一,对谈判主导权的争夺。现有的国际贸易体系是在发达国家主导下创立的,总体上有利于发达国家。随着以中国、印度、巴西、南非等为代表的发展中国家力量的壮大,他们要求改变不公平贸易的呼声越来越高,但发达国家并不肯放弃对规则制定的主导权。第二,关于农产品和非农产品的市场准入。长期以来,欧美发达国家实行高额的农产品补贴和农产品进口高关税,扭曲了世界农产品贸易格局,损害了发展中国家利益,发展中国家要求美欧削减农业补贴和降低关税,开放农业市场。而美欧等发达国家则要求发展中国家加强非农产品的市场准入,进一步开放工业品和服务市场。

多哈回合谈判的失败使世界多边贸易体制的权威性和全球贸易治理面临挑战。在多哈回合谈判陷于停滞期间,区域和双边贸易协定大行其道,多边贸易体制受到侵蚀。

(二) WTO面临的挑战与改革需求

1. WTO面临的挑战

WTO争端解决机制停摆是WTO面临挑战的一个集中体现。WTO争端解决机制是维护多边贸易体制正常运行的基本保障,是WTO的一个主要优势,因为该机制有利于避免贸易战。WTO为增强争端解决机制,增设了一个常设的上诉机构,WTO上诉机构按规定常设7位成员,由于美国在上诉机构成员连任和遴选方面蓄意阻挠,从2018年1月起仅剩3位成员(做出裁决要求的最低人数),2019年12月10日美国籍成员格雷厄姆和印度籍成员巴提亚任期届满,在当月召开的世贸组织总理事会上,上诉机构改进草案再次因美国反对而未能通过,导致上诉机构仅有一名法官在任,无法审理案件,上诉机构最终停摆。WTO争端解决机制停摆给WTO正常运作带来危机,使得WTO在解决贸易争端上难以发挥必要的作用,也必将导致单边主义和贸易保护主义的盛行,使得国际贸易平稳发展难以实现，这将可能出现 WTO 被边缘化的风险。

WTO 危机与挑战是当今世界处于贸易经济"规则重塑期"的一个具体体现，关于 WTO 改革争议焦点集中于"特殊与差别化待遇"问题上。正如前文指出的，差别化待遇是二战后建立起来的全球贸易治理体系的一个重要特征，目的是考虑发展中经济体和发达经济体经济发展实力上的差距，通过差别化待遇体现"实质公平"。随着以中国为代表的发展中经济体相对实力的提升，国际经济实力格局发生了较大变化，这种差别化待遇原则引起了以美国为代表的发达经济体的不满，产生了以"对等贸易"代替"公平贸易"的需求，比如美国多次强调要求重新审视中国的发展中国家地位，认为包括中国在内的部分发展中成员国经济发展迅速，不应该再享有 WTO 中体现的各种"特殊与差别化待遇"。因此，从这个角度看，世贸组织改革也是各主要经济体和贸易大国争夺国际经贸规则制定主导权的一个领域和工具。

WTO 面临的挑战还来源于美国等发达国家内部经济环境的变化，包括经济衰退和内部收入差距扩大。国内收入差距持续扩大已经成为包括美国在内的多个发达经济体面临的严重的社会问题，在这种背景下，很容易出现将内部矛盾外部化的趋势，也就是将收入差距扩大的问题归因于不公平的国际贸易规则以缓解内部压力。这也是目前 WTO 面临挑战的一个重要原因。

当然，还有一些新的议题上存在的争议也使 WTO 产生改革的需求，包括政府在经济中的作用（如国有企业和产业补贴）、知识产权保护和所谓的强迫技术转让等。考虑到世贸组织不同成员立场上存在的较大差异和一些新议题的复杂程度，WTO 实现全面改革面临较大的困难。

2. 中国关于 WTO 改革的原则和主张[①]

中国对于 WTO 改革提出了三个基本原则和五点主张。

（1）基本原则。

第一，世贸组织改革应维护多边贸易体制的核心价值。中方认为，非歧视和开放是世贸组织最重要的核心价值，也是世贸组织成员在多边规则框架下处理与其他成员经贸关系的遵循。非歧视涉及最惠国待遇和国民待遇，核心是确保任何成员不得在进出口方面针对某一成员采取歧视性做法。开放涉及关税约束和禁止数量限制，核心是确保任何成员不得随意将进口关税提高到超过其约束水平，不得随意对某一成员产品设立数量限制。改革应维护多边贸易体制的规则基础，为国际贸易创造稳定和可预见的竞争环境。

第二，世贸组织改革应保障发展中成员的发展利益。发展是世贸组织工作的核心。世贸组织明确规定发展中成员可以享受特殊与差别待遇，包括比发达成员更小的市场开放程度、更长的开放过渡期、保留政策空间的灵活性以及接受技术援助等。中方认为，改革应解决发展中成员在融入经济全球化方面的困难，赋予发展中成员实现其经济发展所需的灵活性和政策空间，帮助达成联合国 2030 年可持续发展目标，缩小南北差距。

第三，世贸组织改革应遵循协商一致的决策机制。规则应该由国际社会共同制定。改革关系到多边贸易体制的未来发展方向，改革的议题选择、工作时间表和最终结果都应由世

[①] 《中国关于世贸组织改革的立场文件》，中国商务部世界贸易组织司（sam.mofcom.gov.cn），2018 年 11 月。

贸组织广大成员在相互尊重、平等对话的基础上,通过协商一致的方式做出。磋商进程应保证所有成员特别是发展中成员的共同参与,不能由少数成员说了算,也不能搞小圈子。

(2) 基本主张。

第一,世贸组织改革应维护多边贸易体制的主渠道地位。中方反对个别成员以新概念和新表述"偷换概念""另起炉灶",混淆并否定多边贸易体制的权威性。改革应维护多边贸易体制在全球贸易自由化便利化进程中的主渠道地位。

第二,世贸组织改革应优先处理危及世贸组织生存的关键问题。目前,个别成员阻挠启动上诉机构成员遴选程序,滥用国家安全例外条款,采取征税措施,并以国内法为由采取单边主义措施,冲击多边贸易体制的规则基础。中方认为,改革应尽快解决上诉机构成员遴选问题,并将违反世贸组织规则的单边主义和保护主义做法关进制度的"笼子",确保世贸组织各项功能的正常运转。

第三,世贸组织改革应解决贸易规则的公平问题并回应时代需要。中方反对有些成员滥用现有规则漏洞行贸易保护主义之实。改革应解决发达成员过度农业补贴对国际农产品贸易造成的长期严重扭曲,纠正贸易救济措施滥用特别是反倾销调查中的"替代国"做法对正常国际贸易秩序的严重干扰。同时,改革应推动世贸组织规则与时俱进,涵盖反映 21 世纪经济现实的议题,如投资便利化、中小微企业等议题。

第四,世贸组织改革应保证发展中成员的特殊与差别待遇。发展中成员在经济社会发展阶段、产业结构和竞争力、区域发展层次、教育文化水平、社会保障体系、参与国际治理能力等方面与发达成员存在全方位差距,不能简单地用经济总量来衡量。中方反对有些成员借世贸组织改革质疑甚至剥夺一些发展中成员享受特殊与差别待遇的权利。中国是世界上最大的发展中国家,愿意在世贸组织中承担与自身发展水平和能力相适应的义务,但绝不允许任何成员剥夺中国理应享受的发展中成员特殊与差别待遇。

第五,世贸组织改革应尊重成员各自的发展模式。目前,有些成员否认发展模式的多样性,一方面指责其他成员的国有企业、产业补贴等正常的发展模式和政策措施,另一方面限制正常的科技创新成果交流,实际上就是希望维护自身的垄断地位,限制其他成员的发展空间,中方对此坚决反对。改革应取消一些成员在投资安全审查和反垄断审查中对特定国家企业的歧视,纠正发达成员滥用出口管制措施、阻挠正常技术合作的做法。中方反对借世贸组织改革对国有企业设立特殊的、歧视性纪律,也不同意将没有事实依据的指责列为世贸组织改革议题。

(3) 中国关于世贸组织改革的建议。

2019 年 5 月,中国向 WTO 正式提交了《中国关于世贸组织改革的建议文件》,指出中国认为,世贸组织改革的行动领域主要包括如下四个领域:

一是解决危及世贸组织生存的关键和紧迫性问题,包括打破上诉机构成员遴选僵局;加严对滥用国家安全例外的措施的纪律;加严对不符合世贸组织规则的单边措施的纪律。

二是增加世贸组织在全球经济治理中的相关性,包括解决农业领域纪律的不公平问题;完善贸易救济领域的相关规则;完成渔业补贴议题的谈判;推进电子商务议题谈判开放、包容开展;推动新议题的多边讨论。

三是提高世贸组织的运行效率,包括加强成员通报义务的履行;改进世贸组织机构的工作。

四是增强多边贸易体制的包容性,包括尊重发展中成员享受特殊与差别待遇的权利;坚持贸易和投资的公平竞争原则。

3. 美国关于 WTO 改革的立场

对于 WTO 改革,美国也有鲜明的立场和利益诉求,这可以通过美国的一系列文件得以体现,比如 2019 年 1 月美国向 WTO 提交了《一个无差别的世贸组织:自我认定的发展地位威胁体制相关性》,之后又据此于 2019 年 2 月向 WTO 提交了《总理事会决定草案——加强世贸组织协商智能的程序》,2019 年 7 月美国发布了《关于改革世界贸易组织中发展中国家地位的备忘录》,可见美国在有关 WTO 改革的诉求中,关键是要求取消一大批发展中成员国享受特殊和差别待遇的权利,比如在《备忘录》中,美方指出:尽管自 1995 年世贸组织成立以来全球经济浪潮持续上升,但是世贸组织仍然停留在过时的发达国家和发展中国家的二分法,使得一些世贸组织成员在国际贸易领域获得了不公平的优势。近三分之二的世贸组织成员将自己定义为发展中国家,以便获得特殊待遇并在世贸组织框架下承担更少的承诺。虽然一些发展中国家的认定是恰当的,但鉴于当前的经济环境,许多认定显然是不受支持的。例如,以购买力平价计算人均国内生产总值计算,目前世界上最富有的 10 个经济体中有 7 个(文莱、中国香港、科威特、中国澳门、卡塔尔、新加坡和阿拉伯联合酋长国)声称拥有发展中国家地位。G20 成员和经合组织(OECD)成员(墨西哥、韩国和土耳其)也声称拥有发展中国家地位。当最富有的经济体声称拥有发展中国家地位时,它们不仅损害了其他发达经济体,同时也损害了真正需要特殊和差别待遇的经济体。这种对遵守 WTO 规则的漠视,包括可能对未来规则的无视,不能不加以制止。

美国贸易代表办公室(USTR)在《2019 年贸易政策议程和 2018 年年度报告》中提出对 WTO 改革的四点总体意见,包括世贸组织必须应对非市场经济体的意外挑战、世贸组织争端解决方案必须充分尊重成员国的主权政策选择、必须迫使世贸组织成员遵守通知义务和世贸组织对"发展"的处理方式必须改变,以反映当前的全球贸易现实。该报告第四点中指出:WTO 使用联合国标准定义最不发达国家(LDC),但是 WTO 没有关于什么是发展中国家的标准,国家"自我宣布"作为发展中国家,从而可以利用给予发展中国家的所有"特殊和差别"待遇。在实践中,这意味着更先进的巴西、中国、印度和南非等发展中国家声称他们应该得到与撒哈拉以南非洲非最不发达国家和南亚非最不发达国家同样的待遇,尽管他们对全球经济有着显著的影响。

上述事实表明,对 WTO 改革的立场只是美国在目前世界经济规则重塑期美国立场的一个集中表现,其核心是解决包括中国在内的发展中经济体享有的在 WTO 中"特殊和差别"待遇问题。对于这个问题,中方的立场在前文所述的中国对于世贸组织改革有关主张的第四点也清晰地表明了。

第三节　区域经济一体化下的国际贸易治理

经济一体化,又称贸易集团化、区域经济集团化,是二战后世界经济领域出现的一种新现象。它发端于西欧,20世纪60—80年代在世界各地获得迅速发展,90年代至今,其发展的趋势还在明显加强。各种类型的经济贸易集团,无一例外地采取歧视性的贸易政策,即对组成贸易集团的成员国采取完全消除贸易壁垒的政策,而对集团外国家则继续保持贸易壁垒。区域贸易集团是国际贸易治理的重要力量,它对国际分工和贸易格局产生了广泛而深远的影响。

一、经济一体化的概念及形式

经济一体化既是一种过程,也是一种状态,它是指在组成贸易集团的成员国间逐步取消所有歧视性贸易障碍和其他非贸易壁垒,实行自由贸易,进而实现生产要素在成员国之间的无阻碍流动,并为此而协调成员国之间的社会经济政策。根据商品和生产要素自由流通程度的差别以及各成员国政策协调程度的不同,可以将经济一体化分为六种形式:

(1) 特惠贸易协定。特惠贸易协定的成员国之间的贸易障碍比非成员国要低,少数有选择的商品也可能撤除所有贸易壁垒,实行自由贸易。这是经济一体化最松散的形式。

(2) 自由贸易区。在自由贸易区内,各成员国相互取消一切关税和非关税的贸易障碍,实行区域内商品自由流通,但各国仍保留独立的对集团外国家的关税和其他贸易壁垒。为防止集团外国家的商品通过贸易壁垒较低的成员国进入自由贸易区,通常在成员国之间的边境上仍保留海关。属于这类自由贸易区的有1970年成立的欧洲自由贸易联盟、1994年建立的北美自由贸易区(NAFTA)等。

(3) 关税同盟。成员国之间除取消关税和其他贸易壁垒外,还统一了对集团外国家的贸易政策,对集团外国家实行共同的、统一对外的关税壁垒和其他贸易限制措施。这时,成员国之间不再设有海关等机构。1967年成立的欧洲经济共同体和2002年12月22日沙特阿拉伯等海湾六国正式成立的海湾关税联盟(于2003年1月1日开始生效)属于典型的关税同盟。

(4) 共同市场。在共同市场内部,不仅实行关税同盟的各项政策,即实行成员国内部的自由贸易和统一对外关税政策,还允许资本、劳动力等生产要素在成员国之间自由流动。

(5) 经济联盟。结成经济联盟的各成员国除了实行商品与资本、劳动力等生产要素的自由流动外,还包括经济政策(包括货币政策、财政政策)和社会政策(如社会福利政策)的协调一致。欧洲联盟正在向这种形式过渡。

(6) 完全经济一体化。完全经济一体化比经济联盟更进一步。它除了要求成员国完全消除商品、资本和劳动力流动的人为障碍外,还要求在对外贸易政策、货币政策、财政政策、社会政策等方面完全一致,并建立起共同体一级的中央机构和执行机构对所有事务进行控制。完全的经济一体化事实上几乎等同于一个扩大的国家,这种经济一体化的最高形式,迄今尚未出现。

上面的分析表明,经济一体化的一个重要特征是实行差别贸易政策,即在集团内国家之间部分或完全消除贸易壁垒,而在集团内国家与集团外国家之间则继续保持贸易壁垒,只不过一体化的类型、程度不同,其贸易政策存在一些差异罢了。

二、当代经济一体化的发展

20世纪80年代中期以来,资本、技术等生产要素的流动使不同国家,特别是相邻国家间的经济联系不断加强,国际分工日益深化。与此同时,经济贸易领域的国际竞争不断加剧。为适应国际分工和国际竞争的需要,一些国家组成区域贸易集团,一方面深化内部分工,促进彼此经济贸易的发展,另一方面以集体力量参与全球竞争,争取更大的话语权,这使得当代区域性经济一体化组织不断发展。这种区域性组织不仅有经济发展水平相近的国家之间的合作,而且有经济发展水平不同的发达国家与发展中国家之间的联姻。它们遍及全球,对世界多边贸易体系产生了很大影响。在这些区域经济一体化组织中,欧盟、北美自由贸易区和亚太经济合作组织最具影响力。

(一) 一体化进程不断发展的欧盟(EU)

欧盟是目前世界上一体化程度最高的区域一体化组织,2019年,欧盟全球贸易额为4.07万亿欧元,欧盟内部贸易额为3.06万亿欧元。欧盟在世界商品贸易中的份额约为15%,与中国和美国一起,是国际贸易前三大经济体。

欧盟发源于法、德、意、比、荷、卢等6个西欧国家,于1951年根据《巴黎条约》建立的欧洲煤钢共同体。1957年,这6个国家又签订了《罗马条约》,决定于1958年1月1日建立欧洲经济共同体和欧洲原子能共同体。1967年7月,六国再次决定将三个机构合并,统称欧洲经济共同体。20世纪70年代以后,欧共体成员不断增加:先是英国、爱尔兰和丹麦于1973年1月正式加入;后来希腊、葡萄牙和西班牙于80年代被吸纳;1995年,奥地利、芬兰、瑞典又成为新成员。到2002年年底,欧盟共有15个成员国,人口近4亿。90年代东欧国家经济转型后,欧盟东扩。2004年,欧盟接纳波兰等10个中、东欧国家为新成员,欧盟成员国扩展为25个。罗马尼亚和保加利亚两国则在2007年入盟。2013年7月1日,克罗地亚加入欧盟,成为欧盟第28个成员国。但是,2020年1月30日,欧盟正式批准了英国脱欧。

欧盟最初属于关税同盟,进入80年代以后,一体化进程开始加快。其发展有三大标志性事件:一是1993年1月1日建成了欧洲统一大市场,实现了成员国之间商品、劳务、人员和资本的自由流动。二是1992年当时12个成员国通过的《马斯特里赫特条约》要求到20世纪末欧共体最终实现经济、货币及政治联盟。《马斯特里赫特条约》于1993年11月1日生效,欧洲联盟正式诞生。1995年12月15日,欧盟首脑马德里会议决定未来欧洲以统一的货币"欧元"取代各国货币,并于1999年在11个国家先行实施,使欧盟朝经济货币联盟迈出了重要一步。2002年7月1日,欧元成为欧元区11国唯一法定货币。三是 2007 年 12 月 13 日欧盟各国首脑在里斯本签署《里斯本条约》，并于 2009 年 1 月生效。条约包含了设立常任欧盟理事会主席、负责欧盟外交和安全政策的高级代表等职务，扩大了欧洲议会和欧洲法院的权力，标志着欧盟一体化程度的进一步提高。在贸易领域，欧盟实行统一的外贸政策（主要是进口政策），有关贸易政策、法规、制度、条例和办法由欧盟统一制定，对外谈判也由欧盟统一进行。自 1958 年成立至 1993 年建成统一大市场，一方面欧盟不断协调成员国的贸易政策，逐步减少并彻底消除区内的贸易障碍，以便最终实现成员国间的自由贸易；另一方面不断统一和完善对区外进口商品的限制，形成统一的贸易保护政策。它是当今世界上保护力量最强大、保护措施最完善的区域一体化组织。

欧盟的一体化进程之所以能够不断向前稳步推进，除了单个欧洲国家都是中小国家，他们认识到在国际竞争中需要依靠集体力量，从而对一体化存在内在需求外，严密的制度安排则是其不断发展的可靠保证。欧盟的一体化进程是在一套超国家权力机构的安排下逐步实施的。其机构有欧盟委员会、部长理事会、欧洲议会、欧洲法院。它们是欧洲一体化的组织保证。在欧盟的组织结构中，任何成员国不能单独通过有关统一市场建设的立法，成员国主权很大程度上被削弱。欧盟在统一大市场建设中列出了约 300 项立法，并规定了完成这些立法的时间表。这些法规 80% 都能转化为成员国的国内立法。

欧盟一体化进程的不断推进，特别是欧盟东扩对区外国家的对欧出口有正反两方面的影响。东扩后的欧盟拥有 4.5 亿消费者，市场规模超过美国、墨西哥和加拿大的总和。欧盟对外贸易额占世界总贸易额的 20%，国内生产总值占世界的四分之一。其市场容量和投资机会因此增加。同时，由于东扩后新加入的东欧国家实行与欧盟统一的关税和进口手续，对区外国家扩大对欧出口提供了方便；但另一方面，欧盟东扩后，新加入成员将执行欧盟严格的技术性贸易壁垒、反倾销措施以及农产品进口关税配额等，这抑制了区外对欧出口的增加。不过，根据世贸组织的有关规定，如果有关国家组成一体化组织，给其他非一体化成员国造成损失的，后者可以要求前者予以补偿。在欧盟东扩后，中国就与之进行了有关贸易补偿的谈判。2005 年，欧盟超过美国和日本，成为中国第一大贸易伙伴。2020 年以来，东盟超越欧盟成为中国第一大贸易伙伴。

(二) 发达国家与发展中国家结成的北美自由贸易区(NAFTA)

北美自由贸易区是在世界经济和贸易区域化、集团化的浪潮中，为了与欧盟相抗衡而由美国联合加拿大和墨西哥组成的一个区域性贸易集团，它是在《美加自由贸易协定》的基础上达成的。

早在 20 世纪 80 年代初，美国就有建立美、加、墨自由贸易区的设想，但由于种种原因，一直未付诸实施。在欧洲经济一体化深入发展的冲击下，北美自由贸易区才加快了启动的步伐。首先是美国和加拿大于 1986 年 9 月就两国相互扩大市场以促进两国间的贸易和投资正式举行了自由贸易协定的谈判。由于这两国经济发展水平及文化、生活习俗都相近，交通运输便利，经济上的互相依赖程度很高，所以经过一年多的谈判便于 1987 年 10 月达成了协议。1988 年 1 月 2 日，美加正式签署了自由贸易协定，并于 1989 年 1 月 1

日正式生效。

《美加自由贸易协定》规定在 10 年内逐步取消两国的一切关税和非关税壁垒。其主要内容包括以下几个方面：10 年内取消两国间所有关税（包括农业税）；加拿大取消对进口美国农产品所实行的进口许可证制，取消对酒精饮料所实施的差别价格，取消对汽车和旧汽车的出口补贴；双方都取消有关政府购买本国产品的法案及一切现行的进出口限制，并发展公开、自由的能源贸易。此外，双方还在服务业和投资方面规定逐步降低与取消限制，并建立一套解决相互间贸易纠纷的机制。

在《美加自由贸易协定》生效一年以后，美国决定将这一自由贸易区扩展至墨西哥。这主要是因为墨西哥经过长期发展已具备一定的经济基础，且劳动力丰廉，生产成本低，又是美国的近邻，是美国理想的投资场所和产品市场。为此，美国于 1990 年 11 月开始和墨西哥进行有关两国自由贸易的磋商。1991 年 2 月，加拿大亦加入进来，三国开始就建立北美自由贸易区问题举行谈判。经过一年多的协商，三方终于在关税、汽车、农业、能源和服务业等一系列问题上达成一致，并于 1992 年 12 月 17 日分别由三国政府首脑签署了《北美自由贸易协定》(North America Free Trade Agreement，NAFTA)。该协定后经三国议会批准通过，于 1994 年 1 月 1 日正式生效。这样，一个拥有 3.6 亿多人口、当时国民生产总值达到 6 万多亿美元、贸易总额高出欧盟 25％的全球最大的区域性贸易集团终于建成。该集团是一个典型的南北经济区域集团化模式，开创了发达国家和发展中国家贸易集团化的先河。

《北美自由贸易协定》除总则及商品贸易、劳务、投资、知识产权等有关分则外，还对敏感的农产品贸易、汽车贸易、纺织品贸易以及能源、运输、环境等问题制定了实施细则。其主要内容包括逐步取消关税壁垒和对商品进出口的数量限制、开放金融等服务市场、保护知识产权及对原产地的特别规定等。

作为全球最大的区域性贸易集团，北美自由贸易区的建立，不仅对美、加、墨三国的经济发展具有推动作用，而且对世界经济和贸易也具有较大影响。北美自由贸易区对那些以美国为主要出口市场、以劳动密集型产品为主要出口产品的国家，其中主要又以亚太地区特别是东南亚和中国等发展中国家的负面影响最大，这些地方这类产品的出口与墨西哥存在较高的竞争性，易于被墨西哥取代。地理因素加上一体化带来的制度优势，使得某些行业的美国厂商在墨西哥从事生产和贸易的综合成本要低于中国等东亚国家。

北美自由贸易区建成后，美国希望建立一个以美国为中心的美洲自由贸易圈。1994年，美洲 34 国领导人首脑会议一致同意将北美自由贸易区扩展为美洲自由贸易区，建立美洲经贸集团；但由于各国经济发展水平的差距，这一目标的实现还需要各方付出艰苦的努力。

目前 NAFTA 已经被 USMCA(The United States-Mexico-Canada Agreement，美国-墨西哥-加拿大协定)取代，USMCA 最初是由美国、墨西哥和加拿大政府经过一年的谈判之后于 2018 年创建的。USMCA 旨在取代北美自由贸易协定（NAFTA），是三国之间建立的一种较新的自由贸易体系。该协议于 2018 年 11 月 30 日在布宜诺斯艾利斯签署。到 2020 年 3 月 13 日，墨西哥、美国和加拿大批准了 USMCA，2020 年 7 月 1 日生效。USMCA 一个值得关注的方面是协议中增加了"毒丸条款"，体现为 USMCA 协议 32 章第

10.4 条,"任何一方与非市场经济国签订自贸协定,另外两方可以自行选择在 6 个月后退出三方协定,并达成自己之间的双边贸易协定"。

(三)亚太经济合作组织(APEC)

亚太地区被认为是当今世界经济中最具有活力的地区,这个地区的区域经济合作也具有自己的特色。它既不同于欧盟那样的共同市场,也不同于美、加、墨的自由贸易区。亚太地区是一个多样化的经济区域,区内各国社会制度不同,经济发展水平和文化背景各异,呈现出复杂的不一致性。但为了适应该地区经贸合作迅速发展、区域内国际分工日益深化的需要,该地区自 20 世纪 70 年代以来陆续成立了不少区域、次区域经济一体化组织,其中影响最大的是亚太经济合作组织。

亚太经济合作组织发端于 1980 年 9 月成立的太平洋经济合作会议(PECC),它是由来自中国、日本、韩国、东盟六国、中国台湾以及美国、加拿大、新西兰和澳大利亚等国家和地区的产业界、学术界和政府官员以个人身份参加的民间探讨和协调经贸合作的一个重要论坛。这一非官方组织虽然起着在亚太各国和地区间交流资料、沟通信息、协调看法及通过民间渠道反映政府观点的作用,但因它只是一个民间论坛,作用极为有限。1989 年 1 月,澳大利亚建议召开亚太地区部长级会议,讨论加强区内经济合作问题。经过磋商,该会议于 1989 年 11 月在澳大利亚首次举行,亚太经济合作组织(APEC)宣告成立。澳大利亚、美国、加拿大、日本、韩国、新西兰和东盟六国共 12 个国家的外交部长、经济部长参加了这次会议。经过与亚太经济合作组织方面反复磋商,在"一个中国"和"区别主权国家和地区经济"的原则基础上,中国于 1991 年 11 月与"中国台北"和"中国香港"同时加入。1993 年 11 月,墨西哥和巴布亚新几内亚加入该组织。1994 年,智利又成为新成员国。1998 年,俄罗斯、秘鲁和越南加入。此后,该组织暂停吸收新成员。截至目前,亚太经济合作组织共有 21 个成员。

1991 年 11 月,在韩国汉城举行的亚太经济合作组织第三届部长会议通过了《汉城宣言》,正式确定亚太经济合作组织的宗旨和目标是:相互依存,共同受益,坚持开放性多边贸易体制和减少区域内贸易壁垒。该组织成立以来,每年举行一次由各成员国外交部长和主管经济、贸易的部长参加的年会,还可就某一专题举行部长级特别会议。自 1993 年以来,该组织级别有所提高,其成员国领导人每年定期举行非正式会议,磋商区内重要问题。

与前两个贸易集团相比,APEC 实行的是比较松散的合作。由于区内成员复杂,各方利益诉求不一,所以 APEC 将贸易投资自由化与经济技术合作放在同等重要的地位,提倡多样化的合作方式。它主要是为区内的经济合作提供一个协商机制,多年来没有签订任何要求各成员执行的指令性文件。通过的任何协议也都是非约束性的,对区内的自由化倾向于产业和部门自由化,落实行动的方式采取"协调的单边主义",即集体制定目标,各成员自愿选择实施。

由于亚太经合组织成员复杂,经济发展水平、社会制度、文化传统差异大,所以实质成果有限。亚太经合组织内盛行的是次区域经济合作,即某些国家组成的一体化组织,如东盟、东盟与中国"10+1"自由贸易区以及区内一些国家交界处的经济合作,如新加坡、马来西亚和印度尼西亚在柔佛三角洲,中国、韩国和日本在黄海沿岸,泰国、越南、老挝等在湄公河三角洲等地区开展的经济合作。

(四)区域全面经济伙伴关系协定(RCEP)

《区域全面经济伙伴关系协定》(Regional Comprehensive Economic Partnership,RCEP)是2012年由东盟发起,历时八年,由包括中国、日本、韩国、澳大利亚、新西兰和东盟十国共15方成员制定的协定。"东盟"成员国与澳大利亚、中国、印度[①]、日本、韩国和新西兰国家元首或政府首脑于2012年11月20日在柬埔寨金边发表了《关于启动〈区域全面经济伙伴关系协定〉谈判的联合声明》,通过了《〈区域全面经济伙伴关系协定〉谈判指导原则和目标》,开始了RCEP进程。

《区域全面经济伙伴关系协定》规定,本协定的目标是:

(1)建立一个现代、全面、高质量和互惠的经济伙伴关系框架,以促进区域贸易与投资的扩张,推动全球经济增长与发展,同时兼顾缔约方,特别是最不发达国家缔约方,所处的发展阶段和经济需求;

(2)通过逐步取消缔约方之间实质上所有货物贸易的关税和非关税壁垒,逐步实现缔约方之间货物贸易的自由化和便利化;

(3)逐步在缔约方之间实施涵盖众多服务部门的服务贸易自由化,以实现实质性取消缔约方之间在服务贸易方面的限制和歧视性措施;

(4)在区域内创造自由、便利和具有竞争力的投资环境,以增加缔约方之间的投资机会,提升投资的促进、保护、便利化和自由化。

2022年1月1日起,RCEP对中国、日本、澳大利亚、新西兰、文莱、柬埔寨、老挝、新加坡、泰国、越南等10个成员正式生效,标志着全球人口最多、经贸规模最大、最具发展潜力的自由贸易区正式落地。RCEP的15个成员国的总人口、经济总量和贸易总额均占全球总量的30%,是世界上最大的自贸区。

作为目前全球最大的自贸协定,RCEP是一个全面、现代、高质量和互惠的自贸协定。货物、服务、投资开放承诺叠加,RCEP生效将促进贸易投资更加便利,产业链供应链更加融合,区域投资有望更加活跃。

(五)发展中国家间的区域经济一体化组织

在欧洲、北美和亚太地区纷纷加强联合,世界经济和贸易趋向区域竞争的形势下,发展中国家也纷纷加强经济领域的合作,组织区域性的贸易集团,以增强自己的竞争实力,维护本国和地区的经济利益。发展中国家间的贸易集团中较有影响的主要有以下几个:

在非洲,有由刚果、加蓬、乍得、喀麦隆和中非共和国组成的中非关税和经济同盟,由尼日利亚、马里、毛里塔尼亚、利比亚和塞拉利昂等16国组成的西非经济共同体,由坦桑尼亚、肯尼亚、乌干达、布隆迪和卢旺达组成的东非共同体等。其中影响最大的则为非洲经济共同体和东南非共同市场。在1995年6月的阿布贾会议上,非洲国家元首、政府首脑及其代表签署的建立非洲经济共同体条约,要求到21世纪30年代在全非洲实现商品、

---

① 印度于2020年7月宣布退出。

资金、人员和劳务的自由流通,居民可以自由移居,并建立中央银行,发行非洲统一货币。虽然由于政治、经济和历史、宗教等方面的原因,非洲经济共同体更多的是一种愿景,其实际进程可能需要更多时间,但非洲贸易集团化的趋势是不可逆转的。成立于1994年的东南非共同市场是实质运作的非洲地区最大的区域经济组织,2009年6月7日其19个成员国正式成立关税同盟。

在中南美洲,早在1960年就形成了两个区域性贸易集团:一是拉丁美洲自由贸易协会,成员国有阿根廷、玻利维亚、巴西、智利、哥伦比亚、厄瓜多尔、墨西哥、巴拉圭、秘鲁、乌拉圭和委内瑞拉。1980年,它又改组成拉美一体化协会。二是中美洲共同市场,参加国有危地马拉、萨尔瓦多、尼加拉瓜、哥斯达黎加和洪都拉斯(后于1969年解散)。1969年,玻利维亚、智利、哥伦比亚、厄瓜多尔和秘鲁又成立了安第斯条约组织。1968年,加勒比自由贸易协会成立,并于1973年转变为加勒比共同体。拉美的经济贸易集团化运动几经波折后于90年代重趋活跃。1991年,阿根廷、巴西、乌拉圭、巴拉圭签署协议,建立南锥体共同市场,规定1995年实现四国间商品贸易自由化,并于成立的第一年里就在四国间大幅削减关税54%,使贸易增长45%。1992年5月,萨尔瓦多、洪都拉斯和危地马拉三国签署建立三国自由贸易区协议,从1993年起逐步取消商品流通的壁垒。1993年2月,在巴拿马举行的中美洲国家首脑会议上,各国总统一致赞成实行经济一体化,以使中美洲国家借助集团的力量对付外部地区的挑战,促进本地区经济和贸易的发展。值得注意的是,1995年以来美国有意将北美自由贸易区南扩,中南美洲许多国家也愿意加入,一个庞大的美洲贸易集团正在形成之中。其排他性有可能对东西半球贸易产生很大影响。

在中东地区,1992年年底海湾合作委员会宣布,自1993年1月1日起建立共同市场,统一进口关税,实行货物在沙特阿拉伯、科威特、阿曼、阿联酋、巴林和卡塔尔六个成员国之间的自由流通。自1995年起,中东北非地区各国首脑又开始每年举行会议,讨论加强该地区的经济合作。1997年5月,埃及又倡议建立阿拉伯自由贸易联盟。

(六)自由贸易区的发展与中国—东盟自由贸易区

1. 自由贸易区的迅速发展

前面我们已经分析了,在经济一体化的几种形式中,自由贸易区是除了特惠贸易协定之外一体化程度最低的经济一体化组织(严格说来,特惠贸易协定称不上是一个一体化组织)。由于自由贸易区只要求成员间相互取消贸易壁垒,不要求其他政策的一致性,一体化程度较低,所以组成的障碍相对较少。在经济全球化程度不断加深的今天,减少贸易障碍、促进贸易自由化成为大势所趋,在组成其他类型的一体化组织谈判冗长、难度较大的情况下,自由贸易区就成为当今不少国家推动相互间贸易发展的重要选择。其最直接的表现就是21世纪以来,特别是在世贸组织多哈回合谈判迟迟难以取得进展的情况下,全球范围内有关建立自由贸易区的谈判此起彼伏,方兴未艾。根据世贸组织秘书处的统计,累计生效的区域贸易协定(RTA)数量从2000年的82个上升到2010年的214个和2021年的353个。

2. 中国—东盟自由贸易区

到20世纪90年代末,在世界上其他主要贸易国家不断组成各种类型的经济一体化组织时,中国却基本上一直被排除在进程之外,唯一加入的亚太经合组织又是一个比较松散的论坛。进入 21 世纪以来,为了减少贸易障碍,促进对外贸易的可持续发展,中国努力与其他国家加强经贸联系,积极启动自由贸易区谈判,加快融入经济一体化进程。其中,中国—东盟自由贸易区是中国第一个启动并第一个达成协议的自由贸易区,在中国区域经济一体化进程中具有重要意义。

2000 年,中国时任总理朱镕基首先在新加坡提出创建中国—东盟自由贸易区的倡议。随后,中国与东盟联合专家组于 2001 年递交了研究报告,提出用 10 年时间建成中国—东盟自由贸易区。2002 年计划进入前期筹备阶段。

鉴于东盟一些国家对与中国建立自由贸易区的担心,双方首先启动的是"早期收获"计划,即在达成自由贸易区协定之前,先期给予东盟国家一些现实的贸易利益,不对等地开放农产品贸易,使东盟一些国家通过贸易实践切身感受与中国建立紧密经济贸易关系的益处。"早期收获"计划可以说是对传统自由贸易区的一个创新。泰国是第一个与中国订立"早期收获"计划的东盟国家,马来西亚、菲律宾也随后加入。"早期收获"计划从 2003 年开始实施,为期四年。在"早期收获"计划中,中国选择对东盟 400 种农产品实行零关税,而不要求互惠让步。

2004 年 11 月 29 日,中国—东盟自由贸易区的货物贸易谈判完成,双方在老挝万象签署了《货物贸易协议》(全称《中国—东盟全面经济合作框架协议货物贸易协议》)。协议共 23 个条款,3 个附件。根据协议,货物贸易产品除"早期收获"产品外,余下产品分为正常产品和敏感产品,其中正常产品近 7 000 种。正常产品的关税要削减直至取消;敏感产品的关税受上限约束,但不必取消关税。

协议对正常产品降税提出了以下额外要求:中国和东盟六个较发达的老成员国(泰国、新加坡、马来西亚、印度尼西亚、菲律宾和文莱)至 2005 年 7 月 40% 税目的关税降到 0~5%;2007 年 1 月 60% 税目的关税降到 0~5%。对欠发达的东盟新成员,给予 3~5 年的过渡期。其中,老挝和缅甸至 2009 年 1 月、柬埔寨至 2012 年 1 月 50% 税目的关税降到 0~5%,2013 年 40% 税目的关税降到零。越南 2010 年 50% 税目的关税降到 0~5%。

中国—东盟自由贸易区《货物贸易协议》于 2005 年 7 月 1 日正式实施。根据协议,双方首先用 20 天的时间对彼此的关税减让表进行技术性核查,并调整相关的海关数据系统。从 7 月 20 日起,正式开始按照协议规定的时间表,对原产于双方的产品相互给予优惠关税待遇。

2010 年,中国—东盟自由贸易区全面生效。该区域覆盖人口近 19 亿人,约占世界的 1/3;国内生产总值 6 万亿美元,约占全球的 1/9;贸易总量 4.5 万亿美元,是当时位列欧洲经济区和北美自由贸易区的世界第三大自由贸易区。自贸区建成后,双方贸易发展迅速。中国自 2009 年开始即保持东盟第一大贸易伙伴地位。根据东盟方统计,2019 年双边货物贸易额 5 079 亿美元(占东盟贸易总额的 18%),相比 2010 年的 2 355 亿美元增长 1 倍多,约为 2005 年货物贸易协议生效时的 4 倍。根据中方统计,在新型冠状病毒感染疫情暴发的严峻形势下,2020 年 1—9 月中国和东盟贸易额逆势增长 5%,东盟首次成为中国第一大贸易伙伴,形成中国和东盟互为第一大贸易伙伴的良好局面。根据中方统计,在 2019 年中国自东盟的进口中,享受优惠关税的进口额同比增长 9.6%,占中国享惠进口总额的 49%。根据中方统计,2019 年中国和东盟双边服务贸易额达到 657 亿美元。根据东盟方统计,中国对东盟直接投资从 2010 年的 36 亿美元增加至 2019 年的 91 亿美元(占东盟吸引外资的 5.7%),增幅达 185%。2019 年,中国是东盟第四大外资来源地。①

三、经济一体化的经济效应

经济一体化的经济效应可分为静态效应和动态效应。所谓静态效应是指假定经济资源总量不变、技术条件没有改进的情况下,经济一体化对集团内国家贸易、经济发展及物质福利的影响;所谓动态效应指经济一体化对成员国贸易及经济增长的间接推动作用。西方学者研究其静态效应的代表性理论是所谓关税同盟理论,分析其动态效应的则是研究共同市场的大市场理论。下面对此分别加以分析。

(一) 经济一体化的静态效应——关税同盟理论

1950 年,美国普林斯顿大学经济学教授雅各布·维纳在其《关税同盟》一书中提出,关税同盟在成员国内部实行自由贸易,对成员国以外国家保持一致的贸易壁垒,会产生"贸易创造"(Trade Creation)和"贸易转移"(Trade Diversion)两种效果。贸易创造又称贸易开辟,指与组成关税同盟之前相比,成员国国内某种产品的高成本生产或原先从同盟外国家的高价购买被来自其他成员国更低成本的进口品替代,成员国的对外贸易量(通常是成员国之间)会增大。贸易转移则是在组成关税同盟之后,先前的贸易伙伴关系发生变化,成员国原先与同盟外国家的相互贸易转变为与同盟内成员国间的相互贸易,有的甚至由原先来自同盟外国家的低价进口转为从成员国的高价进口。结成关税同盟的成员国能否从关税同盟中得益,要看与结成关税同盟前比较,是产生了贸易创造效果,还是贸易转移效果,还要看关税同盟的其他经济效应,再加以综合比较才能确定。

为了便于理解贸易创造和贸易转移这两个概念,下面用英国经济学家理查德·G.利普塞在其著名论文《关税同盟理论的综合考察》中的例子加以说明。

假定在一定的固定汇率下,X 商品的货币价格(假定价格等于成本)在 A 国为 35 元,在 B 国为 26 元,在 C 国为 20 元。这里,A 国代表本国,B 国代表关税同盟伙伴国,C 国代表世界其他国家,如表 8-2 所示。

表 8-2　X 商品在各国的价格

国别	A	B	C
X 商品价格	35 元	26 元	20 元

假定在 A、B 两国结成关税同盟前,A 国自己生产 X 商品,该国就必然要借助于关税保护。对 A 国来说,对 B、C 两国征收 75% 以上的无歧视关税,就足以阻止 C 国的进口,保护本国的 X 商品生产,这里假定关税为 100%。与 B 国结成关税同盟后,两国相互取消关税,实行自由贸易。这样,A 国就不需要自己生产 X 商品,而改为向 B 国购买。A 国自己生产需要 35 元成本,而向 B 国购买只要 26 元,节省了 9 元的机会成本,创造了从 B

---

① 来源:《中国—东盟自由贸易区全面建成十周年实施报告》,中国商务部中国自由贸易区服务网,http://fta.mofcom.gov.cn。

国向 A 国出口的新的贸易和国际分工(专业化),这就是所谓"贸易创造"效果。因此,当关税同盟中某成员国的一些产品被来自另一成员国的更低成本的进口品替代时,便发生了贸易创造。此外,一国由原先从同盟外国家的高价购买转而从结盟成员国的低价购买也属于贸易创造。贸易创造使得贸易商品的生产地点由高成本成员国转向低成本成员国,因而提高了资源配置效率,给成员国带来福利的增加,它代表了关税同盟的自由贸易方向。

相反,如果一国因参加关税同盟,使得原来从外部世界进口价格低廉的商品,变为向同盟内成员国购买高价商品,便发生了贸易转移。仍按前例,假定缔结关税同盟前,A 国自己不生产 X 商品(或由于资源关系,或由于成本太高等),而只能通过进口来满足国内市场需求。在这种情况下,A 国当然是从价格最低的 C 国进口,X 商品的价格为 20 元。A 国与 B 国结成关税同盟后,共同筑起对 C 国的关税壁垒。为了阻止同盟外国家 C 国 X 商品的进口,根据 C 国 20 元与 B 国 26 示的差距,对 C 国的 X 商品征收 30%以上的统一关税。这样,A 国就由从 C 国进口 X 商品转而向 B 国购买,X 商品价格为 26 元。结盟后 A 国从同盟外的低价购买转为向同盟内的高价购买,这就是贸易转移。贸易转移使得贸易商品的生产地点由低成本的第三国转向高成本的成员国,因而降低了资源配置效率,成员国遭受了福利损失,它代表了关税同盟的保护贸易方向。

以上两种效应相互比较的结果就决定了关税同盟总的福利意义和最终性质。一个贸易创造占优势的关税同盟会为成员国带来净福利增加,其发展方向是自由贸易;而一个贸易转移占优势的关税同盟会造成成员国福利水平的下降,其发展是背离自由贸易的。维纳认为,关税同盟若是贸易创造型的,则至少一个成员国可以从中受益,两个成员国都有可能获利,在一般情况下,这对整个世界是有利的;而非成员国至少在短期内遭受损失,不过在长期内可以通过同盟经济增长效果的扩散获得贸易扩大的利益。关税同盟若是贸易转移型的,则至少一个成员国要遭受损失,非成员国及整个世界也都会受到损失。即贸易创造型关税同盟不一定对所有成员国有利,但贸易转移型关税同盟则至少对一个成员国不利。

但实际上,无论是贸易创造型还是贸易转移型关税同盟,对同盟内国家或地区都应该是有利的。而对同盟外国家而言,贸易创造型关税同盟至少是无害的,而贸易转移型关税同盟则是不利的。

关税同盟的静态效应还可以用局部均衡分析方法加以解释。

在图 8-1 中,假设 A 国是一个贸易小国,进口 X 商品。图中横轴代表 X 商品数量,纵轴代表价格水平。D 和 S 分别是 A 国国内的需求曲线和供给曲线。在加入关税同盟之前,A 国在世界市场价格 OW 之上征收 WH 的关税,于是 X 商品完全由国内高成本生产予以满足。现在 A 国与 B 国结成关税同盟。虽然伙伴国 B 国 X 商品的价格 OC 高于

图 8-1 贸易创造和贸易转移

世界市场,却低于 A 国征收 WH 关税后的国内价格 OH,这样 A 国将以 OC 的价格从 B 国进口 Q_1Q_2 的 X 商品,国内生产量为 OQ_1。可见,结成关税同盟后,A 国的生产成本降低,A、B 两国间的贸易量由零增加至 Q_1Q_3,A 国的福利也相应净增加了 $d+b$ 部分,这就是贸易创造效应。相反的,若 A、B 两国结成关税同盟前,A 国以 OW 的价格由世界市场进口 X 商品,结盟后转向从价格高的 B 国进口,则为贸易转移,A 国由此遭受 d 部分的净福利损失。

根据西方经济学家的分析,欧洲经济共同体关税同盟(欧盟前身)带来的贸易创造效应要大于贸易转移的效应。例如,摩迪加·克雷宁发现,欧洲共同体的建立使出口额外增加了 84 亿美元,而从外部世界供应者转移到成员国的数额大约为 11 亿美元。[①] 其他一些研究得到的结论也大体相同。当然,贸易创造的价值超过贸易转移,本身还不足以说明净福利上升。即使贸易创造带来的净福利增加了,对于共同体外其他国家来说,仍会因失去了很大一片欧洲市场而遭受损失。

关税同盟把成员国之间的贸易关系稳定下来,对于加强和深化相互之间的国际分工会起到很大的作用。例如,在上述例子中,很可能第三国在 X 和另外一种商品 Y 上都存在绝对优势。没有关税同盟,A、B 两国都会面临第三国的强大竞争压力。A、B 两国组成关税同盟之后,就可以把第三国排除在外,在两者之间实行专业化的分工,从而提高生产资源的使用效率,这将为生产要素的流动准备必要的条件。

(二) 经济一体化的动态效应——大市场理论

当经济一体化演进到共同市场之后,就能比关税同盟发挥出更大的经济优势。这里的关键是生产要素可以在共同市场内部自由流动,从而形成一种超越国界的大市场,使生产资源在共同市场的范围内得到重新配置,提高效率,从而获取动态经济效应。大市场理论对此进行了分析,其代表人物是西陶斯基和德纽。

概括说来,作为一种扩大了的市场,共同市场将对其成员国的贸易和经济发展产生以下几个方面的积极影响:

第一,组建共同市场之类的一体化经济集团,能获得规模经济效益。如果各国为了本国的狭隘利益而实行保护贸易,把市场分得过于细小又缺乏弹性,就只能提供狭窄的市场,无法实现规模经济和大批量生产的利益。组成贸易集团后,就能把分散孤立的小市场统一起来,结成大市场,实现规模经济等技术利益。当然,一个不参加任何区域经济集团的小国也可能克服国内市场的狭小并通过向世界其余国家出口达到真正的规模经济。但是,在世界市场激烈的竞争中,外部市场究竟有多大是不确定的。组建贸易集团,就使各成员国有了一个比较稳定的扩大了的市场,更能实现规模经济的要求。而且,由于共同市场内部生产要素可以自由流动,也便于生产资料的集中使用,有利于实现规模节约。因此,当共同市场内某个成员国在某种产业上具有比较优势时,它将有充分的物质条件来发挥这种优势。

第二,形成共同市场以后,实行自由贸易和生产要素的自由转移,使各成员国厂商面

[①] 彼得·林德特、查尔斯·金德尔伯格:《国际经济学》,上海译文出版社 1985 年版,第 195 页。

临空前激烈的竞争,从而刺激劳动生产率的提高和成本的下降,并刺激新技术的开发和利用。产品成本和价格下降了,再加上人们收入水平随生产发展而提高,过去只供少数富人消费的高档商品将转为多数人的消费对象,出现"大市场—竞争激化—大规模生产—大量消费"的良性循环。当然,在竞争增加的同时,一体化经济集团往往会出于与集团外国家竞争的需要,促进集团内有关企业联营、合营甚至合并,这就可能导致各成员国厂商之间形成卡特尔一类的垄断组织,使得竞争弱化,效率下降。对此可以通过实施反垄断法来加以制止。

第三,一体化经济集团内部企业为了应付市场的扩大和竞争的加剧,必然千方百计增加投资,以更新设备,采用新技术,扩大生产规模。同时也会吸引集团外国家在一体化区域经济内的投资。一方面,经济一体化集团内生产要素可以自由流动,这为外部投资提供了新的经济条件;另一方面,经济一体化集团对集团外国家实行的歧视性贸易政策,使集团外国家商品进入成员国市场受到阻碍,而直接投资是冲破贸易壁垒,不致被日益壮大的统一大市场排斥在外的有力手段。因此,经济一体化集团的形成不仅刺激成员国增加投资,而且吸引了大量集团外国家的资金。投资的增加无疑会有力地推动区域经济集团国家的经济增长。

当然,在经济一体化集团内国家之间经济发展也是不平衡的,因此集团内外国家的投资往往会尽量向靠近市场的地方移动,产生资本移动方面的"马太效应"。即经济发达地区会吸引越来越多的投资,而落后的边远山区少量的投资也可能流失。为了促进区域经济的平衡发展,需要一体化经济组织采取适当的政策手段进行调节。比如,欧盟就通过设立欧洲投资银行来资助受到不利影响的地区兴办新企业。

总之,从理论上说,生产要素的流动无疑可以缓解各国生产要素的供求矛盾、提高生产要素的使用效率、增进整个世界的物质福利,最理想的状态是生产要素能在世界范围内自由流动。但由于世界各国生产力发展水平及政治、文化、传统、观念的差异,这在短期内还不可能实现。因此,在经济发展水平相近、文化传统相似的国家和地区间实行多种形式的经济一体化,既是一种现实的选择,也可看作向生产要素全球自由流动的一种过渡。

最后,我们分析一下贸易投资一体化对经济一体化的影响。

考察经济一体化的发展历史可以发现,关税同盟曾经是比较普遍的一体化形式。这是因为关税在20世纪80年代以前仍然是一种比较有效的贸易保护措施,通过关税同盟,各成员国实施统一的关税政策,便于成员国的自我保护。在关税同盟及其后更高级的一体化组织内,成员国借助严格的制度整合,在对内实行自由贸易的同时,对外筑起有效的关税和非关税壁垒,一体化表现出高度的对外歧视和封闭性。这在当时欧共体的相关贸易政策中表现得比较明显。

20世纪80年代下半期以来,贸易投资一体化的推动使贸易的自由化程度有所提高,一方面关税水平的下降、关税保护作用的降低,使得用关税同盟形式来组织经济一体化的重要性和合理性大大降低;另一方面,资本流动、跨国公司全球化生产在所要求的全球自由贸易不可能一蹴而就的情况下,需要采用相对较简单、保护程度较低的一体化形式来推动区域经济的一体化。因此,90年代以来,自由贸易区成为经济一体化主要的目标起点,如北美自由贸易区、东盟自由贸易区、中国—东盟自由贸易区、南部非洲自由贸易区以及美欧积极推动建立的跨太平洋伙伴关系协议(TPP)和跨大西洋贸易与投资伙伴协议(TTIP)等。另外,出于地区分工深化、经济联系加强而成立的亚太经合组织则采取了更松散、更开放的论坛形式,来协调成员方之间的经济贸易政策。这就使现有的经济一体化理论面临以后如何发展的问题:由于自由贸易区和亚太经合组织这一类论坛中各成员对外关税等贸易政策是独立的,其效应因而不确定,自由贸易区对全球贸易自由化的影响要进一步研究[①];关税同盟理论还有没有发展的前途,在关税同盟作用降低的情况下,未来的经济一体化的发展轨迹是否会发生变化等。这些都需要人们对当代的经济一体化做出理论上的探讨。[②]

本章小结

由于国际贸易关系到各国(地区)的利益以及涉及不同利益集团的利益分配,各国(地区)多多少少都会对贸易加以干预,其中必然伴随着贸易摩擦,离开必要的国际贸易治理体系,各国(地区)可能落入贸易保护主义的囚徒困境。

尽管国际贸易理论很好地说明了自由贸易的利益,但是自由贸易也会对不同利益集团产生不同影响,因此现实的贸易政策是不同利益集团博弈的结果,一国(地区)贸易政策难免表现出保护主义倾向,这就产生了通过国际贸易治理体系避免贸易保护盛行的现实需求。第二次世界大战后,在美国的带领和推动下,布雷顿森林体系得以建立(1944年)、GATT得以签订(1947年),为推动自由贸易的发展奠定了基础。同时,由于美国和日本、欧洲以及发达经济体和发展中经济体实力上的显著差距,二战后的国际贸易治理体系还表现出差别化待遇特征。随着国际经济实力格局的转变,国际贸易治理体系也产生了变革的现实需求。

国际贸易治理是通过各种贸易条约和协定实现的,最惠国待遇和国民待遇原则是国际贸易条约和协定的主要法律原则。GATT就是在二战后,在美国推动下于1947年10月30日签署的一项临时性多边贸易协定,1995年1月1日被WTO取代。在其存在的47年间,GATT通过组织多边贸易谈判、协调缔约方之间的贸易关系、制定国际贸易新规章及对发展中国家经济贸易发展给予优惠政策等职能,对国际贸易的发展起到了巨大的促进作用。WTO是GATT的延伸,它继承了GATT的内容,并做了修订和扩充。相对于GATT而言,WTO具有多方面的发展:它是一个国际法主体,对国际贸易的管辖具有法律效率;管辖的范围更广;成员方的权利与义务更平衡;争端解决机制更有效,并建立了贸易政策审议机制,有利于促进各国的贸易政策更透明。当然,随着世界经济环境的改变,WTO也出现了改革需求。

区域经济一体化的发展也是全球贸易治理体系的重要方面。区域经济一体化从静态

---

① 徐松:"评自由贸易区对全球贸易体系的影响",《国际贸易问题》,2000年第12期。
② 现有的一体化理论认为经济一体化的发展遵循特惠贸易协定—自由贸易区—关税同盟—共同市场—经济联盟—完全经济一体化的发展轨迹,未来在服务贸易迅速发展、关税作用降低的情况下也许会直接从自由贸易区过渡到共同市场。

上看会带来贸易创造和贸易转移效应;从动态看,则会通过规模经济的实现和促进竞争等对各方经济发展产生积极影响。

复习思考题

一、名词解释

最惠国待遇　国民待遇　非歧视原则　关税保护原则　互惠原则　专向性补贴　禁止性补贴　可起诉的补贴　不可起诉的补贴　多哈回合　区域经济一体化　贸易创造　贸易转移

二、思考题

1. 试述国际贸易治理的必要性。
2. 签订贸易条约和协定所依据的法律原则主要有哪些?
3. GATT对国际贸易的发展起了哪些促进作用? 其主要缺陷是什么?
4. 试述乌拉圭回合谈判的特点及其意义。
5. 试述WTO成立的背景及其与GATT的主要区别。
6. 试述WTO基本原则的主要内容。
7. 最惠国待遇原则和国民待遇原则在实施程度上有何不同?
8. 《补贴与反补贴措施协议》对补贴与反补贴有哪些具体的规定?
9. 试述多哈回合谈判的主要议题和障碍。
10. 试述WTO改革的焦点问题及其产生的原因。
11. 试述经济一体化的含义及种类。
12. 试述关税同盟的经济效应。
13. 试述经济一体化的动态效应。

第九章

国际资本流动与国际贸易

传统贸易理论对国际分工与贸易分析的基本前提是生产要素不能国际流动,由此形成了不同国家在特定产业的比较优势并构成国际分工的基础。但在国际贸易实践中,生产要素的流动却一直客观地存在着。不仅几百年前就存在洲际间的劳动力流动,而且近现代以来,随着经济的发展、科技的进步,资本、技术等生产要素的流动更是日益普遍,这对国际贸易和世界经济产生了重大影响。本章将对此进行分析,并着重考察资本流动对国际贸易的作用。

第一节 贸易发展与要素流动

一、国际贸易的发展促进了生产要素的国际流动

传统的生产要素主要包括土地、自然资源及劳动力,由于受地理条件和政策因素等限制,生产要素国际间的流动存在障碍,只能通过国际贸易来改变各国的生产结构,以弥补要素缺乏流动性的缺陷,提高资源利用的效率,从而获得国际分工利益。从这种意义上看,商品贸易的背后是要素贸易或者说商品国际流动是要素国际流动的替代。解决不同国家要素禀赋差异带来的资源配置未达优化状态的问题,最直接的方式是国际要素流动,但是由于要素国际流动受到限制,那么资源优化配置就采用了一种间接的方式,也就是在国内将本国禀赋优势要素"凝结"成该种要素密集型商品并出口,同时进口本国稀缺要素密集型商品。

随着人类社会经济的进步和国际贸易的发展,生产要素的构成不断发生变化,流动性不断增强,从而对国际贸易产生重要影响。要素流动迅速发展的原因主要有以下几个方面:

第一,国际贸易的发展为生产要素的国际流动提供了动力。这是因为:① 当不同国家按照比较优势进行国际分工,各自从事具有比较优势的产品生产并进行贸易时,客观上就是对生产要素利用效率的比较。通过比较,各国生产要素报酬上的差距会显现出来,并形成生产要素国际流动的潜在动力。只要条件具备,这种流动就会变成现实。② 各国在最初按照要素禀赋差异进行国际分工和贸易后,会引起要素供求关系的变化,进而引起要素价格的变化。根据斯托尔珀-萨缪尔森定理,自由贸易会引起价格上升行业中密集使用的生产要素价格的上升,而使得价格下降行业中密集使用的生产要素的价格下降。而现实经济中的各种限制条件又不可能使各种生产要素的价格趋于均等,如此,贸易所引起的

生产要素价格的变动有可能引起原来不必流动的要素也加入流动的行列。③ 国际贸易在使各国生产日益国际化的同时,各国的消费也日趋国际化。国际间的消费示范效应使各国消费者不再满足于本国自然资源或生产所能提供的商品。为了更好地满足消费多样化的需要,从国外引进某些生产要素或向国外投入某些生产要素往往是必需的。以上的分析说明,贸易利益的存在产生了要素流动的动力。没有国际贸易,也就没有要素流动。

第二,世界范围内的商品经济和科学技术的发展为要素流动创造了条件。一方面,商品经济在国际范围的发展,造成了生产要素的商品化,使生产要素和商品一样也取得了价值形态,可以通过国际贸易在价值形态上得到补偿。如果缺乏这种价值实现的国际条件,生产要素在国际间的流动就会非常困难。另一方面,科学技术发展所带来的交通运输工具的改进、通信的日益便捷及金融创新等,方便和促进了生产要素的流动。例如,大型运输船舶远洋巨轮的出现以及日益发展的海陆空联运,不仅大大提高了运输能力,而且极大地降低了运输成本,使得原来不可能进行国际间长途运输的铁矿砂、石油等大宗资源性产品也能够参与国际流动了。随着国际贸易的发展而不断发展的国际金融创新以及日新月异的电子、通信技术,则为国际资本流动规模的不断扩大创造了条件。

第三,战后跨国公司的迅速发展推动了生产要素的国际流动。根据1986年联合国《跨国公司行为守则草案》的权威定义,跨国公司是由两个或两个以上国家的经济实体所组成的公营、私营或混合所有制的企业,不管这些经济实体的法律形式和经济领域如何,该企业都在一个决策系统中动作,并允许相关的政策和共同的战略通过一个或多个决策中心,该企业中的各经济实体通过所有权或其他方式联结在一起,其中一个或多个经济实体能够对其他经济实体的活动施加有效的影响,尤其是与其他经济实体分享知识、资源的责任。① 为了降低生产成本、实现利润的最大化,跨国公司实行全球经营战略,在全球范围内配置资源、技术、资本。这无疑对生产要素的国际流动起了"助推器"的作用。

第四,国际贸易壁垒的存在促使生产要素在国际间流动。在国际贸易中不存在完全的自由贸易。为了各自的国家利益,几乎每个国家都或多或少地采用各种关税和非关税壁垒对贸易加以限制。这些贸易壁垒的存在往往成为生产要素国际流动的动因。只要条件具备,生产要素就会在国家之间移动,以绕过壁垒。在当代,对外直接投资已成为许多发达国家向投资东道国输出商品的重要手段。

第五,商品贸易和要素流动成本的差异是产生要素流动的一个客观原因。各种经济资源在不同国家不是均衡分布的。例如,有的国家某些自然资源比较丰富,而其他自然资源可能非常贫乏;有的国家资本、技术可能比较充足甚至过剩,但劳动力相对短缺,而另外一些国家却可能与此相反。生产要素供求结构的不平衡可以通过商品贸易和要素移动两个途径加以解决,究竟采取哪种方式,取决于双方成本的大小。商品贸易并不像前面国际贸易分工理论中所假设的那样运输费用为零,商品在国家之间流动是要付出运输成本的,有时候这种成本会很高,完全抵消甚至超过商品输出国在生产成本上的相对优势。而通过生产要素在国家之间的转移,则可以大大地节约上述移动的成本,它不仅使输出国获得

---

① The United Nations Code of Conduct on Transnational Corporations, UNCTC Current Studies, Series A NO. 4,1986.New York.

经济上的利益,也会使输入国的需求更好地得以满足。图9-1通过要素移动和商品流动两者之间的成本比较来说明上述道理。

根据商品运输成本的高低和要素移动成本的大小,可以把一个平面分为5个区间。在1区间,要素流动的成本很高,例如说,投资的风险很大,缺乏适当的劳动力供给等,而商品的运输成本很低,这时的选择当然是发展国家之间的贸易关系。与此相

图9-1 要素移动与商品流动

反,在2区间,商品的运输成本高,但要素的移动成本低,这时从经济上来说以对外投资为宜。现实生活中这样的情况很多。例如,各种饮料的成本不仅体积大,而且运输也很不方便。因此,美国的可口可乐公司就采用当地生产成品的办法,即在国外投资设厂,从本国运来原浆加工后销售。其实,这一点可以推广开来,只要生产要素流动后获得的报酬高于商品输出的收益,生产要素在国际间的转移就会成为事实。在3和4区间,要素流动与商品流动的成本持平,因而可以在两者中作任一选择。在5区间,由于商品运输成本和要素移动的代价都很高,这时就会出现闭关孤立的状态。

第六,国际资本流动政策措施的变化促进了国际资本流动。FDI流动受东道国对于FDI流入的态度的影响,这种态度反映在有关FDI管制政策上。东道国,尤其是发展中东道国对于FDI流入的态度也经历了变化,从惧怕FDI流入对本国产业产生冲击而对其进行限制甚至禁止,到逐步认识到FDI流入的正面意义开始放松限制甚至鼓励FDI流入。但自2008年金融危机和2018年中美贸易摩擦以来,以美国为首的西方发达国家动辄以"国家安全""去风险"为由对国际资本流动加以限制,干扰了正常的国际投资活动。

二、要素流动与国际贸易的相互关系

要素流动与国际贸易的相互关系可以从静态与动态两个方面加以分析。

从静态的局部分析出发,要素流动与贸易之间存在相互替代的关系。在国际贸易中,商品的国际流动主要是通过外部市场进行的。这种贸易方式具有两个缺陷:一是某些商品的国际市场并非完全的、自由竞争的,而是存在垄断、信息分布的不对称等不完全性,这导致交易的成本非常之高;二是商品的出口往往挤占进口国同类商品或替代品的市场份额,影响进口国相关产业和潜在产业的建立与发展,并进而引发进口国的就业、人民收入减少等诸多社会问题,因而商品贸易往往受到进口国政府的限制。与此相反,要素流动却具有明显的优越性:其一,流入的要素往往是进口国比较稀缺的,有利于改善其供求结构;其二,要素的流入特别是资本、技术的输入,能够大大增强本国的生产能力,解决就业等问题。所以,各国政府一般都欢迎、鼓励生产要素的流入。从这层意义上说,要素流动带来的将是商品进出口的减少,要素流动替代了国际贸易。

但从动态的、发展的角度看,两者之间又是相互补充、相互促进的关系。这是因为,要素的流动在某段时期内可能会促进输入国进口替代工业的发展,造成相同产品或替代品

进口的减少。但随着进口替代进一步发展为出口导向，该输入国出口将会增加，收入水平和进口支付能力亦随之提高，其进出口规模将最终扩大。而对要素输出国来说，则可借助过剩要素输出增加的收入发展本国经济，创造新的优势，提高自己在国际贸易中的地位。由此可见，生产要素的流动会促进各国生产力的发展，提高各国的人均国民收入水平，增加社会的有效需求，从而促进各国国内市场以及国际市场的扩大。生产要素的国际流动没有也不会替代贸易的发展，要素流动和国际贸易可同时用来达到促进各国经济发展的目的。举个例子，发展中国家通常劳动力比较丰富，在劳动密集型产品出口方面具有优势，但如果缺乏必要的资金和技术，这种优势往往难以发挥。如果发达国家将相应的技术及过剩的资金转移到发展中国家的劳动密集型产业中，则可使发展中国家的优势得到现实利用，发展劳动密集型产品的生产并出口。而对发达国家来说，虽然其老产品会不断地被其他国家的产品替代，但他们却因此把生产资源转移到新的产业部门中，不断创造和形成新的优势。

三、生产要素国际流动的内容

不同生产要素的流动性是大不一样的。比如土地根本无法流动，自然资源虽可流动但流动性较差，有些流动的成本很高。能够在国际间流动的生产要素主要有劳动力、资本和技术三类。

第一类较具流动性的生产要素是劳动力。由于自然和历史的原因，劳动力在不同国家的分布很不均衡，这使得人口的国际流动从古代一直延续至今，其原因历来出自经济上的考虑。从欧洲人踏上美洲大陆到向那里贩卖黑奴，再到第一次世界大战前千百万人横渡大西洋，潮水般涌向美洲和大洋洲，这些大规模的移民运动使当地得到开发，推动了美国、加拿大和澳大利亚等国家的经济发展。如果以海岸线为标准，中国也经历了两次大的劳动力国际流动：一是近代华南、闽南一带劳动力下"南洋"；二是20世纪80年代以来的"出国潮"。这两次流动不仅对流入地的经济发展起到了促进作用，也对中国经济产生了较大影响，"海外华人"是促进中国对外贸易发展的重要因素。对劳动力的国际流动要具体分析，并非所有的劳动力流动都能促进经济贸易的发展。譬如，发展中国家向发达国家输出劳动力能缓和前者的就业压力、增加外汇收入并弥补后者劳动力的短缺，但发展中国家熟练劳动力及科技人才向发达国家的迁移则加剧了发展中国家人力资本的短缺，阻碍了其经济贸易的发展。因此，在当代，不但发达国家出于本国就业及种族、政治等因素对劳动力流入加以限制，而且发展中国家基于本国经济发展的需要也对劳动力特别是技能型熟练劳动力的流出加以控制，应该说都有其经济理由。国际移民组织2020年《世界移民报告》显示，2019年全球77亿人口中有2.72亿人为跨国移民，跨国移民占全球人口的3.5%，相当于印度尼西亚的人口，其中52%为男性、48%为女性，74%的移民年龄在20和64岁之间。

第二类具有明显流动性的要素是资本。随着资本主义发展产生的过剩资本，为了寻找更有利的投资场所、获得较高利润，纷纷流向国外。世界主要货币的国际化及国际结算手段的日新月异，使资本流动的技术障碍日趋减少，资本流动规模不断膨胀。当代，资本流动已从最初的由资本过剩的国家流向资本短缺的国家，发展为发达国家之间、发达国家与发展中国家之间、发展中国家之间的交互投资，资本流动成了影响几乎所有国家经济发展的重要因素。虽然外国资本并非是促进东道国经济发展的"天使"，它在带来经济增长、人民生活改善的同时,也会产生一些负面影响,但众多国家还是把吸引外国资本流入列为发展本国经济的优先课题。

图 9-2 显示,尽管长期以来世界发达地区(Developed Regions)一直是 FDI 流入的主要地区,但是一个显著的趋势是发展中地区(Developing Regions)正在成为越来越重要的 FDI 流入地,甚至占比已经超过了发达地区。

最后,国际技术转移是国际生产要素流动的重要组成部分。这里所说的技术转移包括技术、知识、专利、管理经验等的国际流动。流动的方式一般分为非商业性技术转移和商业性技术转移,前者是以政府援助、科技交流等形式进行的技术转移,通常是无偿的;后者即是知识产权贸易。此外,技

图 9-2 发达地区和发展中地区 FDI 流入占比的变化(1970—2020)

数据来源:UNCTAD statistics。

术转移还包括由于商品贸易而带来的技术外溢。随着科学技术进步的加快,技术对经济发展的贡献度越来越大,科学技术水平的高低决定着一国国际竞争力的强弱。因此,引进国外先进技术成了许多国家特别是发展中国家实现经济腾飞,提高国际竞争力的重要手段。对发展中国家来说,阻碍经济进步的不仅是资本的不足,还在于技术、知识的缺乏所造成的劳动力素质和生产效率的低下,在于经营管理人才的短缺。技术的引进与交流、著作的传播,可以丰富和提高国家的文化科技知识,节约技术进步的成本,加快经济发展步伐。

需要指出的是,在现实生活中上述三种要素的流动往往是密不可分、相互补充的,它们之间较少相互替代。例如,跨国公司在从事跨国经营的时候,就是集资本输出、技术转移和人员流动于一体的。不过,从当前国际贸易的发展情况看,影响最大的还是资本流动。

第二节 国际资本流动的类型及其特征

第二次世界大战以来,特别是 20 世纪 90 年代以来,国际资本流动的规模迅速扩大,资本国际化趋势日益加强,资本输出的作用已经超过商品输出而成为国际贸易的重要基础,并对国际贸易的商品结构和地区流向产生了深刻影响。

一、国际资本流动的概念及类型

国际资本流动是指资本从一个国家或地区,转移到另一个国家或地区的一种国际经济活动,其目的是为了获得比国内更高的经济效益。

国际资本流动的形式是多种多样的。按资本流动方向,国际资本流动可分为资本输出和资本输入。资本输出指资本从国内(母国)流向国外(东道国),如本国投资者在国外投资设厂、购买外国债券等;资本输入是指资本从国外流入国内,如外国投资者在本国投资设厂、本国在国外发行债券或举借贷款等。按投资时间的长短,国际资本流动可分为长期投资和短期投资两大类。长期投资一般指投资期限在1年以上的投资;短期投资则是投资期限在1年以下的投资。按投资方式不同,国际资本流动可分为间接投资和直接投资两大类。

(一) 国际间接投资

国际间接投资包括国际证券投资和国际借贷资本输出,其特点是投资者不直接参与使用这些资本的企业的经营管理。

国际证券投资是指投资者在国际证券市场上购买外国企业和政府发行的中长期债券,或在股票市场上购买上市外国企业股票的一种投资活动。证券投资者的主要目的是为了获得稳定的债息、股息和证券买卖的差价收入。国际投资的证券化是当今国际投资发展的重要趋势。

国际借贷资本输出是以贷款或出口信贷的形式把资本出借给外国企业和政府。借贷资本输出虽然和国际证券投资一样不直接参与企业的经营管理,主要为了获得利息收入,但其间又有不少区别。例如,风险的承担者在国际证券投资中是投资者,而在国际借贷中是借款者。

国际借贷资本输出的具体方式有政府贷款、国际金融机构贷款、国际金融市场贷款和中长期出口信贷。① 政府贷款。这是指各国政府或政府机构之间的资本借贷。这种贷款多为发达国家向发展中国家提供的具有援助性质的贷款,其利息较低(一般为3%左右)、偿还期较长(可长达20~30年),有些甚至是长期无息贷款。但这种贷款大多附有某些政治条件并有指定的用途。② 国际金融机构贷款。它是全球性国际金融机构(世界银行、国际货币基金组织、国际开发协会和国际金融公司)和区域性国际金融机构(如欧洲投资银行、泛美开发银行、亚洲开发银行等)对其会员国提供的贷款。这类贷款的条件一般也比较优惠,并规定特定的用途。③ 国际金融市场贷款。这主要指国际商业银行提供的中长期贷款。这种贷款可由一家银行单独提供,也可由国际银团联合提供,其贷款金额大、期限长、作用不限,但利率和费用高。④ 中长期出口信贷,主要是通过资本的借贷以达到促进本国出口的目的。

一个国家通过国际间接投资获得的资金构成一国的外债。外债规模的大小影响一国的经济发展,所以应控制在适度的范围内。衡量外债规模的指标通常有三个:

(1) 负债率。即一国一定时期负债余额与同期GNP之比。这个指标一般不能超过20%,低于15%较好,高于30%则出现债务困难。

(2) 偿债率。即一国一定时期外债还本付息额与当年外汇经常收入之比。这个指标不能超过25%,否则有债务困难。

(3) 债务率。即一国一定时期负债余额与同期外汇经常收入之比。该指标不能超过100%。

(二) 国际直接投资

国际直接投资,又称对外直接投资,是指投资者投资于国外的工商企业,直接参与或控制企业的经营管理而获取利润的一种投资方式。相对于间接投资,它具有两个主要特征:第一,它以谋取企业的经营管理权为核心。投资者通过投资拥有股份,不单纯是为了资产的经营,而是为了掌握企业的经营管理权,通过经营获得利润。由于国际投资的收益来自企业利润,因此是不固定的。相反,间接投资的收益一般是固定的。第二,它不仅仅是资本的投入,还包括专门技术、生产设备、管理方法以及销售经验等的国际转移,是经营资源的综合投入;而国际间接投资并不必然引起生产要素的国际流动。

国际直接投资的方式主要有四种:① 投资者直接到国外开办独资企业,设立分支机构、附属机构等,掌握100%的股份。它可以通过建立新企业或全资收购国外现有企业来进行。② 购买国外企业的股票并达到一定比例。按国际货币基金组织的定义,拥有25%投票权的股东,即可视为直接控制。在某些场合,只要掌握10%的股权即可控制经营,而在另一些场合,则须达到50%。③ 同国外企业共同投资,开设合资企业或合营企业。这类企业由双方按一定比例共同投资建立,共同管理,共负盈亏,一般实行有限责任制。④ 投资者利润的再投资。投资者不把在国外企业获得的利润汇回母国,而再投资于该企业,也属国际直接投资行为。为便于实现自己的全球战略,在国外投资设立独资企业和控股企业是目前跨国公司对外直接投资的主流。

随着全球经济一体化趋势的加强,国际直接投资在国际经济合作中的重要性日益增加。按照投资者的经营动机,国际直接投资可以分为以下五种类型:

(1) 自然资源导向型。这类投资一般都投向能源、矿产、森林等自然资源比较丰富的国家和地区,在那里建立原材料生产和供应基地,以弥补投资者母国自然资源的匮乏,确保本国生产的正常进行。许多国家在中西亚、南美洲和澳大利亚等地进行的直接投资很多属于这种类型。

(2) 生产要素导向型。这主要指为了降低生产成本,而在土地资源和劳动力供应比较丰富的国家进行的直接投资。随着经济的发展,发达国家和一些新兴工业化国家地租和工资水平节节上升,带来了生产成本的增加,直接影响到产品的国际竞争力。为了减轻这方面的不利影响,这些国家就以直接投资的方式,把那些占地多、费工、费时的生产工序转移到土地和劳动力资源比较充裕的国家或地区,以利用当地廉价的土地和劳动力等生产要素。例如,在美国和墨西哥边境地区,一些美国企业在墨西哥一侧设厂从事生产和加工,然后在美国一侧进行组装与销售,从而出现了许多"双重工厂",就是这类投资的典型。这类投资也被称为效率导向型投资。随着一些发展中国家教育和科学技术水平的提高,劳动力素质不断提高,发达国家现在也开始把一些技术含量相对较高的制造环节和服务环节向发展中国家转移。

(3) 市场导向型。这是以扩大市场销售为目标的对外投资。与在本国完成商品生产,然后再出口到国外的模式不同,它通过在当地生产、当地销售,可以使设计和生产更接近市场,随时了解、掌握市场动态,并可降低运输费用,从而达到维持和扩大对市场的占有率。特别是在各种关税和非关税壁垒阻碍了正常商品出口的情况下,通过对外直接投资,可以绕过这些壁垒而替代出口,同样能够获取贸易利益。市场导向型的直接投资,一般是分阶段进行的:最初是对出口市场的开辟和出口销售,等进行到一定阶段后,就开始在销售地进行装配或着手制造部分零部件,最后再把大部分或全部生产过程都转移到国外。

这种类型的投资通常出自两方面的考虑：一是利用技术上的优势，力争在短期内占领国外市场；二是利用规模经济，扩大市场占有率，以实现规模效益。有关学者经过对比分析，在20世纪90年代中期以前，美国、欧盟对中国的投资主要是市场导向型的，它们主要看中中国现实的和潜在的国内市场；而日本对华直接投资则主要属于要素导向型。90年代中期以后，日本对华直接投资中市场导向型的比重不断提高。

（4）交易成本节约型。这是为了克服市场不完全性可能造成的风险而进行的直接投资。在第三章公司内贸易理论的分析中，我们已经提到，现实中的市场并非理想的完全竞争的市场，市场上信息分布是不对称、不完全的，信息的获得是需要成本的，从谈判、签约到契约的执行也都要付出代价，在国际市场上就更是如此。针对市场的不完全性而进行对外直接投资，就可以克服市场不完全性带来的较高的交易成本，以企业内部的行政关系替代市场上的买卖关系，以长期契约取代短期契约，从而达到克服市场风险、确保资源供应和降低生产成本的目的。这种投资多表现为跨国公司内部所进行的垂直一体化型的投资。

（5）研究开发型。这类投资在20世纪50—70年代主要指一些发展中国家通过向技术先进的国家进行直接投资，在那里进行独资收购或合资经营高科技企业，将其作为从事科研开发、新产品设计的前沿阵地，以打破竞争对手的技术垄断和封锁，引进新技术和新工艺。90年代以来，在发展中国家这类对外直接投资继续发展的同时，发达国家相互之间及发达国家对发展中国家的研究开发型投资也得到迅速发展。后一种类型的研究开发型投资是与发达国家跨国公司生产经营的全球化趋势相一致的，其表现为研究开发的全球化。80年代中后期以来跨国公司研究与开发的全球化主要出于以下动因：满足高新科技研发高额投入的需要；共担研发风险；通过相互间技术合作，加快新产品研发速度；开发适应东道国市场需要的产品，以及利用东道国廉价的科技资源、科研人才。跨国公司通过国际直接投资进行的海外研发可以分为两种：一是以母国为基地的技术开发型R&D，它主要属于需求驱动型，是为适应东道国市场的特殊需要、提高产品在东道国市场的竞争力，对跨国公司原有技术进行本土化改造，不增加跨国公司核心技术；二是以母国为基地的技术增长型R&D，它主要属于供给驱动型，直接利用东道国的基础技术或R&D资源，提高跨国公司现有技术水平。通过国际直接投资进行海外研究与开发、利用全球研发资源是当代跨国公司全球化经营战略的重要方面。

二、当代国际资本流动发展的原因

当代国际资本流动发展迅速，其中主要因素有以下三个方面。

（一）资本供求规律是促使资本国际流动的基本因素

从国际资本的供给来看，发达国家经过长期的经济发展，资本积累和社会财富的数量不断增加，特别是战后科技革命的发展带来的劳动生产率的大幅度提高，更使发达国家的资本积累达到空前规模。而私人垄断资本的高度发展和生产成本的上升，又使国内有利可图的投资场所相对缩小，追逐高额利润的冲动必然促使大量的相对过剩资本涌向国外。而在国际资本的需求方面，大多数发展中国家经济相对落后，资金、技术和管理经验相对缺乏。为了实现经济的增长和腾飞，它们需要引进国外资本来弥补本国的资金缺口。同时,不少发展中国家自然资源丰富、劳动力丰廉,国民教育和必要的工业基础设施也得到了一定程度的发展,能够给外国投资以较高的回报。反过来,一些新兴工业化国家和新兴市场经济国家不仅成为发达国家跨国公司理想的投资场所,而且随着经济的发展自身也逐步成为国际资本的供给者,推动了国际资本流动的进一步扩大。

(二) 生产国际化的发展是资本国际流动的重要动力

20世纪90年代以来,随着科技革命的发展,国际分工出现了全新的格局,经济全球化使产品内分工迅速发展。建立在高投入、高科技基础上的众多工业部门生产规模庞大、生产过程复杂、产品多种多样,单靠一个企业甚至一个国家往往不可能有效地组织某种产品生产,需要国际间的资本、技术的合作。同时,为了降低生产成本、提高产品性能,也需要在全球范围内合理配置资源,充分发挥各方优势。这种由分工的深化造成的生产国际化、产业链条布置的全球化是发达国家之间以及发达国家和新兴市场经济国家之间国际直接投资迅速增加的重要原因。由跨国公司主导的全球价值链约占全球贸易的80%。

战后跨国公司的迅速发展是生产国际化的集中反映。跨国公司通过直接投资把某种产品的生产过程、生产工序进行分解,分别安排在不同国家和地区的子公司进行生产或在公司外部进行外包,以充分利用不同地区资金、资源、技术、劳动力和市场的优势,达到最理想的国际分工。跨国公司的这种全球化经营策略,不仅促进了其自身的发展壮大,也促进了资本在国际生产和服务领域的流动。

(三) 世界经济贸易的区域化、集团化是促进国际资本流动的重要因素

生产国际化在促进世界各国加强合作、使全球经济日趋一体化的同时,也使得国际市场上的竞争愈演愈烈。由于各国综合经济实力和国际竞争力的差异而形成的经济效率的反差,迫使一些国家联合起来,希望借助集团的力量维护各国在激烈的国际竞争中的利益。这便导致了战后世界经济贸易的区域化、集团化。这些区域性集团的共同特征是对内允许商品和资本的自由流动,对外实行统一的关税和非关税壁垒,限制集团外国家商品的输入。为了打破贸易集团及其他国家的贸易壁垒,发达国家及一些新兴的发展中国家便通过各自的跨国公司,借助国际直接投资,通过到东道国投资设厂,就地产销,巩固和提高自己的市场份额。例如,1958年欧洲经济共同体成立后,美国为了提高其商品在西欧的竞争力,提出了"将工厂搬到欧洲去"的口号,大力发展在西欧的私人直接投资。东亚和东南亚地区是吸引国际直接投资的重要目的地,跟该地区区域内分工的深化密不可分。

除以上三方面因素以外,当代全球市场体制的建立、国际金融市场的发展、东道国对资本流入的鼓励、通信及交通运输的日益便捷等,也都是促进资本国际流动的重要条件。

第三节 国际资本流动与国际贸易的发展

一、国际资本流动的经济效应

国际资本流动的经济效应,分析的是国际资本流动对资本输出国、输入国及整个世界

生产和国民收入分配的影响。其代表性理论是麦克杜格尔(G.D.A. MacDougall)在其1960年的一篇论文中提出的麦克杜格尔模型。① 后经肯普(M.C.Kemp)的发展,成为分析国际资本流动的一般理论模型。

麦克杜格尔和肯普认为,在国际间不存在限制资本流动的因素,资本可以自由地从资本要素丰裕的国家流向资本要素短缺的国家。资本流动的原因在于前者的资本边际生产力低进而资本的价格低于后者,资本国际流动的结果将通过资本存量的调整使各国的资本边际生产力趋于均等,从而提高世界资源的利用率,增加世界的总产量和各国的福利。

下面通过图9-3对此加以说明。

现在假设世界由资本输出国(A国)和资本输入国(B国)组成。在封闭的经济条件下,两国存在充分的竞争,资本的价格由资本的边际生产力决定。由于资本边际生产力存在递减的现象,资本供应丰裕的输出国的资本边际生产力低于资本输入国。

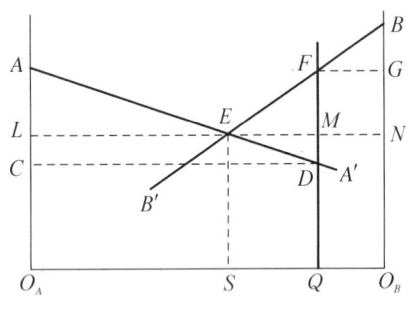

图9-3 国际资本流动的一般理论模型

在图9-5中,横轴代表资本的数量,纵轴代表资本边际生产力。O_A为资本输出国A国的原点,O_AQ为A国拥有的资本量,AA'为A国的资本边际生产力曲线;O_B为资本输入国B国的原点,O_BQ为B国拥有的资本量,BB'为B国的资本边际生产力曲线。O_AO_B是世界资本总量。

在资本流动前,A国使用O_AQ量的资本,生产总量为O_AADQ,资本的价格(即资本的边际生产力)为O_AC;此时B国使用O_BQ量的资本,生产出O_BBFQ的产量,资本的价格为O_BG。很明显,A国的资本价格低于B国的资本价格。由于资本可以在国际间自由流动,于是资本价格较低的A国资本便会流向资本价格较高的B国,直到两国的资本边际生产力相等,即$O_AL=O_BN$时才会停止。这个过程中,有SQ量的资本从A国流入B国,最后导致两国的资本边际生产力趋于相等,即它们的资本边际生产力最后都等于ES。

资本流动的结果,A国的生产量变为O_AAES,B国的生产量为O_BBES。与资本流动前的总产量(O_AADQ+O_BBFQ)相比,世界的总产量增加了DEF部分。这表明,资本国际流动有利于增进全世界的产量和福利水平,它是生产资源在世界范围内得到优化配置的结果。

对于向外输出资本的A国来说,其国内产量因对外投资而减少了$ESQD$,但其国民收入并没有下降,而是增加了。因为在国内产量减少的同时,该国又获得了$ESQM$的对外投资总收益(=对外投资量×资本的边际生产力)。只要对外投资收益大于因国内生产缩减而损失的收入,资本输出国的国民收入就会净增加。图中,A国的收入净增加了EMD部分。一般来说,对外投资的收益率都会高于国内投资,从纯收入的角度进行分析,输出资本很少会使一国的总收入因此减少。而对于输入资本的B国来说,由于使用了QS部分的外资,其总产量增加了$EFQS$部分。其中$EMQS$作为外资收益支付给A国,

---

① G. D. A. MacDougall: The Benefits and Costs of Private Investment from Abroad: A Theoretical Approach, Ecnomic Record, March, 1960.

EMF 部分是 B 国国民收入的净增加。对于资本输入国来说,只要引进资本后增加的产量大于必须支付给外国投资者的报酬,该国的净收益就会增加。

由此可见,国际资本流动使资本输出国和资本输入国同时分享了世界总产量增加所带来的利益。但另一方面,资本流动对 A、B 两国不同要素所有者的影响是不同的。对于 A 国来说,资本收入因资本输出带来的资本边际生产力的提高而增加了。但对劳动者来说就不那么走运了,他们会因国内生产、就业的减少而降低收入。在图 9-5 中,A 国的资本收入在资本流动前为 O_ACDQ,流动后为 O_ALMQ(＝国内部分 O_ALES ＋国外部分 $SEMQ$),净增了 $CLMD$ 部分。而劳动者的总收入在资本流动前为 ACD,资本流动后减少为 ALE,有 $LCDE$ 部分的收入转移到了资本所有者手里。B 国的情况与此恰恰相反,其国内资本收入因外资流入带来的资本边际生产力降低而减少,劳动者的收益则因此增加。在图中,B 国的资本收益由资本流动前的 O_BGFQ 变为 O_BNMQ,减少了 $NGFM$。而劳动者收入却由 BFG 增加到 BEN,增加了 $GNEF$ 部分。

麦克杜格尔模型在一定程度上揭示了国际资本流动的一般规律,说明了资本流动能增加总产量,并使有关国家分享其利益,同时还产生了国内收入的再分配。但需要指出的是,首先资本流动缩减资本输出国的国内生产规模进而降低劳动者的收入并不是一种必然现象。实际上,输出的资本往往是过剩的资本,或者是资本输出国削减了某个部门的生产,却发展起更具效率的其他部门。另外,资本输出还结合管理技术人员的输出等形式让国内劳动者分享了其收入的一部分;其次,资本输入后使一国的资本总收入减少和劳动者收益增加也是有条件的。在现实经济生活中,由于市场的不完全及社会制度等多方面的因素,资本流入并不一定就会发生有利于劳动者的收入再分配。

二、跨国公司国际直接投资的理论分析

国际直接投资理论主要探讨的是跨国公司对外直接投资的动因和途径,其代表性理论主要有垄断优势论、产品生命周期论、内部化理论、比较优势论和国际生产折中理论。

产品生命周期理论说明了拥有技术优势的企业(主要是发达国家的企业)如何在不同产品生命周期,随着技术优势的变化适时开展对外投资。我们知道,在产品生命周期的第二阶段,拥有技术优势的企业就应在国外进行直接投资,以充分发挥自己的优势,维持和扩大自己的市场份额。内部化理论则说明了由于市场的不完全性,跨国公司通过对外直接投资可以把要经过外部市场进行的交易变为公司内部的交易,即将外部交易"内部化",从而达到降低交易费用,保证生产连续正常进行,以便获取最大利润的目的。下面,主要分析有关国际直接投资的其他几个理论。

(一) 垄断优势论

垄断优势论是最早从经济学角度研究国际直接投资动因的理论。它最先由美国经济学家海默(S.H.Hymer)于 1960 年提出,但当时并没有引起人们的重视,其论文也直到 1976 年才得以正式出版。后来,金德尔伯格等又做了补充和发展。

海默认为,企业之所以能到国外进行直接投资,获取比国内投资更高的利润,是因为它具备东道国同类企业所没有的特定优势(即垄断优势)。这种垄断优势可以分为两类:

一是包括生产技术、管理技能及营销技巧等所有无形资产在内的知识资产优势;二是由于企业规模巨大而产生的规模经济优势。由于东道国同类企业不具备跨国公司所拥有的知识资产优势,或为取得这种优势需付出很大的成本,所以跨国公司就可以凭借自己的垄断优势到东道国投资办厂,获取更高利润。此外,跨国公司还可以借助对外投资,通过纵、横一体化,扩大生产规模,降低生产成本,由此限制东道国竞争者的进入,进一步增强自己的垄断地位。海默认为,这两种垄断优势是对外直接投资的必要条件,跨国公司应该到缺乏这些垄断优势的国家投资建厂。

在海默之后,西方一些经济学者沿着他的思路,对此进行了进一步研究。H.G.约翰逊认为,企业对外直接投资的垄断优势,主要来自对知识资产的占有和使用。这是因为,知识资产的生产成本很高,通过对外直接投资可以实现生产规模的扩大,从而降低利用知识资产的成本。而对于东道国企业来说,为获得同样的知识资产需付出很大的代价,很难和外国投资者竞争,还不如接受外来投资。

R.E.凯夫斯认为,跨国公司使产品差别化的能力是其获取垄断优势的重要原因。跨国公司之所以能在国外进行生产,是因为它能根据不同国家、不同消费者的偏好,设计和生产出适合不同消费者的产品,并能够运用高超的销售技巧迎合消费者的心理需要。

1969年,金德尔伯格在其著作《美国公司在国外》中提出了与海默基本一致的观点。他强调了市场结构的不完全性和跨国公司的垄断优势,指出当一个企业到国外投资时,因为国内外经济和社会环境的差异,必定会导致较高的生产和组织成本,但跨国公司却可以凭借自己的垄断优势获得成功。

总之,垄断优势论较好地解释了知识密集型产业的对外直接投资行为,并能够解释发达国家之间的相互投资现象,以此确定了其在国际直接投资理论中的地位。但它没有解释拥有专有技术等垄断优势的企业为什么不进行产品出口或技术转让,而是选择对外直接投资。这主要是因为其分析方法是静态的。实际上,弗农的产品生命周期理论可归结为其动态的发展。

(二)比较优势论

比较优势论是由日本一桥大学教授小岛清提出的。他在分析和总结垄断优势论的基础上,着重从宏观经济角度出发,阐明比较优势应是国际分工和对外直接投资的决定因素。其理论主要包括以下内容:

第一,无论是国际贸易还是国际投资都应立足于"比较成本原理"进行判断。他认为,企业发展论、产业组织论等研究方法常常停留在一种产品、一种产业或一个企业的分析上。这种研究方法虽然可以把多种因素考虑进去,对本国和世界各地的同一种商品的成本进行详细比较,但这样做是不够的。国际分工的研究方法应在此基础上再进一步,考虑至少两种商品(最好是多种)、两个国家的模式。应该先找出本国两种商品的成本比率,再采用和外国同种比率相比较的"比较之比较"的公式。

第二,国际贸易和对外直接投资的综合理论都可建立在"比较优势(成本)原理"基础上,但两者有所不同。在贸易方面,一国是按照既定的比较成本,通过对比较优势产业实行专业化并出口该种产品,同时缩减处于比较劣势产业的生产并进口该种产品,从而获取贸易利益。在对外直接投资方面,投资国应从趋于比较劣势的边际产业开始进行投资,这样做可以使对方国家因为缺少资本、技术或技能等而没有呈现出来的潜在比较优势显现出来或增强起来,为开展具有更大贸易利益的贸易创造条件。对外直接投资的利益是通过将更先进的生产函数移植到东道国而动态地创造出来的。就是说,贸易是按既定的比较优势进行的,而对外直接投资可以创造出新的、动态的比较优势。因为两者都是以比较成本原则为判断标准的,所以其理论基础从根本上说是一致的。

第三,小岛清认为,"边际产业"的概念可以扩大,更一般地称之为"边际性生产"。这是因为,同外国相比,本国的某一产业可能已经趋于比较劣势而变成边际性产业。但在此产业中,可能有些大企业还保持较强的比较优势,而中小企业趋于比较劣势,成为"边际性企业"。另外,在同一企业中,也可能只是某个或某些生产过程趋于比较劣势,变成"边际性部门"。因此,对外投资应从"边际部门""边际企业"开始。将这些"边际产业""边际企业""边际部门"概括起来,可统称为"边际性生产"。

第四,在投资国与东道国之间应从技术差距最小的产业依次进行移植,以适应东道国的需要,投资国的中小企业应走在对外投资的前面。具体来说,发达国家向发展中国家的投资要注意以下几点:① 要按照比较成本及其变动依次进行,并从技术差距小、容易转移的技术开始,按次序进行转移;② 要适应发展中国家的需要,依次移植新工业、转让新技术,分阶段地促进其经济发展,从而起到"教师的作用";③ 对外投资要能给东道国企业带来积极的波及效果,有助于当地劳动生产率的提高、生产技术和经营技能的掌握与普及,使当地企业家能够独立进行新的生产。

小岛清对美、日两国的对外直接投资进行了比较并发现,日本的对外直接投资是从本国已经处于或即将陷于比较劣势的边际产业依次进行的。这种"切合比较优势原理"的日本式的对外直接投资不是取代贸易,而是扩大贸易。这是因为,从本国趋于比较劣势的边际产业进行对外直接投资,在对方国家廉价生产并从对方国家进口是有利的。日本式的对外直接投资是导向产品对外销售的。从创造和扩大投资国的进口这个意义上说,是导向顺贸易的(Pro-trade Oriented of Trade-creating)。投资国原先的产品出口虽然会因在东道国的投资生产而减少,但另一方面,伴随对外直接投资的进行,投资国投资品的出口会增加,而且随着投资接受国民收入的增长,投资国一般产品的出口将会相应扩大。最后,整个贸易规模将会借助对外直接投资而得到补足和扩大。但是,美国式的反比较成本、凭借技术优势的垄断而对外进行的直接投资,则因为把具有比较优势的产品的生产转移到国外而替代了本国的出口贸易,非但没有节约成本,还使本国本可以通过出口而保持的贸易顺差完全丧失。

(三) 国际生产折中理论

国际生产折中理论又称国际生产综合理论(The Eclectic Theory of International Production),它由英国经济学家邓宁(J.H.Dunning)于1976年提出,并于1981年在其专著《国际生产和跨国企业》中做了详尽阐述。该理论试图建立一个全面的理论,以分析跨国公司对外直接投资的决定和影响因素。

邓宁认为,海默的垄断优势论、巴克利和卡森的内部化理论等是国际经济理论的重大发展。但这些理论都只对国际直接投资做了片面的解释,缺乏统一的、有说服力的模式。他吸收了上述理论的主要论点,并引进外部区位理论,将对外直接投资的目的、条件和能力综合在一起加以分析,由此形成国际生产折中论。邓宁指出,跨国公司所从事的国际生产方式大致有国际技术转让、产品出口和对外直接投资等三种,究竟采用何种方式取决于跨国公司所拥有的所有权优势(Ownership Advantage)、内部化优势(Internalization Advantage)和区位优势(Location Advantage)的组合情况,即所谓的OLI模式。其具体内容为:

(1) 所有权优势。所有权优势是跨国公司从事国际生产、能够在东道国与当地企业竞争所必须具备的最基本的优势。它包括两大类:第一类是对有价值资产的拥有和独占,称为资产性所有权优势(Asset Ownership Advantage)。有价值资产分为有形资产和无形资产。前者是指企业的规模经济、多样化经营以及对产品市场和原材料市场的垄断;后者是企业拥有的技术专利、商标、生产工艺以及管理和营销技能等。第二类是跨国公司所具有的高效率的行政管理能力,这类优势称为交易性所有权优势(Transactional Ownership Advantage)。它体现为跨国公司拥有分布全球的分支机构,并对这些机构进行集中管理所形成的优势,以及跨国公司由于实行多国经营,从而集中了有关国家经营管理特点而形成的优势。

(2) 内部化优势。这是指跨国公司为了克服外部市场的不完全性对资源配置的不利影响,以公司的内部交易取代外部市场的公开交易。通过内部化,跨国公司不仅可以降低资源配置的交易成本、减少获取市场信息的困难,更重要的是借此克服技术市场的不确定性,将技术优势保持在公司内部,从而维持对技术的垄断,保护自己的竞争优势。

(3) 区位优势。区位优势是跨国公司在选择对外直接投资地点和经营方式时,必须考虑的东道国的各种优势。邓宁认为,区位优势不是企业所有,而属东道国所有。决定区位优势的因素不仅有自然资源禀赋、要素的质量及成本(如资源成本、运输成本)、地理条件等自然因素,而且包括经济发展水平、经济结构、市场容量及潜力、基础设施状况等经济因素,以及东道国政府对经济的干预、调节和历史、文化、习俗、商品惯例等社会制度因素。区位优势直接影响到对外投资的成本和收益,跨国公司总是将资金投入具有区位优势的国家和地区。

如表9-1所示,邓宁认为,所有权优势、内部化优势和区位优势分别是跨国公司对外直接投资的必要条件。三种优势的组合状况及其发展变化,决定了跨国公司从事国际生产的方式:若公司只具备所有权优势,应选择技术转让;若公司具备所有权优势和内部化优势,则应选择出口贸易;只有当公司同时具备所有权优势和内部化优势,并且有东道国的区位优势可供利用时,才可选择对外直接投资方式。

表9-1 OLI模式

选择方式	所有权优势	内部化优势	区位优势
技术转让	具有	不具有	不具有
出口贸易	具有	具有	不具有
国际直接投资	具有	具有	具有

邓宁的国际生产折中论虽然不是理论的创新,但其主要贡献在于吸收和借鉴了过去有关跨国公司和直接投资的理论,克服了以往分析的片面性,从而使对跨国公司对外直接投资的分析更全面、更具说服力。然而,在解释中小企业的对外直接投资方面,该理论则有些力不从心。

三、发展中国家国际直接投资理论

20 世纪 80 年代以来,随着发展中国家对外直接投资的发展,有关发展中国家对外直接投资的理论也相应得到发展。在这些理论中,影响较大的有邓宁的投资发展周期理论、威尔斯的小规模技术理论、拉奥的技术当地化理论以及坎特威尔的技术创新产业升级理论。

(一) 投资发展周期理论

邓宁的投资发展周期理论是其国际生产折中理论在发展中国家的延伸。该理论用人均国民生产总值来解释发展中国家的对外直接投资地位。他认为,发展中国家的净对外直接投资(NOI)取决于四个方面的因素:该国经济发展水平或阶段、该国的要素禀赋结构和市场结构、该国政治和经济体制、中间产品市场失灵的种类和程度。随着一国经济发展,其净对外直接投资将经历四个发展阶段:

第一阶段,工业化前阶段,人均国民生产总值在 400 美元以下。处于该阶段的国家由于没有吸引国际直接投资的区位优势,也不具备足够的所有权优势,所以其国际直接投资流入量和流出量都很少,净对外直接投资接近零。

第二阶段,人均国民生产总值在 400～1 500 美元。该阶段相应的基础设施和政策体制等投资环境得以改进,外国直接投资流入量大增,但本国企业的对外直接投资仍然非常有限,净对外直接投资为负。

第三阶段,人均国民生产总值在 2 000～4 750 美元。该阶段国家拥有的所有权优势不断增加,本国企业的对外直接投资迅速发展,净对外直接投资开始上升。

第四阶段,人均国民生产总值在 4 750～5 600 美元。该阶段国家经济发展趋于成熟,其国内企业的 OIL 结构将促使其国际直接投资流出不断增加,最终超过国际直接投资的流入,使净对外直接投资变为正。

该理论以 OIL 模式为基础,从宏观角度考察了经济发展阶段对企业所有权优势的技术累积效果,具有较强的解释力。但有的经济学家根据经验数据指出,有的发展中国家在经济发展水平较低的阶段便开始有国际直接投资的流出。

(二) 小规模技术理论

美国经济学家威尔斯的小规模技术理论弥补了投资发展周期理论中将竞争优势绝对化的缺陷,用发展中国家跨国公司的相对竞争优势来解释其对外直接投资。该理论认为,发展中国家跨国公司的相对竞争优势主要来自低成本生产,而这又与母国的市场特征紧密相关。

发展中国家的相对竞争优势主要表现在以下三个方面:

(1) 小规模制造。低收入国家的市场需求量有限,大规模技术无法从这种小市场需求中获得规模效益。水平较高的发展中国家的跨国公司利用这一空间,使用从工业国引进的技术,结合当地市场,逐渐将其改造成小规模技术,从而开发了满足小市场需求的生产技术,获得竞争优势。

(2) 当地采购和特殊产品优势。因为东道国与本国经济发展水平接近,发展中国家的跨国公司就可以较多地吸收和利用东道国的技术、设备、人才和研发能力,降低生产成本。发展中国家的跨国公司有一部分产品是为了满足东道国与投资来源国有血缘关系的种族社区特殊要求,这种特殊产品也帮助发展中国家跨国公司赢得了竞争优势。

(3) 低价产品营销策略。物美价廉是发展中国家跨国公司抢占市场的有力武器。与发达国家跨国公司的产品营销策略相比,发展中国家跨国公司不是依靠商标优势或营销网络优势,而是通过低价方式销售产品,其推销产品的广告费用大大低于发达国家同行业内的公司。

威尔斯将发展中国家跨国公司竞争优势的产生与这些国家自身的市场特征结合起来,说明了即使技术不够先进、生产和经营规模不够大的发展中国家企业也可进行对外直接投资。

(三) 技术当地化理论

该理论是英国经济学家拉奥在对印度的跨国公司对外直接投资的动机进行研究后提出的。拉奥认为,发展中国家跨国公司的技术特征表现在规模小、标准技术和劳动密集型技术等方面,但这些技术的形成却包含着企业内的创新活动。拉奥认为,以下几个因素能够使发展中国家形成和发展自己的独特优势:

(1) 发展中国家技术和知识的当地化是在不同于发达国家的环境下形成的,这种新环境与一国的要素价格和质量相关,从而能够形成自己独特的技术。

(2) 发展中国家生产的产品适合于他们自身的经济条件和需求,发展中国家的企业通过对进口技术和产品进行一定的改造,能够使产品更好地满足当地和邻国的市场需要,从而形成一定的竞争优势。

(3) 发展中国家企业的竞争优势还来自创新活动所产生的技术在小规模生产条件下具有更高的经济效益。

(4) 在产品特征上,发展中国家企业能够开发出与品牌产品不同的消费品,特别是国内市场较大、消费者偏好和购买能力有很大差别时,发展中国家的产品仍有一定的竞争能力。

另外,以上几种优势还会由于民族或语言的优势而得到强化。

拉奥的技术当地化理论将研究的视角转向微观层次企业的创新活动,强调发展中国家的企业通过技术引进和创新能够获得竞争优势,并可能对外进行直接投资。他强调了发展中国家跨国公司对外直接投资的能动性。

(四) 技术创新产业升级理论

英国里丁大学研究技术创新与经济发展问题的专家坎特威尔教授和他的学生托兰惕诺通过对发展中国家对外直接投资问题的系统考察,提出该理论。他们主要从技术积累论出发,解释发展中国家的对外直接投资活动,从而把这一过程动态化和阶段化了。

该理论认为,发展中国家产业结构的升级说明了发展中国家企业技术能力的稳定提高和扩大,这种技术能力的提高是一个逐步累积的过程;发展中国家企业技术能力的提高是与其对外直接投资的增长直接相关的。现有的技术能力水平是影响其国际生产活动的决定因素,同时也影响发展中国家跨国公司对外直接投资的形式和增长速度。由于以上原因,发展中国家对外直接投资的产业分布和地理分布是随着时间的推移而逐渐变化的,并且是可以预测的。

坎特威尔和托兰惕诺还进一步研究了发展中国家跨国公司对外直接投资的产业特征和地理特征。

在产业分布上,他们认为,发展中国家跨国公司对外直接投资受其国内产业结构和内生技术创新能力的影响,首先是以自然资源开发为主的纵向一体化生产活动,然后是进口替代和出口导向为主的横向一体化生产活动。

在地理分布上,发展中国家跨国公司在很大程度上受"心理距离"的影响,其对外直接投资遵循"周边国家—发展中国家—发达国家"的渐进式发展轨迹:首先是充分利用种族联系,在周边国家进行直接投资;随着海外投资经验的积累,种族因素的重要性下降,逐步从周边国家向其他发展中国家扩展;最后,在经验积累的基础上,随着工业化程度的提高,产业结构发生了明显变化,开始从事高科技领域的生产和开发活动,同时,为获取更先进、更高级的制造业技术,开始向发达国家投资。

该理论以技术积累为内在动力、以地理扩展为分析线索。随着技术积累固有能量的扩展,对外直接投资逐步从资源依赖型向技术依赖型发展,而且对外投资的产业也逐步升级,其构成与地理分布的变化密切相关。该理论比较全面地解释了20世纪80年代以后发展中国家,特别是新兴工业化国家和地区的对外直接投资活动,从而受到西方经济理论界的高度评价。

四、国际资本流动对国际贸易的影响

国际资本流动对国际贸易的影响主要表现在国际贸易规模、国际贸易格局、国际贸易方式及国际贸易政策等四个方面。

(一) 国际资本流动促进了国际贸易规模的扩大

从一般意义上讲,国际资本流动对国际贸易规模的影响可分为四种情况:

(1) 如果资本从输出国的出口部门流入输入国的出口部门,则会导致输出国出口产品生产的缩减和出口量的减少,以及输入国出口产品生产的扩大和出口的增加,从而资本输出国、输入国各自的出口规模会发生变化,但国际贸易总规模基本不变。

(2) 如果资本从输出国的出口部门流入输入国的进口竞争部门,则会导致输出国出口产品生产的缩减和出口量的减少,以及输入国进口竞争产品生产的扩大和进口的减少,从而资本输出、输入国各自的贸易规模和国际贸易总规模都会萎缩。

(3) 如果资本从输出国的进口竞争部门流向输入国的出口部门,则会导致输出国进口竞争产品生产的缩减和进口的增加,以及输入国出口产品生产的扩大和出口的增加,从而资本输出、输入国各自的贸易规模和国际贸易的总规模都会扩大。

（4）如果资本从输出国的进口竞争部门流向输入国的进口竞争部门，则会导致输出国进口竞争产品生产的减少和进口的增加，以及输入国进口竞争产品生产的扩大和进口的减少，国际贸易的总规模变化不大。

由此可见，国际资本流动对国际贸易规模的影响是比较复杂的。但在实践中，资本国际流动总体上对国际贸易起着促进作用。这是因为：第一，国际资本流动本身往往直接或间接地带动商品的进出口。一方面，对外直接投资会直接启动设备、技术及关键原料的出口；另一方面，资本输出国实行的出口信贷措施把出口和信贷结合在一起，提高了资本输入国的进口能力，带动了资本输出国商品的出口。战后，发达国家普遍采用出口信贷方式，极大地推动了大型成套机电设备的进出口贸易。第二，资本输出国在减少了资本输出部门国内生产的同时，往往发展起新的效率更高的部门，而资本输入国也因资本输入而增强了生产能力、提高了收入，双方的进出口能力最终都会因资本的输出和输入而提高。

当然，国际资本流动促进国际贸易规模扩大的事实并不能否认前者对后者一定程度上的替代作用。那么，一国在投资和贸易间究竟如何选择呢？假定投资国国内生产成本为 C，产品出口环节的流通成本为 M；而在东道国投资的生产成本为 C'，管理和营销成本为 M'，则：

若 $C+M<C'+M'$，则选择出口更有利；

若 $C+M>C'+M'$，则选择对外直接投资更合算。

这种分析不仅适用于对哪些国家采用出口、哪些实行直接投资的横向选择，还适用于对同一个国家何时采用出口、何时进行直接投资的纵向抉择。

（二）国际资本流动影响国际贸易格局

首先，战后的国际资本流动改变了国际贸易的地理格局。从当代国际经济情况看，国际资本流动的方向也就是国际贸易的主要方向。20 世纪 50 年代以前，国际资本主要从发达国家流向发展中国家，因此，那时发达国家与发展中国家之间的贸易在国际贸易中占主要地位。60 年代以后，随着资本输出的主要对象转向发达国家和新兴市场经济国家，发达国之间以及发达国家与新兴市场经济国家之间的贸易额也相应扩大，并占了全球贸易额的主要部分。

其次，国际资本流动改变了国际贸易的商品结构。50 年代中期以后，随着资本输出的主要部门由初级产品部门转向制造业和服务业部门，工业制成品贸易和服务贸易在国际贸易中的份额日益上升，初级产品的比重不断下降。同时，国际资本流动部门结构的改变还加快了发展中国家的工业化步伐，提高了工业制成品生产能力，优化了出口商品结构。在当今，随着跨国公司主导的国际直接投资的发展，服务于跨国公司全球产业链条分工的需要，中间产品、零部件贸易在国际贸易中的比重上升到 40% 左右。

（三）国际资本流动带来了新的贸易方式

传统的国际贸易主要由商人充当国家间商品交换的媒介，专业性的进出口贸易公司在国际贸易中占有非常重要的位置。战后，跨国公司通过对外直接投资，控制了企业的经营权，并设立自己的贸易机构，经营进出口业务。这样，跨国公司就把进出口同其他经营方面的决策结合在一起，以便及时了解市场动态，按照需求的变化来组织生产，灵活调整经营策略。跨国公司使很大一部分国际市场转变为内部市场，其内部交易不需要专业性贸易公司代理。随着跨国公司的发展，他们内部及相互之间的贸易额不断扩大，在国际贸易中的比重逐步上升，使得贸易中间商、代理商的地位日趋降低。例如，20世纪60年代，随着日本一些大企业纷纷建立自己的国内外贸易机构，其综合商社的地位急剧下降，当时在日本甚至出现了"综合商社夕阳论"的提法，公司内贸易对传统贸易方式的冲击由此可见一斑。在当代，跨国公司的公司内贸易已成为国际贸易的重要形式，比重达到40%左右。

此外，国际资本流动还产生了一系列新的国际贸易方式。这些方式在20世纪60—70年代主要有补偿贸易、加工贸易、国际租赁贸易。90年代以来，随着资本流动与国际分工的深化，进一步产生了制造业外包、服务业外包等新的分工与贸易方式，国际贸易的性质也由最初为获取商业利润、互通有无而开展的"为贸易而贸易"演变为满足跨国公司生产所需要的"为生产而贸易"。

（四）国际资本流动推动了贸易自由化

跨国公司通过对外直接投资实行全球化经营，在全球范围内调动资源，安排生产和销售，以获取投资收益最大化。只有在自由贸易的条件下，它们才能做到这一点。因此，跨国公司出于自身利益成为自由贸易的积极主张者，成为贸易自由化的推动力量。

另外，跨国公司也有实力促使贸易政策的自由化。首先，它们资本雄厚，能通过各种渠道影响政府决策。而在东道国，其子公司往往能凭借强大的经济实力，影响甚至左右当地的经济与政治决策，迫使发展中国家放弃或减少某些贸易保护措施。其次，直接投资能绕过贸易壁垒，使关税、配额等关税和非关税措施在一定程度上失去效力，从而客观上起到打破贸易保护的效果。最后，从积极意义上讲，资本流动对经济发展的重要性，迫使各种类型的国家，特别是发展中国家，放松对贸易的干预与控制，以改善投资环境、吸引外资流入、促进本国经济增长。但同时我们也要看到，跨国公司本质上是有国籍的，在某些时候他们也必须配合母国政府的政策。例如，在2018年中美贸易摩擦加剧、以美国为代表的西方国家将国际贸易政治化背景下，发达国家跨国公司不得不实行供应链的全球重新布局。

五、国际直接投资、贸易投资一体化与国际贸易理论创新

以上分析表明，在当代国际直接投资迅猛发展的情况下，国际直接投资不但成为影响世界经济贸易发展的主要因素，而且推动了贸易与投资的日益融合，贸易与投资日益一体化了。贸易与投资的一体化也推动了国际贸易理论与国际直接投资理论的日益融合。

我们知道，以比较优势和要素禀赋理论为主线的主流国际贸易理论，有一个重要的假定前提：不存在生产要素的国际流动。这一假定在李嘉图、俄林时代也许是合理的。但在二战以后，这一假定显然已经不符合实际。因此，当代的国际贸易理论越来越将国际直接投资纳入分析的框架。例如，在弗农的产品生命周期理论中，随着比较优势的变化，跨国公司的投资格局也发生相应的调整；在公司内贸易理论中，通过国际直接投资设立国外子公司更是成为公司内贸易开展的条件，有的经济学家干脆将公司内贸易理论归入国际直

接投资理论。另一方面,跨国公司的国际直接投资也离不开区位优势的考虑、中间产品的贸易等,因此,在国际直接投资理论中几乎都同时分析了投资对贸易的影响,这在海默的垄断优势论、小岛清的边际产业转移理论和邓宁的国际生产折中理论以及有关发展中国家对外直接投资理论中都得到了明确的体现。国际贸易理论与国际直接投资理论日益融合了。但由于这些理论基本上都是分析跨国公司的贸易与投资问题的,所以,国际贸易与国际投资融合的一般的理论框架尚未形成。国际直接投资的发展带来的贸易投资一体化对国际贸易理论的发展提出了新的课题。①

贸易投资一体化还对国际贸易理论的发展产生了诸多影响。这里,我们试做一些分析,供读者参考。

(一) 对国际贸易分工基础的影响

贸易投资一体化的发展,使得国际贸易分工基础将逐步由以国家为单位的比较优势转变为以跨国公司数量和在国际范围内整合资源的能力为主的竞争优势。一般认为,比较成本理论是国际贸易理论发展的主线。比较成本理论认为,在国际贸易分工中,只要各个国家发挥自己的比较优势,生产成本相对低的产品参与国际分工,就会获得比较利益,不仅其自身而且整个世界都会从中受益。瑞典经济学家赫克歇尔和俄林提出的要素禀赋理论,从一般均衡的角度,运用多因素分析方法进一步解释了比较成本差异产生的原因,并且对国际贸易模式做了确定性结论。比如劳动丰富的国家出口劳动密集型产品,资本丰富的国家出口资本密集型产品,技术、知识丰富的国家出口技术、知识密集型产品等。传统国际贸易理论有两大特点:一是以国家市场为基本分析单位,其理论的框架内没有公司和对外直接投资;二是对主要发生在发达国家和发展中国家之间的产业间贸易有明显的解释力。

但在贸易投资一体化条件下,比较成本作为国际贸易分工基础的地位在下降。因为比较成本理论和要素禀赋理论有一个至关重要的假设前提,即要素在国家间的不可流动性。正是由于要素的不可流动性才造成了各国比较成本的差异,国家之间的分工和贸易就成为弥补各国成本和资源禀赋差异、在全球范围内有效配置资源的唯一途径。但在经济全球化,要素特别是资本要素的流动性日益增强的情况下,企业成为参与国际经济合作和竞争的主体。随着国际贸易和国际投资的日渐融合,企业在国际市场上的竞争优势不再单单表现为贸易优势或投资优势,而是贸易投资一体化优势。一方面,由于要素流动壁垒的降低,一国企业将无法独享基于本国资源禀赋的比较优势,外国跨国公司通过直接投资也可以加以利用,从而整合为竞争优势;另一方面,本国企业也可以利用全球化的机遇,在整合全球资源的基础上,创造企业的竞争优势。可见,某一国的比较优势实际上成为本国及外国都可以利用的区位优势。至于究竟谁可以来进行这种"整合",这就要看哪个国家拥有更多国际竞争力强的企业。一个国家所拥有的资本实力雄厚或者技术、管理上有竞争优势的企业越多,其利用国外比较优势获利的能力就越强。因此,贸易投资一体化的实质是跨国企业依靠竞争优势,借助投资活动在全球范围内对资源的整合。一国企业的

---

① 张二震、马野青:"贸易投资一体化与当代国际贸易理论的创新",《福建论坛》,2002年第1期。

竞争优势,或者说一国企业利用贸易投资一体化的机遇整合全球资源所创造的竞争优势,成为当代国际贸易分工的重要基础。1991年,波特在国家竞争优势理论中就强调了竞争优势是一国在国际竞争中获胜的关键。一国具备国际竞争优势的企业越多,就越可以在国际分工中更多地整合别国的资源,并减少本国资源被别国企业整合的可能性。一国企业的这种竞争优势表现在:依靠资本力量从事大规模生产所获得的成本优势;依靠RL-D获取技术优势、生产差别化产品的能力;依靠独特的管理方法降低交易成本的能力等。

(二) 对贸易结构的影响

贸易投资一体化的发展,使得跨国公司的内部贸易不断发展,公司内贸易中中间产品、高科技精密零部件的比重不断增加。如上所述,在以比较成本为基础的国际贸易中,国际贸易格局以产业间贸易为主,国际交换的对象属于不同的产业部门。这是因为在传统贸易理论认为比较成本、要素禀赋的差异是国际贸易基础的情况下,各国必然分工生产要素密集度不同的商品以供交换。它主要发生在经济发展水平不同的发达国家与发展中国家之间,或者经济发展水平相近但要素禀赋差异较大的国家之间,产品的流动是单向的,产品的用途也存在很大差别。

20世纪70年代以来,随着科技发展、国际分工的深化,发达国家的产业内分工和贸易比重逐渐增加。它主要发生在同一产业部门内部,产品的投入要素比例、最终用途基本相近。根据主要解释产业内贸易的新贸易理论的分析,产业内贸易主要是发达国家的企业在产品差别的基础上为了追求规模经济效益而造成的,有的甚至可以通过协议性国际分工来达到。据此,产业内分工贸易的商品应以同一产业内的最终产品为主,如美国出口豪华轿车、进口经济型轿车,日本出口经济型轿车、进口豪华型轿车。但是,伴随着贸易投资一体化的发展,国际贸易格局又进一步发生了变化:虽然产业内贸易继续发展,但其贸易的对象、贸易的主体已与以前大不相同;跨国公司公司内贸易迅速增加,一些原来在跨国公司之间进行的产业内贸易,也将有一部分转为在跨国公司内部进行。这是因为透过经济全球化的表象可以发现,其实质是跨国公司所"经营"的贸易与投资活动的一体化。

为了壮大自身规模、减少竞争对手、降低经营风险,随着自身资金实力的增强、国际借贷的便捷,很多跨国公司往往采用横向购并的形式,在某一产业内开展多元化经营、系列化生产。这在当今的国际汽车、石化、信息等领域表现得非常明显。当代国际生产的增长主要是通过跨国并购而不是通过新建企业投资实现的。发达国家占世界并购额的90%,跨国公司占并购总额的90%。横向并购使原来生产同类产品(不同型号)的跨国公司之间可以通过产业内分工而进行的产业内贸易,转变为跨国公司内部分支机构之间的公司内贸易。例如,在奔驰与克莱斯勒合并以前,美国与德国这两个公司的汽车贸易属于公司间的产业内贸易,而两公司合并后的贸易变为公司内的产业内贸易。这种特大型"全能"跨国公司的出现,就对原先市场结构理论认为的企业出于规模经济效益只生产有限系列产品从而导致产业内贸易的理论解释提出挑战。

为了在全球竞争中保持核心竞争力,跨国公司在国际投资中往往采用垂直一体化战略,其形式既有独资、控股、参股的直接股权控制,也有借助品牌进行的非股权控制的虚拟一体化方式。在直接的股权控制模式中,跨国公司往往自己投资从事研究与开发以及关键环节和工序的生产,以确保技术领先的优势;对于普通、标准零部件和中间产品则采用全球采购的虚拟一体化模式,以降低成本。这种战略导致国际贸易形式发生了变化:对应于前者,表现为精密零部件和中间产品在公司内贸易中的比重不断上升;对应于后者,则表现为外包形式的加工贸易在整个国际贸易中的比重持续提高,并逐渐成为国际贸易的主要形式。通过垂直一体化,跨国公司在其内部以及跨国公司之间开展的这种生产环节、工序间的国际分工,及由此而产生的中间产品之间的贸易,即所谓垂直专业化分工与贸易,是当代国际贸易发展的新趋势。

值得一提的是,为了在激烈的全球竞争中赢得先机、抢占市场份额,跨国公司的研发活动已经不再局限于母国。研发本土化、全球化发展迅速,有的还在发展中国家设立研发中心。这就使许多新产品的国际贸易不再像20世纪五六十年代一样有一个明显的产业梯度转移的生命周期。用来解释国际贸易分工中产业梯度转移的费农的产品生命周期理论和小岛清的边际产业转移理论遇到了挑战。并且它给发展中国家如何发挥后发优势、实行技术赶超提出了新的课题。

(三) 对国际贸易利益的影响

贸易投资一体化的发展,使得国际贸易利益中的动态利益地位将日益突出。一国开展国际贸易的利益更多地表现在贸易对就业、技术进步、税收、GDP等的促进作用。以比较成本理论和要素禀赋理论为代表的传统贸易理论运用静态分析方法,阐述了每个国家只要发挥自己的比较优势参与国际分工和贸易,就会带来整个世界产量的增加、消费水平的提高和要素使用的节约。这是国际贸易的静态利益。传统国际贸易理论还分析了国际贸易对一国经济社会发展更为重要的动态利益。例如,通过国际贸易可以促进竞争、加快技术进步、促进资金积累、优化和提升产业结构、引进先进的观念、促进制度创新等。

但在贸易投资一体化发展的情况下,分析国际贸易利益需要有新思路。

第一,在贸易投资一体化条件下,国际投资的收益将逐步超过贸易的收益而居于主要方面。

传统的国际贸易理论认为,国际投资与国际贸易之间既相互替代,又相互促进,总体上国际投资是促进国际贸易规模扩大的。因为对投资国而言,虽然对外投资替代了原先的对外出口,但也因此带动了相关设备、关键零部件和原材料的出口,对受资国而言可弥补资本的短缺,使潜在的比较优势得以发挥,增强生产和出口能力。这种分析方法显然是传统的比较成本的分析方法,在国际投资活动中各国发挥的是自己的比较优势,投资的收益最终仍通过贸易活动得以体现。而且在这种投资收益以国家为单位的分析方法中,跨国公司的利益跟国家的利益是一致的,通过跨国公司的对外投资活动,资本输出国的利益会增加。

但在贸易投资一体化发展的条件下,虽然不排除国际投资与国际贸易之间存在相互促进的关系,因为国际投资优化了全球范围内的资源配置,扩大了中间产品、零部件的贸易;但对资本输出国而言国际投资的收益不能够再全部通过国际贸易的利益加以体现,这是因为经济全球化下的国际投资活动是跨国公司借助资本这一纽带所进行的全球范围的资源整合，为了利用某一东道国的要素优势（比如廉价的劳动力），它可能到该国投资设厂，但中间零部件、机器设备则可能来自他国而非母国，生产的产品可以就地销售，或向其他国家出口，出口收益则记在东道国的贸易收支上，跨国公司得到的是投资的收益——利润。如果跨国公司将利润汇回母国，则资本输出国得到了投资收益。相反，如果母国所得税率相对国外较高，跨国公司从自身总体利益出发有可能将利润留在国外。因此，在贸易投资一体化条件下，跨国公司的利益与母国的利益并不总是一致的，只有投资收益才能准确反映资本输出国所获得的直接利益。全球化因此也给资本输出国和输入国政府各提出了一个问题：资本输出国在积极培育跨国公司以提高国际竞争力的同时，又如何使之服务于国内的经济活动，增进国内的福利？资本输入国政府在积极吸引国际投资的同时，如何使跨国公司融入本国经济活动中，服务于东道国的经济发展？

第二，在贸易投资一体化条件下，传统的以国家为单位计算国际贸易收支的统计方法已经不能准确反映一国的贸易状况。

在没有要素国际流动的情况下，以国家为单位来统计贸易收支，能够准确反映一国的进出口状况。因为一国的出口产品全部是用本国要素生产的；进口产品也全部是用贸易对象国的要素生产的，出口表现为外汇收入的净增加，进口表现为外汇对贸易对象国的净支付，两个国家间的贸易差额因而也能够准确反映双方的贸易关系。但在经济全球化条件下，由于跨国公司的作用及资源的全球流动，一国的出口产品可能不是"本国企业"生产的，而是外国甚至进口国跨国公司的分支机构生产的。出口产品不仅使用了进口原材料和中间产品，甚至大部分来自进口，来自最终产品进口国的进口。这在加工贸易中表现得尤为突出。一些加工出口产品往往大部分原材料、零部件来自国外，加工出口国只获得了极为有限的加工费。根据传统的统计方法，加工贸易出口额都记为加工贸易出口国的出口显然是不公平的。它不仅片面夸大了出口国的出口规模，容易导致国际贸易关系的紧张，也掩盖了国际贸易中实际的利益关系。例如，中国出口美国的芭比娃娃，出口价格为 2 美元，进口原材料为 1 美元，运输、管理费为 65 美分，中国获得的加工费（工缴费）只有 35 美分，而在美国国内的售价达 20 美元。美国厂商获得了主要的利益，中国的收益只有 35 美分，但 2 美元的出口额却记在中国的头上，这显然是不公平的。所以，经济全球化给国际贸易统计体系提出了变革的要求。

第三，在贸易投资一体化条件下，国际贸易的动态利益在国际贸易利益中的重要性增加，对相对落后的发展中国家更是如此。因为，在贸易投资一体化条件下，各国市场都成为国际市场的一部分。在一国市场上从事生产和出口的企业不仅有"纯粹"本国的企业，还有外国的企业、合资企业，出口收入因此并不为出口国所独享，外国企业可以将出口利润汇出国外。特别是当发达国家的跨国公司在发展中国家开展国际化经营时，它们还不可避免地会使用转移价格的手段转移利润，发展中国家所获得的直接贸易利益因此大打折扣。在此情况下，国际贸易的动态利益就成为发展中国家开展国际贸易、吸引外国投资的重要目标。一国是否从国际贸易与国际投资中获益，固然要看所获得的静态利益，但更应注重它对本国就业、税收、产业结构升级、国民收入、社会的现代化等方面的贡献。

本章小结

在传统的国际贸易理论中,生产要素是不能在国与国之间流动的。但随着科学技术、交通运输和国际贸易本身的发展以及管制的放松,生产要素日益具有流动性。劳动力、资本和技术是常见的可在国际间流动的要素。生产要素的国际流动与国际贸易存在密切关系。从静态角度看,两者是相互替代的关系;从动态角度看,又是相互促进的,直至当今出现的一体化趋势。

在要素流动中,对当代国际贸易影响最大的是资本的国际流动。国际资本流动可分为国际间接投资和国际直接投资。从国际贸易学角度分析的主要是国际直接投资对国际贸易的影响。国际直接投资是外国厂商直接投资于东道国的工商企业,以获取经营管理权、赚取利润为目的的投资。按投资的目的可分为自然资源导向型、生产要素导向型、市场导向型、交易成本节约型以及研究开发型。

国际直接投资的迅速发展是当代国际经济的重要现象。国际直接投资对国际贸易规模的扩大、贸易格局的改变、贸易方式的多样化以及贸易自由化都起着重要的推动作用,这也使得国际直接投资成为当代经济学家研究的重点课题,国际直接投资理论也因此不断发展。由于在国际直接投资中,发达国家占主导地位,发达国家跨国公司是投资的主体力量,所以有关国际直接投资的理论主要是研究发达国家跨国公司的国际直接投资行为的。其主要理论有垄断优势论、边际产业转移论、国际生产折中理论、产品生命周期理论、内部化理论。20世纪80年代以来,随着发展中国家对外投资的发展,有关发展中国家跨国公司的国际直接投资理论也发展起来,影响较大的有投资发展周期论、小规模技术理论、技术当地化理论、技术创新产业升级理论。而当今的贸易投资一体化趋势也对国际贸易理论的诸多方面提出了挑战。

复习思考题

一、名词解释

国际间接投资　国际直接投资　垄断优势论　国际生产折中理论　边际产业

二、思考题

1. 试述促进要素流动迅速发展的原因及要素流动与国际贸易的关系。
2. 什么是国际直接投资?它有哪些主要特征?
3. 按投资者动机划分,国际直接投资有哪些类型?
4. 什么是麦克杜格尔模型?其主要内容是什么?
5. 试评述有关国际直接投资的垄断优势论。
6. 试评述小岛清的比较优势论。
7. 国际生产折中理论的主要内容是什么?它有什么积极意义?
8. 试评述有关发展中国家直接投资的理论。
9. 国际资本流动对国际贸易有哪些影响?

第十章

国际贸易与经济发展

国际贸易与经济发展的关系,包括互相联系的两个方面:一是国际贸易对经济发展的作用,二是经济发展对国际贸易的影响。这两个问题在第二章和第五章中已经做了一些分析,这里首先系统地阐述一下有关理论,然后再分析、探讨发展中国家的经济发展方式与贸易发展战略问题。

第一节 国际贸易与经济发展的相互关系

一、国际贸易在经济发展中的作用

(一)马克思主义经典作家的论述

按照马克思主义的观点,对外贸易与经济发展的关系,归根到底是交换与生产的关系。马克思说:"交换的深度、广度和方式都是由生产的发展和结构决定的。……可见,交换就其一切要素来说,或者是直接包含在生产之中,或者是由生产决定,"[①]从最本质的意义讲,生产决定交换,但如果从再生产过程看,作为再生产过程的一个阶段的交换,不仅仅是一个消极的被决定的东西,在一定条件下也能对生产发生反作用,有时会对生产的发展发生巨大的推动作用或阻碍作用。不断扩大的生产,需要一个不断扩大的市场;反过来,不断扩大的市场又能促进生产的不断扩大。这种情况,在各国经济发展史上和世界经济发展史上,是非常明显的。

另一方面,交换领域虽然是在生产运动的控制之下,但它还服从于本身的运动,并且它的发展有其本身的特点和规律性。马克思指出:"生产归根到底是决定性的东西。但是,产品贸易一旦离开生产本身而独立起来,它就会循着本身的运动方向进行。"[②]因此,生产与交换在每一瞬间都互相制约,并且互相影响,以致它们可以称为经济曲线的横坐标和纵坐标。

生产与交换的关系,也就是经济增长和对外贸易之间的辩证关系。经典作家一向重视对外贸易在资本主义发展中的作用。马克思指出:"对外贸易的扩大,虽然在资本主义生产方式的幼年时期是这种生产方式的基础,但在资本主义生产方式的发展中,由于这种生产方式的内在必然性,由于这种生产方式要求不断扩大市场,它成为这种方式本身的产

[①] 马克思、恩格斯:《马克思恩格斯选集》(第2卷),人民出版社1972年版,第102页。
[②] 马克思、恩格斯:《马克思恩格斯全集》(第37卷),人民出版社1971年版,第485页。

物。在这里,我们再一次看见了同样的二重作用。"[1]在这里,马克思根据历史与逻辑统一的原则,指出了在资本主义的产生和发展中,对外贸易曾经起过的巨大作用。列宁也同样重视对外贸易的作用,他指出:"没有对外贸易在资本主义国家是不能设想的,而且的确没有这样的国家。"[2]

(二) 西方经济学家的有关理论

西方经济学家中最早涉及国际贸易与经济发展相互关系问题的,是英国古典经济学家斯密。他提出的动态生产率理论和"剩余产品出口"(Vent for Surplus)模型,对以后的理论发展有重要影响。斯密认为,分工的发展是促进生产率长期增长的主要因素,而分工的程度则受到市场范围的强烈制约。对外贸易是市场范围扩展的显著标志,因而对外贸易的扩大必然能够促进分工的深化和生产率的提高,加速经济增长。斯密的这些论述包含了国际贸易具有带动经济增长作用的最初思想。其"剩余产品出口"理论更是着眼于贸易对经济增长的带动作用。他首先假定一国在开展国际贸易之前,存在闲置的土地和劳动力,这些多余的资源可以用来生产剩余产品以供出口,这样对外贸易为一个国家提供了利用过去未能充分利用的土地和劳动力的机会,为本国的剩余产品提供了"出路"。而且,这种剩余产品的生产不需要从其他部门转移资源,也不必减少其他国内经济活动,因而出口所带来的收益及换回的本国需求的产品,也没有机会成本,因而必然促进该国的经济增长。

李嘉图创立的比较成本理论,论证了贸易静态利益的基础。实际上,在他的著作中,也包含着国际贸易带动经济增长的思想。他认为,对外贸易是实现英国工业化和资本积累的一个重要手段。他指出,经济增长的基本动力是资本积累。随着人口的增加,食品等生活必需品的价格会因土地收益递减规律的作用而逐渐昂贵,工资(劳动力的价格)也将随之上涨。在商品价格不变的条件下,工资上涨将使利润下降,从而妨碍资本积累。通过对外贸易,如果能够从外国获得较便宜的食品等生活必需品以及原料,就会阻止在本国发生作用的土地收益递减倾向,促使经济增长。总之,李嘉图认为,通过进口廉价初级产品,阻止土地收益递减、工资上涨和利润率下降倾向,就可保证资本积累和经济增长。[3] 李嘉图的比较成本说是以国内充分就业和一般均衡为前提的,因此,出口部门的扩张是通过从进口替代部门转移资源来实现的,涉及进口替代部门的缩减,就这一点而言,并不必然得出经济总量同时增长的结论。因此,"剩余产品出口"理论可与比较成本说互补。

较为系统地论述贸易的发展利益的古典经济学家是英国的穆勒。他关于贸易对经济发展贡献的论述给后来的经济学家很大的启发。他第一次明确区分了贸易利益和发展利益。他认为,国际贸易具有两种利益:一种是直接利益,另一种是间接利益。直接利益包括两个方面:一是通过国际分工,使生产资源向效率较高的部门转移,从而提高产量和实际收入;二是通过贸易可以得到本国不能生产的原材料和机器设备等该国经济活动持续进行所必需或不可缺少的物质资料。间接利益则表现在:通过贸易分工推动国内生产过

---

[1] 马克思、恩格斯:《马克思恩格斯全集》(第 25 卷),人民出版社 1971 年版,第 264 页。
[2] 列宁:《列宁全集》(第 3 卷),人民出版社 1959 年版,第 44 页。
[3] 大卫·李嘉图:《政治经济学及赋税原理》,商务印书馆 1976 年版,第五、六、七章。

程的创新和改良,提高劳动生产率;通过产品进口造成新的需求,刺激和引导新产业的成长;通过开展对外贸易引入进口竞争、刺激储蓄的增加、加速资本积累。穆勒还指出,贸易通过下列途径推动不发达国家的发展:"外国工艺技术的引进,提高了资本的收益率;外国资本的引进使生产的增长不仅仅依赖于本国居民的节约和精打细算,并且为本国居民提供了激励性的示范,向人们传输了新的观念。"①穆勒的这些精辟论述对后来的发展经济学家产生了深刻的影响,它启发人们从新的角度来认识贸易利益问题。

受古典经济学家上述观点和理论的启发,后来的经济学家进一步探讨了贸易对经济发展的带动问题,其中较为著名的是对外贸易是"经济增长的发动机"(Engine for Growth)学说。贸易是"经济增长的发动机"的理论命题是 D.H.罗伯特逊在 20 世纪 30 年代首次提出来的,50 年代,R.纳克斯对这一学说又进行了进一步的充实和发展。纳克斯在分析 19 世纪国际贸易的性质时指出,19 世纪的贸易不仅仅是简单地把一定数量的资源加以最适当配置的手段,它实际上是通过对外贸易把中心国家的经济成长传递到其他国家,即中心国家经济迅速增长引起的对发展中国家初级产品的大量需求引发了发展中国家的经济增长,因此,对外贸易是经济增长的发动机。这一理论认为,较高的出口增长率是通过以下几条途径来带动经济增长的:① 较高的出口水平意味着这个国家有了提高其进口水平的手段。进口中包括资本货物的进口,而资本货物对于促进经济增长是特别重要的。资本货物的进口使这个国家取得国际分工的利益,大大地节约了生产要素的投入量,有助于提高工业的效益,它是经济成长的主要因素。② 出口的增长也趋向于使有关国家的投资领域发生变化,使它们把资金投向国民经济中最有效率的领域,即它们各自享有比较优势的领域。在具有比较优势的领域进行专业化生产,就会提高劳动生产率。③ 出口使得一国得到规模经济的利益。与单独的、狭小的国内市场相比,国内市场加上国外市场能容纳大规模的生产。④ 世界市场上的竞争会给一国的出口工业造成压力,以降低成本,改良出口产品的质量,并淘汰那些效率低下的出口工业。⑤ 一个日益发展的出口部门还会鼓励国内外的投资,并刺激加工工业或附属工业以及交通运输、动力等部门的发展,同时促进国外先进技术和管理知识的引进。②

澳大利亚国际经济学家马克斯·科登提出了贸易对经济增长率影响的理论。他的理论的主要特点是,将对外贸易与宏观经济变量联系起来进行分析,并且特别强调外贸对生产要素供给量的影响和对劳动生产率的作用。科登认为一国进行对外贸易对宏观经济将发生以下五个方面的影响:第一,收入效应。即通过贸易,提高了收入水平,贸易的静态利益转化为国民收入总量的增加。第二,资本积累效应。当派生于贸易利益的一部分收入增加额被用于投资时,该国的资本积累就会增加。第三,替代效应。如果投资品是进口含量较大的产品,则由于贸易的开展,会使投资品对消费品的相对价格下降,这将导致投资对消费的比率提高。因为投资成本的下降,人们更多地将收入用于投资。投资率的提高无疑会带动经济增长率的上升。第四,收入分配效应。贸易的发生将会使收入转向出口生产大量使用的生产要素,这些生产要素的报酬将会大大提高。如果各个生产部门或各

---

① 许心礼等:《西方国际贸易新理论》,复旦大学出版社 1989 年版,第 4 页。
② 姚曾荫:《国际贸易概论》,人民出版社 1987 年版,第 56 页。

种生产要素所有者的储蓄倾向不同的话,则这种收入分配的变化又会影响储蓄率的高低。例如,当收入更多地分配于储蓄倾向较高的部门或要素所有者,则在其他条件不变的前提下,储蓄率就会提高,因而提高了资本积累率。第五,要素加权效应。假定生产要素的劳动生产率增长不一致,那么产出的增长率就可视为各种生产要素增长率的加权平均数。当出口扩大,并且出口生产使用的是那种增长更快的生产要素时,出口生产的增长率往往会提高得更快。科登认为,所有上述效应都是累积性的,这意味着贸易对经济增长的贡献作用将随着经济的发展逐渐得到强化。

20世纪80年代中期以来,以罗默、卢卡斯和斯文森等人为代表的新增长理论,把技术变动作为推动生产率增长的核心因素。这一理论通过对增长因素的计量分析指出,发达国家经济增长的大部分应归功于生产率的提高。基于这一事实,新增长理论构造了一系列模型,将技术变动内生化,来研究国际贸易与技术进步及经济增长的关系。该理论认为,技术变动有两种源泉:一种是被动的,即不是经过专门研究开发出来的,而是从干中学会的,是通过经济行为学来的,称为"干中学"(Learning by Doing);另一种是主动的,是自己创造出来的,称为技术革新(Innovation),是研究与开发的结果。国际贸易可以通过"技术外溢"和外部刺激来促进一国的技术变动和经济增长:一方面,不管什么技术都有一个外溢的过程,作为先进技术的拥有者,有时通过国际贸易有意无意地将技术传播到别的国家,使别国的生产者逐渐学会和掌握了这些技术;另一方面,国际贸易提供了更为广阔的市场、更为频繁的信息交流和更加激烈的竞争,迫使各国努力开发新技术新产品。国际贸易与技术变动的相互促进关系将保证一国经济的长期增长。[①]

综上所述,随着国际分工、国际贸易的发展和各国经济国际化的深化,人们对国际贸易作用的认识也在不断扩展,对国际贸易带动经济增长与发展的动态利益的认识也更加深化了。开展国际贸易的目的,不仅仅局限于"互通有无",亦不仅仅着眼于通过交换获取静态贸易利益,提高消费水平和增进国民福利,而更多的是通过贸易的发展促进信息、物质、思想的交流,激发本国的创新机制,从而带动经济发展。当然,国际贸易能否对一国经济发展起现实的推动作用,这要取决于一系列内外部条件。

二、国际贸易对经济增长作用的测定

(一)外贸依存度

外贸依存度又称外贸系数、外贸率、外贸贡献度和经济开放度,它是指用一国进出口贸易总额在其国内生产总值或国民生产总值(少数情况下用国民收入)中所占的比重来表示一国国民经济对进出口贸易的依赖程度,或国际贸易对经济增长的贡献度。由于国际上,特别是在各国政府的官方文件中,对对外贸易额与国内生产总值或国民生产总值的关系并没有用相对统一的专有词汇来表述,所以外贸依存度有多种提法。但其基本含义是一致的,都是用于反映一国对外贸易在国民经济中的地位,同其他国家经济联系的密切程度及该国加入国际分工、世界市场的广度和深度。从横向比,一国外贸依存度越高,则对

---

① 海闻:"国际贸易理论的新发展",《经济研究》,1995年第7期。

外贸易在国民经济中的作用越大,与外部的经济联系越多,经济开放度也越高;从纵向比,如果一国的外贸依存度提高,则表明其外贸增长率高于国民生产总值增长率,对外贸易对经济增长的作用加大,经济开放度提高。

如果分别用出口额或进口额在国内生产总值(或国民生产总值)中所占比重来计算,外贸依存度可分为出口依存度和进口依存度。许多欧美学者将出口依存度定义为外贸依存度,而不用进出口额与国内生产总值做比较,原因在于:第一,避免重复计算;第二,出口额比进出口额更能如实反映一国经济发展的水平和参与国际分工的程度。故用出口额占国内生产总值的比重来计算外贸依存度的方法,在很大程度上已成为某种国际惯例。不过,从长期来看,由于一国的进口额和出口额基本平衡,因此,进口依存度和出口依存度相差不大。

一般而言,为了保持国际可比性,外贸依存度的计算要求将国内生产总值按一定汇率折算成美元,用同种货币计量出口额与国内生产总值。因此,影响外贸依存度数值大小的技术因素主要有三个:出口额、国内生产总值和外汇汇率。由于统计口径、统计范围和方法的不同,出口额和国内生产总值的统计值往往有一定的差异。按国际惯例,出口额一般按海关统计,其统计的范围和口径是按联合国制定的外贸进出口货物的统计标准设计、编制的,因而全面、可靠,具有国际可比性;相对而言,各国在国内生产总值的统计上统一性要差一些,如中国第三产业的统计范围小于一般市场经济国家的口径,非贸易产品中农村非货币收入项目统计不全面或未统计在内。尽管如此,各国国内生产总值总体上仍不乏可比性。汇率也是决定外贸依存度大小的一个重要因素,汇率的波动会影响到一国国内生产总值的折算。在折算时,一般采用年平均汇率,如果汇率波动较大,则按国际货币基金组织的做法,用近3年的平均汇率折算当年的国内生产总值。

此外,外贸依存度的高低还与一国的经济发展模式、经济发展水平、经济规模和人口规模等诸多因素综合相关。如果一国实行开放型的经济发展战略,必然重视对外贸易在经济发展中的作用,其外贸依存度就可能较高。相反,内向型的经济发展战略对应的一定是较低的外贸依存度。在开放经济条件下,当一国经济发展处于初级起步阶段时(如20世纪60—70年代的新加坡、中国香港、中国台湾、韩国等新兴工业化国家和地区),由于主要从事进口原料、加工成成品出口的加工贸易,因此,其外贸依存度会上升;而当完成工业化以后,这一比值会趋于稳定。大国(这里更多指地域辽阔、人口众多)往往由于国内市场容量大,可以更多地依靠本国力量发展经济,其外贸依存度往往较小国要低。美国经济学家库兹涅茨(S.Kuznets)与钱纳里(Hollis Chenery)对1965年许多国家人均国民收入水平与外贸率(进出口额与国民生产总值之比)的关系进行比较分析后,发现两者并不存在明显相关,使两个具有相同人均国民收入水平的国家具有不同外贸率的因素较多,其主要原因则是人口数量。

需要指出的是,随着世界经济一体化和国际分工的发展,各国国民经济将越来越融入世界经济之中,即各国外贸依存度长期波动向上。所谓外贸依存度的上升,从外部经济关系的角度来看,并非是指该国对外部经济的单方面依存,而是指一国与其贸易伙伴国及整个世界的相互依存,即"双向依存"。在这种"双向依存"的关系中,双方的经济政策和贸易政策在一定程度上互为影响、互为牵制。各国外贸依存度的上升表明这种双向依赖性的增加。在当代,美日、美欧及中美之间的贸易争端和摩擦最终都以各方的妥协得到解决,正是"双向依存"的最好说明。一国经济与世界经济的"融合"程度越大,并不一定成为削弱其经济自主性的理由。

(二) 进出口贸易对经济增长作用的测定

为分析进口贸易对经济增长作用的测定,有必要引进进口收入弹性的概念。进口收入弹性公式如下:

$$\varepsilon = \frac{\Delta M}{M} \bigg/ \frac{\Delta Y}{Y} = \frac{\Delta M}{\Delta Y} \bigg/ \frac{M}{Y}$$

式中,M 代表进口额,Y 代表国民收入。

进口收入弹性这个概念表示国民收入增加 1% 时,进口增加百分之几的比率,它是边际进口倾向($\Delta M/\Delta Y$)除以进口依赖度(M/Y)(又称平均进口倾向)的结果。把 Y 理解为国民净生产量,也可称为进口的产出量弹性。如果进口增长率高于国民收入增长率,则对进口的依赖程度增加;进口的收入弹性大于 1,称为顺贸易偏向增长。在这种情况下,国际贸易对经济增长的作用正在增进,并且可以解释为国际贸易的迅速增长带动了整个国民经济的增长。如果情况相反,即进口增长率小于国民收入增长率时,则进口依赖度会随着时间的推移而减小,即 $\varepsilon < 1$,称为逆贸易偏向增长,这说明国际贸易对经济增长的作用在减退。如果国民收入和进口处于平行增长($\varepsilon = 1$),进口依赖度不变(即中性增长),也不能认为贸易的作用已经消失,反而可以说,这是国内外生产要素得到了最有效利用的一种最佳状态。[①] 这是因为难以计量的贸易作用在发挥着很大的作用。当然,对外贸易是为国民经济更好的发展服务的,是实现经济发展的一个助手,而不是主角。随着国民经济的发展,比较优势结构是不断变化的,所以,必须根据这种变化及时调整进出口结构,以便保持最适当的贸易依赖度。国际贸易是否能够经常对国民经济的发展做出有利的贡献,是同国内经济和贸易结构顺利转变的能力,或者说结构调整能力密切相关的。如果缺少这种能力,贸易反而会牵制经济的发展。

出口贸易对一国经济增长的作用又该如何衡量呢?毫无疑问,出口依赖度可以作为一个指标。如果一国的经济增长伴随着出口贸易持续发展,可以认为出口对该国的经济起着积极的带动作用。还有一些西方经济学家通过计算若干发展中国家和地区的出口增长率与国民生产总值增长率之间的相关系数,来测定对外贸易对经济增长的作用。R.F.埃默里(R.F.Emery)检验了在 1953—1956 年 50 个国家和地区的出口增长率与实际国民生产总值(GNP)增长率之间的相关系数,他计算所得的系数是 0.820 27。赛伦(Syron)和沃尔(B.M.Walsh)的研究表明,发达国家的出口增长率与 GNP 增长率之间的相关系数是 0.86,而发展中国家为 0.62。B.巴拉萨(Bela Balassa)研究了 1960—1973 年 11 个发展中国家和地区的出口与经济成长之间的关系,他计算出来的结果是在 1960—1973 年工业制成品出口与工业制成品生产之间的相关系数是 0.709,而全部出口与全部生产的相关系数是 0.888。根据这些计算结果可以看出,对外贸易对这些国家的经济成长

[①] 小岛清:《对外贸易论》,南开大学出版社 1987 年版,第 239—240 页。

曾起到很大的作用。[1]

改革开放以来,中国的对外贸易取得了令人瞩目的发展:进出口总额由1978年的206亿美元增长到2013年的4.16万亿美元和2020年的超过4.6万亿美元;外贸依赖度从1978年的10%提高到2013年的45%,最高的2004年达到70%,2020年则为32%左右。对外贸易对中国的经济增长起着重要的带动作用,同时近些年对外贸易依存度呈现下降趋势,也说明中国开放型经济发展进入了新的阶段,"国内大循环"将在经济发展中扮演越来越重要的角色。

但我们对中国的外贸依赖度问题应实事求是地进行分析。21世纪以来,中国的外贸依赖度与加工贸易的发展模式有关。加工贸易中进口的原材料、中间产品实际上被统计了两次,这在一定程度上夸大了进出口规模。

三、经济增长对国际贸易的影响

一方面,国际贸易对经济增长起着重要的促进作用;另一方面,经济增长对国际贸易的格局以及贸易条件也有重要影响,这在前面已有详细分析。这里简要介绍一下哈罗德和小岛清的观点。

对于经济增长对国际贸易的影响,哈罗德(R.F.Harrod)提出了以下三个命题:

(1) 如果Ⅰ国的经济增长率大于Ⅱ国,Ⅰ国就会有入超倾向。假定国民收入增长率$\Delta Y/Y$和进口增长率$\Delta M/M$相等,$M/Y = \Delta M/\Delta Y =$常数,因而进口收入弹性$\varepsilon = \frac{\Delta M}{M} / \frac{\Delta Y}{Y} = 1$。加上表示Ⅰ国和Ⅱ国的下标之后,第一个命题就是:如果$\frac{\Delta Y_1}{Y_1} > \frac{\Delta Y_2}{Y_2}$,则$\frac{\Delta M_1}{M_1} > \frac{\Delta M_2}{M_2}$,如果初期是$M_1 = M_2$,则$\Delta M_1 > \Delta M_2$,即Ⅰ国产生入超倾向。

(2) 如果Ⅰ国的比较优势产业(即出口产业)中人均劳动生产率的增长率超过该国国民收入的增长率,Ⅰ国就会具有出超倾向。以E_1表示Ⅰ国的出口,在出口产业部门生产率提高后,会相应地生产出产量增加额ΔE_1,当$\Delta E_1/E_1$大于$\Delta Y_1/Y_1$时,因$\frac{\Delta Y_1}{Y_1} = \frac{\Delta M_1}{M_1}$,所以$\frac{\Delta E_1}{E_1} > \frac{\Delta M_1}{M_1}$,即Ⅰ国产生出超倾向。

(3) 如果Ⅰ国工资增长率小于人均劳动生产率增长率,Ⅰ国就会有出超倾向。如果我们把工资除以每人平均生产量(生产率)的结果称为效率工资,那么,如果效率工资低,就会产生出超倾向。很明显,如果一国的效率工资比外国便宜,则会导致:第一,出口商品成本更为低廉,从而增强该国商品的国际竞争力,出口量将会增大;第二,以前不能出口的商品也能出口了,出口商品的范围将会扩大;第三,进口商品将会相对显得不那么便宜了,因而进口数量将减少;第四,以前能进口的范围将缩小。由于上述情况,必将使该国发生出超。

---

[1] 姚曾荫:《国际贸易概论》,人民出版社1987年版,第69—70页。

哈罗德没有考察经济增长对贸易条件的影响,因而不能认为他的命题是完善的。但哈罗德在假定贸易条件不发生变化的情况下,考察经济增长对贸易的影响所得出的结论是有现实参考意义的。① 需要指出的是,哈罗德三个命题的成立依赖严格的假设前提,在实践中有些国家经济增长率很高,同时外贸顺差也不断加大。出超、入超是多种因素作用的结果。

日本经济学家小岛清把经济增长模型划分为五种类型;他根据进口竞争商品的国内生产量的增长率同出口商品生产增长率相比是相等、较大还是较小的情况,把增长划分为中立型的增长、偏于进口竞争产业型的增长和偏于出口型的增长;另外,作为极端的情况,还有进口竞争商品的国内生产量绝对减少的情况和出口商品生产量绝对减少的情况,分别称为超偏于出口型的增长和超偏于进口竞争产业型的增长。② 如果用 y 表示进口竞争商品的国内生产量,x 表示出口商品生产量,上述情况可以表述如下:

(1) 中立型增长:$dx/x = dy/y$。
(2) 偏于进口竞争产业型(逆贸易)的增长:$dx/x < dy/y$。
(3) 偏于出口型(顺贸易)的增长:$dx/x > dy/y$。
(4) 超偏于出口型的增长:$dx > 0$ 而 $dy < 0$。
(5) 超偏于进口竞争产业型的增长:$dx < 0$ 而 $dy > 0$。

总之,一国中性的经济增长对国际贸易的影响只限于规模和数量,而不平衡的经济增长,即增长是发生在进口竞争行业还是发生在出口行业,对一国进出口贸易的数量和构成有深刻的影响。这与罗勃津斯基定理的结论是一致的。

第二节　贸易发展战略与发展中国家的经济发展

前面多方面的分析表明,国际贸易与经济发展之间的确存在很高的相关关系。在当代国际分工发展日益深入,各国经济生活日趋国际化的情况下,要想获得本国经济的持续发展,离不开国际贸易的带动作用。但是,国际贸易能不能以及能在多大程度上促进一国的经济发展,与该国能否选择适当的贸易发展战略并适时加以调整有很大关系。下面对发展中国家的贸易发展战略进行分析,这一节先介绍有关贸易发展战略的基本知识。

一、经济发展方式与贸易发展战略

贸易发展战略是一个国家国民经济整体发展战略的一部分,它是在国民经济发展总体战略指导下,对一定时期的对外贸易发展方向、结构、目标以及所要采取的相应措施所做出的战略性决策,是一定时期内一国发展对外贸易的指导思想。因此,一国选择什么样的贸易发展战略,与该国选择什么样的经济发展战略有关。

---

① 小岛清:《对外贸易论》,南开大学出版社 1987 年版,第 242—243 页。
② 小岛清:《对外贸易论》,南开大学出版社 1987 年版,第 246 页。

一般地,从总的发展方向上看,发展中国家有两种发展战略或发展方式:一是外向型发展战略,二是内向型发展战略。所谓外向型发展战略,是指让本国经济积极参与国际分工、国际竞争和国际交换,参加到世界经济的循环中去,在国际经济关系的调整和国际市场的激烈竞争中寻找机会,做出趋利避害的选择,形成适合本国特点的、有利于发挥本国优势的、参与国际分工的态势,优化资源配置,并从经济开放中获得比较利益,从而带动本国经济发展。可见,外向型经济的发展战略强调利用本国和世界两种资源,利用本国和世界两个市场,尤其强调参与国际分工、利用世界市场的机会来获得发展。所谓内向型发展战略,是指主要依靠本国资源和本国市场来发展经济,较少同世界市场进行交换,如进行对外贸易,也只是"调剂余缺",把它看成是获得不能由本国提供的产品的手段。

世界银行则从对国内市场和国际市场的重视程度来定义外向型发展战略和内向型发展战略。按世界银行的定义,所谓外向型发展战略是指不歧视内销的生产或供出口的生产,也不歧视购买本国商品或外国商品。由于它能促进国际贸易发展,因此又被称为促进出口的战略。所谓内向型发展战略是指对工业和贸易的奖励制度有偏向,重视内销的生产,轻视供出口的生产,即进口替代战略。

世界银行制定了区分贸易战略性质的四项指标,即有效保护率、对进口的直接控制程度(如进口配额、进口许可证的运用)、对出口贸易的奖励、汇率定值的程度(本币高估还是低估)。据此,世界银行将贸易战略进一步细分为四种:坚定的外向战略、一般的外向战略、坚定的内向战略和一般的内向战略。

坚定的外向战略,是指采取贸易制度的中性原则,虽有贸易壁垒,但出口奖励抵消了对出口的抑制;进口和出口的实际汇率大体相等;不采用或很少采用直接控制的办法。

一般的外向战略,是指奖励制度总体上有结构偏向,注重为内销的生产,不重视为外销的生产。但对本国市场的实际保护率较低,有限度地使用许可证等直接控制办法,进出口贸易的实际汇率差别很小。

一般的内向战略,是指奖励制度明显地有利于为内销的生产。对本国市场的实际保护率较高,广泛实行对进口的直接控制和许可证办法;对出口虽有一些奖励,但有明显的反进口偏向,且汇率定值过高。

坚定的内向战略,是指奖励制度强烈地袒护为内销的生产,对本国市场的实际保护率很高,普遍实行直接控制和许可证办法,以限制传统的出口部门,对出口没有积极奖励,本币高估很多。

当代发展中国家的实践证明,外向型经济的发展战略或发展方式,有利于一国寻找国际市场机遇、促进经济发展。开放程度越大,发展的机会就越多。国际分工的发展与深化,世界市场的开拓与发展,促进了经济生活的国际化,闭关自守是没有出路的。

二、主要贸易发展战略的分析与比较

发展经济学家把发展中国家的贸易发展战略分为三种类型:初级产品出口导向战略、进口替代战略和出口导向战略。这实际上也是三种不同的经济发展战略或工业化战略。虽然在实践中很难做出这样的清晰划分,几种发展战略也不必然存在时间上的继起性,即从某一种贸易战略必然转为另一种战略,但在理论上进行这种分类并分别加以深入分析,还是有意义的。

(一) 初级产品出口导向战略

这种贸易战略强调发展中国家以本国廉价劳动力开发本国盛产的农、矿、特产等初级产品,出口创汇,然后用外汇进口制成品。这是在一国工业基础薄弱、生产力落后、本国工业制成品在国际市场上缺乏竞争力的条件下被迫实行的。因为对于大多数初级产品出口国来说,出口是决定一般经济活动水平的主要和能动的因素。当出口增加时,国民收入、国民投资、国民消费以及政府税收都随之增加,这样就可以提供更多的外汇,为更多的进口提供资金并满足新增消费和投资的需要,从而带动经济增长。

在外向型经济发展的最初阶段,一些资源丰富的发展中国家采取通过扩大初级产品出口促进经济发展的战略和政策,是可行的,也是现实的。在 19 世纪,英国及其殖民地之间就通过初级产品的进出口,使中心国家(英国)经济上的迅速成长不断传递到外围国家,促进了后者的经济发展。那时,英国集中了大多数现代化工业,但自然资源贫乏,原材料和食品大部分从当时的殖民地——美国、加拿大、澳大利亚、新西兰等进口。从 1815 年到 1913 年近 100 年间,英国的人口增加了 3 倍,实际国民生产总值增加了 10 倍,而它的进口量增加了 20 倍。这些增长通过乘数加速过程波及这些殖民地的其他经济部门,引起了经济增长。大量的出口需求再加上这些殖民地自然资源的丰裕和大量移民涌入,以及随之而来的大量资本流入,的确保证了供给能力,由此带动了经济发展。战后,一些发展中国家虽然走上了独立发展民族经济的道路,但由于历史上就是发达国家的原料产地,加之自然禀赋等原因,这些发展中国家在经济发展初期阶段也不得不采取出口初级产品的贸易模式。由于各国经济发展不平衡,这种贸易模式至今还为许多发展中国家所采用。在 20 世纪 70 年代,如象牙海岸、马来西亚、泰国和突尼斯等国通过扩大初级产品出口,推动了经济增长。当今,初级产品出口仍是不少低收入国家出口的主要产品。一些不可替代的初级产品,如石油、铁矿砂等矿产品仍然有广阔的国际市场。

但是,这种初级产品出口导向贸易战略,只能作为外向型经济的起步而在短时期内采用。片面依赖初级产品出口来交换发达国家的工业品,难以赢得经济的长期发展。这是因为:

第一,从需求方面看,除不可替代的石油等矿产品外,当今发达国家对食品和原材料需求的增长远不如 19 世纪英国对农业国的需求增长那样快。发达国家对发展中国家出口的许多食品和农业原材料的需求收入弹性系数小于 1,即发达国家收入上升,对发展中国家农产品等初级产品的进口需求增加的比例远远小于收入的增加。例如,对咖啡需求的收入弹性大约是 0.8,可可是 0.5,糖是 0.4,茶叶是 0.1。此外,合成替代品的开发及生产技术的不断提高又大大减少了对天然原材料的需求。这些都影响了初级产品的出口前景。

第二,从供给方面看,当今大多数发展中国家人口多、资源相对不足,农产品的增长部分大部分被国内吸收而不是用于出口。特别是在当代的初级产品世界市场上,各类国家的相互地位发生了重大变化。发展中国家作为世界原料领先出口国,尤其是矿产原料首要出口国的地位,已是明日黄花,只有在世界燃料出口中(其中主要是石油)占到绝对优势。而发达国家在初级产品世界贸易中的地位则不断提高,并处于领先地位。与此同时,发达国家的初级产品主要是输往其他的发达国家,发达国家相互之间的初级产品出口额已超过发展中国家对发达国家的出口额而占到世界第一位。出现这种现象的一个重要原因是战后用现代技术生产的原料所占的比重增长较大,而用早期工业技术生产的原料在世界原料生产和消费中所占的比重已经下降。原料和材料的生产(石油除外)呈现出由发展中国家向发达国家转移的趋势。美国经济学家梅基提出原料周期理论,对这种现象做了解释。他指出,在原料生产的生命周期的初级阶段,发展中国家占据着很重要的地位;但在它们生命周期的后期,这些原料的生产逐渐转移到发达国家。产生这种现象的原因在于原料的合成替代品在不断发展。合成原料所需技术要求高,因此其生产长时间在发达国家里进行,发展中国家在初级产品市场上的比较优势大大下降,初级产品出口导向的贸易战略难以长期奏效。

第三,初级产品生产专业化的贸易模式将使发展中国家失去本国经济工业化带来的动态利益。由工业化所产生的动态利益表现为:有更多的劳动者接受教育和培训,更多的发明和创新,更多相关部门的共同发展以及人民收入水平的持续提高等。即使初级产品出口得到一时的增加,一般也难以确保经济的持续增长,这是因为:

(1) 从供给方面看,初级产品出口引起的生产的增长,仅仅是一次性的,不会对初级产品生产部门带来新的刺激,也没有时间去引进新技术和新设备。这样,当一个初级产品出口国打开国际贸易大门时,其出口方面的进一步扩大,只是通过外延性的资本投资来实现,而不是通过内涵性的资本投资来实现。由于初始时的生产力提高之后,并未伴以持续的革新,因此增长的源泉很快就可能枯竭。

(2) 从需求方面看,如果通过对外贸易增加了收入而引起国内有效需求的增加,那就会导致投资的增加,进而使生产和收入增加。然而,根据西方经济学家哈伯勒的分析,在现实的国际贸易格局里,初级产品出口国因对外贸易而增加的有效需求,大部分并不留在国内,而是漏到国外去了。外国公司的储蓄大部分汇回其母国。用于资本设备更新或新投资的积累资金,也都是花在国外的。除了这种储蓄的漏出之外,还有进口的漏出,因为很多种制造业当地并不存在,即使有些商品在当地可以买到,也往往不如从国外进口那么便宜或质量过硬。这两方面的大量漏出,使得从出口生产部门的扩大到国内生产部门的扩张这样的经济增长的传导路线大受削弱。

(3) 从生产部门之间的联系来看,初级产品的后向联系很少,但由于它要经过好多阶段的加工制造,因而它的前向联系就很多,像炼油、石油化工、制钢和机械等中间制造业部门要以那些初级产品作为原料。由于在欠发达国家中,这类中间制造业比较薄弱,因此,有很大增长潜力的高度的前向联系,是输出到国外,而不是保留在国内经济部门中。此外,要把潜在的或原始的资源转化为适合实际使用并由此变成随时可供使用(即有效供给)的要素形式,是要花费成本的。发展中国家由于缺乏大量投资,即使在国内经济的生产部门中存在前向联系的种种可能性,也由于缺乏有效的生产要素供给而使这种可能性无法变为现实。

最后,单纯依靠初级产品出口,还面临贸易条件恶化的前景。这在前面分析商品结构对贸易条件的影响及国际不平等交换时已做了详细分析。由于初级产品出口导向贸易战略不能给发展中国家带来经济的持续增长和经济的工业化、现代化,所以到20世纪50年代末和60年代初,许多发展中国家纷纷改变这种贸易战略。显而易见,发展中国家如要彻底摆脱贫穷,走向富裕和发达,并能在国际市场上与发达国家展开平等竞争,就必须实现工业化和现代化。发展中国家的贸易战略应服从于这一目标。在理论和实践上,可以把发展中国家为实现工业化而采取的贸易战略分为两种:进口替代战略和出口导向战略。

(二) 进口替代的贸易战略

所谓进口替代,是指以国内生产的产品来替代进口。这一战略是由普雷维什于1950年提出的。其基本考虑是为了减少进口和依赖、节约外汇、平衡国际收支、保护幼稚工业;其目标是为了改变发达国家与发展中国家的不平等关系,改善贸易条件,改变二元经济结构,建立初步的工业体系,进而实现工业化。60年代以来,绝大多数发展中国家都不同程度地把经济发展与工业化等同起来,将进口替代作为占主导地位的发展战略。

进口替代一般经历两个阶段:

第一阶段是以发展加工业、一般消费品工业为主的阶段,目标是建立初步的工业体系。在这一阶段,由于发展中国家缺乏必要的资本、机器设备、中间产品和技术等,需要从国外引入这些投入,加上缺乏熟练劳动力及管理经验,缺少规模效益,产品价格高于同类进口价格等原因,总体上难以和国外厂商竞争,因此往往采取进口替代战略。发展中国家为了扶植进口替代工业需要采取保护措施。保护措施有以下几种:① 实行保护关税,对国内生产必需的资本品、中间产品等投入的进口征收低税或减税、免税,以降低进口替代品的生产成本。② 采取进口配额、许可证制度等手段,限制非必需消费品,特别是奢侈品的进口。③ 实行本币升值,以减轻必需品进口造成的外汇压力。④ 对进口替代工业在资本、劳动力、技术、价格、收益等方面给予优惠,使它们不被外国产品挤垮。通过这些保护措施扶植幼稚的进口替代工业逐步成长、成熟。

第二阶段是以发展耐用消费品、资本品和中间产品为主的进口替代阶段。这个阶段需要花大量投资用于机器制造、机床生产、炼钢、轧钢、石化等工业,在生产中尽量多地使用原料和其他投入,目标是建立全面的工业体系,以工业化带动整个经济的发展。当代许多发展中国家已初步建立起完整的工业体系,中间产品、零部件的进口替代成为主要的目标。通过这种替代可以带动国内相关产业的发展。

如果运用得当,进口替代贸易战略可以对发展中国家的工业化和经济发展起到积极的推动作用:① 进口替代对于扶植、培育发展中国家的幼稚产业和新兴产业的成长是必要的。对于有些产业,发展中国家具有潜在的比较优势,经过适当保护就有可能变为现实的优势。在国际市场竞争空前激烈的情况下,贸易保护措施对于发展中国家幼稚产业的成长更加重要。② 进口替代是一国工业品走向国际市场的第一步。在初级产品出口阶段,发展中国家用大量初级产品交换发达国家的工业制成品,就证明工业化的国内市场已经存在。对某些产品征收高额关税,需求仍然旺盛,说明有较大的潜在需求。这就给进口替代工业提供了国内市场的基础,于是本国工业品生产就有可能在贸易保护政策下发展起来。先是进口,然后是进口替代,发展到一定阶段,如果政策得当,就可能出口,这就是20世纪60—70年代日本经历过的产业发展道路。③ 进口替代工业的发展,还有利于促进培养本国的管理技术人员,带动教育、文化事业的发展,获得工业化带来的动态利益。④ 进口替代的贸易保护政策,可能促使发达国家增加对发展中国家的直接投资,以绕过发展中国家的贸易壁垒,外资的流入对经济发展无疑有积极作用。此外,由国内生产来替代进口,也可明显减少外汇开支,减轻国际收支压力。

但是,仅靠贸易保护政策是不能实现工业化的,还要具备其他一些条件。为使进口替代战略收到较好效果,发展中国家必须在资本形成、人力资源开发、市场体系完善等方面做出努力。如果仅凭进口替代的贸易保护政策,不但不能收到预期的效果,反而会妨碍本国工业化的进一步发展。许多发展中国家在采用这一战略时都出现了这样那样的问题。这主要表现在:① 在保护政策下成长起来的国内工业习惯于在没有外国竞争的环境下成长,因而缺乏进一步提高效率的刺激。保护政策本身并不能使本国工业具有竞争性。保护国内市场,对缺乏经验的发展中国家的企业家来说是最容易接受的。但如果本国企业家满足于依赖保护获得高额利润,而不积极从事研发与创新、努力提高生产效率,那必定妨碍经济的进一步发展。而且一旦进行了过度保护,出于政治、经济、社会安定(如就业)的考虑,就难以撤销保护。缺乏对效率的刺激,难以使企业具有竞争性,并导致对贸易保护的路径依赖,这是进口替代贸易政策的最大弊病。② 进口替代的进一步发展,会遇到国内市场狭小的限制。由于低效率的工业在国际市场缺乏竞争力,致使扩大出口很难实现,从而无法利用规模经济优势。而且,在简单的制成品被国内生产替代后,必须生产资本更密集、工艺更先进的进口替代品,难度亦会随之增大。③ 进口替代政策还可能导致发展中国家存在的二元经济结构的进一步强化,阻滞整个国家经济现代化的进程。根据克鲁格曼等人的分析,进口替代贸易政策对发展中国家工业的大量保护,必然导致过度的资本密集型工业的膨胀。这会很快消耗掉发展中国家本来就贫乏的投资基金,并且仅能提供很少的就业机会,从而加重失业问题。同时,通过进口替代实现工业化的努力还会导致对农业和其他初级产品生产部门的忽视,使农业生产下降,落后的部门更加落后,二元经济结构由此得到强化。④ 单纯的进口替代还有限制出口的效应,因为它会抑制国内企业的效率和出口势头,使中间产品和生产的采购成本提高,产品生产费用增加。必要的进口在增加,出口又难以增加,必然导致外汇短缺,国际收支恶化。

可见,进口替代政策有其内在缺陷,而"封闭性"的进口替代政策则缺陷更大。因此,在20世纪60年代,一些发展中国家,特别是当时的一些"新兴工业化"国家和地区的政府及其经济学者在实践中认识到扩大制成品出口的重要性。从20世纪60年代中期以后,一些发展中经济体特别是小的发展中经济体,纷纷把促进出口作为工业化战略的基础,即执行了出口导向的贸易发展战略。

(三) 出口导向的贸易战略

所谓出口导向也称"出口主导",是指通过扩大出口来带动本国的工业化和经济的持续增长。对原来主要出口初级产品的发展中国家或地区来说,则称为出口替代,即用加工的初级产品、半制成品和制成品来代替传统的初级产品出口,并以此来推动本国的工业化。这种工业化战略一般与出口鼓励政策相结合。出口导向的贸易政策比起进口替代政策来,保护的范围要小一些,保护措施也相对宽松,但也不是没有保护的"自由贸易"政策。出口导向政策并不是一味地放宽或废除进口替代工业化政策所采取的诸如关税、数量限制等限制措施,而是把放宽这些限制与各种出口鼓励政策结合起来,通过扩大出口来带动经济发展。比起进口替代,出口导向政策的开放度要大一些。严格说来,出口导向型经济才是外向型经济,而进口替代只是走向外向型经济的一个阶段。

出口导向战略一般也经历两个阶段:

第一阶段,以劳动密集型工业制成品替代初级产品出口,主要发展加工工业,以生产一般消费品为主,如食品、服装、家用电器、玩具等。这些产品的生产方法比较简单,技术较易掌握,投入要素较易获得,而且国际市场需求较大,需求弹性也不小,进入门槛低。

第二阶段,当第一阶段出口商品发展到一定程度、已累积一定的资本与技术要素,加之其中某些产品的市场容量已渐趋饱和或生产与贸易条件已变得不利时,就转向以机器设备、机床、电子仪器等资本、技术密集型工业制成品生产为主的出口工业。

出口导向的工业化战略和贸易政策具有如下优点:① 由于面向国际市场生产,刺激了整个工业经济效率的提高。为了打进国际市场,企业就必须按市场需要提供高质量、低成本的产品,这无疑会给本国企业带来竞争的压力和提高效率的刺激。同时,由于相对放松了进口限制,使面向国内市场的本国企业也面临日益增大的国际竞争压力。这种开放带来的竞争刺激是出口导向型经济最大的优点。② 出口导向型经济由于开放度高,参加到世界经济的循环中去,竞争激烈、风险大,但信息灵通、反馈快,容易抓住发展机遇。随着全球产业结构的不断调整,各国都在寻找最能发挥本国优势的参与国际分工的形式。发展中国家劳动力相对便宜、资源相对丰富等比较优势再加上优惠政策,就可能利用发达国家产业结构调整的时机,引进外资,生产产品生命周期处于成熟期的工业产品,打入国际市场,增加外汇收入,由此带动本国的工业化。③ 出口导向的工业化能克服发展中国家市场狭小的限制,获得规模经济效益。这一点对于那些发展中小国来说尤其重要。④ 在第一阶段,出口替代部分较多地集中在劳动密集型产业,且有比较广阔的市场,因此能够吸收较多的劳动力,缓解发展中国家的就业压力。而且由于出口的增加带来外汇状况的改善,使发展中国家的进口能力增强。根据刘易斯的经济发展理论,这可以使实际工资水平保持在较低水平上,从而有利于工业部门利润的增长和积累的增加,提高工业部门对劳动力的吸收能力。

20世纪60—70年代,一些发展中国家和地区运用出口导向战略促进了经济的发展,特别是一些新兴工业化国家和地区,依靠工业化和制成品的出口,极大地促进了经济的增长,使得制造业发展迅速,产业结构趋向合理,外贸发展快且制成品占出口品的比重迅速提高,从而人均国民生产总值迅速增长,外汇储备不断增多,在世界经济和贸易中的地位日益提高。南美的巴西和被称为亚洲"四小龙"的韩国、新加坡、中国香港、中国台湾堪称楷模。在1965—1979年,这些国家和地区国民生产总值平均增长都在8.6%以上。人均国民收入在1977年大多超过1 000美元,在1981年中国台湾更达2 563美元,中国香港达到5 100美元,新加坡达到5 240美元。而且随着经济的发展,制造业在国内生产总值中的比重迅速提高。1960—1979年,新加坡的该比重由12%提高到28%,韩国由14%提高到 27%。同时制造业从劳动密集型向资本、技术密集型逐步转化,到 20 世纪 70 年代中期,新加坡、巴西、韩国的重化工业占制造业的比重已提高到 50% 以上,新加坡则达 78%,竞争力不断增强。到 90 年代中期,亚洲"四小龙"已基本进入发达经济体系,韩国则已于 1996 年被列入发达国家。20 世纪 80 年代后,菲律宾、马来西亚、印度尼西亚、泰国、墨西哥和中国实施出口导向战略,也促进了经济的起飞和经济实力的增强。

但是,出口导向的贸易战略在实施中也会遇到种种困难:① 由于发展出口型工业一方面受到资源、技术、资金、人力等条件的限制,另一方面又受到来自发达国家的众多而高效的工业的竞争,因而发展中国家出口工业的建立非常困难,或者建成以后难以产生应有的效率。② 出口替代工业主要面向国际市场,这难免产生对国外市场的依赖性,而发达国家出于保护就业的需要,又常常对本国一些劳动密集型产品的生产运用补贴和关税、非关税措施进行保护,使得发展中国家具有比较优势的这类产品出口受到冲击。而且,对国外市场的过度依赖、出口比重过高,还会使国内经济易受到国际市场经济波动的影响,甚至受到外国的牵制,不利于国内经济的平稳、健康发展。③ 出口替代也会加剧国内经济发展的不平衡。由于发展中国家往往对出口产业实施较多的优惠政策,不可避免地使非出口导向产业受到排挤,从而出现出口替代部门发展较快,面向国内的中小型工业和农业部门发展迟缓的局面,加剧发展中国家的二元经济结构。④ 有些国家出口部门是外国资本推动的结果,特别是有的加工贸易出口主要是在国内经过一个进口零部件和中间产品的加工、装配过程,与国内相关部门的产业联系度低,其扩张并没有带动相关部门的发展,而是形成了一些出口飞地。它们给国内提供的只是工人的工资,利润大都落入外国投资者手中。

不过总的说来,出口导向比进口替代更有利于发展中国家的经济发展。这已被各类国际组织的研究报告和发展中国家的经济实践所证实。同时,也要看到,这两种贸易发展战略是相互联系、相辅相成的:进口替代是出口导向的先导,没有进口替代建立起的工业基础,是不可能实施出口导向战略、以竞争性价格生产产品在国际市场上和发达国家竞争的;而出口导向战略是进口替代战略的结果,且出口导向可为更高层次的进口替代提供资金和技术支持,最终建立起本国先进的工业体系。当代,凡实施出口导向战略并取得成功的国家和地区,几乎无一例外地经历过一个或长或短的进口替代的内向发展时期。

需要指出的是:第一,20 世纪 90 年代以来,随着经济全球化的不断发展,全球市场经济体制逐步建立,各国经济融合的步伐不断加快。在这种背景下,发展中国家实行进口替代战略的可行性大大下降。其原因不仅缘于进口替代本身的弊端,而且有如我们在第七章所分析的全球化条件下进口替代的保护对象很难确定。另外,WTO 对进口替代的一些保护措施也是明确禁止的。因为它们造成了市场的扭曲。例如,针对进口替代的补贴和以鼓励出口为目的的出口补贴都被 WTO 列为禁止的补贴。而一国特别是发展中大国,如果一味地奉行出口导向战略,强调出口对经济增长的促进作用,将造成对别国市场的挤占,引起贸易关系的紧张等问题。因此,全球化条件下,开放度的不断提高将是发展中国家贸易发展战略调整的趋势。第二,传统的关于贸易发展战略的理论分析,主要以比较优势为基础,探讨发展中国家如何在不同发展阶段发挥自身的比较优势,在不同的要素密集型产业之间选择适合自己参与国际贸易分工的部门,并采取相应的政策措施。在当代国际分工日益深化,产业内分工、产品内分工逐步取代产业间分工而成为国际分工主要形式的背景下,贸易发展战略的研究也应该扩展到发展中国家如何发挥自己在生产要素上的比较优势和竞争优势,选择适合自己的产品内分工的区段、环节和工艺,全面融入跨国公司主导的国际分工体系,促进产业升级和经济社会的全面发展。

(四) 平衡发展战略

进口替代战略和出口导向战略是发展中国家贸易战略的主要类型,它们都有明确的政策偏向性,比如进口替代战略的实施一般伴随着对国内相关产业的贸易保护措施,而出口导向战略则伴随着出口促进政策。这两种贸易发展战略在能够推动政策目标实现的同时,也存在各自的缺点,适用于不同国情的国家或者一个国家不同的经济发展阶段。

当一个国家经济发展水平达到一定程度后,也可能实施"平衡发展战略"以避免进口替代或者出口导向战略各自存在的问题。平衡发展战略既不像进口替代战略那样强调对国内产业的贸易保护,而是逐步降低关税和非关税壁垒,进而实现商品和服务的自由进口,也不像出口导向战略那样通过出口鼓励政策刺激出口,而是让本国企业公平地参与国际市场竞争。换个角度看,从销售角度看,不歧视国内国际市场;从购买角度看,不歧视国内国外厂商。

从贸易发展战略角度看,中国目前实施的以国内循环为主体,国内与国际双循环相互促进的"双循环"新发展格局应该被看作是平衡发展战略的范畴。

第三节 贸易发展战略的现实选择

一、选择贸易发展战略的原则

为了确保贸易发展战略能够符合国情和国际环境,从而更好地服务于国民经济总体发展战略,促进本国的经济发展,一国在选择贸易发展战略时必须遵循一定的原则。

(一) 贸易发展战略必须立足于提高国家竞争力

所谓国家竞争力,是指一国产业在与其他国家生产者进行公开竞争时的创新与升级能力,即以竞争优势表现出来的该国产业获得较高生产力水平并使之持续提高的能力。以国家竞争力为基准制定贸易发展战略,有利于利用对外贸易促使国民经济发展打破瓶颈进入良性循环,这对发展中国家来说尤其重要。如果贸易发展战略的实施提高了国家竞争力,推动了本国产业的创新与升级,本国产品在世界市场上就有竞争优势,进而促使贸易结构的高级化,从而带动经济结构的不断优化,促进经济的长期发展。因此,贸易发展战略选择的关键不在于采取进口替代战略还是出口导向战略,而在于战略的选择能否提高国家竞争力,从而推动产业创新和升级,促进经济发展进入良性循环。

为了说明国家竞争力对制定贸易发展战略的基准作用,这里用制造业的产值比重与其产品的出口比重之比,来衡量工业制成品的国际竞争力,用公式表示就是:$C=M/E$。式中,C 为制造业的比较国际竞争力,M 为制造业产值比重,E 为制造业出口比重。根据

M 与 E 的各自变动及相互组合,可以得出制造业国际竞争力的三种状态以及应采取的贸易战略。

(1) $M=E$ 或 $C>1$ 的状态。这种情况意味着国内市场需求较大,与其他国家同类产品的生产过程比较,该国工业制成品还不具备竞争优势,难以外销。这时该国应采用必要的贸易保护政策,减少国内制造业所面临的进口品的竞争。贸易发展战略相应为内向型进口替代战略。

(2) $M=E$ 或 $C=1$ 的状态。这是一种产值比重与出口比重相对称的状态,它表明制造业生产能力的扩大,其产品的国内市场需求相对饱和,国际市场的竞争力不断增强。此时该国应降低贸易保护程度,减少对进口的限制,促进制成品参与国际竞争。其贸易发展战略属于出口导向战略的初期阶段。

(3) $M<E$ 或 $C<1$ 的状态。这说明,国内市场需求已饱和,该国的这类产品在国际市场上有明显的竞争优势,因而其出口比重会大于其产值比重。在这种状态下,该国进入出口导向战略的中后期阶段,产品可以全面参与国际竞争。

理论研究和实证分析都表明,只有从竞争力优势出发制定的外贸战略和政策,才能既体现参加自由竞争的自由贸易政策的要求,又包含必要的保护贸易的实施;既能保护幼稚工业,又不保护落后。从竞争力优势出发制定的对外贸易发展战略,不是片面强调出口导向或进口替代,而是使这两种外贸发展战略紧密结合起来,兼容两者的优点,避开两者的缺点,可以真正使经济发展进入良性循环。

(二) 坚持静态利益和动态利益相结合的原则

制定贸易发展战略时,不仅要能获得静态贸易利益,更要着眼于国际贸易的动态利益,要注重通过国际贸易参与国际分工,引进新的生产要素,刺激国内的技术创新,从而促进本国生产效率和生产能力的提高,由此获得长远的发展利益。

(三) 贸易发展战略的制定必须符合国际惯例

随着国际分工的深化和世界经济联系的加强,当今几乎每个国家都被纳入世界经济体系中。因此,一国制定贸易发展战略时必须适应国际环境,借助贸易战略发展本国经济的措施需要符合国际惯例,"孤立主义"或损人利己的做法都是行不通的。贸易战略的制定必须放在开放的背景下,过去借助严格保护来发展国内经济的环境已不复存在。例如,一个发展中国家如果想通过关税保护来发展本国的进口替代工业,则其关税率的制定不可能像李斯特保护贸易理论中所说的以本国经济所处的发展阶段为依据,而要以同等发展水平国家的一般税率为标准。否则,就会遭到别国的报复,贸易战略必将难以贯彻。

此外,维护国内经济的平稳发展、捍卫国家的独立自主等,都是一国制定贸易发展战略时需要坚持的原则。

二、影响贸易战略选择的因素

各种贸易战略都只适用于一定的经济条件,其成功与否受多种因素的制约。因此,一国在选择贸易战略时,除了要坚持以上几个原则外,还要综合考虑国内外诸多因素,在仔细权衡后做出符合国内外情势的抉择。

(一) 影响贸易战略选择的国内因素

在影响贸易战略选择的因素中,起决定作用的是国内经济情况。它主要包括以下几个方面:

(1) 一国的经济发展水平。经济水平的衡量指标有两种:一种是纵向指标,指一国经济所处的发展阶段,比如处于罗斯托所讲的传统阶段、为起飞创造条件的阶段、起飞阶段、向成熟推进阶段、高额群众消费阶段和追求生活质量阶段中的哪一个阶段;第二种是横向指标,即以人均 GDP 等指标与其他国家相比,本国在世界经济中所处的地位。毫无疑问,如果一国在经济发展阶段序列中越靠前、在世界经济中地位越落后,则其经济发展水平越低,国际竞争力也越弱。它所面临的主要任务是建立健全国内工业体系和产业体系,提高国内供给水平。因而比较可行的初始贸易战略是发展资本技术含量较低的劳动密集型进口替代产业,而选择出口替代战略不仅不可能,也不可行。相反的,一些经济发展水平很高的国家则可以发展具有较强国际竞争力的资本技术密集型的出口替代产业。至于那些中等发达国家,则可能一方面发展进口替代产业以提高这些产业的国际竞争力,一方面可以发展已具备国际竞争力的出口替代产业,实行所谓的平衡发展战略,保持进出口的基本平衡。

(2) 经济发展规模。这里的经济规模不是规模经济概念,而是指钱纳里等发展经济学家以一国的疆域、人口等作为衡量指标的一国经济规模的大小。

小国经济,顾名思义就是指国家疆域狭小、人口较少条件下的经济。这种经济比较容易受到外部市场和国际资金流动的影响,可以借助于对外经济联系来求得本国的经济增长。据一些发展经济学家统计,在小国经济发展过程中,如果出口水平小于 GNP 的 20%,就几乎不可能得到满意的经济增长速度。而当出口水平占 GNP 的比重在 20%~30%时,则可以促进经济增长。当然,选择贸易战略也应考虑小国的经济发展水平。一般地,在小国的经济发展初期,可实行进口替代战略。当经济发展到一定水平,具备一定的国际竞争力以后,可以迅速转向出口替代战略,而跳过平衡发展阶段。

大国经济地域广阔、人口众多、国内市场容量大,因而经济发展的动力主要来自国内市场需求,初始贸易战略可相应地采取内向型的进口替代战略来建立较为齐全的国内经济体系。当然,这个阶段也不排除一些出口替代产业的出现,但这主要是为了出口创汇以支持进口替代产业。这样的出口替代产业往往与国民经济的主导产业相偏离。当经济发展到一定阶段后,大国经济可以实行平衡贸易战略,使进口替代产业和出口替代产业互相补充、互相支持。是否转入出口替代为主的贸易战略则可视本国产品的国际竞争力、国内外的需求状况而定。一般来说,在大国和小国的国民收入水平相当时,前者的出口专业化比重,无论是初级产品,还是制造业产品,都比后者为低。美国经济学家梅基用对外贸易份额下降第一规律来概括了大国经济与对外贸易份额的这种反比关系:一国规模越大,其对外贸易份额在该国 GNP 中所占比重越小。

(3) 供求状况。一个国家国内供给、需求状况与其贸易战略的制定有很大关系。如果一国经济水平落后,资源比较贫乏或资源丰富但开发水平滞后,以致供给小于需求,这种短缺状况下的贸易战略一定是内需型的进口替代战略。相反,经济发展水平较高、国内供给大于需求的"过剩型"经济下的贸易发展战略一定是外向型的出口替代战略;至于介于两者之间的供需基本平衡条件下的贸易战略则可能是有进有出的平衡贸易战略。

(4) 利益集团的影响。对外贸易战略主要由一国的政府负责制定和实施。政府决策不可避免地受到一些大的利益集团的影响,有的甚至为利益集团所左右。利益集团的这种影响作用在小国会更为突出。假如一个国家的跨国公司在经济生活中居于重要地位,它们通常会要求政府采取外向型的贸易战略。

(二) 影响贸易战略选择的国际因素

国际贸易是一项在国家间进行的经济活动,贸易发展战略必然受到国际因素的影响。这类因素主要有以下这些方面:

(1) 别国贸易政策的制约。国际贸易的相互性意味着一国的进出口在给本国带来贸易利益的同时,也会给别的国家造成影响。这种贸易可能增进双方的利益,也可能是此长彼消的。当一国的进出口给伙伴国经济带来不利的影响时,对方一定会运用某种贸易政策加以抑制。因此,单纯的进口替代或出口替代都容易招致别国的贸易报复,必须审慎运用。

(2) 世界经济发展水平。一般地说,当世界经济发展水平普遍较低时,各国为本国产品寻找海外市场的压力较小,这时实行进口替代所面临的外部压力就相应地低;而当世界经济发展水平普遍较高,众多国家都要为本国的剩余产品寻找国际市场时,某个国家实行进口替代的压力就比较大,会面临外部要求其开放市场的威胁;单纯的出口替代则会因对进口国市场的冲击而产生伙伴国要求限制出口的压力甚至引起报复。这就是为什么20世纪50—60年代,一些国家运用进口替代和出口替代贸易战略使本国经济取得了成功,而今天却难以实施的基本原因。因为当时许多国家都致力于战后重建,国际需求旺盛,而今天世界经济环境已与以前大为不同,世界供求格局表现为供给相对过剩了。

(3) 国际政治的影响。政治和经济是相生相伴的。一个政治的大国与小国在实施本国贸易战略时抗御外国压力的能力之差异是不言而喻的。当然,决定一国国际政治地位高低的因素不只是国土的大小、人口的多寡,还有综合国力的强弱。1949年前后的中国,其国际政治地位的差异可以说天壤之别。也正因为如此,新中国成立前的中国根本谈不上什么贸易发展战略。而现在,中国则能根据国情制定和实行符合中国实际的贸易战略。

此外,当今世界互联网的发展、新技术革命和数字经济与数字贸易的发展都使得全球化生产包括运输协调在内的交易成本进一步下降,也使得企业更有能力和动机通过全球化生产,整合全球优势要素的方式提升竞争力。在这种趋势下,各国贸易发展战略的制定也必然要体现这种趋势,也就是要有利于本国企业通过参与甚至组织国际价值链分工提升企业竞争力,发展本国经济。

三、贸易投资一体化与发展中国家贸易发展战略的选择

最后,作为本章也是全书的一个总结,我们结合当代国际贸易分工的最新趋势,综合运用前面所学的知识,分析一下贸易投资一体化条件下发展中国家贸易发展战略的选择。

20世纪60年代以来,受普雷维什等发展经济学家的影响,广大发展中国家实行的贸

易发展战略基本上都是进口替代战略、出口导向战略或进口替代与出口导向相结合的平衡型贸易发展战略,在不同阶段具体的贸易政策措施也有所区别。但这些传统的贸易战略都或多或少地带来了一定的问题。在当代贸易投资一体化迅速发展、国际竞争日益加剧的背景下,其适用性、有效性降低。

20 世纪 90 年代之后,经济全球化的一个重要发展趋势是全球价值链分工的快速发展。全球价值链分工也使得贸易投资的关系不能简单用替代或互补来加以概括,而是呈现贸易投资一体化特征。FDI 进入发展中国家的一个重要动机就是配置最终产品特定环节的生产,其后经过加工组装或在东道国销售或再出口。全球价值链分工也使得进口替代或者出口导向战略可行性下降,因为一方面其必然要求全球价值链分工的参与国降低甚至消除贸易壁垒,另一方面各国为了参与全球价值链分工也需要允许商品和资本的自由流动。

适应贸易投资一体化和当今国际贸易发展的新趋势,我们认为当代发展中国家的外贸发展战略应从以比较优势为基础转向以培育和提升国家竞争优势、促进经济社会全面发展为目标,不断加以调整,即实行发挥比较优势基础上的竞争优势战略。作为一种综合性的贸易战略,它包括以下几个方面的内容。

(一) 大力发展加工贸易,不断创造要素优势,提升参与要素分工的环节和国际分工地位

第二章我们已经分析过当代国际分工的一个主要趋势是要素分工的发展。要素分工的实质是跨国公司在全球范围内的资源整合,其形式是跨国公司在全球范围内进行的产业链条、工序的部署。各个国家依靠自己要素的比较优势和竞争优势参与环节分工,获取分工利益,并由此决定在国际分工中的地位。为此,发展中国家在现阶段发挥比较优势,出口劳动密集型一般贸易商品,并在积极开展加工贸易、积累资本要素的同时,借助政府扶持、自身积累和外资流入等方式,大力培育高级要素,不断提升在环节分工中的地位。

(二) 充分重视国内需求和进口对创造竞争优势、促进经济发展的作用

针对国内需求对竞争优势的影响,发展中国家特别是发展中大国应积极培育国内市场,适当增加进口,改变传统的片面重视出口的战略。

理论和实践都证明,即使在开放经济条件下,大国国内市场是经济发展的重要载体。首先,从一般的经济学原理出发,大国庞大的国内需求足以满足某些产业发展对规模经济的要求,甚至可以完全不依赖于国际需求。例如,中国的钢铁、煤、水泥、农用化肥、棉布、电视机、洗衣机、电冰箱等许多产品的产量都居世界第一位,这些产品基本上都是以满足国内需求为基础的。其次,从世界市场角度来看,当今的世界市场是国际市场与国内市场的总和。发展中国家特别是发展中大国在实行经济开放、积极参与国际贸易分工时,不应该也没有经济学上的理由片面强调国际市场而忽视国内市场。改革开放以来,中国许多企业包括国家外贸政策长期以来过于强调出口导向,对产品出口给予优惠,而对国内市场则重视不够,相对于出口而言,采取了歧视内销的政策。这种内外销的政策差异导致不少国内企业存在片面的"出口冲动",却忽视了国内需求,结果,在其不少商品存在恶性竞争、廉价出口的同时,庞大而利润丰厚的国内市场却被外资企业所蚕食和占领。因此,发展中国家应充分重视国内市场在开放型经济发展中的重要作用,将国内市场视为提高国家竞争优势的重要因素,对国内贸易与国际贸易采取一视同仁的政策。

应充分重视进口对经济发展的积极作用。对发展中国家而言,进口不仅是缓解资源要素瓶颈、平衡经济结构的手段,更是引进先进生产要素、先进产业结构、先进制度的主要途径。由于现代经济结构几乎都源自发达国家,对于发展中国家而言,现代经济结构不是"内生"的,必须从外部引进[①]。在引进发达国家先进要素、先进经济结构的基础上,辅以自主创新,可以加快发展中国家竞争优势的创造。

(三) 培育产业内贸易和公司内贸易的基础,创造产业优势和公司优势

产业内贸易和公司内贸易的发展是当代国际贸易的主流,这导致国际贸易基础正由国家优势逐渐地向产业优势、公司优势转变,并直接体现为一个国家的竞争优势。在产业内贸易和公司内贸易中占主导地位的微观主体是跨国公司。一个国家拥有跨国公司的多寡、实力的强弱直接决定一国的国际贸易分工地位和贸易利益的获得。对此,发展中国家应实施适当的产业扶持政策与产业组织政策,大力培育其参与产业内贸易和公司内贸易的产业优势和公司优势。

最后,在贸易投资一体化条件下,生产要素和商品的全球流动日益频繁,各类国家在不同产业间、产业内和产品内的分工不断深化,分工形式日趋多样,经济与贸易领域的合作不断加强。世界各国和地区应本着互利共赢的宗旨,根据各自的比较优势和竞争优势,在国际生产和贸易领域寻求最有利的分工与合作方式,促进彼此经济技术水平和劳动生产力的提高,最终促进各国经济、社会的全面发展和人民福利的增进。

本章小结

本章主要从贸易实践的角度探讨了一国如何制定适当的贸易战略,以实现对外贸易对经济增长的促进作用。这实际上是对全部课程的一个总结。

对外贸易对经济增长的促进作用一直受到经济学家的重视。马克思主义经济学家主要从交换与生产相互作用的角度,分析了国际贸易对生产的反作用。西方经济学家对此也提出了一系列有价值的学说,如斯密的剩余的出路学说、李嘉图的外贸促进资本积累学说、纳克斯等人的对外贸易是经济增长的发动机学说、罗默等人的新增长理论等。其中的对外贸易是经济增长的发动机学说和新增长理论等影响都很大。

对外贸易对经济增长作用的测定可用外贸依赖度、进口收入弹性、出口与增长的相关系数等指标来衡量。其中,外贸依赖度是常用的指标,但它受经济发展模式的影响,如大力发展加工贸易的国家外贸依赖度就会偏高;相反,主要依赖国内市场的国家(如美国)就偏低。对此,应注意加以辨析。另外,哈罗德和小岛清还研究了经济增长对国际贸易的影响,并提出了各自的命题。

一个国家要充分发挥对外贸易对经济增长的促进作用,就需要制定和实行适当的对外贸易战略。从理论上,发展中国家的贸易战略可分为外向战略和内向战略。世界银行

---

① 刘力:"摒弃'出口至上':中国贸易战略的调整",《财贸经济》,2004年第9期。

则进一步细分为坚定的外向战略、一般的外向战略、坚定的内向战略和一般的内向战略四种战略。在实践中,贸易发展战略主要有初级产品出口导向战略、进口替代战略和出口导向战略。这些战略可单独实施,也可同时实施。实践证明,出口导向战略较有利于经济发展,而内向型的进口替代战略对生产效率的提高比较不利。对此,各国应根据国内外经济形势、本国的国情进行适当的选择。在当代贸易投资一体化条件下,发展中国家在发挥比较优势的同时,还应创造和提升竞争优势;在参与产业间分工与贸易的同时,积极参与产业内、产品内的国际分工与贸易,通过竞争优势战略来提高自己的国际贸易分工地位,全面融入国际分工体系,促进经济、社会的全面发展。

复习思考题

一、名词解释

剩余的出路　干中学　外贸依赖度　进口收入弹性

二、思考题

1. 试评述对外贸易是经济增长的发动机学说。
2. 如何测定国际贸易对经济增长的作用?按照进口收入弹性,可把经济增长分为哪几种类型?
3. 什么是哈罗德命题?其内容是什么?
4. 发展中国家的经济发展战略一般有哪两种?其相应的贸易发展战略是什么?
5. 什么是初级产品出口导向战略?其优劣何在?
6. 什么是进口替代战略?它对发展中国家的经济发展有哪些利弊?
7. 什么是出口导向战略?它对发展中国家的工业化有哪些积极作用和消极影响?
8. 试述选择贸易发展战略时应坚持的原则和影响因素。
9. 试述贸易投资一体化对发展中国家贸易发展战略选择的影响。

参考文献

[1] 阿瑟·刘易斯.二元经济论[M].施炜,等,译.北京:北京经济学院出版社,1989.
[2] 阿维纳什·K.迪克西特.经济政策的制定:交易成本政治学的视角[M].刘元春,译.北京:中国人民大学出版社,2004.
[3] 埃尔赫南·赫尔普曼,保罗·克鲁格曼.市场结构和对外贸易[M].尹翔硕,尹翔康,译.上海:上海人民出版社,2009.
[4] 安妮·克鲁格.发展中国家的贸易与就业[M].李实,刘小玄,译.上海:上海人民出版社,上海三联书店,1995.
[5] 白树强.全球竞争论[M].北京:中国社会科学出版社,2000.
[6] 保罗·克鲁格曼,茅瑞斯·奥伯斯法尔德.国际经济学[M].第四版.海闻,等,译.北京:中国人民大学出版社,1998.
[7] 保罗·克鲁格曼.地理和贸易[M].张兆杰,译.北京:北京大学出版社,中国人民大学出版社,2001.
[8] 保罗·克鲁格曼.克鲁格曼国际贸易新理论[M].黄胜强,译.北京:中国社会科学出版社,2001.
[9] 彼得·林德特,查尔斯·金德尔伯格.国际经济学[M].谢树森,等,译.上海:上海译文出版社,1985.
[10] 伯尔蒂尔·俄林.地区间贸易和国际贸易[M].王继祖,译校.北京:商务印书馆,1986.
[11] 查尔斯·W.I.希尔.国际商务:全球市场竞争[M].周健临,等,译.北京:中国人民大学出版社,麦格劳—希尔教育出版集团,2002.
[12] 陈琦伟.国际竞争论[M].上海:学林出版社,1986.
[13] 大河内一男.过渡时期的经济思想——亚当·斯密与弗·李斯特[M].北京:中国人民大学出版社,2000.
[14] 大卫·李嘉图.政治经济学及赋税原理[M].北京:商务印书馆,1962.
[15] 戴维·B.约菲,等.国际贸易与竞争[M].宫桓刚,等,译.大连:东北财经大学出版社,2000.
[16] 多米尼克·萨尔瓦多.国际经济学[M].张二震,仇向洋,译.南京:江苏人民出版社,1992.
[17] 范家骧.国际贸易理论[M].北京:人民出版社,1985.
[18] 菲利普·科特勒.国家营销[M].俞利军,译.北京:华夏出版社,2001.
[19] 弗里德里希·李斯特.政治经济学的国民体系[M].北京:商务印书馆,1961.
[20] 海闻.国际贸易:理论·政策·实践[M].上海:上海人民出版社,1993.

[21] 洪银兴.发展经济学与中国的经济发展[M].北京:高等教育出版社,2001.

[22] 黄建忠.国际贸易新论——现代国际贸易比较优势探源[M].北京:经济科学出版社,1999.

[23] 黄卫平,等.国际经济学[M].北京:对外经济贸易大学出版社,2008.

[24] 科特利特,等.跨边界管理——跨国公司经营决策[M].马野青,主译.北京:人民邮电出版社,2002.

[25] 李俊江.国际贸易[M].北京:高等教育出版社,2008.

[26] 李荣林.动态国际贸易理论研究[M].北京:中国经济出版社,2000.

[27] 李扬.财政补贴的经济分析[M].上海:上海三联书店,1990.

[28] 李忠民,周维颖,田仲他.数字贸易:发展态势、影响及对策[J].国际经济评论,2014-06.

[29] 卢锋.产品内分工[J].经济学(季刊),2004-04.

[30] 联合国贸发会议.世界投资报告,1995—2008.

[31] 梁琦.产业集聚论[M].北京:商务印书馆,2004.

[32] 廖理,等.探求智慧之旅[M].北京:北京大学出版社,2000.

[33] 林毅夫,蔡昉,李周.中国的奇迹:发展战略与经济改革[M].上海:上海三联书店,上海人民出版社,1999.

[34] 刘志彪.现代产业经济学[M].北京:高等教育出版社,2003.

[35] 鲁明泓.国际直接投资区位决定因素[M].南京:南京大学出版社,2000.

[36] 迈克尔·波特.竞争优势[M].陈小悦,译.北京:华夏出版社,1997.

[37] 迈克尔·波特.国家竞争优势[M].陈小悦,译.北京:华夏出版社,2002.

[38] 马克思,恩格斯.马克思恩格斯全集(第23卷).北京:人民出版社,1975.

[39] 马克思,恩格斯.马克思恩格斯全集(第25卷).北京:人民出版社,1975.

[40] 马克思,恩格斯.马克思恩格斯全集(第26卷).北京:人民出版社,1975.

[41] 尼古拉·阿克塞拉.经济政策原理[M].郭庆旺,等,译.北京:中国人民大学出版社,2001.

[42] 裴长洪.中国对外经贸理论前沿(4)[M].北京:社会科学文献出版社,2006.

[43] 乔治·J.施蒂格勒.产业组织和政府管制[M].潘振民,译.上海:上海三联书店,1989.

[44] 任祎卓.产品内贸易对国际经济周期的传导研究[D].杭州:浙江大学,2016-05.

[45] 全毅,张婷玉.中国自由贸易试验区转型升级方向与发展路径[J].经济学家,2021(10).

[46] 山泽逸平,平田章.发展中国家的工业化和出口鼓励政策[M].李炳烈,何联华,译.青岛:青岛出版社,1991.

[47] 宋则行,樊亢.世界经济史[M].北京:经济科学出版社,1994.

[48] 唐海燕.论适度开放[M].南昌:江西人民出版社,2000.

[49] 汤敏,茅于轼.现代经济学前言专题(第一集)[M].北京:商务印书馆,1989.

[50] 托马斯·孟.英国得自对外贸易的财富[M].北京:商务印书馆,1965.

[51] 王凯,阚宏.新编国际贸易理论与实务[M].北京:对外经济贸易大学出版社,2020.

[52] 王新奎.国际贸易与国际投资中的利益分配[M].上海:上海三联书店,1995.

[53] 希尔贝尔托,等.发展中国家的自由化[M].陈江生,译.北京:经济科学出版社,2000.

[54] 西蒙·库兹涅茨.现代经济增长[M].戴睿,易诚,译.北京:北京经济学院出版社,1989.

[55] 小岛清.对外贸易论.周宝廉,译.天津:南开大学出版社,1987.

[56] 徐金海,夏杰长.全球价值链视角的数字贸易发展:战略定位与中国路径[J].改革,2020,315(05):58-67.

[57] 薛敬孝,佟家栋,李坤望.国际经济学[M].北京:高等教育出版社,2000.

[58] 徐泉,耿旭洋.边境后措施国际监管合作发展趋向于问题阐释[J].上海对外经贸大学学报,2021(5).

[59] 薛荣久.国际贸易[M].成都:四川人民出版社,1995.

[60] 亚当·斯密.国民财富的性质和原因的研究[M].北京:商务印书馆,1979.

[61] 亚蒂什·N.巴格瓦蒂.今日自由贸易[M].海闻,译.北京:中国人民大学出版社,2004.

[62] 亚蒂什·N.巴格瓦蒂,等.高级国际贸易学[M].王根蓓,译.上海:上海财经大学出版社,2004.

[63] 雅各布·瓦伊纳.倾销:国际贸易中的一个问题[M].北京:商务印书馆,2003.

[64] 雅克·阿达.经济全球化[M].何竟,周晓幸,译.北京:中央编译出版社,2000.

[65] 姚曾荫.国际贸易概论[M].北京:人民出版社,1987.

[66] 余淼杰.国际贸易学理论、政策与实证[M].北京:北京大学出版社,2021.

[67] 余智著.国际贸易基础理论与研究前沿[M].上海:上海人民出版社,2015.

[68] 张碧琼.国际资本流动与对外贸易竞争优势[M].北京:中国发展出版社,1999.

[69] 张培刚.新发展经济学[M].郑洲:河南人民出版社,1993.

[70] 张二震.国际贸易政策的研究与比较[M].南京:南京大学出版社,1993.

[71] 张二震,陈飞翔.国际贸易教程[M].南京:南京大学出版社,1990.

[72] 张二震,马野青.国际贸易政策[M].北京:中国青年出版社,1996.

[73] 张二震,马野青,方勇,等.贸易投资一体化与中国的战略[M].北京:人民出版社,2004.

[74] 张群,周丹,吴石磊.我国数字贸易发展的态势、问题及对策研究[J].经济纵横,2020,411(02):106-112.

[75] 张幼文.外贸政策与经济发展[M].上海:立信会计出版社,1997.

[76] 郑伟,钊阳.数字贸易:国际趋势及我国发展路径研究[J].国际贸易,2020(04):56-63.

[77] 詹姆斯·P.豪克.农产品贸易政策原理[M].马雨,译.北京:中国人民大学出版社,1991.

[78] 周振华.产业政策的经济理论系统分析[M].北京:中国人民大学出版社,1990.

[79] 周八骏.迈向新世纪的国际经济一体化[M].上海:上海人民出版社,1999.

[80] 庄起善.世界经济新论[M].上海:复旦大学出版社,2004.

[81] G.M.格罗斯曼,E.赫尔普曼.全球经济中的创新与增长[M].牛勇平,唐迪,译.北京:

中国人民大学出版社,2003.

[82] H.钱纳里,等.工业化和经济增长的比较研究[M].吴奇,王松宝,等,译.上海:上海三联书店,1995.

[83] R.科斯,等.财产权利与制度变迁[M].上海:上海三联书店,1994.

[84] W.W.罗斯托.从起飞进入持续增长的经济学[M].贺力平,等,译.成都:四川人民出版社,1988.

[85] Ando Mitsugo. Fragmentation and Vertical Intra-industry Trade in East Asia. The North AmericanJournal of Economics and Finance, 2006 (3).

[86] Chen, Yongmin, Jota Ishikawa, Yu Zhibao. Trade Liberalization and Strategic Outsourcing. Journal ofInternational Economics, 2004 (63).

[87] Fatemi, Khosrow. International Trade. Existing Problems and Prospective Solutions. Taylor andFrancis New York Inc, 1989.

[88] Fung, K. C. Economic Intergration as Competitive Discipline. International Economic Review, 1992, 33(2).

[89] Giorgio Barba Navaretti. and Anthony J. Venables. Multinational Firms in the World Economy. Prin-ceton University Press, 2004.

[90] Grossman, Gene M. and Helpman, Elhanan. Integration Versus Outsourcing in Industry Equilibrium. Quarterly Journal of Economics, 2002 (1).

[91] Hummels D, Jun Ishii, Kei-Mu Yi. The Nature and Growth of Vertical Specialization in World Trade. Journal of International Economics, 2001.

[92] Hummels David, Dana Rapoport and Kei-Mu Yi(1998). Vertical Specialization and the Changing Nature of World Trade[J]. FRBNY Economic Policy Review, 1998 (6).

[93] Ito, Takatoshi, Anne O. Krueger. Trade and Protectionism. The University of Chicago Press, 1993.

[94] James E. Rauch and Vitor Trindade. Information. International Substitutability and Globalization. TheAmerican Economic Review, 2003 (6).

[95] Krugman, Paul R. Stratatic Trade Policy and the New International Economics. The MITPress, 1986.

[96] Letiche, John M. International Economic Policies and Their Theoretical Foundations. a Source Book. Academic Press Inc., Harcourt Brace Jovanovich Publishers, 1992.

[97] Linder. Peter H. International Economics, 9th ed. Homewood. Illinois 60430, Irwin, 1991.

[98] Lipsy, Richard G. The Theory of Custom Unions: A General Survey. The Economic Journal, 1960 (52).

[99] Reich, Robert B. The Work of Nations: Preparing Ourselves for 21st-Century Capitalism. NewYork: Alfred A. Knopf, Inc., 1991.

[100] Sven Grassman. Long-Term Trends in Openness of National Economics. Oxford Economics Papers, New Series, 1980, 32 (1).

[101] Vernon, Raymond. International Investment and International Trade in the Product Cycle. The Quar-terly Journal of Economics, 1966, 80(2).

[102] Vernon, Raymond, and Debora L. Spar. Beyond Globalism. Remaking American Foreign EconomicPolicy. New York: The Free Press. A Division of Macmillan, Inc., 1992.

[103] Viner, Jacob. Customs Union Issue. New York: Carnegie Endowment for International Peace, 1950.

[104] Yongsung Chang, Joao F. Gomes, and Frank Schorfheide. Learning-by-Doing as a Propagation Mecha-nism. The American Economic Review, 2002 (12).